汉画四神图像

程万里 著

东南大学出版社
·南京·

图书在版编目(CIP)数据

汉画四神图像/程万里著. —南京:东南大学出版社,2012.12
(六朝松艺术文库/王廷信主编)
ISBN 978-7-5641-3952-0

Ⅰ.①汉… Ⅱ.①程… Ⅲ.①神—画像石—研究—中国—汉代 Ⅳ.①K879.424

中国版本图书馆 CIP 数据核字(2012)第 285581 号

东南大学出版社出版发行
(南京市四牌楼2号 邮编 210096)
出版人:江建中
网　　址:http://www.seupress.com
电子邮件:press@seupress.com
全国各地新华书店经销　扬中市印刷有限公司印刷
开本:787 mm×980 mm　1/16　印张:19　字数:351千字
2012年12月第1版　2012年12月第1次印刷
ISBN 978-7-5641-3952-0
定价:55.00元

本社图书若有印装质量问题,请直接与营销部联系。电话:025-83791830

总　序

　　人类自觉或不自觉地创造艺术，当有数万年的历史了。

　　数万年来，艺术与人类同在，成为人类生命当中不可或缺的一个组成部分，也酿为人类文化的重要形式。

　　数千年来，中外有关艺术的研究著作汗牛充栋。这些著作均为一代代学人感受艺术、品评艺术、思考艺术规律的结晶。时代发展到今天，艺术的创造、接受、传播以及艺术史的梳理、艺术理论的探索仍然需要学人孜孜以求。

　　东南大学位于六朝宫苑旧址，校园内的六朝松见证着南京的历史，也见证着东南大学的历史。东南大学艺术学院位于六朝松下，自两江师范学堂监督李瑞清先生起，这里就有无数学人研究艺术、创作艺术、培养艺术新人。时至今日，这里依然薪火相传，艺声不断。为了表达东大学人对于艺术的思考，总结新一代学人的研究成果，我们决定出版"六朝松艺术文库"。

　　这套文库以艺术学二级学科成果为主导，兼及艺术学其他二级学科的学术成果。自20世纪90年代二级学科艺术学从制度上创设于东南大学以来，我国已有近60家大学开设该学科。但这个学科还是一个年轻的学科，仍然需要几代人的努力。尤其是鉴于二级学科艺术学与美学、门类艺术学之间既有区别、又有关联的关系，本文库在选题上并未局限于二级学科艺术学范围内。

　　本文库的作者均为东南大学艺术学院的教师，他们当中有20世纪80年代出生的青年学者，也有年过花甲的老教授，所以有的选题较为成熟，有的尚且稚嫩。但大家都分别从某个角度、某个方面探讨艺术的基本规律，力求一孔之见。

　　本文库的出版将持续较长的时间，分别在不同的出版社陆续推出，欢迎各界学人批评指正。

东南大学艺术学院
2009年6月

"六朝松艺术文库"编委会

主　任：凌继尧

副主任：王廷信

委　员（以姓氏笔画为序）

　　　　王廷信　刘道广　周武忠
　　　　胡　平　姜耕玉　徐子方
　　　　凌继尧　陶思炎　谢建明

主　编：王廷信

摘　　要

汉画四神图像研究的重点,在于梳理四神图像系统,并在构建汉画四神图像志的基础上,对其图式及构成元素进行剖析与探究,同时对其主题及流变进行文化释读。

在理论阐发中,四神被分别配有四种不同的颜色,代表着四个不同方位,并与二十八宿形成固定的配合,这便是东宫青(或苍)龙、西宫白虎、南宫朱雀(或鸟)、北宫玄武。四神图像虽于汉前出现,但作为一种思想和观念的载体,并最终成为一种常见的文化符号,则在汉代。汉代统治者的推崇和社会观念的影响,使四神图像逐步兴盛,并在近四百年的发展历程中不断演变,形成了一套系统而完整的图像体系。

四神图像中的每一种动物造型都具有悠久的演变历史,呈现出样式的多重性。青龙有走兽型、牛型、马型、蜥蜴型、蛇型、蛇兽复合型等众多形态,表现出时间性和地域性的规律,但保持了头上有角、长身这一主体形式特征。白虎造型比较写实,且多为侧面形象,呈张口咆哮之势,只是在翅翼添加上略有区别。朱雀这一艺术造型在汉代仍旧处于发展阶段,并未完全定型,因而其细节的变化繁多且琐碎,没有出现特定的规律性。龟蛇合体是玄武的主导样式,但同时也出现了有龟而无蛇的造型。玄武在汉代是一个颇为庞杂的体系,人们对玄武本象的诠释有三种:龟、龟蛇以及龟蛇相交。玄武不仅代表北方、水位、黑色、颛顼、玄冥等,还具有一项极为重要的功能,即起始、孕育,这也是其为"玄"的涵义。龟蛇合体,象征阴阳交合,孕化事物,最终成为玄武的主导图像。这些艺术造型,不仅表现出夸张与变形的典型风格,还多处于运动当中,视觉形象极富动态感。

四神图像的图式构成在元素组合上可以理解为两个层面:第一,四神自身的图像系统与特征;第二,四神图像的背饰元素,即四神图像中出现频率较高并且对四神的观念、功能、意义起到直接或间接影响的元素。四神图像体系,以"十"字形构成为典型,其中又有平面、立体和隐性等的细分。同时也存在非"十"字形构成,主要包括白虎(朱雀)铺首衔环图像与青龙白虎图像两大类。四神图像布局有序,构成得当,具有变化统一、饱满均衡、对称呼应、装饰美化等特点。其表现手法强调以线塑形,由于材料不同,或雕刻,或描绘,或塑造。

汉画四神图像研究综合了艺术学、考古学、天文学、社会学等众多学科,通过分析,我们可以得出以下几点基本认识:一、汉画四神图像有一个基本"元素"被不断改造与积累的过程;二、四神图像在汉代既被视为天文图像的一部分,更被视为带有占卜象征意义的神话图形,在内容和形式上是模糊的天象知识和主观臆想的人文因素的融合体;三、通过对图像系统的梳理和文图关系的识读,发现四神图像存在"龙虎逆反"的复杂绞合的现象;四、四神图像的组成元素在汉代已经出现祥瑞化,导致其"十"字形图式的不稳定与演化;五、四神图像演述了汉代大一统的社会结构,应用在城市、房屋、墓穴等各个方面,在天地人鬼之间产生一种象征的同一结构,自然、社会和精神被置放于宇宙的结构图式之中,现实的世界、死亡的世界和成仙的境界被组织安排到一个画面。

正如汉文化在中国历史上占据重要地位一样,四神图像也可谓影响深远。其最初蕴涵的超现实的神秘意义和巫术功能,如与神沟通和祈求魂魄升仙安息等,最终都是为了解决现实中人的问题,故而具有较强的现实功利色彩,并在传统的工艺美术图案、吉祥纹样、道教神灵图像、民俗生活、城市建设等中始终保持强大的影响力。汉代以后,四神图像的天文学含义逐步被淡化,渐渐演变成为一种文化符号。即使在今天,四神图像仍因其浓厚的民族文化特色而融入国人的血脉之中,推动着国人心理上的文化同构,不断影响着我们的生活。

Abstract

The emphasis of the research on Four-God Image in Han Dynasty Painting lies in the organization of Four-God Image's system, and also the analysis and study of its scheme and constitution elements based on the foundation of the construction of Four-God Image. At the mean time, a cultural explanation on its subject and transformation is needed.

Four-God, theoretically has four different colors, represents four different directions, and also combines with twenty-eight stars to form a solid combination which includes the azure dragon of the eastern palace, the white tiger of the western palace, the vermilion bird of the southern palace, and the black tortoise of the northern palace. Although Four-God Image appears before Han Dynasty, it has been treated as a carrier of thoughts and ideas which eventually becomes a common cultural symbol until Han Dynasty. The rulers' esteem in Han Dynasty and the influence of social concept cause Four-God Image to be gradually flourishing, and constantly evolve in the nearly 400 years' development. In the end, it forms a set of completed image system.

In Four-God Image, each kind of animal modeling has its own long-term evolving history which presents the variety of the mode. The azure dragon modeling takes the shape of beast, bull, horse, lizard, snake, snake beast mixed and many others. Those shapes display the progression among different time periods and regions, but the main characteristic which represents by long body and horn on head remains unchanged. The white tiger modeling is quite realistic, mostly profile, with showing roaring gestures, the only difference will be the add-on at side wings. The vermilion bird's art modeling was still at development phase in Han Dynasty. It hasn't yet been finalized. Its detail change is complicated and trivial, therefore no regular pattern has emerged. The leading modeling of the black tortoise is a combination of turtle and snake, but the just turtle modeling exists simultaneously. The black tortoise in Han dynasty is a quite numerous and disorderly system. People have three annotations for the origins of the black tortoise: turtle, turtle and snake, and last the intersection between turtle and snake. The black tortoise not just represents north, water level, black, Zhuan Xu, Xuan Ming etc.; it also has an extremely important function to indicate the beginning and gestation. This is the implication of the black tortoise. The intersection between turtle and snake symbolizes the mating of the two opposite genders, the gestation of new things, so it becomes the dominant image eventually. Those artistic modeling not only displays exaggerating and distortional typical style, but also provides a dynamic feeling in lots of visual images during the movement.

The scheme constitution of Four-God Image can be understood into two planes based on elements' combinations: First, Four-God's own image system and characteristic; Second, the background decoration elements in Four-God Image, namely the element which frequently appears in Four-God Image and has directly or indirectly influence upon the ideas, functions and significances of Four-God. Four-God Image system uses "cross" shape as the main model, then subdividing into plane, three-dimensional and hidden parts. In addition, not-cross shape exists, and mainly includes the appearance of the white tiger and the vermilion bird, the azure dragon and the white tiger. The overall arrangement of Four-God Image is orderly, appreciate and changing, but with rules to follow. It is plump and equipollent, with symmetry and decoration as its character. It emphasizes that line should be used to mold the forms, and methods of sculpture, portrayal or mould adopted according to different materials.

Research on Four-God Image in Han Dynasty Painting contains arts, archeology, astronomy, sociology, etc. Through analysis, we can conclude as follows. First, there is a course of basic "element" being transformed and accumulated. Secondly, Four-God Image is treated as a part of astronomic pictures, and a kind of mythical picture with divining meaning. It is a combination of vague astronomic knowledge and subjective human factor. Thirdly, it is found that a phenomenon of the exchanged positions of dragon and tiger exists in Four-God Image through organizing and reading Four-God Image system. Fourthly, the elements of Four-God Image presents the lucky meaning, as a result, Cross-shape Picture becomes unsteady and keeps changing. Fifthly, Four-God Image describes the social structure of Han's unification. It is used on many places e. g. cities, houses and tombs, so that nature, society and spirit are placed in a universal structure, the realistic world, the dead world and fairyland are organized in the same picture.

Four-God Image plays an important role in Chinese history just as Han Dynasty Culture does. The super-realistic and mysterious meaning and functions, e. g. communicating with gods and spirit becoming god, are used to solve problems in reality. Thus Four-God Image has strong utilitarian color, and has strong influence on the traditional industrial arts pictures, lucky lines, god pictures of Tao, folk-custom life, city construction, etc. Later than Han Dynasty, the meaning of astronomy became a cultural symbol gradually. Even if nowadays, Four-God Image still has a great influence on Chinese people's psychological structure and life with its profound folk cultural characteristics.

目 录

绪 论 ··· 1
  一、研究对象 ··· 1
    （一）选题的思考 ·· 1
    （二）重点解决的问题 ·· 4
  二、研究现状 ··· 4
    （一）关于汉画的研究 ·· 5
    （二）关于四神及其图像的研究 ··· 6
  三、研究方法 ··· 8
    （一）资料搜集的方法 ·· 8
    （二）研究运用的方法 ·· 9
  四、研究的预期目标 ··· 11

第一章 四神图像的渊源 ··· 13
  第一节 汉代以前的四神图像 ·· 13
    一、河南濮阳的蚌塑龙虎 ·· 13
    二、虢国铜镜的鸟兽图饰 ·· 17
    三、曾侯乙墓漆箱的龙虎彩绘 ··· 21
  第二节 四神体系起源的考察 ·· 27
    一、观象授时 ··· 28
    二、时空合一 ··· 31
    三、崇拜信仰 ··· 35
  小 结 ··· 38

第二章 汉画四神图像的兴盛 ··· 40
  第一节 汉画四神图像的流布 ·· 40
    一、承传时期 ··· 40
    二、地域分布 ··· 43
  第二节 汉画四神图像兴盛的动因 ·· 46
    一、统治者之推崇 ·· 46

（一）四神体系的政治化 …………………………………… 46
　　　（二）四神图像的泛用 ……………………………………… 49
　二、四神崇拜之风 ……………………………………………… 53
　三、隆丧厚葬之俗 ……………………………………………… 59
小　结 …………………………………………………………… 66

第三章　汉画四神图像的艺术分析 ………………………… 67
第一节　四神图像的艺术造型 …………………………………… 67
　一、造型的样式 ………………………………………………… 67
　　　（一）复杂多变的青龙造型 ………………………………… 68
　　　（二）无翼白虎与有翼白虎 ………………………………… 77
　　　（三）朱雀样式的细节差异 ………………………………… 82
　　　（四）独特的玄武 …………………………………………… 92
　二、造型的风格 ………………………………………………… 108
　　　（一）夸张与变形 …………………………………………… 109
　　　（二）视觉形象的动态感 …………………………………… 112
第二节　四神图像的图式构成 …………………………………… 115
　一、构成的元素 ………………………………………………… 117
　　　（一）四神元素 ……………………………………………… 117
　　　（二）背饰元素 ……………………………………………… 131
　二、构成的方式 ………………………………………………… 156
　　　（一）"十"字形构成 ………………………………………… 157
　　　（二）非"十"字形构成 ……………………………………… 160
　三、构成的特点 ………………………………………………… 162
　　　（一）变化统一 ……………………………………………… 163
　　　（二）饱满均衡 ……………………………………………… 163
　　　（三）对称呼应 ……………………………………………… 164
　　　（四）装饰美化 ……………………………………………… 165
第三节　四神图像的表现手法 …………………………………… 165
　一、以线塑形 …………………………………………………… 166
　二、雕、塑与彩绘 ……………………………………………… 168
　　　（一）雕 ……………………………………………………… 168
　　　（二）塑 ……………………………………………………… 170
　　　（三）彩绘 …………………………………………………… 170
小　结 …………………………………………………………… 172

目 录

第四章　汉画四神图像的内涵 ……………………………… 174
 第一节　物象化的方位观念 …………………………………… 174
  一、绝对方位与相对方位 ……………………………………… 174
  二、青龙、白虎位置的逆反现象 ……………………………… 178
  三、四神图像在墓门区域的方位表现 ………………………… 182
 第二节　神秘的天文星象 ……………………………………… 186
  一、四神星象图 ………………………………………………… 187
  二、星象图与占星术 …………………………………………… 194
  三、天人感应 …………………………………………………… 197
 第三节　象征的祈禳追求 ……………………………………… 200
  一、升天成仙 …………………………………………………… 200
  二、驱邪辟凶 …………………………………………………… 204
  三、吉祥符瑞 …………………………………………………… 207
 小　结 …………………………………………………………… 211

第五章　汉画四神图像的影响与演化 ……………………… 213
 第一节　汉画四神图像的艺术成就及影响 …………………… 213
  一、汉画四神图像的艺术成就 ………………………………… 213
  二、汉画四神图像的影响 ……………………………………… 216
 第二节　汉后四神图像的演化 ………………………………… 219
  一、从核心走向陪衬 …………………………………………… 219
  二、从信仰走向理性 …………………………………………… 222
 小　结 …………………………………………………………… 228

结　语 ………………………………………………………… 229

附录　汉画四神图像分布一览表 …………………………… 234

参考文献 ……………………………………………………… 272
 一、图　录 ……………………………………………………… 272
 二、古代文献 …………………………………………………… 273
 三、专　著 ……………………………………………………… 275
 四、期刊论文 …………………………………………………… 277
 五、外文文献 …………………………………………………… 283
 六、工具书 ……………………………………………………… 284

后　记 ………………………………………………………… 285

图片目录

图号	名称	页码
图1-1	濮阳西水坡遗址第一组蚌图	14
图1-2	濮阳西水坡遗址第二组蚌图	14
图1-3	濮阳西水坡遗址第三组蚌图	15
图1-4	濮阳西水坡遗址蚌壳堆塑星象图	16
图1-5	河南上村岭虢国铜镜图形	17
图1-6	曾侯乙墓E·66号漆木衣箱盖顶青龙白虎图像	21
图1-7	曾侯乙墓E·66号漆木衣箱星象图	26
图1-8	北斗七星图	29
图1-9	朱雀星图	30
图1-10	苍龙星图	31
图1-11	白虎星图	31
图2-1	罗经石遗址白虎空心砖	41
图2-2	罗经石遗址玄武空心砖	41
图2-3	汉代长杨宫遗址四神瓦当	50
图2-4	汉武帝茂陵遗址四神瓦当	52
图2-5	汉武帝茂陵遗址玄武画像砖	52
图3-1	汉武帝茂陵遗址青龙瓦当	70
图3-2	四川冯焕阙青龙图像	70
图3-3	陕西神木大保当汉墓墓门右立柱青龙图像	70
图3-4	河南方城县城关镇汉墓西门门扉青龙图像	70
图3-5	江苏盱眙东阳汉墓铜镜青龙图像	71
图3-6	河南南阳蒲山汉墓前室墓顶青龙图像	71
图3-7	安徽宿县褚兰1号汉墓前室西壁青龙图像	71
图3-8	湖南资兴博局镜青龙图像	71
图3-9	河南南阳赵寨青龙图像	73
图3-10	河南洛阳61号壁画墓青龙图像	73
图3-11	河南永城梁王墓青龙图像	73
图3-12	河南宜阳县牌窑画像砖青龙图像	73
图3-13	河南郑州南关外5号墓画像砖青龙图像	74
图3-14	河南方城县城关镇汉墓陶器盖青龙图像	74
图3-15	山东邹城卧虎山2号汉墓青龙图像	74

图 3-16	山东沂南汉墓前室北壁东侧青龙图像	75
图 3-17	山东诸城县木椁墓青龙图像	75
图 3-18	河南南阳石桥汉墓南墓前室石梁北面青龙图像	75
图 3-19	四川芦山王晖石棺青龙图像	75
图 3-20	河南邓州市梁寨汉墓南室门楣青龙图像	76
图 3-21	河南新野画像砖青龙图像	76
图 3-22	河南永城梁王墓白虎图像	79
图 3-23	河南洛阳壁画空心砖白虎图像	79
图 3-24	河南郑州南关外 5 号汉墓白虎图像	79
图 3-25	河南唐河郁平大尹冯君孺人墓白虎图像	80
图 3-26	四川渠县沈府君阙白虎图像	80
图 3-27	陕西神木大保当汉墓墓门左立柱左侧白虎图像	80
图 3-28	山东苍山元嘉元年画像石墓白虎图像	80
图 3-29	河南唐河针织厂汉墓北室墓顶白虎图像	81
图 3-30	山东微山县画像石白虎图像	81
图 3-31	四川新津县城南砖室墓 2 号石棺左侧白虎图像	81
图 3-32	山东临沂金雀山画像砖墓白虎图像	81
图 3-33	河南新野画像砖白虎图像	81
图 3-34	四川泸州洞宾亭崖墓石棺前端朱雀图像	86
图 3-35	安徽濉溪县古城汉墓朱雀图像	86
图 3-36	河南洛阳卜千秋墓朱雀图像	86
图 3-37	河南襄城画像石朱雀图像	86
图 3-38	浙江海宁画像石墓朱雀图像	87
图 3-39	山东邹城市看庄乡柳下邑汉墓朱雀图像	87
图 3-40	四川简阳鬼头山崖墓 5 号棺前挡朱雀图像	87
图 3-41	山东沂水苗山汉墓朱雀图像	87
图 3-42	山东金雀山画像砖墓朱雀图像	88
图 3-43	河南洛阳浅井头汉墓朱雀图像	88
图 3-44	河南洛阳 61 号壁画墓朱雀图像	88
图 3-45	山东安丘汉墓后室西间北壁朱雀图像	88
图 3-46	山西离石石盘墓门扉朱雀图像	88
图 3-47	陕西神木大保当汉墓右门扉朱雀图像	88
图 3-48	四川渠县沈府君右阙朱雀图像	89
图 3-49	河南南阳英庄汉墓西门门扉朱雀图像	89

图 3-50　山东费县垛庄镇潘家疃汉墓朱雀图像 …… 90
图 3-51　山东沂南汉墓前室北壁中柱朱雀图像 …… 90
图 3-52　河南唐河郁平大尹冯君孺人墓南主室朱雀图像 …… 90
图 3-53　河南南阳蒲山 2 号墓西门门扉朱雀图像 …… 90
图 3-54　河南英庄画像石墓西门门扉朱雀图像 …… 90
图 3-55　河南方城东关画像石墓朱雀图像 …… 90
图 3-56　河南浚县画像石墓朱雀图像 …… 91
图 3-57　山东安丘汉墓中室室顶北坡东段朱雀图像 …… 91
图 3-58　河南永城梁王墓朱雀图像 …… 91
图 3-59　陕西周至长杨宫遗址朱雀瓦当 …… 91
图 3-60　汉武帝茂陵遗址朱雀画像砖 …… 92
图 3-61　河南洛阳偃师壁画墓后室横额朱雀图像 …… 92
图 3-62　汉武帝茂陵遗址玄武画像砖 …… 94
图 3-63　四川渠县冯焕阙玄武图像 …… 94
图 3-64　汉武帝茂陵遗址玄武瓦当 …… 95
图 3-65　陕西神木大保当墓墓门左立柱玄武图像 …… 95
图 3-66　河南博物馆藏玄武图像 …… 95
图 3-67　山东沂南汉墓前室北壁中柱玄武图像 …… 95
图 3-68　陕西周至长杨宫遗址玄武瓦当 …… 95
图 3-69　陕西周至长杨宫遗址玄武瓦当 …… 95
图 3-70　四川泸州洞宾亭崖墓石棺前端玄武图像 …… 96
图 3-71　山东临沂金雀山画像砖墓玄武图像 …… 96
图 3-72　山东武氏祠西阙子阙栌斗南面玄武图像 …… 96
图 3-73　安徽宿县褚兰汉墓玄武图像 …… 96
图 3-74　四川新津县城南砖室墓 1 号石棺左侧玄武图像 …… 96
图 3-75　山东东安汉里汉墓石椁北壁玄武图像 …… 97
图 3-76　陕西淳化董家村玄武瓦当 …… 97
图 3-77　河南方城县城关镇汉墓四神陶器盖玄武图像 …… 97
图 3-78　山西离石马茂庄 2 号画像石墓南壁玄武图像 …… 97
图 3-79　汉文帝阳陵遗址玄武画像砖 …… 98
图 3-80　陕西周至长杨宫遗址玄武瓦当 …… 98
图 3-81　山东滕州市官桥镇后掌大汉墓玄武图像 …… 98
图 3-82　陕西西安北郊坑底寨村玄武瓦当 …… 98
图 3-83　河南方城县城关镇汉墓四神陶器盖 …… 111

图3-84	河南永城梁王墓四神图像	111
图3-85	汉武帝茂陵遗址白虎瓦当	111
图3-86	安徽宿县褚兰画像石墓前室南壁西侧朱雀图像	111
图3-87	河南南阳辛店熊营汉墓西门门扉白虎图像	114
图3-88	河南唐河冯君孺人墓南主室门扉朱雀图像	114
图3-89	河南洛阳五女冢267号墓四神规矩镜	118
图3-90	湖南资兴四神博局镜	118
图3-91	河南许昌张潘乡盆李村汉魏许都宫殿遗址四神柱基	118
图3-92	广东广州四乳四神镜	118
图3-93	浙江安吉四乳四神镜	118
图3-94	河南洛阳卜千秋壁画墓墓顶图像	119
图3-95	山东邹城市看庄乡汉墓四神图像	119
图3-96	山东曲阜东安汉里汉墓四神画像石椁平面图	119
图3-97	四川巫山县江东咀干沟子汉墓铜牌	121
图3-98	山东招远县界河画像石图像	122
图3-99	陕西绥德汉墓门扉图像	123
图3-100	陕西神木大保当11号墓门扉图像	123
图3-101	天津鲜于璜画像石碑	124
图3-102	新莽时期山东金乡鱼山2号墓南、北室墓门图像	124
图3-103	四川芦山王晖砖室墓画像石棺透视图	125
图3-104	四川芦山王晖砖室墓画像石棺平面展演图	126
图3-105	东汉时期陕西米脂汉墓门楣图像	126
图3-106	四川新津县城南砖室墓石棺棺身左侧仙境图	127
图3-107	河南方城东关画像石墓左上门楣图像	127
图4-1	山东东安汉里汉墓石椁东壁青龙图像	176
图4-2	山东东安汉里汉墓石椁西壁白虎图像	176
图4-3	山东东安汉里汉墓石椁南壁朱雀图像	176
图4-4	山东东安汉里汉墓石椁北壁玄武图像	176
图4-5	四川成都曾家包汉墓门枋青龙、白虎图像	178
图4-6	四川江北汉墓门枋青龙、白虎图像	178
图4-7	四神排列图示	178
图4-8	河南唐河针织厂汉墓北室墓顶四神图像	178
图4-9	河南麒麟岗汉墓前室墓顶四神图像	179
图4-10	山东嘉祥武梁祠北斗帝车石刻画像	181

图 4-11　墓门图像分区图 …………………………………………… 183
图 4-12　墓门区域四神图像分布图 ………………………………… 183
图 4-13　陕西绥德寨山墓门四神图像 ……………………………… 184
图 4-14　陕西清涧墓门四神图像 …………………………………… 184
图 4-15　陕西绥德四十里铺出土墓门四神图像 …………………… 184
图 4-16　陕西绥德出土墓门四神图像 ……………………………… 184
图 4-17　陕西定边县郝滩壁画墓星象图 …………………………… 188
图 4-18　河南南阳阮堂汉墓苍龙星象图 …………………………… 188
图 4-19　河南南阳县汉墓白虎星象图 ……………………………… 189
图 4-20　河南唐河湖阳镇罐山汉墓白虎星象图 …………………… 190
图 4-21　河南南阳白滩汉墓白虎星象图 …………………………… 191
图 4-22　四川郫县新胜 2、3 号砖墓室 1 号石棺盖顶龙虎衔璧图 …… 192
图 4-23　河南南阳丁凤店汉墓星象图 ……………………………… 193
图 4-24　河南南阳宛城区汉墓日月合璧图 ………………………… 193

绪　论

一、研究对象

四神，也称四维、四灵、四兽等。中国传统的天文学体系将赤道附近的星空划分为二十八宿，并分别由四神（象）统辖。象是中国传统星官体系最基本的概念，作为四个赤道宫的象征，最终形成了由五种动物组成的四组灵物，分别具有四种不同颜色以及代表四个不同方向，并与二十八宿完成固定配合的严整形式，这便是东宫青（或苍）龙、西宫白虎、南宫朱雀（或鸟）、北宫玄武[1]。四神的确立，不仅标志了古人在观察星空时就已明确区分出东南西北四个方位，更重要的是，四神成为"宇宙形态"的思维理念的典型代表，融入到中国传统文化体系。

四神的名称，早见于《礼记》[2]、《吴子·治兵》[3]、《考工记》[4]等战国典籍。这些文献资料被1978年湖北随县擂鼓墩1号墓出土的漆画所证实[5]。该墓葬年代明确，是战国初年，即公元前433年。此外河南上村岭西周虢国墓出土的一面铜镜背面所铸有鸟兽图饰，分别居于四个方位，与汉代盛行的四神铜镜有着模式的同一性，只是北方之神是一只鹿，应是北宫之象的早期形式[6]。而位于河南濮阳西水坡仰韶文化时期45号墓中的蚌塑龙虎图案[7]，则透露出四神图像的要素早在史前末叶即已出现。

（一）选题的思考

从考古资料来看，汉代是四神图像成熟、兴盛时期，并且被广泛应用于宫殿、墓葬、各种礼仪用品和实用工艺器物。这也是本书选择汉画作四神图像研究对象的主要原因。汉画包括汉代画像石、画像砖、壁画、帛画、漆画、铜镜、瓦当、玉

---

[1] 冯时.中国天文考古学[M].北京：中国社会科学出版社，2007：409
[2] 《礼记·曲礼上》："行，前朱鸟而后玄武，左青龙而右白虎，招摇在上。"（言《曲礼》儒门七十子后学所作。）
[3] 《吴子·治兵》："必左青龙，右白虎，前朱雀，后玄武，招摇在上，从事于下。"
[4] 《考工记》："龙旂九斿，以象大火也，鸟旟七斿，以象鹑火也。熊旗六斿，以象伐也。龟蛇四斿，以象营室也。"（《考工记》一般被认为是战国作品。）
[5] 王健民，梁柱，王胜利.曾侯乙墓出土的二十八宿青龙白虎图像[J].文物，1979(7)
[6] 中国科学院考古研究所.上村岭虢国墓地[R].北京：科学出版社，1959：图版四十
[7] 濮阳市文物管理委员会，濮阳市博物馆，濮阳市文物工作队.河南濮阳西水坡遗址发掘简报[J].文物，1988(3)：1-6；濮阳西水坡遗址考古队.1988年河南濮阳西水坡遗址发掘简报[J].考古，1989(12)：1057-1066

器等艺术门类的图像资料①,是对汉代不同材料与形制的艺术形式的表面图像的概括。所以,本书所言的"汉画"只是一个抽象化的图像概念,虽然所用材料、技法、效果不尽相同,但是它们都通过塑造可视形象(平面的或立体的),来反映客观世界的具体事物(人与物的形象表现)。换句话说,当时的创造者可以根据创造目的和创造条件,在不同材料、不同环境中运用不同手法表现同一个题材或形象,即多种方式可以表现同一个图像,同一个图像也可以表现在不同材料上。他们的共同点是通过"图像"②表示特定的观念意义。

有关汉画四神图像研究,是一个全新的课题。当代也有不少学者关注这一课题,但多数是站在宗教信仰、民俗文化的角度,还未见从艺术学角度对之进行阐述。本书以汉画四神图像作为研究选题,主要基于以下几点考虑。

首先,四神图像作为典型的传统文化中的图式构成,反映了古代先民对天与人的关系的思考以及对思考结果的文化表达。在当代艺术史的研究中,关于四神图像仍停留在将其作为民俗吉祥纹样的论述阶段,忽视了其原有的艺术功能和社会功能。四神图像是中国古代宇宙观念的物态化形式,是一个人们实践经验和知识建构所塑造的自然科学与人文科学相结合的虚拟形态。四神图像的产生,源自远古时期人们对宇宙认识外化的符号图式,以便人们能够生活在一个稳定时空之中。这一宇宙法则的建立,使无序的宇宙有序化,使不可知的时间空间变为可知,给予社会秩序一个原型结构,借此巩固人类社会的结构模式。而约翰·梅杰(John Major)在对汉代人关于天与地思想的论述中说:"汉代的宇宙论

---

① 顾森在《中国汉画图典》序中写道:"汉画是中国两汉时期的艺术,其所包含的内容主要是两部分:画绘(壁画、帛画、漆画、色油画、各种器绘等)、雕塑(画像砖、画像石、画像镜、瓦当等浮雕及其拓片)。"(中国汉画图典[M].杭州:浙江摄影出版社,1997:1);李发林在《汉画考释与研究》中写道:"将汉画分类归纳为十五个种类:画像石(石画)、画像砖(砖画)、壁画、漆画画、铜器画、铜镜画、陶画画、瓦当画、缯帛画、木板画、玻璃器画、玉器画、蚌画、象牙器画、骨器画。"(汉画考释与研究[M].北京:中国文联出版社,2000:69);常任侠在《中国美术全集绘画编·画像石画像砖》的序言《汉代画像石与画像砖艺术的发展与成就》中对画像的形式论述道:"汉画艺术是多样发展的。就今所知,有下列各种:一为绘在缯帛上的;二为绘在粉壁上的;三为绘在各种工艺品上的,如铜盘、漆盘、漆奁、玳瑁制的小盒、竹制的小箧等;四为刻在石材建筑上的;五为印在墓砖上的。其他丝毛织品、镜鉴、带钩和画在雕器上的与镶嵌在金银器上的图案,暂置不论。"(中国美术全集·卷18[G].上海:上海人民美术出版社,1988:6)这是一个图像学的概念。与传统金石学、考古学中的画像石、画像砖和帛画等根据不同的物质材料进行的划分,其制作方法也有所区别。画像石是在棺椁、墓壁和祠堂在表面上的镌刻,而画像砖则是印模、压模与窑烧的结果,帛画则是在绢帛上的绘画。汉画是对不同物质材料和形式表面图像的概括。它的侧重点在于视觉图像的表现方式和接受方式上,因为只有这种方式才具有决定图像本源的意义。实际上把汉画像石、画像砖说成汉画是不确切的,因为有些汉画像石是浮雕或半浮雕的,与其说是"画像",不如说是"雕刻",但传统上汉画像石、砖的流行和鉴赏主要靠拓片,根据约定俗成,称其为"画像"。由于汉帛画、漆画等不好保存,经千余年的时间,保存下来的极少。画像石、画像砖保存、流传下来的却很多,所以汉画不能不以汉画像石、画像砖的图像为主。

② 具有特定含义的视觉呈现单位。

在中国形成关于它在世界上的地位的认识中具有重要的意义。"①因此,作为汉代宇宙论形象代表的四神图像,体现了汉民族在时空形制方面的基本准则和基本信念,并可外化为民族艺术创造的基本价值取向和整体审美特色。

其次,四神图像在汉代达到其兴盛的顶点,目前仍可见大量汉画四神图像存世。在这些实物中,四神图像有着相似相近的形态构成(也存在着完全异反的构成形象),其视觉特征显得十分明显,较为容易辨认。是什么原因导致汉画四神图像有着相近或者完全异反的表现系统呢?哪一种是其"基准图像"②?为什么会成为被经常描绘的对象?其产生和变化是艺术家创新还是地域特色?四神图像在汉代的地位与意义又是什么?这些都值得深入探讨。四神图像诞生于远古,伴随着农耕社会的发展而发展,却为何在汉代达到兴盛成熟?汉代是中国民族性形成的阶段,上承先秦时代神话的原始思维,下开新时代的人文精神,四神图像是否在此时便已走进民族文化的视觉符号形式?

第三,四神在汉代是官方礼祀的神灵,且具有宇宙论意义,同时在民间信仰中也较为普及,功能与图像形式都较为复杂。在繁杂的图像形式中,由神话学向着宗教学转变,有着逐步发展而渐渐形成的完整图像志。更为重要的是,四神图像呈现出一个文化变化的过程,其视觉表达方式的产生和演变反映了丰富的思想文化内涵,而汉代艺术中其他图像都不具备如此复杂的背景和特征。

第四,图像直接来源于人的视觉,是人直觉性审美的存在方式。四神图像的出现,将人们对宇宙的看法通过视觉形式表现出来,从而在文化上确认人在宇宙中的地位,使社会和人生都有一个归宿处,以摆脱生命存在的虚无和无意义,并由此来抗拒死亡的威胁,让生命获得解脱。四神图像也反映了汉代人对死后世界的观念,希望死后有另一个世界。认为透过四神架构的宇宙系统,可以达到得以寄托的精神世界,而把这个世界笼罩在四神的虚拟空间中能够获得祥瑞和吉祥。中国人传统思维的模糊性、非逻辑性和非理性,使中国的传统文化充满着种种感性特征。同时中国汉代所形成的大一统的帝国,又要求社会结构上的统一,故而形成了四神图像这一符号象征。如在城市、房屋、墓穴、祠堂甚至棺材上都要绘制四神图像这一象征模式;期望在天地人鬼之间产生一种象征性的互文性结构,自然社会历史和人伦被放在四神图像的结构图式中,把现实世界、死亡世界和成仙的境界组织在一个画面上。

汉画四神图像是汉代丧葬风俗和礼节仪式相伴生的综合态情境的事象,也

---

① 梅杰.汉代前期思想中天与地[M].纽约:纽约州立大学出版社,1993,5—11.转引自朱存明.汉画像的象征世界[M].北京:人民文学出版社,2005:7.注1.

② 因特征明显、形式稳定、出现频繁而被人为选取以考察风格变化和模板传布的标型图像。

是我国汉代艺术考古文化遗产的集大成者。其图像内容、安置方位和造型模式是我们解读和透视两汉时期天地交感、人地关联和天人之际的多棱镜,它提供了文献不能展现的直观生动和原生情态,与出土文献一起印证了有关已佚史籍的记述,而成为开拓和革新文学、哲学、历史学以及艺术图像学等学术研究的重要途径。四神图像不仅是汉代先民遗留下来的无与伦比的艺术瑰宝,同时也是反映当时社会生活的百科全书。在文字描述难尽其态的时候,图像的直观、生动、真切令我们今人叹为观止。四神图像深深凝聚着两汉时期独特的民族文化心理和时代精神风尚,从中我们依稀可辨汉代民众对宇宙形态这个观念的反思及其实践。认真研究四神图像,对当今丧葬制度、宗教信仰和民间文化的型塑、探讨都有审美价值和历史借鉴意义。

(二)重点解决的问题

本书着重解决以下问题。

首先,本书通过文献材料的梳理,确定汉画四神的图像志。然后从归纳总结的图像志中论述汉画四神图像的核心元素(青龙、白虎、朱雀、玄武)的构成特点、形态特征等,依靠其图式构成将四神图像进行分类,试图从中找寻影响四神图像变化的社会、文化等诸多因素,并且讨论这些因素是如何影响四神图像的演变的。

其次,本书通过分析四神图像所体现出来的艺术观念,探索民族文化中的视觉形态在民族心理变迁上的过程,从中总结四神图像的过去、现在和未来。

二、研究现状

得益于近一个世纪的考古发掘,大量有四神图像的汉代实物呈现在我们面前。它们的形制多与文献资料相吻合,而这些直观和丰富的实物线索,为我们深入和具体地研究提供了可能。

新中国成立之后,先后清理发掘了 100 余座画像石和画像砖墓,出土画像石、画像砖数以万计,以山东、河南、陕北、四川等地最为丰富。另一个重要的考古发掘是汉代壁画墓。汉代墓室壁画发现于 20 世纪初,至今共发现、发掘汉壁画墓 56 座。这些墓均位于长江以北地区,其中以河南为中心的中原地区最为密集。另外,东北辽阳和西北甘肃河西地区的壁画墓也比较集中[①]。汉代的铜镜也出土较多,是重要的汉画资料之一,特别是新莽时期开始盛行的神兽镜。另外还有出土的汉瓦当,也是汉画的一个较为重要的门类。

有关汉代的考古研究,以画像石、画像砖的成果最为突出。据不完全统计,

[①] 贺西林.古墓丹青:汉代墓室壁画的发现与研究[M].西安:陕西人民美术出版社,2001:1-2

自清代至今所发表的画像石研究方面的发掘报告、论述、考释文章近1000篇,出版画像图录50多册,出版研究画像石的专著50多部。1989年全国性的中国汉画学会在河南商丘成立,先后出版和发表了一批高质量的研究论文与专著。其中以对山东画像石、砖(以武氏祠画像为代表);南阳画像石、砖,以及陕北的画像石的研究最为深入。

(一)关于汉画的研究

目前可见的较重要的汉画图集有:《中国美术分类全集·中国画像石全集》(山东美术出版社,河南出版社,2000)、《中国美术全集·绘画编18·画像石·画像石画像砖》(上海人民美术出版社,1988)、《山东汉画像石选集》(齐鲁书社,1982)、《南阳汉代画像石》(文物出版社,1985)、《徐州汉画像石》(江苏美术出版社,1985)、《嘉祥汉画像石》(山东美术出版社,1992)、《中国汉画图典》(浙江摄影出版社,1997)、《陕北汉代画像石》(陕西人民出版社,1995)、《四川汉代画像砖》(上海人民出版社,1987)、《洛阳汉墓壁画》(文物出版社,1996)、《中国铜镜图典》(文物出版社,1994)等,基本上将汉画的相关资料收集入册。

在研究性论著方面有:吴曾德的《汉代画像石》(文物出版社,1984)、俞伟超的《中国画像石概论》[1]、信立祥的《汉画像石的发现和研究简史》[2]、蒋英炬、杨爱国的《汉代画像石与画像砖》(文物出版社,2001)、王建中的《汉代画像石通论》(紫禁城出版社,2001)、赵化成、高崇文的《秦汉考古》(文物出版社,2002)、刘太祥的《汉代画像石研究综述》[南都学坛,2002(3):8-18]、《汉代画像石研究》(文物出版社,1980)、孙机的《汉代物质文化资料图说》(文物出版社,1991)、《中国·南阳汉画国际学术研讨会论文集》(中原文物,1996年增刊)、李发林的《汉画考释与研究》(中国文联出版社,2000)、刘知远等的《四川汉代画像砖与汉代社会》(文物出版社,1983)、陈锽的《古代帛画》(文物出版社,2005)、大村西崖的《中国美术史》(商务印书馆,1930)等论著,反映了汉代艺术的分期分类、内容考释、风格成因以及综合研究的成果。

国外学术界对汉代图像做过较早的综合性研究。长广敏雄主编的《汉代画像の研究》(东京中央公论美术出版,1965),收录了国外对汉代画像石、画像砖和壁画的综合比较性研究成果。曾布川宽的《汉·三国佛教遗物的图像学——西王母和佛》,通过专题研究,对西汉墓室壁画、帛画和棺画进行了综合比较,分析了昆仑山图像、升仙主题和楚文化的相互关系[东南文化,1995(2)]。林巳奈夫的《汉代の神神》(京都临川书店,1988),从社会史的学术视角对画像石中的鬼神

---

[1] 见中国画像石全集编辑委员会,蒋英炬主编.中国画像石全集1[G].山东美术出版社,河南美术出版社,2000:3-28

[2] 见信立祥.汉代画像石综合研究[M].北京:文物出版社,2000

信仰进行了综合性研究。巫鸿的《武梁祠——中国古代画像石艺术的思想性》，运用了多方比较的方法，剖析汉代祠堂画像的艺术性，揭示了汉代丧葬艺术的本质与演变规律，展现了汉代社会鬼神信仰，其研究带有综合性的特色。其中第三章专论宇宙之图像，揭示汉代宇宙图像的祥瑞意蕴和"图录风格"①。

国外研究的新方法、新视角对国内学者的学术研究有了一定的启发作用。陈履生的《汉画主神研究》（紫禁城出版社，1987）借鉴西方理论，对两对主神（西王母与东王公、伏羲与女娲）作了各自图像志式的考察，并进行比较研究。李淞的《论汉代艺术中的西王母图像》（湖南教育出版社，2000）运用了图像学的方法，对画像石、画像砖、铜镜、铜摇钱树、壁画、玉器、漆画等众多艺术实物中的西王母图像进行了系统研究，是比较扎实系统的成果。顾森的《秦汉绘画史》（人民美术出版社，2000）以"汉画像的遗存"来概称画像石、画像砖，又称其为"砖石艺术"，已经考虑到了汉代艺术样式的独特性。朱存明的《汉画像的象征世界》（人民文学出版社，2005）采用图像与象征符号分析法，对汉代画像艺术作了美学探讨，对其象征意义提出见解。贺西林的《古墓丹青：汉代墓室壁画的发现与研究》（陕西人民美术出版社，2001）分析了20世纪以来汉墓壁画发现与研究的历史与现状，运用分期、分区的方法对汉墓壁画的演变过程进行深入探索，同时对部分图像重新进行了考辨，并在详尽占有原始材料的基础上，重点对汉墓壁画形成的思想背景与观念形态、历史渊源、图像及风格传统、艺术成就及历史影响等问题进行了细致研究，从而提出自己的学术见解。

（二）关于四神及其图像的研究

虽然上述诸多研究中都涉及四神图像及其观念，但对四神图像作专题研究的论文尚不多见。据目前掌握的材料，在艺术史方面，有吴曾德的《"四灵"浅论》[郑州大学学校，1981（4）]、丁山的《中国古代宗教与神话考·四方之神与风神》（上海文艺出版社，1988影印本）、李学勤的《走出疑古·西水坡"龙虎墓"与四象的起源》（辽宁大学出版社，1997）将四象的出处与作用作了简单的诠释；韩玉祥等主编的《南阳汉代天文画像研究》（民族出版社，1995）、夏鼐的《洛阳西汉壁画墓中的星象图》[考古，1965（2）：80-90]、李发林的《洛阳西汉壁画墓星象图新探》（中原文物，1987年特刊）、巫鸿的《汉代艺术中的"天堂"图像和"天堂"观念》[历史文物（台北），1996，6（4）]、黄佩贤的《汉代流行的四灵图像始见于新石器时代？——河南濮阳西水坡及河北随县曾侯乙墓出土龙虎图像再议》②、王健民、梁柱、王胜利的《曾侯乙墓出土的二十八宿青龙白虎图像》[文物，1997（7）]、赵志生

---

① [美]Wu Hung, The Wu Liang Shrine: The Ideology of Early Chinese Pictorial Art. Stanford University Press, Stanford, California, 1989.

② 见朱青生主编：中国汉画学会第九届年会论文集. 北京：中国社会出版社，2004：56-77

的《从汉代瓦当"四神"图形解读秦汉的造型艺术》[内蒙古大学学校,2004(3):93-97]、吴公勤的《浅析汉代四神瓦当》[彭城职业大学学报,2002(6):38-39]、刘弘的《四川汉墓中的四神功能新探——兼谈巫山铜牌上饰上人物的身份》[四川文物,1994(2):3-7]、王清建的《论汉画中的玄武形象》[中原文物,1995(3):38-39]等,分别对四神图像作了简单梳理与探究。

这里有必要提及与四神图像有关的相关学科的研究。

天文学方面有:冯时的《中国天文考古学》[中国社会科学出版社,2007]、中国天文学史整理研究小组的《中国天文学史》(科学出版社,1981)、潘鼐的《中国恒星观测史》(学林出版社,1989)、曾祥委的《"四仲中星"、"四宫"与河图时代的天文学》[广东民族学院学报,1994(2):48-54]、伊世同的《星象考原——中国星象的原始和演变》[濮阳教育学院学报,2001(3):6-9]。

思想文化方面有:赵奎英的《中国古代时间意识的空间化及其对艺术的影响》[文史哲,2000(4):42-48]、李炳海的《天地人同构的符号世界——汉代文学与生命哲学的姻缘》[吉林大学社会科学学报,1999(4):56-62]、戴建增的《汉画中的虎崇拜》[南都学坛,2004(5):15-16]、王晖的《论周文化中朱鸟赤凤崇拜的原型、蕴义及演化》[人文杂志,1994(5):78-85]、陈久金的《华夏族群的图腾崇拜与四象概念的形成》[自然科学史研究,1992(11):9-21]和《从北方神鹿到北方龟蛇观念的演变——关于图腾崇拜与四象观念形成的补充研究》[自然科学史研究,1999(2):115-120]、周晓薇《释"玄武"》[中国典籍与文化,2004(4):30-36]。

宗教学方面有:丁常云的《道教与四灵崇拜》[中国道教,1994(4):28-31]、肖海明的《试论宋、元、明真武图像变迁的"一线多元"格局》[思想战线,2005(6):91-96]、梅莉的《真武信仰研究综述》[宗教学研究,2005(3):35-40]、王文娟的《五行与五色》[美术观察,2005(3):81-87]。

民俗文化方面有:毛元晶的《〈礼记〉中"四神"的文化意蕴及其变化》[茂名学院学报,2005(2):6-10]、贾艳红的《汉代的四灵信仰——从天之四宫到住宅(墓门)守护神》[济南大学学报,2003(1):24-26]、王志杰的《论西汉"四神"的源流》[文博,1996(6):46-50]、张文晶的《四灵与中国古代四方观念初探》[社科纵横,2005(1):112-113]、汪梦林的《谈中国古代建筑方位四神》[山西建筑,2005,31(17):22-23]、王玉金的《从汉画看汉代辟邪风俗》[民俗研究,2000(2):89-100]、邓乔彬的《论汉代的宗教思想、社会生活与绘画》[杭州师范学院学报,2001(2):28-33]。

上述研究,从方法到结论都对本书四神图像的研究提供了参考和借鉴。

纵观以上国内外的相关研究,大体趋势是由一般到具体,从文献到图像实物,由文学、文化史到艺术史领域,材料愈加丰富,问题趋于明确,汉画中的图像题材作为一个专题更加受到重视,研究逐渐深化。近年来文献的讨论、考古的发掘、艺术史的探讨,都为本书的进一步展开奠定了良好的学术起点。

三、研究方法

汉画四神图像,实物种类复杂,数量众多,本书作为系统性的研究,从代表性的图像作品入手显得尤其重要。本书在分类、归纳、解析的基础上,力图寻找四神图像的典型特质,立足于艺术学角度,结合汉代文献典籍中的有关艺术理论进行解读,从四神的直观图像到抽象概念,归纳其独有的文化观念。因此,本书研究时所采用的方法就不局限于单一学科的研究方法,而采取多学科综合的办法。从学术角度来划分,研究方法一般可分为四种:一为指导性的研究方法;二为形式逻辑的研究方法;三为各门学科能共同使用的方法;四是各自学科独立的研究方法。其中,形式逻辑是最基本的研究方法。其他如演绎法、归纳法、分析与综合的方法、历史的方法、观察的方法、比较的方法、试验的方法等是各学科在研究中都可用的共同的研究方法。对于艺术学来说,其学科性质、研究对象和具体任务决定了较为适合使用实践性或实证性的研究方法。

(一)资料搜集的方法

本书涉及众多图像和文献资料,主要通过两种方式来获取:一是文献资料搜求法,另一个则是田野采风法。

1. 文献搜求法

汉画四神图像数量繁多,且多为考古发掘材料,因此必须进行考古资料的梳理和归纳。同时汉画四神图像还与汉代的儒学、天文学、宗教信仰、民俗生活等因素相关联。但由于时代久远,四神的文献资料较为稀少,寻找这些资料只能通过文献搜求法。

文献搜求法在性质上属于定量分析法,是利用第二手资料的一种重要研究方法,也就是历史资料法。它通过搜集历史上各种资料,包括图录、地方志文献、诗歌、文赋等文献著作和其他历史资料,筛选与四神图像相关的资料,并对这些资料进行分类、统计,从量的方面揭示四神图像的产生动因、兴盛动因,从而归纳其图像特点。图像搜集也依赖于文献检索。汉画四神图像多出自考古发掘物品,这些资料只能通过文献搜集去获取。本书搜集的汉画四神图像大多源于公开发行的出版物,由于辨认、考据方面的原因,没有说明出处的四神图像原则上不引用。

2. 田野采风法

汉画四神图像多见于汉代墓葬遗址。如陕北地区、南阳地区、徐州地区、鲁南地区都有专门的博物馆(对发掘的汉代文物进行就地保存)。不仅这类博物馆需要参观考察,而且未加开发,或荒废,或被破坏的考古遗址,也都需要进行实地的考察,与当地考古工作者或参与发掘的群众进行近距离探讨,以搜集、补充没有公开发表的材料、图文资料。

(二)研究运用的方法

本书在论证中,主要借助于图像学的方法,分析类比汉画四神图像。

图像学(iconology)研究是对"再现性"艺术作品内容的历史探究,确认作品题材以及从题材而产生的意义,探究其演变的原因和文化内涵。因此,图像学的方法是本书最主要的研究方法。

图像学研究的目的"在于发现和解释艺术图像的象征意义,揭示图像在各个文化体系和各个文明中的形成、变化及其所表现或暗示出来的思想观念"[①]。图像学由图像志(iconography)发展而来。图像志一词由来自希腊的 eikon(图像)和 graphein(书写)这两个词派生而来,从字面上理解"图像志"就是"图像书写"或"图像描述"。在古希腊专指对视觉艺术的描述和阐释,古希腊菲洛斯特拉斯(Philostratos)曾在作品中描述了艺术作品的内容[②]。罗斯基尔在《图画的解释》中指出,在历史上,图像的阐释有三种模式。第一种是"图说",它符合解释艺术家受文学影响后用图像表达的那种再现性主题。图像实际上是故事的象征,它以一个图像的表象表示一个寓意。第二种是诠释,根据图像的形式和与此有关的文献材料来分析图像的意义。第三种是"估测",因为并不是每个图像都具有题榜的先入指见性,对那些仅是表现为视觉图像而又无法在文字里追溯缘由的,只好采用估测。在研究中这三种叙述图像的模式有一个共同点,就是始终以图像的视觉特点为中心,否则就失去了图像学方法的要义。欧文·潘诺夫斯基(Erwin Panofsky,1892—1968)把视觉图像的研究分为三个层次[③]。第一,前图像志(pre-iconography)描述,主要是以"实际经验为基础,解释初步的或自然的"题材,包括画面或雕塑的形式因素,包括构图、线条、色彩、材料及技术手段,通过对这些事实的仔细观看,为后面正确的解释提供充分条件。第二,图像志(Iconography)分析,这种方法关注的是能通过文字资料来发现"次要的或习俗的含义"。潘诺夫斯基说:"图像志就是对各种形象的描绘和分类……是一种有局限

[①] 中国大百科全书·美术卷[Z].北京:中国大百科全书出版社,1998:823
[②] 参见常宁生编译.艺术史的图像学方法及其运用[J].世界美术,2004(1):70-76
[③] 潘诺夫斯基:《图像学研究》(1939年)、《哥特式建筑与经院哲学》(1951年)、《早期尼德兰绘画》(1953年)和《视觉艺术的含义》(1955年)等著作,奠定了图像学方法的基础。

性的、辅助性的研究,它能够告诉我们一些特定的题材是在什么时候、什么地方通过特殊的母题被形象地表现出来的。"这里图像志一词,英文作"Iconography",其后缀graphy(写法、写作)是从希腊文"写作"发展而来,表示描述性方法——有时甚至是叙述性的方法。后期的金石学对汉画的著录,已含有这种观念。在现代的考古学中,对艺术的考古,往往走这条道路。如各种对汉画的发掘报告中对四神图像的著录,首要任务是弄清事实,而不是文化的阐释。弄清事实有时比文化的阐释更重要。这是因为事实就包含文化在内。第三,图像学(Iconology)阐释在更深一层的图像志的基础上,指向一种内在意义的独创性关联,就是要通过图像去发现形成这种图像的民族精神的根源和个人心理的特征,指示图像的深层意义世界。一旦对图像的阐释深入到内在意义上,就完成了从图像志分析到图像学分析的转换。这里"图像学"一词,英文作"Iconology",从字源看,Icon就是希腊文的"偶像、肖像、形象"。因此Iconology就是形象研究。在审美领域,它是对视觉艺术含义进行研究与阐释的学科。在对图像的阐释中,符号和象征的方法起到重要作用。由于图像的"内在的意义"是一种"象征性地显现出来的"形式化的价值,它凝聚了问世时特定时代的意识形态诸方面特征,因而相应的阐释就特别难。阐释者不仅要有文献方面的广博知识,了解和熟悉时代的精神氛围,而且应对艺术有敏感的感受力和精细的分析思辨力。由于图像在本质上是符号象征的,所以图像学的研究通过视觉图像的符号去破译其象征的内涵就是研究的中心和重点。当然,图像绝不是文献的视觉化,图像的象征内涵和意义也不是文献意义可以包含的。图像本身构成一个完整的世界,确定图像本身的意义就是图像学要达到的目的之一。

汉画四神图像,无论是画像石、画像砖,或者壁画、帛画、铜镜、瓦当等材质,大都会依照时代流传的固定模式。贡布里希在《论装饰》中提及艺术家总爱修改既有母题,而不愿创新。这一方面由于创造出新的形象比较困难,另一方面即使有新的形象或情景创造出来,短时间内也很难被社会接受,修改、丰富或简化一个既有的类型,比创新一个更容易,这在具有各种不同细微变化的朱雀形象上可以看得很清楚。因此,在运用图像学方法考察汉画四神图像时,也存在同样问题。可能会包含着一种程式性的东西,这种"程式性"的稳定性也许很高,但可能与时代不尽相符。正是这些具有程式性的创作观,产生了可以类比的汉画四神图像,为研究者的分类归纳提供了可能。鉴于此,我们在研究中不能片面强调和夸大图像与时代的直接关系和作用。

主要运用的具体方法有两个,一是类比,一是图像著录。

①类比

指在某一角度(题材的相关、形式的相似等)的统摄下,对图像加以比较、印证、解释。比较可在不同方向上展开,本书涉及同类图像(同类可分不同层面:题材上的相同、形式上的相同、功能上的相同等)的比较。

②图像著录

当我们试图描述古代图像时,应意识到古今处于不同的观念体系中。今人解释当时的遗存、判定当时的图像时,根据不同的目的,可采取不同的方式。还原到当时的概念中给予解释。在此方向上通常有两种途径:一是检索古代文献中与图像对应的记载或描述,然后作出判定。但在已有研究中出现的问题是:首先,并非所有的图像都能在文献中找到相应的记载或解释,即缺乏完备性;其次,这种"对应"关系是人为赋予的,不同研究者可能会作出不同的判断;第三,现存文献只是当时多种版本中的一种,民间工匠制作画像石所依据的口述或文字版本与传世文献、正史、官方记录、知识分子的描述能否或在多大程度上反映当地和民间的思想状况,值得审视。二是依据出土壁画上的题记,画像砖、石上的榜题,器物上的铭文等考古材料,对相应图像作出判定。可以根据现存题记铭文整理出一套概念,这要比途径一更贴近实况,但能找到对应题记的图像只是一部分,很多图像无法解释。

事实上,在已有的研究中,常常将上述两个途径并用来考证、判定图像,同时难以避免以今人的观念结构去驾驭古代的概念,完全回到当时当地的观念结构中去可说是极为困难。而还原到古代观念体系中去处理概念意味着什么?是否必要呢?暂不考虑或打破古代概念与结构,而是重构一种图像描述的方式,这纯由解决问题的需要而定。事实上,我们不可能脱离今人的认识结构,不可能清除解释过程中的"我",解释策略决定了解释结果。在途径一中,我们的目的不是把自己置换到古人的处境(体验)中去,而是去认识古人所用的概念及其间的关系。本书在涉及图像时,首要任务是形式分析,而后进入观念解释层面,因此图像在著录时只根据画面形态结合文献进行描述阐释。如玄武在汉代尚不确定其为"鹿"、"龟"、"龟蛇"或其他时,便以图像的画面形态进行描述归纳讨论,尽管现存汉代文献中并无"玄武"形象的描述。

四、研究的预期目标

本书以汉画四神图像为研究对象,通过探讨其主题类型、视觉形态和内涵意义,期望从中归纳出四神图像的"基准图像"(prime image)①和演变线索,并尝试厘清四神图像在汉代所蕴含的观念与内涵,探明四神图像所形成的文化传统,以及这些传统对其他社会活动的影响。

---

① 因特征明显、形式稳定、出现频繁而被人为选取以考察风格变化和模板传播的标型图像。

首先,研究分析汉代以前的四神图像,结合文献记载,对四神图像的出现缘由、具体内涵、构成特征、演变过程进行探究。在此基础上从社会背景、思想背景、政治背景、宗教背景等诸多方面分析汉画四神图像兴盛的动因。其次,根据已掌握的翔实的图像资料对汉画四神图像进行前图像志的描述和图像志的分析,归纳总结青龙、白虎、朱雀、玄武的造型样式、造型风格、图式构成、构成方式、构成特点、表现手法以及相关背饰元素,并分析这些图形所传达的文化内涵,如神仙思想的功用、鬼魂思想的意义、天人感应思想的表述等。然后是对四神图像存在的疑问进行分析,如"青龙白虎异位"、"四神星象图的内涵"、"四神图像构成形式的转变"等。最后勾勒出四神图像在汉代以后的发展流变,以及各种关联与影响。本书的研究目的,期望在汉画四神图像的图像志分析基础上,把握四神图像的内在涵义和思想背景,揭示四神图像的产生和演变过程,寻找其融入民族文化体系的深层原因。

第一章　四神图像的渊源

四神图像作为时空观念的物化形态,伴随着先民的原始意识的萌发而出现。因此,要考察汉画中四神图像兴盛的原因,就必须从汉代以前相似的图像和观念入手。四神是随着先民观象授时、时空合一、星宿崇拜、图腾崇拜等观念衍生而出,其图像作为思想和观念的物化载体,最终发展成为一种普遍的文化现象。从现有的实物资料来看,先民对于四神的认识,并不是如同文献所载的简单与滞后。所以,本章结合实物考据资料,探讨汉代以前四神图像及其观念发展、变化的脉络。

第一节　汉代以前的四神图像

四神意指"四种神圣的生物",是一套以动物形态出现的四个神灵[①]。自汉代起,四神不仅成为墓室建筑及墓室壁画中最常见的图像之一,还不断地在不同形式、不同大小的实用或陪葬器物上出现。以现存的考古资料分析,四神中的四个动物形象在汉代以前已经存在,但不是在同一时间出现的,其来源多元、复杂而多变。自新石器时代以来,龙、虎、凤一直是造型艺术中常见的图像。而四神中代表着东方的青龙、西方的白虎和南方的朱雀形象,极可能源自于新石器时代以来就已非常流行的龙、虎、凤图案。但我们必须注意的是,这些动物图案如果不是一双或一组同时出现并且带有明确的方位性,很可能只是龙、虎、凤,而不是四神中的青龙、白虎或朱雀。其中,代表北方的玄武,形象最特别、最复杂、也最不稳定,研究上的辨认有着较大困难(本书第三章将作专门论述)。

截至目前,被学术界认可或存在疑问的四神早期图像,当属河南濮阳西水坡仰韶文化(约公元前 4500 年)墓葬遗址出土的蚌塑龙虎图案、河南上村岭虢国贵族墓地出土的虎、鹿、鸟等图形以及湖北随县曾侯乙墓出土的彩绘龙虎图纹。

一、河南濮阳的蚌塑龙虎

濮阳西水坡遗址位于河南省濮阳县城内西南隅新民街南,环城路之西,京广公路之北,面积约五万余平方米。遗址的南部被五代时期的古城墙所压,北部是比较低洼的沼泽地。因为遗址周围的地势稍低,常年积水,芦苇丛生,故俗称西

[①] 四神的组合有两个不同的版本。一为《礼记·礼运》:"四灵以为畜,故饮食有由也。何谓四灵?麟凤龟龙谓之四灵。"一为《三辅黄图》:"苍龙、白虎、朱雀、玄武,天之四灵,以正四方。"文中所指为后一种。

水坡。该遗址从1987年开始发掘。于当年8月份在T137发现第一组蚌图,即M45正中人骨架东西两侧用蚌壳摆塑的龙虎图案,随后又发现了第二组和第三组用蚌壳摆塑的动物图案。这一发现,在国内引起强烈反响。

第一组蚌图,在遗址第45号墓内。该墓位于T137的西部,结构为竖穴土圹,东西宽3.1米,南北长4.1米,深0.5米。墓底平坦,周围修筑规整。墓室的东、西、北三面各有一个小龛。墓内埋葬4人。墓主为一壮年男性,身长1.84米,仰身直肢葬,头南足北,埋于墓室的正中。另外3人,年龄较小,分别埋于墓室东、西、北三面小龛内,皆为仰身直肢葬。东部龛内的人骨保存不好,未作性别鉴定。西面为女性,年龄约12岁,双手压在骨盆下,头部有刀砍的痕迹,显然是非正常的死亡者,应为人殉。北面为16岁左右的男性,双手也压在骨盆下,显然也是人殉。

墓室中部壮年男性骨架的左右两侧,有用蚌壳精心摆塑的龙虎图案。蚌壳龙图案位于人骨架的右侧,头朝北,背朝西,身长1.78米、高0.67米。龙昂首,曲颈,弓身,长尾,前爪扒,后爪蹬,状似腾飞。虎图案位于人骨架的左侧,头朝北,背朝东,身长1.39米、高0.63米。虎头微低,圜目圆睁,张口露齿,虎尾下垂,四肢交递,如行走状,形似下山之猛虎。另外,在虎图案的西部和北部,还分别有两处蚌壳。虎图案西面的蚌壳比较乱,不规则,没有一定的形状,里面还杂有一些石片,可能是摆塑虎图案后剩余下来的。虎图案北部的蚌壳,形状为三角形,似乎是人为摆放的。在这堆蚌壳的东面,距墓室中部壮年男性骨架0.35米处,还发现两根人的胫骨(图1-1)①。

图1-1 濮阳西水坡遗址第一组蚌图

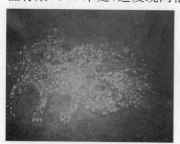

图1-2 濮阳西水坡遗址第二组蚌图

第二组蚌图,摆塑于M45南面20米处,T176第4层下打破第5层的一个浅地穴中。动物图案有龙、虎、鹿和蜘蛛等。其龙头朝南,背朝北;其虎头朝北,面朝西,背朝东,龙虎蝉联为一体;其鹿卧于虎的背上,就如同一只站立着的高足长颈鹿。蜘蛛摆塑于龙头的东面,头朝南,身子朝北。另外在蜘蛛和鹿之间,还有一件制作精制的石斧(图1-2)②。

第三组蚌图,发现于第二组动物图案的南面

---

① 濮阳市文物管理委员会、濮阳市博物馆、濮阳市文物工作队.河南濮阳西水坡遗址发掘简报[J].文物,1988(3):3
② 濮阳西水坡遗址考古队.1988年河南濮阳西水坡遗址发掘简报[J].考古,1989(12):1059

第一章 四神图像的渊源

T215第5层下(打破第6层)的一条灰沟中,两者相距约25米。灰沟的走向由东北达西南,灰沟的底部铺垫有0.10米左右的灰土,然后在灰土上摆塑蚌图,为人骑龙和虎等。人骑龙摆塑于灰沟的中部偏南,龙头朝东,背朝北,昂首,长颈,舒身,高足,背上骑有一人,也是用蚌壳摆成。虎摆塑于龙的北面,头朝西,背朝南,仰首翘尾,四足微曲,鬃毛高竖,呈奔跑和腾飞状。另外,在龙的南面、虎的北面、龙虎的东面,还各有一堆蚌壳。龙南面的蚌壳面积较大,高低不平,成堆状。虎北面和龙虎东面的两堆蚌壳较小,形状为圆形。在龙虎的西面还有一舒身展翅的飞禽,因被两个晚期灰坑打破而看不出是什么图形。在飞禽与龙之间有一个用蚌壳摆成的圆圈。另外在这一层位上,还有许许多多零星的蚌壳,似乎并非是随便乱扔的。从整体看,这条灰沟如同空中的银河,灰沟中的零星的蚌壳,则似银河系中的繁星,而那龙南面堆积的蚌壳有如山川,非常形象和壮观(图1-3)①。

图1-3 濮阳西水坡遗址第三组蚌图

这座河南濮阳西水坡仰韶文化墓葬现象新奇独特,前所未见,令人叹为观止,很多学者相继对其进行了专门研究②。本书关注的重点是图像问题。我们看到,上述三组蚌图都是以龙虎为主体③,但不仅组合不同,位置不同,其造型也有很大的差别。笔者通过对三组蚌图的分析,发现第一组蚌塑龙虎图案已经初步

---

① 濮阳西水坡遗址考古队.1988年河南濮阳西水坡遗址发掘简报[J].考古,1989(12):1059

② 相关研究有:李学勤.西水坡"龙虎墓"与四象的起源[J].走出疑古时代.沈阳:辽宁大学出版社,1995:142-149;张光直.濮阳三蹻与中国古代美术上的人兽母题[J].文物,1988(11):36-39;冯时.河南濮阳西水坡45号墓的天文学研究[J].文物,1990(3):52-60;丁清贤等.关于濮阳西水坡蚌壳龙虎陪葬墓及仰韶文化的社会性质[J].华夏考古,1991(4):61-79;孟У平.西水坡虎图案的文字学观察[J].江汉考古,1993(4);郝本性.濮阳仰韶文化蚌图小议[J].中原文物,1996(1):56-60;方酉生.濮阳西水坡M45蚌壳摆塑龙虎图的发现及重大学术意义[J].中原文物,1996(1):61-71;陈江风.从濮阳西水坡45号看"骑龙升天"神话母题[J].中原文物,1996(1):65-71;王大有.颛顼时代与濮阳西水坡蚌塑龙的划时代意义[J].中原文物,1996(1):72-75;伊世同.北斗祭——对濮阳西水坡45号墓贝塑天文图的再思考[J].中原文物,1996(2):22-31;何星亮.河南濮阳仰韶文化蚌壳龙的象征意义[J].中原文物,1998(2):34-42;李锦山.史前龙形堆塑反映的远古零祭及原始天文[J].农业考古,1999(1):128-139;陆思贤.濮阳西水坡45号墓主人的人格与神格[J].华夏考古,1999(3):73-83 等。

③ 关于蚌壳龙虎,学术界曾出现五种具有代表性的观点。其一,是神武和权力的象征,用以衬托墓主人的身份[丁清贤等.关于濮阳西水坡蚌壳龙虎陪葬墓及仰韶文化的社会性质[J].华夏考古,1991(4):70]。其二,是墓主人的坐骑[孙机.神龙出世六千年——龙的形象之出现、演变和定型[J].见国立历史博物馆编辑委员会编.龙文化特展.台北:"国立"历史博物馆,1990:28]。其三,是墓主人能召唤使用的助手,与古代原始道教上的三蹻有渊源关系[张光直.濮阳三蹻与中国古代美术上的人兽母题[J].文物,1988(11):36-39]。其四,是墓主神灵的象征[何星亮.河南濮阳仰韶文化蚌壳龙的象征意义[J].中原文物1998(2):36]。其五,代表东宫苍龙、西宫白虎。持第五种观点的学者较多,有李学勤,1995;冯时,1990;伊世同,1996;李锦山,1999;陆思贤,1999等。

具备了形成四神图像的基本要素。

理由之一,对立互生和明确的方位性。在前面我们已经提到,龙、虎、凤一直是造型艺术中常见的图像,如果不是一双或一组同时出现并且带有明确的方位性,很可能只是龙、虎、凤,而不是四神中的青龙、白虎或朱雀。第一组蚌图中的龙虎位置,互为对立,非常明显;并且龙形在东,虎形在西,与青龙、白虎的方位完全吻合。

理由之二,与天文星象相关联。青龙、白虎是四象中的二象。所谓四象,又称四神、四兽、四维等等,也就是青(或苍)龙、白虎、朱雀(或鸟)、玄武,本属于我国古代天文学的范畴。秦、汉时期已有系统的四象之说,《淮南子·天文》、《史记·天官书》中均出现相关记载。四象的实质是星宿的划分,每象为二十八宿中的七宿。二十八宿与四神相配,是中国传统天文学的一大特点。我们再来看第一组蚌图。第一组蚌图在第 45 号墓内。墓室平面为不规则多边形,南半部是三曲弓形,北半部作方形。这种奇特的墓穴形制,与古老的"天圆地方"的盖天宇宙学说极为相似①。而龙虎的布列方位与传统星象体系的东、西二象一致。在相当于墓室中央的位置,是一个用蚌壳堆塑的北斗图案,组成北斗斗杓的是人的腿骨,即股骨。古时又称"股"为"髀"。《说文·骨部》:"髀,股外也。"②"髀"同时也是古代测晷之表名。《周髀算经》在解释"髀"的含义时这样写道:"周髀,长八尺。……髀者,股也。……髀者,表也。"③这些诠释可以说明,圭表本应从人骨转变而来。人类首先认识的影其实就是自己的影,并通过此而最终学会了测度日影。换句话说,最早的测影工具实际就是人体本身。"髀"所具有的双重含义(腿骨和表)表明,人体在作为一个生物体的同时,还曾充当过最早的测影工具。由于人骨测影实际就是"髀"之本义,因此,斗杓不以蚌壳而用人骨,意在体现古人斗建授时与测度晷影的综合关系④。斗杓指向东方的龙星之角,蚌塑三角形斗魁指向西方的虎星之首,与《史记·天官书》中所载"杓携龙角"、"魁枕参首"⑤的天象相符(图 1-4)。四神的天文结构的中心是北斗。而第一组蚌图中已经包括了北

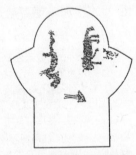

图 1-4 濮阳西水坡遗址蚌壳堆塑星象图

---

① 冯时.中国天文考古学[M].北京:中国社会科学出版社,2007:390
② [清]段玉裁.说文解字注[M].成都:成都古籍书店,1981:173
③ 周髀算经·卷上之二.四库全书·子部·天文算法类·787 册[Z].上海:上海古籍出版社,1987:17-23
④ 冯时.中国天文考古学{M].北京:中国社会科学出版社,2007:379
⑤ [汉]司马迁.史记[M].[宋]裴骃集解、[唐]司马贞索隐、[唐]张守节正义.北京:中华书局,1972:1291

第一章　四神图像的渊源

斗和龙虎等重要星象,方位密合,直接决定了蚌塑龙虎图像的星象意义。

初昏时候,斗杓指东为春天,指西为秋天。由此可见,早在六千年前,人们已经把东西方星宿分别与龙虎形象相联系,并通过斗柄指向来定春秋二季。在以农业为主体经济的原始部落,四季之中,最重要的莫过于春秋二季。所谓春种秋收、东作西成便是这种心态的反映。第一组蚌塑龙虎图案表明当时的水平已经跨越混沌,开始崇拜天极(太极)和北斗,承认天地的分合联系。在季节上看,当时大概把一年分为春秋两季;从方位上看,当时已能分清东(朝)与西(夕);更由于北斗呈现,则南北和冬夏也将逐渐齐全。这同时也说明,在四神体系之中,以龙虎代表方位、象征星象的起源应该更早一些。然而根据目前可供查阅的文献资料,关于四神名称的可靠记载是战国时期的《礼记·曲礼上》和《吴子·治兵》等书①,距今仅两千四百多年,而蚌壳龙虎图案约在六千年前,相距太过遥远。因此,我们只能说第一组蚌塑龙虎图案已经初步具备了形成四神图像的基本要素。另外两组蚌图尚需更有力的资料加以佐证,较多的解释称其为具有原始宗教意义的壮丽场景——升天景象②。

众所周知,对事物认识的量变阶段总是长期和缓慢的,但它毕竟是后期发展的基础。尽管我们不能把濮阳西水坡蚌塑龙虎图案视为四神体系确立之后的作品,但是,它至少说明这个图像体系的起源年代显然要大大早于这个时间。而濮阳西水坡第一组蚌塑龙虎图案成为古代四神图像体系的早期形式,从中可以看出四神图像在初创和确立过程中的某些基本观念以及形式风格特征。

二、虢国铜镜的鸟兽图饰

1956年至1957年,黄河水库考古工作队在河南省三门峡市上村岭发掘了一处虢国贵族的墓地,前后共发掘了234座墓(包括虢国太子的墓),还有3座车马坑和1座马坑。其中出土了一面虢国铜镜(图1-5),该镜装饰纹样打破了传统的几何图案风格,而代之以鸟兽动物图形,故显得异常珍稀。更难能可贵的是,这些动物图形分别位于铜镜背面的上下左右四方,两两相对,与以后汉代大为流行的四神镜十分神似。

图1-5　河南上村岭虢国铜镜图形

河南省三门峡市的市区是一个东西狭长的高台地,

---

① 李学勤. 西水坡"龙虎墓"与四象的起源[J]. 走出疑古时代. 沈阳:辽宁大学出版社,1995:144.《礼记·曲礼上》云:"行,前朱鸟而后玄武,左青龙而右白虎,招摇在上。"《吴子·治兵》篇载吴起答魏武侯问三军进止时说:"必左青龙,右白虎,前朱雀,后玄武,招摇在上,从事于下。"

② 冯时. 中国天文考古学[M]. 北京:中国社会科学出版社,2007:407

上村岭(东距陕县县城4.7公里)就位于台地的北缘,地势稍高。上村岭的北面临黄河,由于长期受河水侵蚀,因此形成近百米高的深沟峭壁;南面则是一片平坦的坡地,虢国贵族的墓地群就在这片坡地上。墓地南北长 280 米,东西宽 200 米。墓地中虽然掺杂了一些汉代以后的墓葬,但主要还是东、西周时期的竖穴墓。墓地出土的器物不仅在质地、制作方法、器形、花纹上,包括年代上都相当一致。其中出土的铜器中 14 件带铭文,如 1052 号墓的戈 2 件,上刻铭文"虢大子元徒戈";1631 号墓的鬲 1 件,上刻铭文"虢季氏子作宝鬲子=孙=永宝用享";1820 号墓的盘一件,上刻铭文"虢□□作宝盘子=孙=永宝用";等等。根据《汉书·地理志》所说"北虢在大阳"[1],将出土铜器的铭文、墓地位置与文献记载相对照,可以断定这是虢国墓地[2]。关于虢国灭亡的时间,《春秋左传》写道:"僖公二年:'夏,晋里克、荀息帅师会虞师伐虢,灭下阳。'"[3]《史记·晋世家》云:"十九年,献公曰:'始吾先君庄伯、武公之诛晋乱,而虢常助晋伐我,又匿晋亡公子,果为乱。弗诛,后遗子孙忧。'乃使荀息以屈产之乘假道於虞。虞假道,遂伐虢,取其下阳以归。"[4]根据发掘情况,整个墓地没有发现任何晚于东周早期的墓葬或随葬器物(汉以后的墓除外),这与史料所记灭虢的年代是相符合的。由此可以断定,上村岭墓地的年代属于西周晚期到东周早期,约公元前 9 世纪初叶到 7 世纪中叶,下限为晋灭虢之年,即公元前 655 年[5]。

　　虢国铜镜出土于编号 1612 的墓中。1612 号墓的位置处于整个墓地的中部。墓的方向,以葬者的头为准,大致向北,墓坑口宽 2.82 米×(1.7～1.6)米,底宽 2.88 米×(1.74～6.1)米,椁 2.54 米×(1.24 米×？米,棺 1.75 米×0.56 米×？米,为直身葬。随葬器物的分布是:棺椁间东南角放铜鼎;棺内,人架胸部有骨戈、串饰,脚西侧有铜镜。铜鼎与两周金文辞大系、商周彝器通考中断为西周晚期及东周早期的相近[6]。由于铜镜和铜鼎属于同一墓葬,铜镜的大致年代因此得以确定。

　　虢国铜镜的镜身平直,正中有两个平行的弓形钮,直径 6.7 厘米,厚 0.35 厘米,钮长 2.1 厘米,钮宽 0.45 厘米,钮高 0.25 厘米[7]。关于"镜"的文字记载,最早见于春秋时期的《墨子》:"君子不镜于水而镜于人。镜于水,见面之容;镜于人,则知吉与凶。"[8]而镜的实物形式,根据考古资料可以得知,最早来源于甘肃、

---

① [汉]班固.汉书[M].北京:中华书局,1974:1549
② 中国科学院考古研究所.上村岭虢国墓地[R].北京:科学出版社,1959:48
③ 杨伯峻.春秋左传注[M].北京:中华书局,1981:283
④ [汉]司马迁.史记[M].[宋]裴骃集解;[唐]司马贞索隐;[唐]张守节正义.北京:中华书局,1972:1644
⑤～⑦ 中国科学院考古研究所.上村岭虢国墓地[R].北京:科学出版社,1959:48,31,27
⑧ 张纯一.墨子集解·非攻[M].成都:成都古籍出版社,1988:132

第一章 四神图像的渊源

青海的齐家文化墓葬中的铜镜。虽然早在四千多年以前已经出现了铜镜,但从那时直到春秋战国之前的几千年里,一共只有24面铜镜传世,可谓是凤毛麟角[1]。在这些铜镜中,属于齐家文化时期的铜镜背饰出现了七角星形纹、弦纹,制作粗糙,含锡量低,虽然具备了铜镜的样式,但无法作照容之用,更像是一种佩饰。商代铜镜已经基本具备了照容功能,纹饰有叶脉纹、弦纹、平行线纹等。西周早期以素镜为主,尚未发现纹饰。西周中期铜镜上常见花纹,仍是传统的几何图案如弦纹、重环纹等。而这面属于西周晚期的虢国铜镜,背饰为鸟兽图形,这也是动物纹饰在铜镜上的第一次出现,打破了传统的风格,成为春秋战国以前出土的铜镜中制作精良、纹饰优美的典范之作。

关于虢国铜镜背饰的鸟兽图形,学术界目前有两种看法。其一,认为是虎、鹿和鸟[2]。其二,认为自下按逆时针顺序为雀、龙、鹿和虎[3]。两者对鸟(雀)和鹿的看法是一致的,区别在于另外两个相对的动物是双虎还是龙和虎。不可否认,乍看之下,这两个动物的确十分相像。但是,如果仔细进行比较,就会发现它们之间存在着差异。第一,右边动物的形体明显大于左边的动物。第二,右边动物身上的螺旋纹比左边动物的要复杂。众所周知,商周青铜器是用陶范模铸的,因此在范上刻花纹就容易得多,要想塑造两个相同的动物形象应该不是什么难题。再退一步说,假设这两个动物属于同一形象,那么,从装饰的角度来说,另外两个相对的动物也应差别不大,而不该出现形象差别很大的鸟和鹿。因此,可以肯定,这面虢国铜镜的背饰图形当为四个不同的动物形象。为什么是四个而不是两个或三个?为什么采用形象差别很大的动物图形而不采用相同的动物图形?这些都是耐人寻味、值得深思的。要知道,没有任何艺术是只考虑视觉再现的。古代早期艺术,既不是纯粹的装饰,也不是完全的再现,跟神话一样,它影射现实,但不描绘现实。它的含义并不在于后起的文学性上,它不是用语言传达的思想的象征,而是一种暗示,这种暗示联系着社会现实,联系着当时人们的信仰体系以及对外部客观世界的认识。

通过甲骨文,我们知道,商代的一年分为两季制,甲骨文只以春和秋当做季名,西周前期仍然沿用商代的两季制,到了西周后期,才由春秋分化出夏冬成为四时[4]。也就是说,那时的人们已经认识了"四"这个数。人类学的材料表明,人类认识"四"这个数,经历了漫长的艰巨的智力努力。在许多现存的原始部落文化中,人们关于数的概念仅仅停留在"二"或"三"的水平上,尚没有"四"这个数。

---

[1] 陈晴.古镜[M].上海:上海书店出版社,2003:2
[2] 中国科学院考古研究所.上村岭虢国墓地[R].北京:科学出版社,1959:27
[3] 陈久金.从北方神鹿到北方龟蛇观念的演变——关于图腾崇拜与四象观念形成的补充研究[J].自然科学史研究,1999,18(2):115-120
[4] 于省吾.甲骨文字释林[M].北京:中华书局,1979:124

那么,"四"是怎样得来的呢? 从"四"的神圣性意义来看,它很可能是原始人空间知觉的四方方位感的产物①。人们最先知道的是东西两个方位,这是来源于日出日落的启示。由于太阳一天的运行经过东南西三方,北方是日不到之方,所以在四方位空间观念最初形成之际,北方便被认同为阴间地域的方位,并因此导致了殷商早期墓穴、祭祀坑的南北向构建模式,以及后来文献中的模式化的说法:"葬于北方北首,三代之达礼也,之幽之故也。"②人类正是借助太阳运行轨迹确定东与西两个方位之后进一步确定了南、北方位,从而在平面上将宇宙空间划分为四方,于是,二方位空间意识完成了向四方位空间意识的演变。但在商代的文明与文物里,我们看到的仍旧是一系列两分现象的历史事实③。这种两分现象在艺术上的典型表现,则为铜器装饰花纹的对称构成,常是环绕器物成为二方连续带。西周时期的青铜礼器延续了这一风格特点。而属于同一时期的虢国铜镜却反映出不一样的时代气息。首先,四个动物分踞铜镜背面的四方,呈现出对立互生的布局,这种布局与铜镜的圆形轮廓相为契合,恰恰形成对"天圆地方"的宇宙观念的平面式的模拟。其次,与青铜礼器上装饰纹样浓郁的抽象风格相比,虢国铜镜上的动物图形要较为写实。虽然全用单线勾出,形象还显得简单而拙朴,很不成熟,但纯净疏朗之风扑面而来。第三,铜镜背面上的四个动物并不是被随意选择刻画的。如果说,饕餮纹是殷中期至周初青铜器的主要装饰纹样,那么,从西周中晚期到春秋中叶,粗纹几何图案便取而代之,成为流行风尚。虢国铜镜的年代属于西周晚期到东周早期,纹饰却非几何图案而是动物图形。更值得注意的是,其中还出现了鹿,这是一个十分罕见和奇特的现象。因为在商周时代的艺术中很少会出现鹿的形象。由此可见,虢国铜镜上的这四个动物并不仅仅只是被用来作为装饰,还可能具有其他一些特别的寓意。早在远古时,中原地区就分布着不同的民族,为了各自的生存,相互间进行着长期的斗争,并逐渐趋于融合。特别是经过夏商周三朝以后,形成了人口众多的以东夷西羌为主体的华夏族。但在边远地区,各个民族仍然保持着自己的语言、信仰和习俗,图腾崇拜就是远古保留下来的遗俗。根据陈久金的研究,东方苍龙、西方白虎、南方朱雀、北方玄武的概念就源于上古华夏族群的图腾崇拜,主要是东方东夷族的龙崇拜、西方西羌族的虎崇拜、南方少昊族和南蛮族的鸟崇拜以及北方民族女真族、东胡族、鲜卑族的鹿崇拜④。以此推断,虢国铜镜上的四个动物分别是龙、虎、鸟、鹿。它们代表了东、西、南、北四个方位,是古人四

---

① 叶舒宪,田大宪.中国古代神秘数字[M].北京:社会科学文献出版社,1998:57
② 王梦欧注译.礼记今注今译[M].天津:天津古籍出版社,1987:125
③ 张光直.中国青铜时代[M].北京:三联书店,1983:339
④ 参见陈久金.华夏族群的图腾崇拜与四象概念的形成[J].自然科学史研究,1992(1):9-21;陈久金.从北方神鹿到北方龟蛇观念的演变——关于图腾崇拜与四象观念形成的补充研究[J].自然科学史研究,1999,18(2):115-120

方方位意识在艺术上的体现,同时也成为四神图像的早期艺术形式,开启了汉代四神镜以及其他汉画形式中四神图像的发展模式与艺术格局。

或许是由于青铜礼器的权力功能与宗教意义太过突显,王室的政治和文化意图决定了它们视觉结构特征的导向。与那个时代大量制作、精心装饰的青铜礼器相比,铜镜显得有些微不足道。但是,也正因为如此,铜镜的装饰图式和风格可以更加自由,可以传达出许多易被忽略的信息。青铜礼器的神秘消失一如当初的辉煌,令人目眩神迷。作为制作历史最长、流传时间最久的青铜器,铜镜自有其与众不同的意义。而虢国铜镜上的四神图像雏形也因此显得弥足珍贵。

三、曾侯乙墓漆箱的龙虎彩绘

1978年夏,湖北随县曾侯乙墓出土了大量珍贵文物。值得注意的是,在其中编号为E·66的漆木衣箱的盖面上,发现一对彩绘龙虎图纹(图1-6),内容及其表现形式与河南濮阳西水坡第一组蚌塑龙虎图案几乎如出一辙。所不同的是,由于同时出现了一个阔大的"斗"字和现存最早的完整的二十八宿名称,使之成为确凿无疑的青龙、白虎形象,在艺术史上具有极其重要的价值。

图1-6　曾侯乙墓E·66号漆木衣箱盖顶青龙白虎图像

曾侯乙墓位于湖北省随县城关西郭的擂鼓墩附近,这里依山傍水,视野开阔,自然环境优美,是古人选择陵墓的好地方。曾侯乙墓工程规模浩大。巨型木椁置于坑底,由171根巨型长条方木垒成,全部为梓木。十二道椁墙将其分隔成四室,放置墓主棺、陪葬棺及随葬器物。四个椁室的底部皆有门洞相通,门均呈方形。东室置墓主内外套棺一副、陪葬棺八具、殉狗棺一具;西室置陪葬棺十三具。主棺分内外两层。外棺为近方形盒状,上部比底部略大,由铜框架嵌厚木板构成。内棺用厚木板拼装组合,由盖板、两侧壁板、两头挡板、底板、垫木接榫而成。外形为长方盒状。棺内遍髹朱漆,棺外髹漆亦十分讲究,用黑、金等色绘成繁复的图案。除绘门窗及龙、蛇形组成的勾连纹外,其余多数由龙、蛇等各种动物及神、兽构成。随葬器物丰富多彩。按用途来分,其种类包括乐器、礼器、兵器、车马器、甲胄、生活用器、丧葬用品及竹简等,共 15 404 件(含一些器物的附件及可拆卸的构件在内)①。质地有青铜、铅、锡、金、玉、石、骨、角、漆木、竹、丝、麻、陶等。在墓中出土的青铜礼器、用器、乐器和兵器上,"曾侯乙"三字共计出现 208 次。同一人名作为物主如此频繁地出现于同一座墓的器物上,还没有先例。这些足以证明,墓主人为曾侯乙,一位名叫"乙"的曾国诸侯。其下葬年代当为战国早期。其绝对年代,应该是公元前 433 年或稍晚②。

我们特别关注的是 E·66 号漆木衣箱的盖顶图像。曾侯乙墓出土的漆木衣箱一共5件,编号为 E·39、E·45、E·61、E·66、E·67。它们形制相同,大小相近,皆木质髹漆,箱身、箱盖分别用整木剜凿而成。箱身为矩形,内部剜空较深,便于盛物。盖作拱形,内空较浅。纹饰与铭文各异,但多与天文星象或天地宇宙间的神话故事有关。E·66 号漆木衣箱的盖顶当中是一个大的"斗"字,环绕斗字有一圈二十八宿的名称,两端绘着青龙、白虎图纹。在这里,青龙、白虎图像不仅与北斗相关联,还与二十八宿相匹配,是我国古代天文学史上已知的最早一例。因此,这幅图像不仅在艺术史上具有重要的价值,而且在古代天文学史上也具有重大的意义。同时更可以看出,北斗、二十八宿等星象在早期四神图像发展脉络中的重要性。

1. 北斗

E·66 号漆木衣箱的盖顶中央篆书一大"斗"字,以代表北斗天极。北斗七星终年不没,明朗醒目,自古以来就非常引人注目。它不仅是人们夜间辨别方向的坐标,而且人们根据它的变化掌握时间以及季节转换的规律。

古人之所以重视北斗,与他们所处的独特地理位置密切相关。我们知道,地球的自转轴指向天球北极,这使得地球的自转和公转所反映出的恒星周日或周年运动,实际上只表现为恒星围绕天球北极的旋转,而天极则可视为相对不动。在这些恒星中,北斗星是距离天球北极最近的亮星,从而成为北极的标志。由于华夏文明发祥于北纬 36 度左右的黄河流域,因此,这一地区的人们观测到的天球北极也就高出北方地平线上 36 度,那么也就意味着对黄河流域的先人来说,以北天极为中心、以 36 度为半径的圆形天区,实际是一个终年不没入地平线的常显区域。北斗当然是这一区域中的最重要的星象。而且由于岁差的缘故,它的位置在数千年前较今日更接近北天极,所以始终常显不隐,观测起来十分容易,成为终年可见的时间指示星。为了更加便于观测,古人把北斗七星中的每一颗星都命了名。《春秋·运斗枢》云:"第一天枢,第二璇,第三玑,第四权,第五

---

①,② 谭维四.曾侯乙墓[M].北京:文物出版社,2001:36,40-43

衡,第六开阳,第七摇光。第一至第四为魁,第五至第七为标,合而为斗。"①

随着地球的自转,北斗呈围绕北天极作周日旋转,在没有任何计时设备的古代,可以指示夜间时间的早晚;又随着地球的公转,北斗呈围绕北天极作周年旋转,人们根据斗柄或斗魁的不同指向,可以了解时间季节的变化更迭。古人正是利用了北斗的这种可以终年观测的特点,建立起了最早的时间系统。这种计时方法简易而实用,它的具体做法在《夏小正》中曾被反复提及:"正月,斗柄悬在下。六月,初昏斗柄正在上。七月,斗柄悬在下则旦。"②《鹖冠子·环流》对此也有类似的记载:"斗柄东指,天下皆春;斗柄南指,天下皆夏;斗柄西指,天下皆秋;斗柄北指,天下皆冬。"③不仅如此,人们还以此来确定方位。《淮南子·齐俗训》云:"夫乘舟而惑者不知东西,见斗极则寤矣。"④

北斗作为观象授时的重要星象,直接影响了中国传统天文学体系的建立。因此,我国古代天文学一直把对北斗的观测放在非常重要的位置上。而曾侯乙墓E·66号漆木衣箱的盖顶图像,表明了北斗在我国古代天文学中的重要地位,这一点,过去我们还缺乏足够的实物证据。特别是北斗与四神图像的结合,不仅属于天文学史更属于艺术史上的重大发现。曾侯乙墓发掘十年后,河南濮阳西水坡一处仰韶文化遗址中又出土了用蚌壳摆塑的东方苍龙、西方白虎与北斗的图像,与曾侯乙墓E·66号漆木衣箱的盖顶图像有着惊人的相似之处,其年代却要早出两千多年,又一次证实了北斗与四神图像的紧密联系。

2. 二十八宿

E·66号漆木衣箱的盖顶绕"斗"字所书文字为二十八宿的全部名称。我国传统的星象名位是以二十八宿为基础的。古人为了制定历法,把天体赤道附近分为二十八宿,目的是比较月亮的运动。二十八宿又叫二十八舍,以恒星为背景。月亮每二十七天多一些可以在天上运行一周,这样月亮每一天晚上等于在天上"住"一个地方,也就是一宿,每一个月要换住二十八个地方,叫做二十八宿,即《吕氏春秋》中所说的"月缠二十八宿"⑤。我国古代文献中关于二十八宿的记载不少,具体名称大同小异。学术界对此已有许多考证研究,达成了共识。E·66号漆木衣箱盖顶上的二十八宿称谓,虽然与历史文献记载略有差异,但其为二十八宿是毫无疑义的。下表将E·66号漆木衣箱上的二十八宿之名与历史文献所载进行了详细对照,使人一目了然。

---

① [汉]司马迁.史记[M].[宋]裴骃集解;[唐]司马贞索隐;[唐]张守节正义.北京:中华书局,1972:1291-1292

②,③ 冯时.中国天文考古学[M].北京:中国社会科学出版社,2007:125

④ [汉]刘安.淮南子[M].诸子集成·七.北京:中华书局,1954:173

⑤ [秦]吕不韦撰;[汉]高诱注.吕氏春秋[M].诸子集成·六.北京:中华书局,1954:31

表1-1 二十八宿名对照表①

石氏	甘氏	有始	天文训	律书	擂墓	附注
角	角	角	角	角	角	
亢	亢	亢	亢	亢	亢	
氐	氐	氐	氐	氐	氐	
房	房	房	房	房	方	① 表中"□"表示原文缺
□	心	心	心	心	心	② 表中"石氏"、"甘氏"指《汉书·天文志》所引石申、甘德；"有始"指《吕氏春秋·有始篇》；"天文训"指《淮南子·天文训》；"律书"指《史记·律书》；擂墓，即擂鼓墩一号墓，亦即曾侯乙墓
尾	尾	尾	尾	尾	尾	
箕	□	箕	箕	箕	箕	
斗	建星	斗	斗	建星	斗	
牵牛	□	牵牛	牵牛	牵牛	牵牛	
婺女	婺女	婺女	须女	须女	伏女	
虚	虚	虚	虚	虚	虚	
危	危	危	危	危	广	
营室	营室	营室	营室	营室	西縈	
东壁	东壁	东壁	东壁	东壁	东縈	
奎	奎	奎	奎	奎	圭	
娄	娄	娄	娄	娄	娄	
胃	胃	胃	胃	胃	胃	
昴	昴	昴	昴	昴	矛	
毕	毕	毕	毕	浊	畢	
觜觿	罚	觜觿	觜觿	罚	觜	
参	参	参	参	参	参	
东井	□	东井	东井	狼	东井	③ 石氏、甘氏的各宿名次序，为便于对比，略有更动
舆鬼	弧	舆鬼	舆鬼	弧	舆鬼	
柳	注	柳	柳	注	西	
七星	七星	七星	七星	七星	七星	
张	张	张	张	张	素	
翼	翼	翼	翼	翼	翼	
轸	轸	轸	轸	轸	车	

---

① 黄健中,张镇九,陶丹.擂鼓墩一号墓天文图像考论[J].华中师范学院学报,1982(4)

第一章 四神图像的渊源

E·66号漆木衣箱上的二十八宿不仅是我国古代天文学史上已知最早、最完整的实物记载，同时也是迄今为止所发现的世界上最早的二十八宿天文图。长期以来，二十八宿起源的时代和地点问题在世界范围内争论激烈。一派认为，二十八宿起源于中国；另一派认为，不仅二十八宿，甚至包括全部中国古天文学都是从巴比伦而来。聚讼纷纭的原因，是由于在中国、印度、波斯、阿拉伯等国的古代天文学中，都将黄、赤道附近的星座分为二十八宿，用以组成一个系统。在古天文学中，从每宿中要选定一颗星作为精细测量天体坐标的标准，称这个宿的距星。印度的二十八宿选择亮星作为主星或联络星，但它不起距星的作用，而中国二十八宿并不以亮星为标准，大多数距星是暗星，只有一颗一等星。由于二十八宿与北斗星的紧密联系，所以二十八宿的发源地应当以北斗星作为观测时的标准星。这正是中国古天文学的一大特点。早在战国时代便已成书的《夏小正》中，就有根据北斗的斗柄指向定季节的详细记载。在印度，由于纬度偏南，不能一年四季任何地方都可以看到北斗七星，因此印度对北斗就从来没有像中国这么重视。再从中国古文字学与二十八宿之名的关系来分析，也可以找到二十八宿源于中国的根据。古文字中的"井"、"壁"、"斗"等字与二十八宿中的"井宿"、"壁宿"、"斗宿"等形状十分相像。中国的文字历史，从殷墟卜辞算起，距今已有三千多年。如果再考虑到在整个古文字体系形成之前漫长的发展与完善的过程，早在三四千年前，二十八宿中某些宿以古文字的形式反映出来，就绝非偶然。这无疑是二十八宿源于中国之说的极为有力的旁证[1]。而E·66号漆木衣箱上的二十八宿的出土，更是以无可辩驳的事实证明了这一论点。何况这幅二十八宿天文图是环绕"斗"字来描绘的，并且与四神相匹配，这些无不呈现出鲜明的中国特色。曾侯乙墓的时代是比较肯定的，约在公元前433年，这把关于二十八宿及四象记载的可靠凭证，提前到了5世纪。并且由于它们是被作为装饰纹样描绘在盛衣物的箱子上，说明这种天文知识在当时已相当普及。从这一点看，二十八宿的创始年代应比曾侯乙下葬年代要早。由此可以认为，至少在春秋时期二十八宿体系已经存在了。仔细观察盖顶，便会发现，中间篆书的北斗被特意延长了四条线分别指向二十八宿的四个中心宿，即东宫的心宿、北宫的危宿、西宫的觜宿和南宫的张宿。我国古代把二十八宿分作四组，每组七宿，并以古代春分前后初昏时的天象为依据，将各组的七宿与四神相配。因为这时正是朱雀七宿在南方，青龙七宿在东方，玄武七宿在北方，白虎七宿在西方[2]。

青龙、白虎图像分别位于E·66号漆木衣箱盖顶的左右两侧，其方位正好与二十八宿中的东方七宿及西方七宿相对应，是四神图像与二十八宿相匹配

---

[1] 谭维四.曾侯乙墓[M].北京:文物出版社,2001:158
[2] 中国大百科全书·天文学[Z].北京:中国大百科全书出版社,1980:281-282

的最早的形象记录。但箱盖顶上下两侧未见图像,有学者认为"缺少朱鸟与玄武"①。但也有学者认为,如果将箱盖和箱身的图像联系起来看,那么箱盖的龙、虎图像和箱身一面的鸟图像正好构成三方,也就是东宫龙、南宫鸟、西宫虎;鸟旁七个圆点即代表南宫七宿的中心宿——星宿(即"七星"),正好与鸟纹代表南宫鸟相互印证;与鸟相对的一面全为黑色,无图像,表示能见龙、虎、雀三象时,北宫玄武看不见,在地平线下②。更有学者认为,衣箱一侧(青龙图案下面),有一以粗线勾画成的"火"形图案,图案中间有一个大圆点,四周围绕有小圆点和"十"字纹;衣箱另一侧(白虎图案下面),有一反转的蘑菇图案,蘑菇图案下面是一只以细线勾画成四脚动物,它被小圆点围绕着;而这衣箱两侧的"火"形图案和四脚动物形象很可能分别象征南、北两个方位③。笔者同意四象已出现于漆箱之上的观点,但认为此时南宫和北宫还未被确立为鸟形和龟蛇之形,四神图像尚在发展与完善之中(图1-7)。

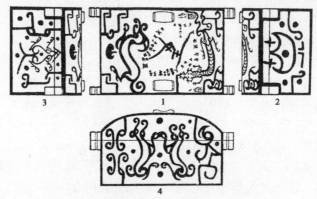

图1-7 曾侯乙墓E·66号漆木衣箱星象图
1. 盖面 2. 东立面 3. 西立面 4. 北立面

还有一点需要指出的是,曾侯乙墓的漆箱是作盛衣之用,故可称为衣箱。《易·系辞下》曰:"黄帝尧舜垂衣裳而天下治,盖取诸乾坤"④。王弼注曰:"垂衣

---

① 王建民,梁柱,王胜利.曾侯乙墓出土的二十八宿青龙白虎图[J].文物,1979(7).

② 黄健中,张镇九,陶丹.擂鼓墩一号墓天文图像考论[J].华中师范学院学报,1982(4).美国加州大学物理学教授程贞一、香港中文大学教授饶宗颐、中科院自然科学史研究所研究员席泽宗等认为"这种解释很有意思,但有待进一步研究"(程贞一,席泽宗,饶宗颐.曾侯乙编钟时代之前中国与巴比伦音律和天文学的比较研究//曾侯乙编钟研究.武汉:湖北人民出版社,1992).谭维四的观点与此大同小异(谭维四.曾侯乙墓[M].北京:文物出版社,2001:156).

③ 黄佩贤.汉代流行的四灵图像始见于新石器时代?——河南濮阳西水坡及河北随县曾侯乙墓出土龙虎图像再议//朱青生主编:中国汉画学会第九届年会论文集.北京:中国社会出版社,2004:59-62.

④ 黄寿祺,张善文.周易译注[M].上海:上海古籍出版社,1989:572.

裳以辨贵贱,乾尊坤卑之义也。"这就是说,自黄帝、尧、舜以来,古代衣服所绘(或彩绣)章文皆有尊卑等级之分。至周代,王室内更有"司服"之职专司其事。其纹饰图像多源于自然界,或天象,或山川,或动物,或想象的事物,或神话等。其中以日、月、星辰之象为最尊,非天子诸侯皆莫能用。衣裳服饰如此,盛衣之箱自然也不能逾越。这也应是此墓衣箱上的纹饰图像,多与天文有关的图像的原因。但从另一个角度来看,这些漆木衣箱,箱体作矩形,箱盖拱起,作弧面状,其造型正是中国古代宇宙理论"盖天说"的物化反映。盖天理论最初主张天是圆的,像一口扣着的大锅;地是方的,像一张棋盘,即所谓的"方属地,圆属天,天圆地方"①。后来又修改成"天像盖笠,地法覆盘,天地各中高外下"②,意为天像圆形的斗笠,地像扣着的盘子,都是中间高四周低的拱形。圆拱形的天,罩着拱形的地。这种说法被称为"新盖天说",也有人称之为"第二次盖天说"③。E·66号漆木衣箱盖顶所绘图像,一方面是古人对宇宙天地观察后所获知识的形象记录,另一方面又可说是天的象征。这样一来,拱形的箱盖象征天穹,矩形的箱身则象征大地。以此不难推断,这种漆木衣箱的结构很可能被赋予了宇宙观念,它们的出现使得人们对天空的观念从一种平面式的模拟发展为立体式的模拟,甚至有可能是导致以后汉代穹顶墓室的滥觞。

不同于河南濮阳西水坡第一组蚌塑龙虎图案的写实风格,曾侯乙墓E·66号漆木衣箱盖顶图像中的龙、虎形象,纯粹以线造型,并且线条粗壮,具有极强的抽象性,充满了装饰意味。虽然这与以后汉画中大量出现的青龙、白虎形象有明显区别,但仍旧可以当之无愧地被称为以线造型的四神图像的鼻祖。而其与北斗、二十八宿等星象的结合,更是成为汉画中四神星象图的渊源。只不过,根据教育、社会地位和环境的不同,艺术家会"在天文学的精确性和艺术的精致性之间以各种方式保持平衡"④。

第二节 四神体系起源的考察

从上节的考古资料可以看出,天文星象在四神图像形成的过程中具有重要的作用。天文学是人类最古老的学科之一,它与人类文明的起源息息相关,其发展在某种意义上标志着一个文明的水准。古人为了祭祀、星占、农业以及狩猎等

---

①,② 周髀算经·卷上之二. 四库全书·子部·天文算法类·787册[Z].上海:上海古籍出版社,1987:1-17

③ 中国大百科全书·天文学[Z].北京:中国大百科全书出版社,1980:83

④ Lillian Lan-ying Tseng. Picturing Heaven: Lmage and Knowledge in Han China, Ph. D. diss, Harvard University, 2001:192

的实际需要,必须掌握时间和季节的变化。他们逐渐发现这种变化与日月星辰之间存在着恒定的关系,于是因此发展出一套识星体系。四神起初只是识星体系的物化形式,但随着人类对客观世界的认识的增加,又将之与方位、四季、颜色结合,最终形成了由五种动物组成的四组灵物。它们分别具有四种不同的颜色以及代表四个不同的方向,并与二十八宿完成固定搭配的严整形式,这便是东宫青(或苍)龙、西宫白虎、南宫朱雀(或鸟)、北宫玄武的四神体系。四神图像作为一种较为成熟的艺术图像模式,显然已经脱离了原始的原生形态。帕诺夫斯基曾指出,为了能准确地记述、辨析"母题"原型,需要对其在"对象—事件"产生的过程中作历史性的考察①。因此,为了深入研究四神图像,我们有必要对四神体系的起源作一个全面的考察。

一、观象授时

恩格斯说:"必须研究自然科学各个部门的顺序的发展。首先是天文学——游牧民族和农业民族为了定季节,就已经绝对需要天文学。"②不论在远古还是今天,真正意义上的科学的计时方法都必然源于天文。而天文学的产生与史前农业文明密切相关。《尚书·洪范》写道:"庶民惟星,星有好风,星有好雨。日月之行,则有冬有夏,月之从星,则以风雨。"③日月星辰的移动,直接关系到季节的更替和气象的变化,气候的冷暖干湿又左右着农作物的生长。先民们经过长期的精心观测后发现,天体的运行变化实际上都忠实地遵循着各自的规律。这个发现让古人找到了决定时间的准确标志,于是便采用观象授时的方法来确定时令季节、制定历法,逐步建立起识星体系。四神体系的形成最初是来源于原始的识星模式。

满天繁星绚烂夺目,先民们是如何观察和识别它们的呢?为了便于观测,首先需要解决的问题是确定天体在天球④上的位置,一系列坐标体系便由之产生。不仅如此,先民们采用了一些非常奇特的方法,把纷乱复杂的星际世界梳理得井井有条。一般说来,有两条途径:一是首先认识天空中少数亮度极强的恒星,然后通过这些恒星再去认识其他的恒星;二是并不把恒星看做是彼此孤立的个体,而是将成组的恒星幻化为一个图形,认识这个图形之后,再进一步去熟悉其中的每一颗星。当然,这两条途径应该是并行的。由于天空可见的亮星太少,因此,

---

① Panofsky E. Perspective as Symbolic Form Panofsky. New York: Zone Books,1991
② [德]恩格斯. 自然辩证法[M]. 于光远,译. 北京:人民出版社,1984:27
③ 屈万里. 尚书今注今译[M]. 台北:商务印书馆,1969:82
④ 由于人们视力的局限,只能看到恒星在天空中明暗的差异,而无法看出远近的不同,这种错觉使得实际观测结果只表现为恒星从它们的实际位置投影到以地球为中心、以肉眼极限为半径的球面上,这个假想的球面就是天球。

第一章 四神图像的渊源

首先确立星象概念并进而认识恒星的方法就显得格外重要。

星象是古人对恒星自然形成的图像所作的特意规定,他们根据这些图像的形状,赋之以人物、动物、器物等不同的名称,于是产生了最古老的星座①。后来组成四个象限宫的二十八宿的宿名即来源于星座的形象。以象与象的区分而建立星座是古人找到的识星捷径。任何对于星的深入了解,都是通过最初对诸星组成的象的认识由粗到细完成的。《周礼·考工记·辀人》载:"龙旂九斿,以象大火也。鸟旟七斿,以象鹑火也。熊旗六斿,以象伐也。龟蛇四斿,以象营室也。弧旌枉矢,以象弧也。"②星象的确定,成为古人观象授时的依据。

简单地辨识某一颗星只是整个观象授时活动中最原始的一步,古人必然不满足于这种孤立的观测,而要建立整个头顶星空的完整体系。北斗位于北天极,以及常年可见的特性使其成为与其它星宿联系的最好基石。河南濮阳西水坡蚌塑龙虎图案、湖北随县曾侯乙墓漆箱盖顶图像都展示了北斗在古代天文体系中的重要性。《尔雅·释天》:"北极谓之北辰。"郭璞《注》:"北极,天之中,以正四时。"③由于岁差的缘故,北斗的位置在数千年前较今日更接近北天极,常显不隐,观测起来十分容易,成为终年可见的时间指示星。为了更加便于观测,古人把北斗七星(图1-8)中的每一颗星都命了名。《春秋·运斗枢》云:"第一天枢,第二璇,第三玑,第四权,第五衡,第六开阳,第七摇光。

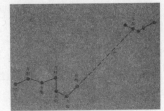

图1-8 北斗七星图

第一至第四为魁,第五至第七为标,合而为斗。"④北斗围绕北天极所作的周日或周年的旋转,很像天盖上环绕天极旋转的钟表指针。先民们根据斗柄和斗魁的不同指向,来确定北斗与寒暑季节变迁的关联,创立了"斗建授时"。这种通过观测斗柄的古老方法,使得夜间某些恒星的出没或位置变化更便于识别。

随着古人观测水平的提高,利用北斗决定时间的方法逐渐得到了完善。司马迁在《史记·天官书》中对此有所概括:"用昏建者杓,夜半建者衡,平旦建者魁。斗为帝车,运于中央,临制四乡。分阴阳,建四时,均五行,移节度,定诸纪,皆系于斗"⑤。

农业的发展使得对农时季节的确定有了更高的要求,单纯地依靠斗柄在上、在下已不够了。因此较后就出现了通过观测某几颗一定的明亮的星宿(如鸟、

---

① 冯时.中国天文考古学[M].北京:中国社会科学出版社,2007:347-348
② [汉]郑玄注;[唐]贾公彦疏.周礼[M].上海:上海古籍出版社,1990:613
③ [晋]郭璞撰;[宋]邢昺疏.尔雅注疏[M].上海:上海古籍出版社,1990:97
④,⑤ [汉]司马迁.史记[M].[宋]裴骃集解;[唐]司马贞索隐;[唐]张守节正义.北京:中华书局,1972:1291-1292

火、虚、昴等)在傍晚或平明的出没和南中(过子午线)的时间,来决定季节并制定比较准确的历法。《尚书·尧典》记载:"乃命羲和,钦若昊天,历象日月星辰,敬授人时。分命羲仲,宅嵎夷,曰旸谷,寅宾出日,平秩东作,日中星鸟,以殷仲春。厥民析,鸟兽孳尾。申命羲叔,宅南交,平秩南讹,敬致日永星火,以正仲夏。厥民因,鸟兽希革。分命和仲,宅西土,曰昧谷,寅饯纳日,平秩西成,宵中星虚,以殷仲秋。厥民夷,鸟兽毛毨。申命和叔,宅朔方,曰幽都,平在朔易,日短星昴,以正仲冬。厥民隩,鸟兽氄毛。帝曰:'咨!汝羲暨和。期三百有六旬有六日,以闰月定四时成岁。'"① "日中"、"宵中"指昼夜平分,即春分、秋分。"日永"即昼长夜短,指夏至。"日短",即昼短夜长,指冬至。春分之日,昏七星中,七星是朱雀七宿(图1-9)的第四宿,所以说"日中星鸟";夏至之日,昏心中,心宿又名大火,所以说"日永星火";秋分之日,昏虚中,所以说"宵中星虚";冬至之日,昏昴中,所以说"日短星昴"。日中、日永、宵中、日短,显

图 1-9　朱雀星图

示了一年中的春分、夏至、秋分、冬至四大节气,划分出春夏秋冬四季的不同气候,包含着自然景象和人们耕作、休息、寒暖等生活内容。但《尚书·尧典》所说的四时不是我们所指的春夏秋冬四季,而应为二分与二至。这里明确指出,以观测鸟、火、虚、昴这四颗星在黄昏时正处于南中天(即过子午圈)的日子定出二分二至作为划分季节、农时的标准。并已经出现每年约366天的以闰月来调整的阴阳历②。

有了分至点的划分,人们就可以按照时间来安排农耕狩猎。古人的分点的观测是建立在对大火星和参星的观测上的。先民们发现,初见大火星于东方时,与农时的春分时间接近;而大火星在夜空消失,位于黄道另一端的参宿取代大火星见于东方时,正是秋分时节。《左传·昭公元年》:"昔高辛氏有二子,伯曰阏伯,季曰实沈,居于旷林,不相能也。日寻干戈,以相征讨。后帝不臧,迁阏伯于商丘,主辰。商人是因,故辰为商星。迁实沈于大夏,主参。"③商星也叫辰星,即指大火星。杜预集解:"商丘,宋地,主祀辰星。辰星,大火也。"④大火星即东宫苍龙七宿(图1-10)中的心宿二。参星则是《史记·天官书》中所讲的白虎(图1-11)。参商二星的授时传统与二子别离的上古神话有着巧妙的默契。事实上,作为一个完整的授时体系,参商二星融入龙虎两象很早便已存在了。属于仰韶文化时期的河南濮阳西水坡龙虎星象图是目前所发现的最早物证。按照当

---

① 屈万里.尚书今注今译[M].台北:商务印书馆,1969:4
② 中国天文学史整理研究小组.中国天文学史[M].北京:科学出版社,1981:8
③,④ [晋]杜预集解.春秋经传集解[M].上海:上海古籍出版社,1978:1196,1198

时的实际天象,参商二星恰好分别处于春分和秋分两个分点上,授时标志十分明显①。这清楚显示出大火与参星在古人观象授时中的重要意义。中国的古代历法属于阴阳合历,就是以朔望月与太阳年并行为基础的历法。参商二星作为二分点的确立,也令四中星的观测逐步发展完善起来。

 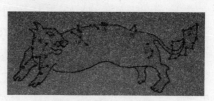

图 1-10　苍龙星图　　　　　图 1-11　白虎星图

二、时空合一

　　北斗的巧妙运用,使得在时间方面,北斗成为授时的主星。而在空间方面,二十八宿与北斗的相互联系则使其沿赤道组成了四个象限宫,即东宫、西宫、南宫和北宫。月亮在恒星间的运动的周期是 27.32 天(恒星月),于是古人把赤道附近的天空分成二十八份,这就是二十八宿(取二十八,是由于它既近于恒星月的日数,又可被四除尽便于分成东西南北四个区域)②。二十八宿的形成是通过观测昏旦星象、间接推出太阳位置来定时令季节发展而来的,因此保留了一部分离赤道较远但自古为观象授时所用的几个主要星象。二十八宿及现有的这些名称是经过历史上多年的演变而逐渐完整定型的。二十八宿的形成与观象授时时所取星象一脉相承,不能把它们分开。在早期,由后世东、西宫中的部分星象组成的东、西两宫似乎受到了特别的重视,这在包含有北斗和龙虎两象的河南濮阳西水坡星象图中得到了完整的体现。甚至在数千年后的湖北随县战国曾侯乙墓漆箱星图上,我们依然可以感受到这一点。东、西、南、北四宫代表四神体系在宇宙空间的四方区域。而较之更早的年代,人们已经具有地理上的四方观念。

　　甲骨文里有合写的"四方",也有分开来的"东方"、"西方"、"南方"、"北方",它们都是"禘"祭的对象和风的住所。这从两块罕见的甲骨上可以看得十分明白。

　　一是武丁时期的牛胛骨记事刻辞,收于《甲骨文合集》第 14294 版,释文如下:

　　东方曰析,凤(风)曰协。

　　南方曰因,凤(风)曰微。

---

① 冯时.中国天文考古学[M].北京:中国社会科学出版社,2007:184
② 中国天文学史整理研究小组.中国天文学史[M].北京:科学出版社,1981:22

西方曰□,凤(风)曰彝。

[北方曰]□,凤(风)曰协。

一是祈年刻辞,收于《甲骨文合集》第14295版,释文如下:

辛亥,内贞:今一月帝令雨?四日甲寅夕……。一二三四

辛亥卜,内贞:今一月[帝]不其令雨?一二三四

辛亥卜,内贞:禘于北,方曰□,凤(风)曰役,祓[年]?一二三四

辛亥卜,内贞:禘于南,方曰微,凤(风)[曰]遅,祓年?一月。一二三四

贞:禘于东,方曰析,凤(风)曰协,祓年?一二三[四]

贞:禘于西,方曰彝,凤(风)曰□,祓年?一二三四

甲骨文卜辞中常见求年、求禾、祈方宁雨、向方求雨或祈方宁风的记载。风和方也经常分开祭祀,有时指明方位、附加方名①。明辨四方在殷人的生活中是生死攸关的大事,它不仅关乎宗教(隆重的祭方之礼),也关乎兴邦邑、建陵墓、促生产、固生活的实际需要,所谓知方而务事,通神而佑人。根据殷墟遗址的发掘,殷人的宫室、墓室的修建都要求选择和测定方向。常正光指出,殷人在同一天,既祭"出日"又祭"入日","应该说是宗教活动掩盖下的测定四方的科学工作,实测出出日与入日取得东西线所依据的两个点,有了东西线才得到南北方向的引线"。还指出,测定四方具有一系列的连锁反应,其中之一就是,只有测定四方才能观象制历、判知四时。"度四方"是"定四时"的基础②。殷代的四方风反映了殷代分至四气及其时的物候现象,是殷人独立的标准时体系。卜辞中有东南西北四方神名和四方风名,却没有标志时间循环变易的四季之名。对此杨树达先生指出,四方名与草木有关,"其与四时相互配合,殆无疑问,然甲文未明记四时之名也"③。李学勤认为,"实际上四方风刻辞的存在,正是商代有四时的最好证据",四方名"析、因、彝、伏"本身"便蕴含着四时观念"④。萧良琼也认为,"四方反映了四时观念",四方风是四季的标志⑤。其实,四方为空间意识,"四方风"则在很大程度上报告了殷人朦胧的时间意识。殷人是在对四方风的命名中渐次萌生了只有在后来才有的春夏秋冬四时观念。在人们所说的成为后来"五行说"始基因素的"四方说"中,四时观念是蕴含在四方观念之中的,四时是通过四方风暗示

---

① 萧良琼.从甲骨文看五行说渊源//艾兰等主编:中国古代思维模式与阴阳五行说探源.南京:江苏古籍出版社,1998:223

② 常正光.阴阳五行学说与殷代方术//艾兰等主编:中国古代思维模式与阴阳五行说探源.南京:江苏古籍出版社,1998:246,251,255,256

③ 杨树达.积微居甲文说//杨树达文集之五.上海:上海古籍出版社,1986:77

④ 李学勤.商代的四风与四时.中州学刊,1985(5)

⑤ 萧良琼.从甲骨文看五行说渊源//艾兰等主编:中国古代思维模式与阴阳五行说探源.南京:江苏古籍出版社,1998:224-225

第一章 四神图像的渊源

性地反映出来的。这样看来,空间方位在古人心目中无疑具有十分重要和显著的地位。

至此可以说明,商人的观念中初步形成了四方方位意识,更有意思的是,其中还包含了时间因素。众所周知,人类的方位意识是在太阳的启示下发生的,人类对方位的测定即源于日影的变化。如果我们把一年中每一天太阳东升时跃出地平那一瞬间的日影记录下来,再把这些天太阳西落时没入地平之前一瞬间的日影也同样记录下来,那么两个日影记录重合的时间就只有春分和秋分。这意味着二分日时,太阳升起的位置是正东方,而日落的位置则是正西方。因此,测量日影不仅是古人辨别方位的需要,与此同时,正是这种需要使他们客观上很容易便认识了两分点。也就是说,两分点的测定与古人确定方位的做法密切相关。一方面,体现了太阳运行至东、西两方或东、西、南、北四方的方位概念。另一方面,这种测得两分点的古老做法,导致了后来四时八节与方位的结合。春分和秋分,日出正东,日没正西;夏至日行极北,其后南移,冬至日行极南,其后北归,所以二分二至各主东、西、南、北。《尚书·尧典》记载分至四神分居四方之极,掌管四时。商代甲骨文至汉代的文献都明确反映了这一传统。

从中我们可以看出,分至四中气与四季在早期是彼此分离的,它们的先后建立可能源于两个互为独立的体系。分至是借助圭表直接测得,因而成为建立太阳年的时间标记点,通过殷卜辞对四方风的记载能够系统地追溯出来。而四季的名称与农业密切相关,本于农业周期,其与农业周期的联系也可以通过对季节名称的研究得到清楚的反映[1]。不仅如此,四季的划分是以分至四气为基础。农业季节作为早期的季节周期,强烈地适应着农作物的自然生长期,而四气的确立则适应着授时正位的需要。两个体系的最终结合便是四季的形成之时。分至四气以及后来二十四节气的产生,严格地说都是依据天文学标准平均分配的结果[2]。首先它们通过平分两分日的距离很快找到了两个至点(冬至与夏至),而后通过平分四时(冬至、春分、夏至、秋分),找到立春、立夏、立秋、立冬,接着他们把八节之间的距离平均三分,定二十四节气[3]。先民们用节气计时注历,并且一直沿用到今天。分至四气无疑是最早诞生的四时,而建立这些气点的最初目的则是确定标准时间和方位。《礼记·祭义》:"祭日于东,祭月于西,以别内外,以端其位。"[4]春、秋分太阳出没正东、正西,可以正东、西位;同样,冬至日南至而影极

---

[1] 冯时.殷卜辞四方风研究[J].考古学报,1994(2):131-153;冯时.殷代农季与殷历历年[J].中国农史,1993,12(1)
[2] 竺可桢.二十八宿起源之时代与地点[J].思想与时代,1944(34)
[3] "节"与"气"是两个截然不同的概念,最早出现的分至四时都属于"气",启闭四立则属于"节"
[4] 王梦欧注译.礼记今注今译[M].天津:天津古籍出版社,1987:613

长,夏至日北至而影极短,可以正南、北之位。四个标准点的确定,客观上得到了回归年的长度。

古人对于方位的重视还可从赋予方位以象征意义的活动中反映出来。列维·布留尔指出,原始人的头脑"觉得空间是赋有性质的东西;不同的空间区域有自己的特殊属性;它们将分享它们里面表现出来的精秘力量。空间与其说是被想到的,不如说是被感觉到的。而空间中的不同方向和位置也将在本质上彼此不同"①。除了视觉中"天圆地方"的直观感受外,方的确定能够满足古人对于秩序和稳定感的追求。当古人用"四方风"去隐喻地反映四时观念的时候,空间虽也面临时间化,但更主要的是,时间具有被空间同化的可能。因为古人是以理解空间的方式去理解时间,四时的观念必然带上四方观念的色彩,具有了由四方风的隐喻所创造出来的一种类似于空间观念的结构和特征。古人认为,风为震物之气,不同季节的风导致产生不同的物候征验。风由一方吹来,对雨量、收成有着不同影响,让古人敬畏风来的"方向",如同日出日落之所。四方风作为四时的隐喻,决定了四时对四方、时间对空间的从属关系。通过四时四方的整合,天下万物形成了一种互为关联的有机整体,人与万物都在同样的生命之流中迈进。这种以时间与空间合一为特点的时空观所体现出的强烈的生命意识,则是传统文化精神的重要源头之一,也成为四神体系的重要特征。

不仅如此,古人还将方位与颜色结合起来。古人对颜色关注的郑重性要远远超过我们的想象。在甲骨卜辞中就记录着殷人在祭方时对祭祀所用的牲的颜色需专门进行占卜②。殷人多用白、赤、黄、黑等色,这一色彩选择深深影响了后人的色彩观念,白、赤、黄、黑四种颜色成为后来"五色"系统中的四种主要颜色。五色之中,颜色词"青"字出现最晚,迄今在甲骨文里尚未发现③。但到了春秋战国时期,"青"字开始频频出现了。《尚书·禹贡》云:"华阳、黑水惟梁州……厥土青黎。"④《诗经》里也有"青青子衿,悠悠我心"⑤的诗句。东汉许慎是这样解释"青"的:"东方色也。木生火,从生丹,丹青之信言象然。"⑥春秋时期,祭牲的颜色和祭方之间已经有了较为固定的联系。孔颖达疏:"《大宗伯》云:'以玉作六器,以礼天地四方。以苍璧礼天,以黄琮礼地,以青圭礼东方,以赤璋礼南方,以白琥礼西方,以玄璜礼北方。'……然则彼称礼四者,为四时迎气,牲如器之色,则五

---

① [法]列维·布留尔.原始思维[M].北京:商务印书馆,1981:409
② 参阅《屯南》139、《屯南》2363、《合》36350、《合》28195、《合》28196、《合》29418 等。
③ 汪涛.殷人的色彩观念与五行说的形成和发展//艾兰等主编:中国古代思维模式与阴阳五行说探源,南京:江苏古籍出版社,1998:272
④ 屈万里.尚书今注今译[M].台北:商务印书馆,1969:39
⑤ 程俊英.诗经译注[M].上海:上海古籍出版社,1985:160
⑥ [汉]许慎.说文解字·青部[M].北京:中华书局,1963.106

帝之牲,当用五色矣。"①色彩与方位的关系昭然明朗,其时大约是在春秋战国之际②。据说孔子和弟子曾参就有过一段关于方色的对话,郑玄注曰:"示奉时事有所讨也。方色者,东方衣青,南方衣赤,西方衣白,北方衣黑。"③《墨子》的《迎敌祠》中亦提到以方位用兵迎敌之法,即以东方青,南方赤,西方白,北方黑的方色布阵出击④。随着四神体系的日趋完善,青、白、赤、黑四色又与代表东、西、南、北的龙、虎、鸟和龟蛇四种动物相融合,演变为内涵丰富的青龙、白虎、朱雀和玄武。

三、崇拜信仰

《尸子》云:"上下四方曰宇,古往今来曰宙。"⑤时空合一是中国人对世界认识的两种角度的结合。时间与空间交织在一起:空间是时间的表象,时间是空间的展开。我们看方位名词"西",《说文》云:"鸟在巢上,象形,日在西方而鸟栖,古因以为东西之西。"⑥再如时间名词"春",卜辞作"萅"。《说文》云:"春,推也,从草从日,草春时生也,屯声。"⑦如果说,春季的时间概念是以草木在日光下成长的空间来标示,那么,"西"则是以太阳运行落入西方的动态时间来标示。由此可见,不仅时空混合的观念在先民们的意识中早已显而易见,先民们更把时间与空间都视为感性具体的存在,可以称之为"具象的时空观"。这种观念在四神体系发展中的重要表现是融入了具体的动物形象。

孔颖达《尚书·尧典正义》云:"是天星有龙、虎、鸟、龟之形也;四方皆有七宿,各成一形,东方成龙形,西方成虎形,南方成鸟形,北方成龟形,皆西首而东尾。"⑧《石氏星经》云:"奎为白虎,娄、胃、昴,虎之子也。毕象虎,觜、参象璘。……牛蛇象,女龟象。"⑨古人为何会选择龙、虎、鸟、龟、蛇这些动物作为四神的原型呢?对此学术界主要有两种倾向。有些学者将其看做是原始部落的图腾遗迹⑩。陈久金指出,四象(四神)的概念源于上古华夏族群的图腾崇拜,东方苍龙源于东夷族的龙崇拜,西方白虎源于西羌族的虎崇拜,南方朱雀源于少昊族和

---

① 毛诗正义//李学勤主编.十三经注疏·标点本[M].北京:北京大学出版社,1999:1300
② 王文娟.五行与五色[J].美术观察,2005(3):82
③ 礼记正义·曾子问//李学勤主编.十三经注疏·标点本[M].北京:北京大学出版社,1999:592
④ 张纯一.墨子集解[M].成都:成都古籍出版社,1988:513
⑤ [战国]尸佼著;[清]汪继培辑;朱海雷译注.尸子译注[M].上海:上海古籍出版社,2006:47
⑥ [汉]许慎.说文解字·西部[M].北京:中华书局,1963:247
⑦ [汉]许慎.说文解字[M].北京:中华书局,1963:27
⑧ [汉]孔安国传;[唐]孔颖达等正义.尚书正义[M].上海:上海古籍出版社,1990:22
⑨ 冯时.中国天文考古学[M].北京:中国社会科学出版社,2007:410
⑩ 陈久金.华夏族群的图腾崇拜与四象概念的形成[J].自然科学史研究,1992,11(1):9-21

南蛮族的鸟图腾崇拜，北方玄武源于夏民族的龟蛇图腾（早期为北方民族的鹿图腾）①。而另一些学者却认为，它们可能与某些具体的星宿昏中时所代表的季节特征有关，因为四神体系与四季恰好可以相互对应。譬如当南宫七宿在黄昏位于中天时正值春季，而鸟恰恰可以作为春天的象征②。冯时认为，四象（四神）的产生及其所具有的天文学含义，来源于早期人类对于象的概念的普遍重视。古人观测星象不仅仅只是为了单纯记忆某一颗星，更为重视的是观测由某些星组成的象，这些星象最终被连接起来，形成各种图案，从而建立起古人观象授时的观象基础。因为就天文本身的古老含义而言，天文就是天象，所以，四象（四神）虽然名义上以四组动物的形象存在，其实只是众多星象构成的四组动物形象而已③。笔者以为，将具体的动物形象融入四神体系是一个逐渐发展与完善的过程。

前面我们已经提到，四神体系最初源于古人的原始识星传统。这里涉及关于对星象观察而生成的星宿崇拜问题。星象是先民们可以直接感、观的自然现象。先民们很早就发现，星宿有指引方向、计算时辰、辨识气象等的实用功能，并且将之逐步演变为与自身生活有着密切关系以及具有神秘力量的星神。自古就有"地上一个丁，天上一颗星"的说法。这种人星混同、人星相应的感知，在中国民间具有极大的普遍性。潘鼐在《中国恒星观测史》④中即指出四象最初是从二象开始的，可以理解为辰星和参星。《左传·昭公元年》载："昔高辛氏有二子，伯曰阏伯，季曰实沈，居于旷林，不相能也。日寻干戈，以相征讨。后帝不臧，迁阏伯于商丘，主辰。商人是因，故辰为商星。迁实沈于大夏，主参。"⑤从中不难看出早在远古时期就有部族对星宿的观测乃至崇拜与祭祀。

出于祭祀的需求，四神形象应运而生。但是，四神图像并不可能只是对四方星宿所呈现的自然图像的复制和艺术化，因为我们在现实生活中很难找到完全类似的形象原型，故而人们必然寻求身边的事物进行比附。当时的华夏民族主要位于黄河流域，所处地形为西倚高山，东临大海，而虎为山兽，龙为水族，故与西山、东海相配，显示出地域性的动物崇拜。

之所以选择动物，主要在于狩猎是先民们重要的生产行为。由于缺乏足够的狩猎手段，获得猎物并非易事，加上大型兽类的存在，使得狩猎活动充满了危险，进一步加深了先民们对动物的依赖和恐惧心理。此外，动物还具有当时人类

---

① 陈久金. 从北方神鹿到北方龟蛇观念的演变——关于图腾崇拜与四象观念形成的补充研究[J]. 自然科学史研究，1999，18(2)
② 郑文光. 中国天文源流[M]. 北京：科学出版社，1979：第三章第三节
③ 冯时. 中国天文考古学[M]. 北京：中国社会科学出版社，2007：410
④ 潘鼐. 中国恒星观测史[M]. 北京：学林出版社，1989
⑤ [晋]杜预集解. 春秋经传集解[M]. 上海：上海古籍出版社，1978：1196

所能不及的力量,因此动物崇拜也成为自然崇拜的最普遍现象之一。费尔巴哈说:"动物是人不可缺少的、必要的东西;人之所以为人要靠动物,而人的生命和存在所依靠的东西,对于人来说就是神。"①布留尔认为,在原始人思维中,存在物里面有一种不容易为感觉觉察的神秘东西。原始思维具有具象性思维特点,借助具体物质对象完成推算。我们叫做经验和现象的连续性的那种东西根本不为原始人所察觉,他们的意识只不过准备着感知它们和倾向于消极服从已获得的印象,相反的,原始人的意识已经预先充满了大量的集体表象,靠这些集体表象,一切客体存在物或者人制作的物品总是被想象成拥有大量神秘属性,因而,对现象的客观联系往往根本不加考虑的原始意识,却对现象之间的这些或虚或实的神秘联系表现出特别的注意,原始人的表象之间的预先的关联不是从经验中得来的,而且经验也无力来反对这些关联。为此,先民们往往把自己当做大自然的一部分,也就发展到了动物或植物一类图腾崇拜②。

不仅如此,随着四神观念的拓展,四时与四方逐渐完善。以往先民们一般通过自己的感觉直接解释"对象",认识对象。他们基于生存本能和功利的目的,利用直感的"相似"与"同一"把事物区分和联系起来,力求在无序的世界里建立有序的观念系统。先民们对时空认识的进一步加深,使得四神体系开始包含四时的物候特征和四方的空间意识。《淮南子》云:"春配鳞虫,鳞虫为龙属东方;夏配羽虫,羽虫为鸟属南方;秋配毛虫,毛虫为虎属西方;冬配介虫,介虫为龟属北方。"③特别是"南北(夏冬)"的加入,改变了过去的单一崇拜形式,而出现结合的状况。南天为日为火,日与鸟有同一性,北方为地为阴为下,所以也就有载地龟、驮地的麒麟(鹿)相结合的崇拜形式。在这一发展过程中,先民们所处地域的部族图腾也不断渗透融合进来,与四神体系所具有的四方内涵进一步融会。正如皮亚杰所揭示的,人类在与客观事物相互作用的过程中,主体通过其内在机能——同化和顺应达到一种平衡状态,同化和顺应之间的平衡则是通过主体的自我调节来实现的。而这一切过程,皮亚杰认为,都无疑地受到早就存在于主体的"图式"的影响。他说:"全部认识都以一个机体结构为前提。"④"我们的根本出发点是:一切认识,甚至知觉认识都不是现实的简单摹本,因为认识总是包含着融于先行结构的同化过程。"⑤这里所提到的"机体结构"、"先行结构",指的都是

---

① 费尔巴哈. 费尔巴哈哲学著作选集·下卷[M]. 北京:三联书店,1962:438-439
② 图腾,系印第安语 totem 的音译,有"亲属和标记"的含义。图腾一词来源于奥季布瓦族语 ototemen,意即"他的亲属"和"他的图腾标记"。从人类社会发展进程方面看,图腾崇拜是氏族社会的宗教形态。
③ [汉]刘安撰. 淮南子·时则训∥二十二子. 上海:上海古籍出版社,1986:1225-1230
④ [瑞]皮亚杰. 生物学与认识[M]. 尚新建,杜丽燕,李渐生,译. 上海:生活·读书·新知三联书店,1989:4
⑤ [瑞]皮亚杰. 发生认识论原理[M]. 北京:商务印书馆,1997:15

"图式"。人类的认识"图式"确实有一个发生、发展的过程,但是,这个过程到最后总是达到一种稳定的状态。人类的认知"图式",最基本的莫过于人类的时空观了。因为时空观不但决定了人类对客观事物用何种方式进行感知,还决定了人类的因果关系等观念的形成,决定了人类对感知结果进行推理的过程。无论是从人类这个类的角度出发,还是从人类个体的角度出发,我们都可以看到,时空观念确实有一个不断发生、发展的过程,并且,这个发生、发展的过程总是在一定的阶段上趋于稳定的状态。这种稳定的状态,就是人们普遍具有的三维空间知觉和一维时间知觉,而这种知觉必然随着个人头脑中的图式进行变迁。所以中国的天文观同时也具有无可比拟的人文性。这一观念在恒星分野概念中最为明显。《淮南子·天文训》:"星部地名,角、亢郑,氐、房、心宋,尾、箕燕,斗、牵牛越,须女吴,虚、危齐,营室、东壁卫,奎、娄鲁,胃、昴、毕魏,觜觿、参赵,东井、舆鬼秦,柳、七星、张周,翼、轸楚。"这种思想就是《左传》商人主辰、唐人主参的说法的继承。东方苍龙与宋、郑、燕相配,北方玄武与齐、卫、吴、越相配,西方白虎与魏、赵、鲁相配,南方朱雀与楚、东周、秦相配,符合远古东夷、西羌、南蛮、北狄的四方设置,以及各自龙、虎、鸟、鹿(蛇、龟)为图腾标志的思想。

"自然神观念是自然崇拜文化中最基本的文化元素,其他文化元素都是在自然神观念的基础上衍生的。任何一种自然崇拜,都是先有神的观念,然后产生祭祀仪式、祭祀场所、偶像、禁忌等。"[①]可以说,四神源起于星宿的观测及祭祀需求,从最初的识星体系的物化形式,到与方位、四季以及动物形象的融合,逐步趋向完善。中国人原初的四神体系已经具有了由观念性、概括性而来的象征性,并最终形成汉代青龙、白虎、朱雀、玄武这一具有丰富文化内涵的四神图像艺术模式。

小 结

四神,意指"四种神圣的生物",是一套以动物形态出现的四个神灵。现存的考古资料表明,汉代以前这四个神物形象已经存在,但并非于同一时间出现,其来源具有多元性,复杂而多变。截至目前,被学术界认可或存在疑问的四神早期图像,当属于河南濮阳西水坡仰韶文化(约公元前4500年)墓葬遗址出土的蚌塑龙虎、河南上村岭虢国贵族墓地出土的虎、鹿、鸟等图饰以及湖北随县曾侯乙墓出土的龙虎彩绘。

四神图像在西汉完整组合出现以前,是以龙虎图像为发展主线,这与先民观测辰、参二主星进行授时的文献记载相吻合,同时也与中国东水西山的地域标示

[①] 何星亮.中国自然神与自然崇拜[M].上海:生活·读书·新知三联书店,1992:20

一致。通过对四神图像流变过程的讨论和归纳,可以发现,四神乃由"二生四",《尚书》中对四仲星的记载是其理论体系完备的标志。与此同时,四神作为星象图的重要组成部分,已经开始与北斗、二十八宿形成一个完整的"星图"组合。四神图像(主要指龙、虎)的标示,展现出四神观念中的一大显著特色,即时间与空间的合而为一。通过四时四方的整合,天下万物形成了一种互为关联的有机整体,人与万物都在同样的生命之流中迈进。这种象征思维表现为一种建立在"相似律"之上的巫术观念,把四方、四季、四神、四灵、四色等本不相类的事物放在一个人文建构的图式中加以整体的、混沌性的把握,使本来无秩序的宇宙有序化。

可以说,四神源起于星宿的观测及祭祀需求,从最初的识星体系的物化形式,到与方位、四季以及动物形象的融合,逐步趋向完善。中国人原初的四神体系已经具有了由观念性、概括性而来的象征性,并最终形成汉代青龙、白虎、朱雀、玄武这一具有丰富文化内涵的四神图像艺术模式。

第二章 汉画四神图像的兴盛

　　四神图像虽然在汉代以前已经开始出现,但是,将其作为一种思想和观念的载体,并最终发展成非常普遍的文化现象,则非汉代莫属。根据目前已发现的考古资料,可以看出,汉画四神图像极其兴盛,在较大范围内和较长时间里十分流行,被不断重复使用。今天我们能见到那么多的四神图像,虽然说是得益于汉代出现的空前绝后的厚葬之风,但其兴盛的动因绝不止于此,更深一层的要义则是取决于汉代统治者的政治需要以及当时人们的知识背景、风俗信仰等普遍的思想观念。"这些行为所取的形式,我们只有靠首先理解那个社会的情感上的和理智上的主要动机才能理解。"①

第一节 汉画四神图像的流布

　　四神图像是一个非常独特的文化现象。得益于上个世纪的考古发现,大量包含有四神图像的汉代实物呈现在我们面前。这些实物有画像石(包括墓室画像石、石祠、石棺)、画像砖、铜镜、壁画、漆画、陶器、瓦当、工艺饰品等,它们构成了与历史文献资料相平行的、但更为直观和丰富的实物线索,使我们得以对汉画四神图像进行深入、具体地研究。以 2000 年出版的《中国画像石全集》丛书为例,收录了当时已知的绝大多数画像石资料,共刊出图版 1776 幅,其中四神图像便有 199 幅②,这个比例远远超过当地同类题材,也超过伏羲、女娲、西王母、东王公等人物神仙图像。四神图像实物的规模大大超过了文献中对四神的描述,并且在很多地区得到了集中而完整的表现,从中可以明显看出四神图像在汉代的重要性以及普及程度。

一、承传时期

　　从西汉景帝(公元前 156—公元前 141 年在位)阳陵的罗经石遗址中出土的龙纹空心砖和龟蛇纹空心砖开始,到汉末曹魏年间(公元 196—220 年)的禽兽画像镜,在近三百年间的实物遗存中都能发现四神图像。

　　西汉景帝(公元前 156—公元前 141 年在位)至武帝(公元前 140—公元前 87

---

① [美]本尼迪克特.文化模式[M].王炜,等,译.北京:生活·读书·新知三联书店,1988:48
② 不全为完整的四神图像,四神中任何一个图像元素出现,都计算在内。

年在位)时期是四神图像出现的初始阶段,虽然这一时期出土的四神图像实物较少,但却十分重要。因为此时四神图像已经逐渐形成自身独特的象征意义,开始被广泛运用于实际生活。以汉代宫殿建筑为例。《史记·高祖本纪》载:"萧丞相营作未央宫,立东阙、北阙、前殿、武库、太仓。"①注解《关中记》曰:"东有苍龙阙,北有玄武阙,玄武所谓北阙。"②位于陕西咸阳的西汉景帝阳陵的罗经石遗址中,便出土有白虎空心砖(图2-1)和玄武空心砖(图2-2)。罗经石是一座庞大的"回"型建筑遗址,学者们认为它是被用于举行宗教仪式的皇室建筑物。四神图像一般被置放于重要的皇室建筑物(例如皇宫、辟雍、陵园)的四周边,以显示东南西北四个主要方位。又如陕西西安西郊有一座被认为属于西汉晚期的明堂和辟雍建筑遗址③,从这座皇室宗教遗址中就出土有整套的四神瓦当④。因此,虽然西汉景帝阳陵罗经石遗址中没有出现青龙和朱雀纹样,但空心砖上的白虎和

图2-1 罗经石遗址白虎空心砖

图2-2 罗经石遗址玄武空心砖

---

①,②[汉]司马迁.史记[M].北京:中华书局,1959:385,386

③ 锥忠如.西安西郊发现汉代建筑遗址[J].考古通讯,1957(6):28-30,图版8(1-4);考古研究所汉城发掘队.汉长安城南郊礼制建筑群发掘简报[J].考古,1960(7):38-39.《汉书·平帝纪》载:"元始四年二月,安汉公奏立明堂辟雍。"(汉书·十二卷[M].北京:中华书局,1962:3)。

④ 考古研究所汉城发掘队.汉长安城南郊礼制建筑群发掘简报[J].考古,1960(7):38.此建筑遗迹在50年代于西安西郊出土,目前已发表了多个重整遗迹的研究,有关的文章见:唐金裕.西安西郊汉代建筑遗址发掘报告[J].考古学报,1959(2):45-56;许道龄,刘致平.关于西安西郊发现的汉代建筑遗址是名堂或辟雍的讨论[J].考古,1959(4):193-196;黄展岳.汉长安城南郊礼制建筑位置及其相关问题[J].考古,1960(9):53-58;王世仁.汉长安城南郊礼制建筑(大土门村遗址)原状的推测[J].考古,1963(9):501-515

玄武足以表明四神图像在汉代的确立。

经汉初的无为而治之后,汉武帝刘彻采取了"罢黜百家,独尊儒术"的思想路线。儒家思想经过董仲舒的发展在原始儒学的基础上,增添了许多阴阳五行、谶纬迷信的说法,以此作为推行其政治思想的德治工具。天人感应、祥瑞、瑞应、灾异等思想是其中的主要部分。《春秋左传》杜序:"麟凤五灵,王者之嘉瑞也。"① 《论衡·指瑞》:"王者受富贵之命,故其动出见吉祥异物,见则谓之瑞。"② 如此看来,具有祯祥福祉的吉祥寓意的四神图像在画像石、画像砖、壁画等中层出不穷,也就不足为奇了。从武帝时期至西汉晚期,是四神图像的发展时期。整套四神图像开始频繁出现于越来越多种类的墓葬文物上。这一时期的四神通常是作为一套主要纹饰单独出现,偶尔会陪衬以其他少量简单的辅助花纹,四神形象的描绘和整体构图的安排都显得相对简单明快。例如,在西汉景帝阳陵和西汉武帝茂陵出土的空心画像砖上,除了一套四神图像,就只有简单秀雅的玉璧纹或植物图案。同时在茂陵出土的一块玉铺首③上,除了一套的四神图像被分别安置于兽面纹周围,再没有其他辅助的纹饰。在大批类似的青铜炉上,这套动物神灵的形象被分别安排于炉身的四面,它们是青铜炉上的唯一纹饰④。在河南洛阳出土的彩绘陶壶和江苏扬州胡场出土的面罩⑤上,四神图像亦作为主题纹饰出现,只附以连续云气纹来渲染天界的气氛。

新莽时期到东汉前期,是四神图像的成熟期。这一时期的四神图像已经形成规范和完整的系统,布局灵活而富于变化,象征寓意更为突显。四神星象图开始减少,其本来所具有的天文学含义在一定程度上被淡化。与此同时,原本固定组合的四神形象被拆解,或单独表现,如朱雀铺首衔环图像,已经形成格式化,呈现在墓室大门或主室内门上,仍然具有其所属的方位意义;或彼此呼应,如河南唐河冯君孺人画像石墓⑥,在南阁室出现了白虎铺首衔环图像与朱雀铺首衔环图像相对立的情形。不仅如此,四神图像的配套图像变得繁复多样,有日月星宿、流云、羽人、五方神佐等。而且四神图像逐步与五行文化融合,向五方图像转变。

---

① [晋]杜预等注.春秋三传[M].上海:上海古籍出版社,1987:2
② 北京大学历史系《论衡》注释小组.论衡注释[M].北京:中华书局,1979:986
③ 王志杰,朱捷元.汉茂陵及其陪葬冢附近新发现的重要文物[J].文物,1976(7):51-56
④ 这批四灵铜炉的考古报告见:咸阳博物馆.陕西咸阳马泉西汉墓[J].考古,1979(2):125-135;山西省文物工作委员会,雁北行政公署,大同市博物馆.山西浑源毕村西汉木椁墓[J].文物,1980(6):42-51,图版1;山西省博物馆.太原市尖草坪汉墓[J].考古,1985(6):527-529,图版6;四神纹温酒炉.考古与文物,1997(6):封面;李开森.是温酒炉,还是食器——关于汉代染炉染杯功能的考古试验报告[J].文物天地,1996(2):25 也刊有其他两件非常相似的四神铜炉。这些铜炉出土于陕西南部和山西一带,属于西汉武帝时期。
⑤ 中国文物报.1997-11-23
⑥ 南阳地区文物队等.唐河汉郁平大尹冯君孺人画像石墓[J].考古学报,1980(2):239-262

例如河南洛阳金谷园墓,不仅四神图像变成五方图像,还出现了日、月、后土、飞廉、祝融、句芒、蓐收、羽人等多种形象①。铜镜上的四神图像也开始大量出现,配以规矩纹、乳钉纹、羽人、鸟兽纹等。有时打破规律,四神并不成组出现,而只有一个、两个或三个,甚至常与十二地支形成固定搭配模式。铜镜上与四神相关的铭文也逐渐增多,如题写"左龙右虎辟不羊,朱鸟玄武顺阴阳"之类的吉祥语。四神图像趋于复杂化、程式化。

东汉中后期,由于社会动荡不安,经济、文化处于一个相对缓慢发展的阶段。但是这一时期的四神图像,经过西汉一朝与东汉前期的奠立与稳定发展,已经形成一整套固定规范的图像体系和表现模式,并作为一种能够充分表达当时安生求吉观念和引导升仙信仰的艺术形式,被人们普遍接受。石阙上的四神图像出土较多。四神开始与伏羲、女娲、西王母、东王公等人物神仙故事相结合,例如陕西神木大保当 11 号汉画像石墓②,伏羲、女娲与青龙、白虎相配,白虎青龙执棨戟。画面刻绘结合,造型简洁质朴、色彩艳丽和谐。同时呈现出风格迥异的地域性特色。

二、地域分布

汉画四神图像,主要分布于河南、山东、陕北、四川四个区域,均为汉代的核心地区。

河南地区出土的四神图像主要集中在洛阳、郑州、南阳这样一个三角形区域内,形式有壁画、画像石、画像砖、铜镜、瓦当等。相比其他地区而言,这里的四神图像的数量并不算多。根据笔者统计,如果不包括铜镜和瓦当,仅壁画、画像石、画像砖,已发表的资料也不过 31 例左右,远远低于山东、陕北地区,与四川地区的数量大致相当。但是,河南的四神图像大部分制作的年代要早于其他地区,品种门类上也较为丰富,更因其特殊的政治、经济和文化地位,在四神图像的发展演变过程中起着不容忽视的作用。主要特色体现在以下几个方面。其一,遗存较为丰富,以壁画,画像石(多刻在天顶)为多。其二,制作年代集中在西汉末年到东汉初期,个别属于东汉后期。其三,出土了最早的崖墓壁画四神图像,在河南永城柿园汉墓,时间约为西汉景帝后期至西汉武帝前期。其四,四神图像完整组合的数量最多。其五,四神星象图的数量最多,主要在南阳市,这里是汉代天文学的发达地区,其中保存完好、规模较大的有唐河县针织厂墓、麒麟岗墓、十里铺画像石墓等,科学、现实、想象和意象被融合在一

---

① 洛阳金谷园新莽壁画墓[J].文物参考资料丛刊,1985(9)
② 陕西考古研究所等.陕西神木大保当第 11 号、第 23 号汉画像石墓发掘简报[J].文物,1997(9):26-35

起，是非常有意味的。

"山东地区"实际上指"山东与江苏徐海地区"，这是因为山东及江苏的徐海地区，在地理上统称为山东丘陵，它们互为联系，具有相对独立和稳定的地理条件。该区出土的汉画材料具有同一风格，因此，我们把山东及徐海地区统称为"山东地区"。汉代的祠堂画像石主要见于山东地区，这种祠堂是砌在墓前供后人祭祀祖先所用的。其形式有两种，一种是可以供人出入的大型祠堂，有的祠堂还置有祭台、可摆放祭品、供品，如孝堂山郭氏祠、嘉祥武氏祠等。还有一种是不能容身的小型祠堂，其大小类同于昔日农村见到的土地庙①。地上的祠堂画像石是刻画给活人看的，目的在于恶以诫世，善以示后，其存在价值不容忽视。这一地区的四神图像遗存数量较多，但分布特点不是十分明显。其分期，早起自西汉晚期，至东汉后期。邹县金斗山出土的四神图像，是作为天上苍龙、白虎、朱雀、玄武四宫的代表，环绕于月亮四周。在石棺椁上出现四神图像，最早见于山东地区东汉时期的富顺石棺。历城县黄台出土的画像石中有"右白虎"、"左交龙"的榜题，是汉画中为数不多的有榜题的四神图像之一。

陕西北部的榆林地区（以绥德、米脂两县为主）位于黄河西岸，它和黄河东岸的晋西北地区（主要是离石市）在东汉时属于上郡和西河郡，西河郡先治陕北后辖离石，因此黄河东、西岸同是一个汉代画像石区域，我们称之为陕北地区。这一地区的画像石中四神图像遗存数量较多，主要集中在墓葬中的墓门部位。作为四神图像系统之一的朱雀，是其中出现次数最多的，在两汉时期陕西画像砖、石艺术中有着极为重要的地位。墓门是该地画像石墓中的一个重要构成部分，可以分为两大区域：一是位于墓门中心部位的门扉区域（由左、右门扇构成）；一是由墓门左竖框、右竖框以及横楣组成的外部区域，这种区域构成是陕北画像石墓门装置构件中的固定程式，属于一种稳定的建筑装饰形态。朱雀常被雕绘于门扉区域的上半部，与铺首衔环、兕等图像呈上下配置。在形制上则大多采取展翅欲飞之势，一脚踏于铺首，一脚微抬，尾羽大约采取三片式样。由左、右竖门框和门楣共同构成的外部区域出现的主要是四神中的玄武图像。青龙、白虎图像在该地画像石墓门部位中也有出现，多被置放于门扇或门框区域的下层，但这两种图像出现的时间极不稳定，并且很快就被兕取代了。朱雀铺首衔环是出现最多的图像，几乎贯穿了该地汉代画像石的始终，应可视为陕北地区画像石墓葬图像艺术中的一个显著特点。另外，这一地区最常见的还有四神瓦当，应为宫殿礼仪类建筑用瓦，多出于汉都城长安遗址。瓦当中的四神图像，一般采取侧面形象，巧妙地利用中心圆突，龙虎的躯体围绕中心圆呈反弓形，抬头翘尾，具有张力

---

① 蒋英炬.汉代的小祠堂——嘉祥宋山汉画像石的建筑复原[J].考古,1983(8):741-751

和动感。青龙昂首伸爪，腾空飞舞；白虎姿仪威猛，呼啸生风；朱雀口衔宝珠，展翅欲飞；玄武龟蛇缠绕，撼人心魄。还有一种四神瓦当，没有中心圆突，构图更为自由，形态舒展丰盈。玄武采用正视刻画，蛇身环绕，与龟互相对峙，造型奇特。而白虎身有双翼，也称翼虎，头部高昂，双翼展开，作腾云驾雾状，着意刻画了虎的圆睛、利齿及斑纹，气势磅礴。四神图像的刻画既把握了动物的基本特征，具有概括性，又加以高度的艺术夸张，富有浪漫主义色彩，别具特色，全国约有石阙三十处，而四川地区就占了二十多处，仅渠县便有6处7尊汉阙，被称为"汉阙之乡"。其中"王稚子阙"、"冯焕阙"、"樊敏阙"、"高颐阙"、"丁房阙"都有明确纪年，可见四川石阙在全国的影响与重要性。四川汉阙流行以四神雕刻图案作装饰，是保留在石阙上的四神图像最多的地区。相对于墓室装饰和陪葬器物而言，保留在地面建筑上的四神图像较少，其中主要是因为后者长年经受天灾或战乱损毁而难以保存。一些墓祠和阙能够得以存留下来，原因有二：首先是由于地处偏远，发展不如城市迅速，破坏也较少，如四川渠县发现的大批石阙和山东嘉祥的武氏祠；其次便是因为石阙是由整根石柱雕制而成，较易持久留存。四川地区的汉阙遗迹均为仿木结构建筑，结构复杂，制作精美，刻有各类图纹，四神图像是经常出现的纹饰，而其中又以青龙、白虎和朱雀形象为多，玄武发现较少。从这些四川地区的汉代石阙遗存，可以看出，四神是按照一定的构图格式排列：以传递它们所代表的方位观念。一对朱雀分别被刻绘于一对石阙的阙身正面，青龙出现于东阙内侧，白虎则在西阙内侧；赵家村遗存的两座石阙正面朱雀之下更饰有极为罕见于四川汉阙的龟蛇交缠的玄武形象。除四川地区之外，山东省西南部嘉祥显武梁祠的一对石阙亦保留有四神刻像。与上述四川保存的汉阙上的四神图像不同，武氏阙的四神图像并非按其方位分置于阙的表面，而是按照阴阳理论及其相对的意义，以成双成对的形式在相同或相近的石面上出现。因此，它们的方位意义并不如四川汉阙上的四神图像明显。阙这种建筑物，单从结构上来看，并不是很复杂，建筑体量也不大，实用价值也比不上主体建筑。但是，由于附丽于其上的一些中国古代的伦理思想、礼制规范和宗教思想，加之这种建筑本身所具有的点缀作用，使得这一建筑的文化符号意义极其突出，非比寻常。在宫殿、住宅、陵墓、祠庙等前面建立这类阙式建筑，不仅昭示主人的显赫地位，而且也有交通神人两界的作用，还增加了整个建筑庄严的气氛。因此，阙在古代不可等闲视之，而其上的四神图像也倍显珍贵。

　　四神图像以五个动物的组合形式出现，在构图上十分灵活多样，也使得其内涵更加富有变化性，是汉画中最为庞大、最为普及、最为完善的图像系统。四神图像不仅在墓葬装饰中出现，更被刻画于建筑、生活用品之上，数量众多，功能与图像形式复杂，并一直活跃于传统文化之间，虽然有一定的文献记载，但要和图像实物对应也存在着客观难度。更重要的是，汉画四神图像呈现了一个文化变化过程，其视觉表达方式的产生和演变反映了丰富的思想文化内涵，而汉代艺术中的任何其他图像都不具备如此复杂的背景和特征。这就需要我们对四神图像演变的历史因素和文化因素加以探讨，对汉代文化的主流传统与客观影响加以廓清，从而获得对四神图像整体系统更为具体、深入和完整的认识。正是由于四神图像上述的普遍性、重要性、特殊性、系统性、变化性，以及它和特定历史背景的关系，使它在艺术史中富有特殊的意义，使我们有理由对它特别关注。

第二节　汉画四神图像兴盛的动因

如果说，汉代以前的四神图像尚属凤毛麟角，那么，汉画四神图像则是随处可见。毋庸置疑，四神图像在汉代的兴盛并不是偶然的，最直接的原因是与汉代统治者的推崇和认可密不可分，再进一层分析，则主要取决于当时复杂的社会背景。正如法国艺术史家丹纳所言："要了解一件艺术品，一个艺术家，一群艺术家，必须正确的设想它们所属的时代的精神和风俗概况。这是艺术品最后的解释，也是决定一切的基本原因。"[①]

一、统治者之推崇

张光直指出，古代文化是物质财富的集中表现，亦同时是政治权力的必需品[②]。艺术作为古代文化的直接产物，必然成为维护政治权力的因素之一。因为"任何一个政权只要注意到艺术，自然就总是偏重于采取功利主义的艺术观。它为了本身的利益而使一切意识都为自己所从事的事业服务"[③]。因此，在古代，一个或一组图像的大量出现和传播，与统治阶层的喜好有极大关系。某种图像若得到统治阶层的认同、实际采用和推广，一定能够比较容易且更快地得到民间的认知和接受而流行起来，并在很长的一段时间内不断被重复使用。由此可见，汉画四神图像能够得到发展与兴盛，主观动因在于统治者的重视，突出表现为以下两个方面。

（一）四神体系的政治化

前文已经提到，四神起初只是识星体系的物化形式，但随着人类对客观世界

---

① ［法］丹纳.艺术哲学[M].北京：人民文学出版社，1996：7
② Chang Kwang-chi. Early Chinese Civilization Anthropo-logical Perspectives, Cambridge, Massachusetts&London：Harvard University Press，1983：124-125
③ 普列汉诺夫.艺术与社会生活·没有地址的信——艺术与社会生活[M].北京：人民文学出版社，1962：217

第二章 汉画四神图像的兴盛

的认识的增加,又将之与方位、四季、颜色结合,最终形成了由五种动物组成的四组灵物。它们分别具有四种不同的颜色以及代表四个不同的方向,并与二十八宿完成固定搭配的严整形式,这便是东宫青(或苍)龙、西宫白虎、南宫朱雀(或鸟)、北宫玄武的四神体系。而到了汉代,四神体系被纳入天命论的政治范畴,成为天人感应宇宙模式的重要组成部分。

葛兆光《中国思想史》云:"汉代人们普遍相信,宇宙时空由绝对中心、阴阳两极与五种基本因素构成了完美而和谐的秩序,这种秩序是一切合理性的基本依据,同时它的背后又有一种神秘力量的支持。"①这种秩序背后所谓的神秘力量不是别的,正是作为蕴涵着特定意义的"天"。在古代先民们的意识中,"天"是支配着自然界的生成变化的神秘莫测的宇宙自然。孔子《论语·阳货》曰:"天何言哉?四时行焉,百物生焉,天何言哉?"②到了先秦两汉时期,"天"虽然仍保持着其宇宙自然的根本属性,但同时业已成为抽象和特定的宇宙自然、生命万物的最高主宰,成为一切合理性来源的"天道"。

汉高祖在取得政权以后,写了一首《大风歌》:"大风起兮云飞扬,威加海内兮归故乡,安得猛士兮守四方。"③他知道要注重守,这个守,不仅是守住四方的疆域,更是要守住统治阶级既得的政权和利益。于是,顺应时代、符合统治者心意的统治思想应运而生。汉初以来,文帝和景帝喜欢黄老之学,执行"无为"的政策。这一段的无为为汉武帝的有为创造了条件。汉武帝做了三件大事,其中之一就是为了加强思想领域的控制,采纳了董仲舒"罢黜百家,独尊儒术"的建议,把在此之前较为模糊的天人关系、天命思想推向极致,升华到理论的高度。《春秋繁露·顺命》云:"天者,万物之祖,万物非天不生。独阴不生,独阳不生,阴阳与天地参而后生。"④《春秋繁露·王道通三》云:"天覆育万物,既化而生之,有养而成之,事功无已,终而复始。"⑤天是世界万物的根本,也是人世生活的真正凭依。《春秋繁露·郊义》说:"天者,百神之君也,王者之所最尊也。"⑥天不仅是王者之所尊,而且也是所有人生活在世间的理由和根据,正所谓"人资诸天"⑦。人不是仅仅凭借理性思维就可以活着,而毋宁更依赖天的资助和保佑。于是,人的生理结构、性情好恶、社会政治秩序、伦常礼法都源出"天道",故世上所有人都必须"法天而行"。

"天命"对于汉朝的统治者尤其需要。因为刘邦及其功臣将相,都是原来社会的下层平民。这是一个全新的局面。他们需要向老百姓宣传他们的权威的神

---

① 葛兆光. 七世纪前中国的知识、思想与信仰世界——中国思想史·第一卷[M]. 上海:复旦大学出版社,1998:470
② 刘宝楠. 论语正义[M]. 石家庄:河北人民出版社,1986:379
③ 张永鑫,刘桂秋. 汉诗选译[M]. 成都:巴蜀书社,1988:134
④,⑤ [汉]董仲舒. 春秋繁露//[明]程荣纂辑. 汉魏丛书. 长春:吉林大学出版社,1992:145,132
⑥,⑦ [汉]董仲舒著;[清]凌曙注. 春秋繁露[M]. 北京:中华书局,1976:507,406

圣性,这就更需要天命论。汉武帝在第一次册问中所问的"三代受命,其符安在?灾异之变,何缘而起?",都是关于"天命"的问题。汉武帝会问,董仲舒也会答。董仲舒说:"天子受命于天,诸侯受命于天子。……其尊皆天也。"①不仅如此,儒家把天空诸星划分成若干宫、若干方位。北辰居中,为中宫,又称北极紫薇宫。其余东西南北诸宫均依中宫而立。中宫如帝王、如朝廷、如行政中枢,所以各宫即以政府来比喻。于是"天宫"也者,变成了"天官"。《史记》便有《天官书》一篇,详论其事。《史记索隐》说:"天文有五官,官者星官也。星座有尊卑,若人之官曹列位,故曰天官。"②紫薇宫为中官,天市垣与苍龙七宿为东官,太微垣与朱雀七宿为南官,白虎七宿为西官,玄武七宿为北官。每一官统领许多星,形成《周官》以外儒家的另一套庞大的设官分职架构。天本无象,对这个天象的描述,当然是描述者自己观念的反射。我国以北辰为中枢形成的那一套复杂的天官体系,正代表了儒家的世界观与政治观,同时也是统治者的维权需要。统治者之所以这样做,一方面是为了维护和强化自身的统治权威,另一方面又将自己的政治意图通过它们体现出来。

在这个政治范畴中,四神的方位意义也被赋予了主次、尊卑观念。《易纬凿乾度》开篇便这样写道:"孔子曰:易者,易也,变易也,不易也。……不易也者,其位也;天在上,地在下;君南面,臣北面;父坐子伏,此其不易也。"③可见,四神的"位"在这里已经超越了狭义的空间范畴,而成为一个普遍的时空范畴,甚至政治、伦理范畴。

一个时代的统治思想,必须和当时的历史条件相适应,必须针对当时的问题,能够解决当时的问题。被汉朝定为一尊的孔丘,已经不是原来的孔丘,儒家思想也不是原来的儒家思想了。无论某种思想原来是什么样子,经过这一适应,它就不是原来的样子了,这便是所谓的发展。而四神体系随着朝代的更替,也在不断发展。进入汉代,四神体系更加趋于政治化。从西汉时期董仲舒的公羊学说,到东汉时期的谶纬学说,四神被赋予了越来越多的使命,神秘性和政治色彩也越来越浓郁,并形成一套完善的配置体系。如下表所示。

表 2-1 四神体系配置表

配置名称	四神名称			
	青 龙	白 虎	朱 雀	玄 武
四 方	东	西	南	北

---

① [汉]董仲舒著;[清]凌曙注.春秋繁露[M].北京:中华书局,1976:520-521
② [汉]司马迁.史记[M].[宋]裴骃集解;[唐]司马贞索隐;[唐]张守节正义.北京:中华书局,1972:1289
③ [日]安居香山,中村璋八.纬书集成[M].石家庄:河北人民出版社,1994:62

第二章 汉画四神图像的兴盛

(续表)

配置名称	四神名称			
	青 龙	白 虎	朱 雀	玄 武
四 位	左	右	前	后
四 季	春	秋	夏	冬
四 色	青	白	赤	黑
五 行	木	金	火	水
五 帝	太皞	少皞	祝融	颛顼
五 星	岁星	太白	荧惑	辰星
五 德	仁	义	礼	信
八 卦	震	兑	离	坎

四神图像作为四神体系的艺术化形式,将其所蕴涵的天人感应的宇宙观念表现得淋漓尽致。英人赫尔伯特·里德(Herbert Read)在《艺术的意义》中说:"世界上艺术活动之丰富畅茂,无有过于中国,而艺术上的成就,亦无有出于中国之右者。……东方艺术的各种特质之一归宿点,厥为对于宇宙之态度。此种态度与西方人的完全不同。东方人对于宇宙,不能如希腊人一样采取一种镇静与感觉享受的态度,也不能如峨特人一样采取一种恐惧而虔诚的态度,中国人的态度可说是神秘的。"①这种神秘的态度就是天人感应的宇宙观念,它奠定了中国文化及其艺术(包括汉画)的整体宇宙观,从而显现出令人惊叹的精神特性与政治意义。天人感应的宇宙模式,在整个两汉时期普遍流行,不仅成为统治者谋求其至高无上统治地位合法性和政治结构合理性的工具,同时广泛渗透于社会上层建筑领域的各个角落。四神图像是这一模式的最佳运用对象,得到统治者的推崇和认可,并被广泛应用于建筑之中。

(二) 四神图像的泛用

在统治者的心目中,"天"具有无比崇高的地位,既是自然的天象,又是终极的境界;既是至上的神祇,又是一种不言自明的前提和依据;仿效"天"的构造,模拟"天"的运行,遵循"天"的规则,可以获得思想与行为的合理性。将之落实到现实生活中,便产生了比附模仿的关系,最突出的表现就是礼仪建筑的与天同象。作为四方、四时、天空星宿象征的四神体系是宇宙模式的重要组成部分,因此,四神图像成为绝佳装饰,在建筑之中得到广泛应用,大量出土的汉代宫殿四神瓦当

---

① 郑昶.中国美术史·绪论//诸家中国美术史著选汇.长春:吉林美术出版社,1992:1477

即是明证(图2-3)①。

图2-3 汉代长杨宫遗址四神瓦当

四神图像在建筑中的应用虽然早有先例，但是直到汉代才成为礼仪建筑装饰的定制。《史记·高祖本纪》载："萧丞相营作未央宫，立东阙、北阙、前殿、武库、太仓。"②注解《关中记》曰："东有苍龙阙，北有玄武阙，玄武所谓北阙。"③《三辅黄图·未央宫》云："苍龙、白虎、朱雀、玄武，天之四灵，以正四方，王者制宫阙殿阁取法焉。"④中国自古便是礼仪之邦，凡事皆注重规矩制度，特别是方位的主次、尊卑以及和谐等关系，尤为讲究。《周礼》云："惟王建国，辨方正位。"注曰："谓建国之时。辨，别也。先须视日景(影)以别东南西北四方，是有分别也，又于中正宫室朝廷之位，使得正也。"⑤皇帝自命为天子，在宫殿建筑中也要寻求窥天通天、与天同构的终极目标。四神图像的装饰，不仅美化了宫殿，其四方象征更体现了君权天授、君为枢机、一统天下的天人观念。班固在《西都赋》中描绘长安的宫殿建筑群，如此写道："其宫室也，体象乎天地，经纬乎阴阳，据坤灵之正位，放太紫之圆方，树中天之华阙。"⑥王延寿在《鲁灵光殿赋》中更是直截了当地道出了灵光殿所蕴涵的宇宙观念，说："然其规矩制度，上应星辰，亦所以永安也。"接着说："乃立灵光之秘殿，配紫微而为辅。承明堂于少阳，昭列显于奎之分野……据坤灵之宝势，承苍昊之纯殷。包阴阳之变化，含元气之烟煴……永安宁以祉福，长与大汉而久存。实至尊之所御，保延寿而宜子孙。"⑦

再如明堂。《汉书·平帝纪》载，"元始四年二月，安汉公奏立明堂辟雍。"⑧何谓明堂？蔡邕《月令论》曰："明堂者，天子太庙也。所以宗祀而配上帝，明天气统万物也。"⑨明堂辟雍的结构同样比附了宇宙模式，在西安西郊的明堂和辟雍建筑

---

① 赵力光.中国古代瓦当图典[M].北京：文物出版社，1998
②,③ [汉]司马迁.史记[M].北京：中华书局，1959：385，386
④ 何清谷.三辅黄图校释[M].北京：中华书局，2005：160
⑤ [汉]郑玄注；[唐]贾公彦疏.周礼[M].上海：上海古籍出版社，1990：137
⑥,⑦ 费振刚等.全汉赋[M].北京：北京大学出版社，1993：313，527-529
⑧ [汉]班固.汉书·第十二卷[M].北京：中华书局，1962：3
⑨ [唐]欧阳询.艺文类聚[M].上海：上海古籍出版社，1999：689

遗址①出土的四神瓦当,恰可与文献记载相互佐证。桓谭《新论》说:"王者造明堂,上圆下方,以象天地。为四方堂,各从其色,以郊四方。天称明,故命曰明堂。"②《三辅黄图》引《考工记》曰:"明堂五室……上圆象天,下方法地,八窗即八牖也,四闼者象四时四方也,五室象五行也。"③

这些礼仪建筑,不仅模仿了宇宙的建构,更蕴含着一种恢弘广博的宇宙精神。四神图像的应用,使建筑材料突破了平面的开展与延伸,而具有上下四方与天地同流的时空意义。不仅如此,四神还代表着天上东、南、西、北四宫,围绕着中宫天极星笼罩天地四方。天帝是天空中最尊贵的神,居于中宫,被星宿组成的东、南、西、北四宫环绕,处在核心的地位。对应于人间,则是身为"天子"的帝王,居住在具有象征含义的宫殿之中,四神图像是四宫物化的艺术形式。汉代"天人观念"的核心内容就是"君权天授",皇帝,作为统治集团的核心领袖,是整个社会乃至全人类的中心,一切人的所有活动全部都是为其利益服务。这也是儒家要将四神配置五行的根本缘由,其目的是为了突出中央的存在,正如同在春、夏、秋、冬四时之外画蛇添足地造出一个"季夏"来与中央匹配一般。其实无论四神系统或者五行学说,根本都是为了确立这个中心点,确立被四神围绕的中宫。而礼仪建筑中出现的四神图像,也正是"巫术交感"形式下对中心点的认可。中心点的确立,表示了君主在人世间中心位置的确立,一切活动都是围绕着这个中心而展开。为了体现如同天帝那般尊贵的核心位置,帝王居住以及举行祭祀的场所自然也要有四神的环绕。因此,四神图像在汉代建筑中的频繁出现也就不足为奇,通过模拟而去营造这个"中心点"的神圣氛围,可以使汉代统治者获得心理上的平衡与满足。

四神体系中的"一点四方"的基本模式,反映了汉代统治者所建构的世界其实就是以自我为中心的世界。如果说"中国"的"中"是这一人类思想的极致体现,那么由此而确立的"一点四方"的观念则是这一思想的具象化。所谓"一点四方",就是指在以中原(华夏、汉民族)为中心向(现实与想象中的)东、南、西、北四方延展的空间结构里,一种"以我为主,内外有别"式的文化心态及其派生出的治理模式、交换过程和历史结果。在这种结构中,"腹地"的含义不仅意味着地理的中心,同时更体现了王朝统治的权力基础及其统治集团利益的价值指向的核心④。众所周知,我们生活的空间是一个均质的所在,它的不同部位没有本质的不同。伊利亚德的思想或许能给我们提供很好的启示。伊利亚德认为,正是因

---

① 考古通讯,1957(6):28,30,图版 8(1-4);考古,1960(7):38
② [唐]欧阳询. 艺文类聚[M]. 上海:上海古籍出版社,1999:688
③ 陈直. 三辅黄图校证[M]. 西安:陕西人民出版社,1980:112
④ 徐新建. 从边疆到腹地:中国少数民族的不同类型———兼论"多元一体"格局//邓晓华主编:中国人类学的理论与实践. 香港:华星出版社,2002:253

为显圣物的存在,使得空间的某些部分和其他部分之间具有内在品质上的不同。而这种在空间中形成的中断为世界的所有发展向度提示了一个基点,标明了一个中心,把一处土地从其周围的宇宙环境中分离出来,使之具有品质上的差别,从而使世界的创造成为可能。也就是说,正是这种神圣的自我表征,才从本体论的层面上建构了这个世界①。在《宗教思想史》中,伊利亚德进一步指出:"古人对宇宙的传统想象是:有一个中心,一根垂直的轴贯穿其间,将天地两极连接在一起,并由四极而形成此一中央架构。天圆地方。……五个宇宙之数——四极和一个中央——中的每一个都各有一种颜色、味道、声音和特殊的符号,中国位于世界的中央,国都位于中国的中央,王宫位于国都的中央。"②从这个意义上来说,四神图像体系,不仅是天文地理上的概念,更是文化与政治上的概念。

除此之外,帝王陵墓也是用四神图像进行装饰(图 2-4),足可见出统治者对四神图像的重视。宫殿是帝王生前统驭天下的场所,陵墓则是阴间的世界,但同样构筑出一个宇宙空间,象征着帝王永恒的权力。四神图像是最为常见的装饰元素,除了瓦当,还有石阙、砖石(图 2-5)上均可见四神图像的出现,其所具有的象征意义和功能则是不言而喻的。首先,四神图像的方位象征,构成了帝王魂灵的中心位置。其次,四神图像的四宫象征,意喻着天上世界,促成帝王升天成仙愿望的实现。第三,四神图像的时空合一象征,代表了一种生命的动力和源泉,四时的交替推动着宇宙的周而复始,维持着生命的生生不息。而四神与天地、阴阳、四时、五方、八位、十二度等内容的结合,进一步突出了其驱邪辟凶、吉祥瑞应的功能,正如同一面四神博局镜的镜铭所写:"刻治六博中兼方,左龙右虎游四彭,朱爵玄武顺阴阳,八子九孙治中央,常葆父母利弟兄,应随四时合五行。"③

图 2-4　汉武帝茂陵遗址四神瓦当

图 2-5　汉武帝茂陵遗址玄武画像砖

---

① 伊利亚德.神圣与世俗[M].王建光译.北京:华夏出版社,2003:1-3,9
② 伊利亚德.宗教思想史[M].晏可佳等译.上海:上海社会科学院出版社,2004:40,469
③ 李学勤.《博局占》与规矩纹[J].文物,1997(1):49-51

第二章 汉画四神图像的兴盛

四神体系所代表的方位观念和宇宙秩序,已经不仅是一种物理空间秩序,而且是社会秩序的象征,非常符合统治者的统治需要;并且由于对"中央"的重要性的强调,满足了统治者的以自我为中心的心理渴求,因此备受统治者的推崇和青睐,从而融入天人相应思想,构成了汉代思想的骨干与核心,成为凌驾于一切之上的意识形态,并深深地浸入到各阶层人们的思想和观念中,渗透于汉代社会生活的方方面面,反映出四神图像在汉代政治与文化领域中兴盛的历史事实。与此同时,受黄老思想的影响,这一模式又被附加上形形色色的神秘意义,成为汉代统治者、文人儒士乃至普通大众的心理结构化以及人的社会整理化的形象表现,在日常生活与民俗信仰中得到不断外化和巩固,自觉或不自觉地指导着人们的所有活动,导致了四神崇拜的兴起。

二、四神崇拜之风

四神图像作为天人观念的物化形式,并没有为宫廷艺术所垄断,相反,在汉代民众生活中亦十分普及。老百姓之所以对四神产生兴趣,主要原因并不在于它们能够代表天上星宿或者地域方位之类,而是由于四神被附加上的许许多多与日常生活密切相关的神秘意义,满足了当时人们的心理渴求,从而成为被崇拜的对象。四神崇拜的兴起,是汉画四神图像兴盛的又一动因。而四神观念向四神崇拜的渗透,具有深厚的心理基础,体现了汉代民众的个性和偏好,折射出丰富的四神崇拜的心理内涵。

首先,将四神作为升仙使者而加以崇拜。这是与汉人思想意识深处渴望长生不老以及迷恋和追求洞天福地的神仙生活密切相关的。

汉朝建立之后,在社会经济残破的局面下,统治者采取了以黄老思想为主导的"无为而治"的统治政策。所谓"黄老学说",实际上是指道家学说中的两派。"黄"指"黄帝之学";"老"指老子学说,主旨在于统治者"无为",而"民自化"。黄老学说的实行,使得自战国时期兴起的神仙思想在汉代有了很大发展。关于"仙"的观念和神仙思想的起源,历来都有不同的说法。司马迁认为神仙思想来自燕、齐方士对邹衍阴阳五行说的曲解与附会;闻一多认为是来自中国西部古老的羌文化;顾颉刚也认为其源于西部,但同时又受到东部的燕齐文化的影响。由于时间久远,对这个问题无法深究。不过有一点是非常明确的,即有关"仙"的观念在战国晚期已经形成,围绕"仙"的信仰逐渐形成了以"昆仑"和"海上三山"为代表的东、西两大神话体系[①]。《楚辞·远游》曰:"贵真人之沐德兮,美往世之登

[①] 顾颉刚.《庄子》和《楚辞》中昆仑和蓬莱两个神话系统的融合//中华文史论丛,上海古籍出版社,1979(2)

仙。"①随着"仙"之观念的兴起,世俗对于长生、不死的追求与"仙"的观念逐渐走到了一起,两者相互渗透、融合,至秦汉基本合二为一②。人们认为,神仙境界既然是现世生命的最高境界,那么同样也可以作为死者灵魂的最理想的归宿。因此,本来只是追求现世个体生命不死的神仙信仰的内涵,迅速扩延至死后的世界,并成为灵魂不朽的丧葬信仰的一部分。由此可见,神仙思想大概与早期的巫觋观念有一定的渊源关系,其所谓长生不死的信念很可能是建立在灵魂不灭意识的基础之上的。所以说,神仙信仰从现世向死后世界的延伸,既是作为一种拓展,同时又成为一种回归。

西汉前期,汉武帝的求仙实践对神仙思想的传播起到了巨大的推动作用,并因之产生了广大的社会影响。从西汉后期开始,神仙思想广泛深入到了民间,其信仰群体进一步扩大,从知识分子、贵族官僚到普通百姓无不崇信。蕴涵神仙思想的大量文赋和墓葬艺术足以证明这种信仰在当时的流行和风靡程度。从汉代灵魂信仰中的魂、魄观念可以看出,魂的自然属性是上扬的,每个人死后其魄都要向上飞升,而人们理想中的充满快乐与自由的神仙世界正好可以成为那些游魂最理想的归宿。于是,现世幻想中的人间仙境自然也就演变成了彼岸的天堂乐土。并且,人们普遍相信,死者的魂如果能够得到导引或者帮助的话,就会顺利升入这个极乐世界,从而达到快乐的永恒和幸福的不朽③。

那么,谁是这升天导引的使者呢?作为四神形象的青龙、白虎、朱雀、玄武因为渊源有自,于是顺理成章地被人们当成接引使者而受到膜顶崇拜。王逸《楚辞·惜誓》中注曰:"朱雀神鸟,为我先导。"④汉代焦延寿《易林》云:"朱鸟道引,灵龟载庄;遂抵天门,见我贞君。"⑤玄武也是死者魂魄升天时的伴随之物。《楚辞·远游》讲升天时"召玄武而奔属"。王逸注曰:"呼太阴神,使承卫也。"⑥《庄子·大宗师》注曰:"北海之神,名曰禺强,灵龟为之使。"⑦《龟策列传》曰:"龟甚神灵,降于天上。"⑧玄武来自天上,又能知吉凶祸福,成为护送人们升仙的神物便很自

---

① [宋]洪兴祖撰.楚辞补注[M].北京:中华书局,1983:164
② [美]Yü Ying-Shih. Life and Immortality in the Mind of Han China, Harvard Journal of Asiatic Studies,1964—1965,25:8-122
③ Michael Loewe. Ways to Paradise: The Chinese Quest for Immortality. London: George Allen and Unwin,1979; Chinese Ideas of Life and Death: Faith, Myth and Reason in the Han Period (202BC—AD220). SMC Publishing Inc,1999
④,⑥ [宋]洪兴祖撰.楚辞补注[M].北京:中华书局,1983:228,171
⑤ [汉]焦延寿.白话易林[M].西安:三秦出版社,1990:75
⑦ [晋]郭璞.庄子集解[M].扬州:江苏广陵古籍刻印社,1991影印:50
⑧ [汉]司马迁.史记[M].[宋]裴駰集解;[唐]司马贞索隐;[唐]张守节正义.北京:中华书局,1972:3231

然。还有《离骚》中的"为余驾飞龙兮杂瑶象以为车"①的描述,以及《汉书·郊祀志》中的详细记载,曰:"黄帝采首山铜,铸鼎于荆山下。鼎既成,有龙垂胡髯下迎黄帝。黄帝上骑,群臣后宫从上龙七十余人,龙乃上去。余小臣不得上,乃悉持龙髯,龙髯拔堕,堕黄帝之弓。百姓印望黄帝既上天,乃抱其弓与龙髯号。"②

崇拜的结果,是在两汉墓室中出现了大量寓含升仙之意的四神图像。朱雀是汉墓四神中最为常见的元素,除了朱雀铺首衔环的固定程式,墓室四壁也时常会出现朱雀图像。例如,在浙江海宁东汉晚期的画像石墓中,除东壁以外都刻画有朱雀的形象③;山东安丘董家庄画像石墓也在室顶、墙壁绘有大量朱雀图像④。而在河南南阳麒麟岗汉墓中,描绘的是仙人乘龟图,影射墓主是乘龟升天的⑤。洛阳浅井头汉墓壁画中有羽人御龙图⑥,象征着引导墓主之魂升天。虎同样被认为成仙升天所御用的神物。洛阳金谷园新莽时期的壁画墓中有羽人驾白虎图⑦,当与洛阳浅井头汉墓壁画中的羽人御龙图的意义相似。山东苍山元嘉元年画像石墓⑧中出土有二石题记,共计 15 行,328 字,主要是关于汉画像石的内容,其中有"后当朱雀,对游仙人,中行白虎"、"前有白虎、青龙"等记录。题记明显反映出画像表达的是希望墓主人在四神的接引和陪伴下尽快升天的愿望。

而四神在充当升仙使者的同时,又代表了升天的目的地。汉墓壁画中大量四神星象图式的创造正是基于这样一种信仰。为了与魂气上扬的自然形态相符合,通常把这种图式安排在墓室的顶部或周壁的上端,使之与天界融为一体。例如,在河南永城芒山柿园梁王墓⑨、洛阳烧沟 61 号西汉壁画墓⑩、洛阳西汉卜千秋壁画墓⑪、洛阳浅井头壁画墓⑫、洛阳金谷园新莽壁画墓⑬、河南洛阳尹屯新莽

---

① [宋]洪兴祖撰.楚辞补注[M].北京:中华书局,1983:42
② [汉]班固.汉书[M].北京:中华书局,1974:1549
③ 嘉兴地区文管会等.浙江海宁东汉画像石墓发掘简报[J].文物,1983(5):1-20
④ 山东省博物馆.山东安丘汉画像石墓发掘简报[J].文物,1964(4):30-41
⑤ 中国画像石全集编辑委员会编.中国美术分类全集·中国画像石全集 6·河南汉画像石[G].河南美术出版社、山东美术出版社,2000:46
⑥ 洛阳市第二文物工作队.洛阳浅井头西汉壁画墓发掘简报[J].文物,1998(5):1-18
⑦ 洛阳博物馆.洛阳金谷园新莽时期壁画墓[J].文物参考资料丛刊·九,1985
⑧ 山东博物馆等.山东苍山元嘉元年画像石墓[J].考古,1975(2):124-134;方鹏钧,张勋燎.山东苍山元嘉元年画像石题记的时代有关问题的讨论[J].考古,1980(3)
⑨ 阎道衡.永城芒山柿园发现梁国国王壁画墓[J].中原文物,1990(1);河南省文物考古研究所.永城西汉梁国王陵与寝园[R].郑州:中州古籍出版社,1996;河南省商丘市文物管理委员会,河南省文物考古研究所,河南省永城市文物管理委员会,阎根齐主编.芒砀山西汉梁国王陵[R].北京:文物出版社,2001
⑩ 河南省文化局文物工作队.洛阳西汉壁画墓发掘报告[J].考古学报,1964(2):107-124
⑪ 洛阳博物馆.洛阳卜千秋墓发掘简报[J].文物,1977(6)
⑫ 洛阳市第二文物工作队.洛阳浅井头西汉壁画墓发掘简报[J].文物,1998(5):1-18
⑬ 洛阳博物馆.洛阳金谷园新莽时期壁画墓[J].文物参考资料丛刊,1985(9)

壁画墓①、陕西西安交通大学附小西汉壁画墓②、河南南阳唐河针织厂汉墓③、河南南阳麒麟岗汉墓④、内蒙古新店子和林格尔壁画墓⑤等墓中都可以看到，在墓室的顶部描绘着四神图像。四神作为四宫星宿与日、月、云气相配，不仅代表了人们普遍理解、认知的"自然天象"景观，还起着"交感巫术"的作用，象征四神图像所处的位置便是墓主人灵魂的终极归宿，也就是神鬼世界中的"天国世界"。与此同时，四神所包围着的"中心点"的原始意义也体现出来，西水坡龙虎图像中间的墓主，明堂中的君主，都是想占据上古巫觋所拥有的那个可以与鬼神相通的通道，也就是墓主可以自由升天的道路，如山东"东安汉里"石椁⑥以及四川王晖墓石椁⑦。

其次，将四神作为保护生宅、墓室的防御卫士而加以崇拜。

汉人一方面向往着四神图像所寓示的神仙境界，另一方面又相信鬼的存在，认为鬼会害人。王充《论衡·薄葬篇》云："世俗内持狐疑之议，外闻杜伯之类；又见病且终者，墓中死人来与相见，故遂信是，谓死如生。闵死独葬，魂孤无副，丘墓闭藏，谷物乏匮，故作偶人以侍尸柩，多藏食物，以歆精魂。"⑧虽然王充反对这种世俗观念，但同时也说明，鬼会害人的观念是当时民间普遍存在的。于是，人们把四神当做生宅、墓室的防御卫士，供奉它们、敬畏它们，祈求它们的保护。

四神在汉代往往被人们画在门户上，用以驱邪避鬼。青龙白虎便被列为宅中十二主神之一，保卫住宅。《论衡·解除篇》曰："宅中十二主神之焉，青龙白虎列十二位，龙虎猛神天之正鬼也，飞尸流凶安敢妄集，犹主人猛勇，奸客不敢窥也。"⑨所以铜镜上常会出现"左龙右虎辟不祥"的铭文⑩。《后汉书·礼仪志》曰："画虎于内，当食鬼也"⑪。"虎者，阳物，百兽之长也，能执搏挫锐，噬食鬼魅。"⑫

---

① 洛阳市第二文物工作队. 洛阳尹屯新莽壁画墓[J]. 考古学报, 2005(1):109-126
② 陕西省考古研究所,西安交通大学. 西安交通大学西汉壁画墓[J]. 考古与文物,1990(4):57-63
③ 周到,李京华. 唐河针织厂汉画像石墓的发掘[J]. 文物,1973(6)
④ 中国画像石全集编辑委员会编. 中国美术分类全集·中国画像石全集6·河南汉画像石[G]. 河南美术出版社、山东美术出版社,2000:44
⑤ 内蒙古文物工作队,内蒙古博物馆. 和林格尔发现一座重要东汉壁画墓[J]. 文物,1974(1):8-23
⑥ 中国画像石全集编辑委员会编. 中国美术分类全集·中国画像石全集·山东汉画像石[G]. 河南美术出版社、山东美术出版社,2000:35-38
⑦ 任乃强. 芦山新出土汉石图考[J]. 康导月刊,1942,4(6,7):13;罗二虎. 汉代画像石棺[M]. 成都:巴蜀书社,2002:65
⑧ [汉]王充. 论衡·薄葬篇[M]. 上海:上海人民出版社,1974:352
⑨ 北京大学历史系《论衡》注释小组. 论衡注释[M]. 北京:中华书局,1979:1438
⑩ 昭明,洪海. 古代铜镜[M]. 北京:中国书店,1997:53
⑪ [南朝宋]范晔撰;[唐]李贤等注. 后汉书[M]. 北京:中华书局,1965:3129
⑫ [汉]应劭. 风俗通义[M]. 上海:上海古籍出版社,1990:58

《太平御览》引《风俗通》云:"墓上树柏,路头白虎……魍者畏虎与柏。"①不仅如此,朱雀、玄武也能抵御魑魅侵害,守卫门户,驱邪保安。《拾遗记》云:"重明之鸟……能搏逐猛兽虎狼,使妖灾群恶不能为害……其未至之时,国人或刻木,或铸金,为此鸟状,置于门户之间,则魑魅丑类自然退伏。"②洪兴祖《楚辞补注》引云:"玄武,谓龟蛇,位在北方,故曰玄;身有鳞甲,故曰武。"③

由于相信死者会在地下重新生活,而地下鬼魅众多,人们遂将四神的守卫功能进一步延伸,使之成为地下墓室的守护神,保护墓主不受鬼魅的侵扰。其中白虎和朱雀分别同铺首衔环组合,作为庇佑墓主的神物,被雕绘于墓门之上,形成新的并且恒定不变的图式。例如,河南南阳王庄汉画像石墓门扉刻有白虎铺首图④;陕西神木大保当墓门左右门扉上为朱雀、中为铺首衔环,下为右青龙、左白虎⑤;河南南阳宛城区英庄二号墓东二门扉刻白虎铺首衔环,西二门扉刻朱雀铺首衔环图⑥。等等。孙文青在《南阳汉画像集》中说:"铺首之上,每刻鸟兽,两相对称,其鸟具冠展翼,若凤凰为女墓;其兽张口扬尾,若奔虎为男墓。"可知墓门刻朱雀或白虎是根据墓主性别而定,都具有驱邪护墓之用。

第三,将四神作为祥瑞之象而加以崇拜。

汉代的祥瑞之说是从天人关系的观念中衍生出来的,原本是出于统治者巩固其政治地位的需要。《汉书·董仲舒传》中记载汉武帝制曰:"盖闻:善言天者必有征于人,善言古者必有验于今。故朕垂问乎天人之应,上嘉唐虞,下悼桀、纣,浸微浸灭浸明浸昌之道,虚心以改。"⑦灾异变化、祥瑞谴告与现实问题紧密地联系在一起,这也正是汉武帝真正关心并感兴趣的。于是天人感应学说实现了由理论层面向实践领域的过渡,祥瑞成为解释上天意愿的思维模式。根据这种理论,一旦某个皇帝获得天命,他就成为普天下芸芸众生的君主和父亲。皇帝因此得以向大臣发号施令,父亲得以向子女发号施令,男人得以向女人发号施令,如此类推,形成完整的社会结构与领导秩序。这里的中心环节,即上天与皇帝的关系如何证明?就是通过祥瑞之象。如果上天可以通过征兆传达其意志,那么皇帝与上天完成联系,从而为整个王朝统治打下基础。如《春秋繁露》曰:"帝王

---

① [宋]李昉等撰.太平御览[M].北京:中华书局,1960:4235
② [晋]王嘉撰;[梁]萧绮录.拾遗记[M].北京:中华书局,1981:24
③ [宋]洪兴祖.楚辞补注[M].北京:中华书局,1983:171
④ 南阳市博物馆.南阳市王庄汉画像石墓[J].中原文物,1985(3):26-35
⑤ 陕西考古研究所等.陕西神木大保当第11号、第23号汉画像石墓发掘简报[J].文物,1997(9):26-35
⑥ 南阳地区文物工作队,南阳县文化馆.河南南阳英庄汉画像石墓[J].文物,1984(3):25-37
⑦ [清]王先谦.汉书补注[M].北京:书目文献出版社,1995:1144

之将兴也,其美祥亦先见"①。这种祥瑞之象又称作"受命符"。

在这种思想背景之下,王室的正统性基于两点:一是开国皇帝与古代圣贤帝王的关系;二是每个汉代皇帝与上天之间的直接联系。二者都需要祥瑞作为证明。其结果是两种并行的发展倾向:一是变本加厉地将汉高祖神话化,二是越来越频繁地制造祥瑞征兆并繁衍其代表神物②。《汉书·高帝纪》曰:"母媪尝息大泽之陂,梦与神遇。是时雷电晦冥,父太公往视,则见交龙于上。已而有娠,遂产高祖。""隆准而龙颜,美须髯,左股有七十二黑子。""白帝子也,化为蛇当道,今者赤帝子斩之。"③所有这些都被解释成高祖受天命创大业的证据。再如在王莽篡汉的过程中,符命、祥瑞就起到了推波助澜的作用。《汉书·王莽传》:"是月,前辉光谢嚣奏武功长孟通浚井得白石,上圆下方,有丹书著石,文曰:'告安汉公莽为皇帝。'符命之起,自此始矣。"④又云:"梓潼人哀章,学问长安,素无行,好为大言。见莽居摄,即作铜匮,为两检,置其一曰'天帝行玺金匮图',其一署曰'赤帝行玺某传予黄帝金策书'。某者,高皇帝名也。书言王莽为真天子,皇太后如天命。"⑤隗嚣曾针对此事云:"矫作天命,伪作符书,欺惑众庶。"⑥东汉光武帝刘秀能就天子之位,符瑞也发挥了配合作用。《后汉书·光武帝纪》云:"行至鄗,光武先在长安时同舍生强华,自关中奉赤伏符,曰'刘秀发兵捕不道,四夷云集龙斗野,四七之际火为主'。群臣因复奏曰:'受命之符,人应为大,万里合信,不议同情,周之白鱼,曷足比焉?今上无天子,海内淆乱,符瑞之应,昭然著闻,宜答天神,以塞群望。'光武于是命有司设坛场于鄗南千秋亭五成陌。"⑦可见符瑞已经成为王者受命于天且受上天庇护代代相传的有力证据。在和平时期,祥瑞之象的主要作用就是宣传太平盛世,歌颂当时皇帝的德治。关于瑞兆的种类,《春秋繁露》所列有21种,到东汉《白虎通》为31种,至《宋书·符瑞志》已发展约有170余种。而汉章帝在位期间,仅短短十来年间至少出现了29种瑞兆。特别是公元85—87年间,麒麟出现了51次,凤凰139次,黄龙44次,白虎29次⑧。

所谓上行下效,祥瑞之象也成为当时民众所认可的思维模式。四神形象因为与天的特殊关系而出现于高频率的祥瑞之象中,受到人们的关注与崇拜。《孔氏瑞应图》云:"龟,神异之介虫也。玄采五色,上隆象天,下平象地,生三百岁。游于蕖叶之上,三千岁尚在蓍丛之下,明吉凶,不偏不党,唯义是从,王者

---

① [汉]董仲舒著;[清]凌曙注.春秋繁露[M].北京:中华书局,1976:445
② [美]巫鸿.武梁祠——中国古代画像艺术的思想性[M].杨柳,岑河译.北京:生活·读书·新知三联书店,2006:108
③~⑤ [汉]班固.汉书[M].北京:中华书局,1974:1、2、5、1678、1702
⑥,⑦ [南朝宋]范晔撰;[唐]李贤等注.后汉书[M].北京:中华书局,1965:515、21-22
⑧ [梁]沈约.宋书[M].北京:中华书局,1974:791、794、796、807

无偏无党,尊重耆老,不失故旧,则出。"①别本《瑞应图》说:"德泽湛溃,渔猎从,则出。"又曰:"禹卑宫室则出。"②据说,尧时,龟曾负图来投尧。黄帝时,亦有玄龟衔符出水置坛中而去。《宋书·符瑞志》云:"灵龟者,神龟也,王者德泽湛清,渔猎山川从时,则出。五色鲜明,三百岁游于蕖叶之上,三千岁常于卷耳之上,知存亡,明于吉凶。禹卑宫室,灵龟见。""玄龟者,天符也,王者德至渊泉,则雒出龟书。"③《宋书·符瑞志》云:"夏道将兴,草木畅茂,青龙止于郊。""青龙临坛,衔玄甲之图,吐之而去。礼于洛,亦如之。玄龟青龙苍兕止于坛,背甲刻书,赤文成字。"④又云:"白虎,王者不暴虐,则白虎仁,不害物。"⑤《艺文类聚》引《瑞应图》曰:"白虎者,仁而不害。王者不暴虐,恩及竹苇则见。"⑥《宋书·符瑞志》云:"赤雀,周文王时衔丹书来至。"⑦《艺文类聚》引《孝经援神契》:"德至鸟兽,白虎见。"⑧《艺文类聚》引《瑞应图》:"赤雀者。王者动作应天时,则衔书来。"⑨《遁甲》说:"赤雀不见,则国无贤。"⑩此言赤雀,即为朱雀。由思想而致行为,则是在汉画中随处可见四神作为祥瑞之象的图像出现。同时,四神图像也从整体组合走向分散独立。

董仲舒建构灾异、祥瑞的谴告乃至整个感应学说的目的,无非是要充分引起人(尤其是人之君王)的内心反省,从而求得天意,实现所谓的"察身以知天"、"君子察物之异,以求天意"⑪。《春秋繁露·王道篇》云:"王正则元气和顺,风雨时,景星见,黄龙下。王不正则上变天,贼气并见。"⑫将祥瑞之象与帝王、官吏的德政、德治、德行相互对照,体现出人们对执政者的希望与要求。与此同时,又和汉代人对生活的诸多想象、愿望、理想联系在一起,从而导致将四神作为瑞应之神的崇拜以及汉画中祥瑞画的盛行。四神是祥瑞的主要种类之一,自然不乏表现之作。

西汉后期至东汉,四神崇拜弥漫于整个社会,其最突出的表现便是进一步民间化、大众化和世俗化。墓室壁画、画像砖、画像石、铜镜、瓦当等大量汉画中都充斥着四神图像的身影。铜镜上直截了当、通俗易懂的铭文更是鲜明地展现了四神崇拜在大众阶层流行的状况。而我们之所以能够看到如此众多的四神图像,还得益于当时盛行的厚葬之风。

三、隆丧厚葬之俗

死亡是人类生活中的一件大事,丧葬习俗的出现应该源于古人对死亡的否

---

①,②,⑥,⑧~⑩ [唐]欧阳询.艺文类聚[M].上海:上海古籍出版社,1982:1718,1718,1716,1716,1712,1712

③~⑤,⑦ [梁]沈约.宋书[M].北京:中华书局,1974:800,763,807,812

⑪,⑫ [汉]董仲舒著;[清]凌曙注.春秋繁露[M].北京:中华书局,1976:95,144

定意愿。也就是说，葬礼是古人为了克服死的困扰而采取的一种行为模式。它提供了一条信息，那就是死亡不是终结，也不是结束。因此，为死亡而举行的葬礼便成为人生礼仪中最为复杂隆重的一项仪式活动。

我国自古就有厚葬的风俗，汉代之前即在统治集团中广泛存在。从墓地的选择、墓室的形制和结构、随葬物品的繁多，以及各种礼制的完备，都可以表现出来，并且已经具有明显的等级色彩。汉代由于社会财富的增长，此风尤甚。从丧葬规模之大、全社会从事人群之众以及对社会生活产生的影响之深来看，汉代却是绝无仅有的。

西汉的"厚葬"二字早在文帝时期已见端倪。《史记·孝文本纪》"当今之时，世成嘉生而恶死，厚葬之破业，重服以伤生"[1]，说明早在西汉初期社会上已开始流行"厚葬"、"重服"的丧葬之风。但由于社会经济没有得到完全恢复，厚葬的风气较为收敛。《汉书·文帝本纪》中记载孝文帝"治霸陵，皆瓦器，不得以金银铜锡为饰，因其山，不起坟"[2]。但就这样的所谓"薄葬"，还"发近县卒万六千人，发内史卒万五千人"[3]来挖墓穴，堆坟茔，可见规模也不太小。《汉书·景帝本纪》曰："列侯薨，遣太中大夫吊祠，视丧事，因立嗣。其葬，国得发民挽丧、穿、复土，治坟无过三百人毕事。"[4]而湖南长沙马王堆发现的西汉軑侯利仓妻子的坟墓，却出土随葬器物千余件，女尸包裹丝绸二十层，墓深二十多米，用了四棺二椁。一个封地仅七百户的小侯，竟动用和消耗如此之多的人力、物力，这可以再次证明，所谓西汉初期的薄葬并不是真薄。

虽然汉文帝"薄葬"的思想与实践对皇亲国戚、贵族地主有一定的约束，但事实证明"以山石为椁"的崖墓并不省气力，也未必系"薄葬"，相反倒助长了厚葬之风的蔓延。至汉武帝时，厚葬之风达到了炽热的程度。据载，"汉天子即位一年而为陵，天下贡赋三分之，一供宗庙、一供宾客、一充山陵"[5]。汉武帝即位后的第二年，即公元前139年，便开始营建自己的"寿陵"——茂陵工程，历时53年。《晋书·索琳传》记载，至武帝驾崩时，陵园"其树皆已可拱"[6]。茂陵的坟丘作覆斗形，夯筑，约240米见方，高46.5米。《册府元龟》云："金银财物、鸟、兽、鱼、鳖、牛、马、虎、豹等生禽，凡百九十物，尽瘗藏之。"[7]其陵园建筑也很宏伟。据调查，陵园东西长430米，南北宽414米，墙宽约5.8米。陵园之旁建有寝殿，旁边还有便殿，在寝殿内"宫人随鼓漏理被枕，具盥水，陈严具"[8]，宛如生时，充分体现

---

[1] [汉]司马迁.史记[M].[宋]裴骃集解；[唐]司马贞索隐；[唐]张守节正义.北京:中华书局,1972:433-434

[2] [汉]班固.汉书·文帝纪[M].杭州:浙江古籍出版社,2000:32

[3],[4],[7] [清]王先谦.汉书补注[M].北京:书目文献出版社,1995:52,55,1342

[5],[6] [唐]房玄龄等撰.晋书[M].北京:中华书局,1974:1651

[8] [南朝宋]范晔撰，[唐]李贤等注.后汉书[M].北京:中华书局,1965:3200

出汉代丧礼与葬俗的中心思想,即《论衡》中所说的"谓死如生"①。

厚葬主要表现在墓室的形制和结构上模仿现实生活中的房屋,正如同《荀子·礼论》中所言:"丧礼者,以生者饰死者也,大象其生以送其死也。"②就是要为死者布置一个与生前一样,甚至比生前还要好的生存空间和生活场所,使死者(灵魂)享受生前相同的福祉。所以,绝不能"厚其生而薄其死"③。汉武帝为自己修建的茂陵规模浩大,各种建筑设施,与宫阙一样,墓内随葬品也极奢华,凡是生人所用的器具、物品,无不可以纳入墓中,应有尽有。《盐铁论·散不足》所谓"厚资多藏,器用如生人"④,也正说明了这一事实。在帝王厚葬之风的影响下,达官贵人、富商地主竞相仿效,致使厚葬之风弥漫整个社会。厚葬成风的原因较多,大体可以概括为三点。

其一,经济的发展和社会的安定为厚葬之风的兴起提供了条件。经济上,经过长期的休养生息,已得到恢复和发展。仅仅30余年,满目疮痍的汉初经济废墟就出现了经济全面恢复的"文景之治"。到了汉武帝时期,社会经济已经空前繁荣,较之汉初又已大不相同。《史记·平准书》描述:"至今上即位数岁,汉兴七十余年之间,国家无事,非遇水旱之灾,民则人给家足,都鄙廪庾皆满,而府库余货财。京师之钱累巨万,贯朽而不可校。"⑤无论是国家财政还是个人积蓄,都大有增长。政治上,统一的封建中央集权也得到空前巩固。在这种经济发展和政治稳定的形势下,首先是封建统治阶级,生活日益侈靡荒淫。而广大百姓,也往往喜欢铺张行事,遵循"事死如生"的丧礼,不惜耗费钱财,大办丧事。

其二,鬼魂观念和孝悌观念的催化。时人祖先崇拜和鬼魂崇拜观念根深蒂固,相信人死后灵魂不灭,还会在另一个世界里继续生活。古代中国人认为人都有两种灵魂:天空中的灵魂和地上的灵魂。天空中的灵魂称作"魂",它源自天空,人死后也将回到天上,成为一个祖宗的精灵,"神"。地上的灵魂称作"魄",人死后仍留在墓穴中,它必须得到照料直到归其源头:大地。墓室艺术的设计在于惠泽于死者,因为只有死者才能"见到"这些艺术品;而石祠中的图像则是为了教化活者,赞美死者,作为建造石祠的家庭之孝举,以及在一些场合中作为皇帝授予的对忠臣死后的奖赏。不过无论是在石祠中还是在墓室里,汉代丧葬艺术的首要目的就是为了灵魂服务。生者通常对死者怀有既想念又恐惧的矛盾心理,这双重情感造成既欲断绝又希望保持与死者的关系的态度和行为,流露出人类

---

① 北京大学历史系《论衡》注释小组.论衡注释[M].北京:中华书局,1979:1039
②,③ [周]荀况.二十二子·荀子[M].上海:上海古籍出版社,1989:336,335
④ 王利器.盐铁论校注[M].北京:中华书局,1992:353
⑤ [汉]司马迁.史记[M].[宋]裴骃集解;[唐]司马贞索隐;[唐]张守节正义.北京:中华书局,1972:1420

要求永生及不朽而不可得的无可奈何的心态。于是通过墓葬表达中国人强烈的天国追求和灵魂升天的观念传统,这是形成厚葬之风的观念基础之一。

另一方面,儒家提倡孝道伦理思想,使人们不仅把行厚葬看做是行孝道的表现,而且还把升官发财、消灾弭祸等寄托于死者的魂灵。于是,便为抚慰亡灵而厚葬。汉代是以儒家思想作为推行其政治思想——德治的工具,而德治的核心就是儒家所倡导的"孝悌"。孔子曰:"入则孝,出则悌。"①《说文解字》解:"孝,善事父母者。"②"孝"是儿女对父母所承担的天然道德义务。孔子在《论语·学而》说:"孝弟也者,其为仁之本与!"③对于当时的子女而言,"孝"是超时间、超生死的。惟有这样的"孝",才叫真正的"孝"。儒家认为,"孝"之所以重要,乃因为"孝"是明王用以治天下的根本,正如孔子弟子所揭示的:"其为人也孝弟,而好犯上者,鲜矣;不好犯上,而好作乱者,未之有也。君子务本,本立而道生。孝悌也者,其为仁之本与!"④汉朝统治者把"孝悌力田"作为长期统治的重要政策、措施而加以推行。"孝道"受到极大推崇,连皇帝谥号也冠以"孝"字,如孝文帝、孝武帝等。《孝经》开始立于官学,奉为儒家"七经"之一。并且把"忠"和"孝"连在一起,孝父与忠君一理。"孝"的思想便通过《孝经》这一经典形式在社会上发挥着重要作用,成为整个社会的主导思想之一。汉代皇帝要读《孝经》⑤,并把《孝经》作为教育太子的必读之书⑥,让太子学习运用以孝治天下的统治方法。在汉代德治的影响下,"孝"被进一步扩大与强化。至此,孝道正式成为封建专制统治的工具,同时也使汉代的孝道神秘化、迷信化。片面的绝对服从,使人容易丧失独立人格,导致"愚孝"的出现。"孝悌观是中国所独有的伦理观念,虽被后代统治者歪曲而为统治工具,其对中国的德化作用及对当今社会的现实意义亦是我们必须承认,不可低估的。"⑦由于统治者的提倡,孝悌观念大行其道。《中庸·右第十八章》中云:"事死如事生,事亡如事存,孝之至也。"⑧《淮南子·泛论训》曰:"夫弦歌鼓舞以为乐,盘旋揖让以修礼,厚葬久丧以送死,孔子之所立也。"⑨《礼记·祭

---

① ,④ [春秋]孔子. 论语·学而//四书五经. 北京:北京古籍出版社,1996:40,39
② [汉]许慎. 说文解字[M]. 北京:中华书局,1963:173
③ 楼宇烈整理. 论语注[M]. 北京:中华书局,1984:3
⑤ [汉]班固:《汉书·昭帝纪》载昭帝诏书云:"朕以眇身获保宗庙,战战栗栗,夙兴夜寐,修古帝王之事,诵《保傅传》、《孝经》、《论语》、《尚书》,未云有明。"
⑥ [汉]班固:《汉书·景十三王传·广川惠王刘越传》:"后数月,下诏曰:'广川惠王于朕为兄,朕不忍绝其宗庙,其以惠王孙去为广川王。'去即缪王齐太子也,师受《易》、《论语》、《孝经》皆通,好文辞、方技、博弈、倡优。"
⑦ 陈延军. 论先秦儒家的孝悌观及其社会功能[J]. 辽宁师范大学学报,1996(3):77
⑧ [宋]朱熹集注. 四书集注[M]. 长沙:岳麓书社,1985
⑨ [汉]刘安. 淮南子//诸子集成·七. 北京:中华书局,1954:218

第二章 汉画四神图像的兴盛

统》说:"礼有五经,莫重于祭。"①儒家认为"丧祭礼废,则臣子恩泊,臣子恩泊则倍死亡先,倍死亡先则不孝狱多。"②因此主张"赙祭备物"以敬祖,"示不负死以观生也"③,这就为厚葬之风提供了伦理依据。于是帝王以显"孝",大兴土木,以建陵墓,吏民则多相仿效。《汉书·地理志》载:"郡国辐辏,浮食者多,民去本就末,列侯贵人车服僭上,众庶故效,羞不相及,嫁娶尤崇侈靡,送死过度。"④"慕效"久了,便"浸以成俗"。

不仅如此,汉武帝时还设置了一个岁举科目,曰"孝廉"。孝廉即孝子、孝吏,是汉世选官的主要途径之一。在当时,只要推崇孝道、以孝著称乡里者就有可能被察举为官,"孝"又逐渐成为做官的道德准则,"不举孝,不奉诏"⑤。由于厚葬是"察孝廉"的最重要表现,所以厚葬之风又夹杂着这种功利目的而一发不可收。

其三,缺乏健全的礼制,以致竞相僭越,助长了厚葬之风的盛行。丧葬作为社会生活中的一件大事,本来具有严格的礼制,但在春秋战国以后,逐渐被破坏了。西汉初,孙叔通曾受命定礼制,却仅完成了管制和朝仪两部分,就去世了。文帝时,贾谊虽然曾经完成一部仪礼,但由于诸大臣反对,没有被采纳。到了汉武帝时,虽曾再次提出制定仪礼,但终究没有完成。在这种旧礼已破,新礼又未确立的情况下,人们便往往随心所欲,自行其是,竞相僭越⑥。于是武帝后逐步演变为"埋葬过制"、厚葬"成俗"。元帝的渭陵、成帝的延陵、哀帝的义陵、平帝的康陵,均在地面上夯筑有高大的封土为坟丘。尽管大小高低各不相同,但都在高26米、边150米见方之上。成帝修陵墓时,正会值谶纬迷信昌炽时期。初建延陵,后来听了陈汤和将作大匠解万年的话,另建昌陵。昌陵地势低下,终于被迫放弃,最后葬于延陵。弃昌陵建延陵而花费的代价是十分惊人的。《汉书·陈汤传》载:"昌陵因卑为高,积土为山,度便房犹在平地上,客土之中,不保幽冥之灵,浅外不固,卒徒工庸以巨万数,至然脂火夜作,取土东山,且与谷同贾。作治数年,天下遍被其劳,国家罢敝,府藏空虚,下至众庶,熬熬苦之。"⑦且卒徒死伤惨重。《汉书·成帝纪》云:"卒徒蒙辜,死者连属,百姓罢极,天下匮竭。"⑧皇帝既然如此,又无明文禁令,下面的王侯勋戚、贵族官僚等,更加肆无忌惮,大肆铺张。《汉书·成帝纪》载:"方今世俗奢僭罔极,靡有厌足。公卿列侯,亲属近臣,四方所则,未闻修身遵礼,同心忧国者也。或乃奢侈逸豫,务广第宅,治园池,多畜奴婢,被服绮縠,设钟鼓,备女乐。车服、嫁娶、葬埋过制。吏民慕效,浸以成俗,而

---

① 王梦欧.礼记今注今译[M].天津:天津古籍出版社,1987:629
②,③ 北京大学历史系《论衡》注释小组.论衡注释[M].北京:中华书局,1979:1315,1309
④,⑤,⑦,⑧ [清]王先谦.汉书补注[M].北京:书目文献出版社,1995:826,62,1326,108
⑥ 张捷夫.汉代厚葬之风及其危害[J].中国历史博物馆馆刊,1995(2):22

欲望百姓俭节,家给人足,岂不难哉。"①甚至,"边远下土,亦竞相效仿"②。

以位于河北省满城县的汉武帝的庶兄刘胜夫妇的坟墓为例。刘胜墓容积达2700立方米,刘胜妻窦绾墓容积达3000立方米。据计算,在岩石中开凿这样大的洞穴,就是用近代的施工方法,也得需要上百人花费一年的工夫。西汉的手工业工人和农民劳作只用铁锤、铁钎,他们所遇到的困难和所花费的气力,更是可想而知了。这两个墓的随葬品也多得惊人,共达2800余件。刘胜夫妇身穿的葬衣,全用玉片做成,以金丝相连,名叫金缕玉衣。刘胜的葬衣,玉片达2498片,用去金丝1100克。窦绾的玉衣,用玉片达2160片,金丝达700克。据计算,制作一件这样的玉衣,必须是一个熟练的工匠不断工作十年之久。

东汉时期,由于国家的统一、社会的相对安定以及经济的恢复和发展,厚葬之风在西汉、新朝蔓延的基础上呈现愈演愈烈之势。甚至到了无法控制的地步。《后汉书·光武帝纪》云:"世以厚葬为德,薄终为鄙,至于富者奢僭,贫者殚财,法令不能禁,礼仪不能止。"③东汉的丧葬之礼,基本上沿袭了西汉、新朝时期的制度和习俗。东汉初期的统治者光武帝刘秀、明帝刘庄、章帝刘烜,从恢复和发展生产,稳定和巩固封建政权出发,曾下达了一系列戒奢侈的禁令。章帝建初二年春三月辛丑,诏曰:"比年阴阳不调,饥馑屡臻。深惟先帝忧人之本,诏书曰'不伤财,不害人,诚欲元元去末归本。'"④建武七年,诏曰:"其布告天下,令知忠臣、孝子、慈兄、悌弟薄葬送终之义。"⑤明帝永平十二年,诏曰:"有司其申明科禁,宜于今者,宣下郡国。"⑥虽然东汉早期的最高统治者发布了一系列"禁厚葬"的诏令,由于东汉早期是一个"崇孝行"的社会,"汉制使天下皆诵孝经,选史与孝廉,夫丧亲自尽,孝之终也"⑦,所以,"禁厚葬"与"崇孝行"不可能统一起来,相反,许多人受到上至"天子"、下至"长吏"的"赙赠"。到章帝时不仅无减,而且更有过之。

从刘秀、刘庄、刘烜祖孙三代禁厚葬的诏令可以看出,东汉早期的厚葬之风绝非一般不正之风。东汉中后期的厚葬之风在东汉早期的基础上愈演愈烈。如王充《潜夫论》云:"今京师贵戚,郡县豪家,生不极养,死乃崇丧,或至刻金镂玉,檽梓梗楠,多埋珍宝,偶人车马,造起大冢,广种松柏,庐舍祠堂,崇侈上僭。宠臣贵戚,州郡世家,每有丧葬,都官属县,各当遣吏赍奉,车马帷帐,贷假待客之具,竞为华观。"⑧而平民百姓因厚葬之风倾其所有,处境也就更加悲惨:"今百姓送终

---

① [清]王先谦. 汉书补注[M]. 北京:书目文献出版社,1995:109
② [清]王先谦撰. 后汉书集解[M]. 北京:中华书局,1984:575
③~⑦ [南朝宋]范晔撰;[唐]李贤等注. 后汉书[M]. 北京:中华书局,1965:51,134,51,115,2051
⑧ [汉]王符撰;[清]汪继培笺. 潜夫论[M]. 上海:上海古籍出版社,1978:158

第二章 汉画四神图像的兴盛

之制,竞为奢靡,生者无担石之储,而财力尽于坟土;伏腊无糟糠,而牲牢兼于一奠,糜破积世之业,以供终朝之费,子孙饥寒,绝命于此,岂祖考之意哉!"①当时社会上出现了"畏死不惧义,重死不顾生,竭财以事神,空家以送终"的陋俗②。

  厚葬之风虽然导致了民不聊生的社会现象,但同时却又为后人留下了难得的大量墓葬艺术品。首先,出现了壁画墓和画像石墓的流行。汉代墓葬,由以往流行的竖穴墓,发展为流行洞室墓。这种洞室墓,除一般单纯的土洞墓以外,壁画墓和画像石墓的出现和流行,则是丧葬史上又一惊人之举,充分反映出汉代丧葬的奢华靡费。壁画墓是指带彩绘的砖室墓,规模很大,通常在一条中轴线上,有三四间墓室,旁边还带有耳室。在墓室的四壁、券顶、甬道、墓门额上,绘满了彩色图画。从墓葬发掘资料来看,使用这种壁画墓的人,多为"千石"以上的官吏,但也有无官职者,说明这种墓葬在民间也相当流行。画像石墓更甚之。它是在石材结构的墓室或砖石混作的石构件上,雕刻精美的画像。从西汉中期出现并流行的画像石墓,经王莽一朝到东汉早期时,已覆盖刘秀的故乡南阳、高祖的故乡徐州以及徐州周边的很大一部分地区。墓葬的规模也较大。西汉晚期的石刻画像,多采用阴线刻技法,画面崇尚简单。而东汉时期,则大有发展,不仅画像内容丰富,而且大量使用凸面线刻和剔地浮雕技法,相当费工。其次,墓上建筑与石刻的流行。古不墓祭,故葬而无坟,不留标志,就连周文王与周武王,也是"兆舆与平地齐"③。春秋时开始出现坟丘,但为数很少。汉代则不然,堆土为坟的风气极为盛行,而且竞相高大。更有甚者,是墓前的各种地面建筑与石刻。除前面曾提到的皇帝陵寝有规模庞大的寝殿建筑外,王侯官吏甚至民间,绕墓筑垣,墓旁建祠起阙,筑神道,设石人、石兽,立表树碑等等,也相当普遍。

  汉代出现的空前绝后的厚葬之风,带来了汉画的兴盛,也使四神图像有了物质的载体。我们今天对汉画四神图像的了解,主要有两条途径,一是文献记载,一是考古发现。文献中的相关记载多涉及现实中的造型作品,通过考古发现的则多为汉代墓葬中保存下来的丧葬性的造型作品。由于时代久远,沧桑巨变,当时现实生活中的四神图像遗存较少,并且与文献中的零星记载也难以相互验证;而墓葬中却出土了数量繁多的四神图像,成为我们解读四神图像的最重要的实物依据。只不过,厚葬之风是外因,四神图像的大量出现还与当时造型活动的繁荣景象以及四神自身所具有的观念内涵密不可分,因此,对汉画四神图像本身作更加深入全面的分析是非常必要且必需的。

---

  ① 明帝永元十二年(69年)诏书。载[南朝宋]范晔. 后汉书·卷二明帝纪[M]. 杭州:浙江古籍出版社,2000:27
  ② [东汉]王充. 论衡[M]. 上海:上海人民出版社,1974:352
  ③ [清]严可均校辑. 全上古三代秦汉三国六朝文[M]. 北京:中华书局,1958:724

汉画四神图像

小 结

　　考古资料表明,四神图像在汉代极其兴盛,主要分布于河南、山东、陕北、四川四个区域,均为汉代的核心地区。根据汉画四神图像的特色和思想背景,可以将之分为三个发展时期:一、西汉景帝至武帝的初始期,虽然这一时期出土的四神图像实物较少,但却十分重要,因为此时四神图像已经逐渐形成自身独特的象征符号,开始被广泛运用于风俗生活;二、新莽时期到东汉前期,这是四神图像的成熟期,这一时期的四神图像已经形成规范和完整的系统,布局灵活而富于变化,象征寓意更为突显,四神星象图开始减少,其本来所具有的天文学含义在一定程度上被淡化;三、东汉中后期,这是四神图像的稳定期,虽然由于社会动荡不安,经济、文化处于一个相对缓慢发展的阶段,但这一时期的四神图像,在经过西汉一朝与东汉前期的奠立与稳定发展之后,已经形成一整套固定的图像体系和表现模式,并作为一种能够充分表达当时安生求吉观念和引导升仙信仰的艺术形式,被人们普遍接受。

　　在汉代,四神体系被纳入天命论的政治范畴,成为天人感应宇宙模式的重要组成部分。汉代"天人观念"的核心内容就是"君权天授"。在统治者的心目中,"天"具有无比崇高的地位,既是自然的天象,又是终极的境界;既是至上的神祇,又是一种不言自明的前提和依据;仿效"天"的构造,模拟"天"的运行,遵循"天"的规则,可以获得思想与行为的合理性。将之落实到现实生活中,便产生了比附模仿的关系,最突出的表现就是礼仪建筑构造形式的"与天同象"。四神体系具有四方、四时以及天空星宿等宇宙模式的象征,因此,四神图像成为绝佳装饰,在建筑之中得到广泛应用。

　　四神图像作为天人观念的物化形式,并没有为宫廷艺术所垄断,相反,在汉代民众生活中亦十分普及。由于四神被附会为升仙使者、防御卫士、祥瑞之意,这些均与日常生活密切相关,满足了当时人们的心理渴求,从而成为被崇拜的对象。加之汉代由于社会财富的增长、鬼魂观念与孝悌观念的催化以及儒家孝道伦理思想的鼓吹,导致厚葬之风尤甚,并由此带来了汉画的兴盛,也使四神图像有了物质的载体。在这些因素的影响与推动下,汉画四神图像呈现出繁盛景象。

第三章 汉画四神图像的艺术分析

统治者的推崇和社会观念的影响,促使汉画四神图像出现了繁荣景象。在汉代近四百年的发展历程中,四神也在不断发展、演变之中,并形成了一套非常系统和完整的图像体系,其中包含着的古人集体无意识的原型结构,更接近民族精神的核心,是理解中国早期图像观念的重要窗口。宗白华说:"世界是无穷尽的,生命是无穷尽的,艺术的境界也是无穷尽的。"[①]那么,四神图像的艺术风格会是怎样的呢?四神图像是汉代艺术中一种极为普遍却又奇特的组合,令观者有结构复杂、造型多样、神秘莫测之感。不同的材质、位置、元素、图式、技法的出现,则形成千姿百态的四神图像。要想对之进行准确的分析和判断,我们有必要将汉画四神图像的各种造型与图式加以详尽的描述,将各类四神图像的个性和共性加以具体研究,将四神图像与同期其他图像加以认真比较,只有在清晰认识具体细节的基础之上,从微观到宏观,才能总体把握四神图像的艺术风格。

第一节 四神图像的艺术造型

造型是艺术创作的手段之一,"是运用艺术手段依循美的规律,将处于变化运动中的事物予以概括、综合、凝聚、固定的物化与升华的过程;创作过程中对形象的提炼、加工以至必要的夸张、变形,都是为了更有效突出形象本身审美特点;造型不是创作的最终目的,而是揭示艺术主题的一种手段。"[②]由视觉形象要素——点、线、面等综合构成的四神图像的艺术造型,并非简单地模仿和"再现"现实中各种动物原型,而是突出了造型语言的表现因素和观念因素。因为四神图像体系的形成,本身便是人类各种观念形态交互作用、综合而成的结果,与此同时,四神图像的创作又是出于汉代技术工匠之手,他们对四神形象的认知与理解,以及汉代社会环境与思想观念,都会对四神图像的艺术造型产生影响,并因此形成其自身独特的造型样式和风格。

一、造型的样式

四神图像的艺术造型样式与其他图像相比要更加复杂,因为它包括了青龙、

---

① 宗白华. 艺境[M]. 北京:北京大学出版社,1987:150
② 杜哲森. 造型//中国大百科全书·美术. 北京:中国大百科全书出版社,1990:1045

白虎、朱雀、玄武四种动物形象,并且每一种动物造型都具有悠久的发展与演变历史,从而也导致了样式的多重性。下面将分别对青龙、白虎、朱雀、玄武造型的样式进行归纳与分析,所列图像,或直接出自汉墓中,或由征集所得,根据笔者所掌握的材料,有画像石、画像砖、壁画、铜镜、瓦当、木板画、陶器盖等艺术门类,涉及的地域包括今陕西、四川、江苏、安徽、河南、山东、浙江、湖南等省,时间从西汉早期至东汉晚期,以此作为研究的对象和依据,可说是具有一定的学术代表性。

(一)复杂多变的青龙造型

应该说,青龙造型的样式是四种动物中最为繁杂而且多变的。详见下表所示。

表3-1 青龙造型样式划分一览表

类 型		特 点	时 间	出 处
1.走兽型		兽身,细尾		
	①无翼	张口,奔跑状,尾上扬,有须和鳞	西汉中期	汉茂陵瓦当
		张口,曲颈,双角,三爪	东汉中期	四川渠县冯焕阙
		张口,露齿,曲颈,身有条状斑纹	东汉中期	陕西绥德四十里铺汉墓左门扉
		张口,双角	东汉晚期	重庆江北汉墓门枋
	②有翼	闭口,有须	西汉晚期	河南洛阳博局镜
		有须	新莽时期	上海博物馆博局镜
		有须	新莽时期	河南洛阳多乳禽兽镜
		闭口,有须	新莽时期	洛阳五女冢267号新莽墓铜镜
		张口,双翼	东汉中期	陕西神木大保当汉墓墓门右立柱
		张口,双翼	东汉中期	绥德黄家塔9号墓南壁门洞立柱
		张口,双翼	东汉中期	河南方城县城关镇汉墓西门门扉
	③有翼且回头张望	伸颈	西汉晚期	江苏盱眙东阳汉墓四神铜镜
		张口	东汉早期	河南南阳蒲山汉墓前室墓顶
		张口,伸颈	东汉中期	湖南多乳禽兽镜
2.牛型		身如牛,张口,双角	东汉晚期	安徽宿县褚兰1号汉墓前室西壁
3.马型		身如马,张口,有角,有马尾状	东汉早期	湖南资兴博局镜
4.蛇型		蛇身		
	①鱼鳍和鱼尾	张口,身上有鳍,鱼尾,四足三爪	西汉中期	河南南阳赵寨升仙图
		口微张,身上有鳍,三足,鱼尾	西汉晚期	河南洛阳61号壁画墓上部砖雕

(续表)

类 型		特 点	时 间	出 处
②有翼		张口,身上有鳞,双翼	西汉中期	河南洛阳卜千秋汉墓壁画
		张口,有须和鳞,双翼,有鳍形物	西汉中期	河南永城汉梁王墓壁画
		张口,双翼,四足	西汉晚期	盱眙东阳汉墓青龙星宿图木板画
③夸张造型		无脚,形如卷草纹	西汉中期	河南宜阳牌窑山脊左侧画像砖
		身有装饰性鳞纹,尾呈卷云状	西汉中期	河南郑州南关外5号汉墓画像砖
		张口	新莽时期	山东金乡鱼山2号汉墓
		张口	新莽时期	河南洛阳五女冢267号墓铜镜
		有鳞	新莽时期	河南洛阳金谷园新莽墓壁画
		张口	东汉中期	河南方城县城关镇汉墓陶器盖
5.蜥蜴型		身如蜥蜴		
	①无翼	张口衔璧,四足,身上有鳞	西汉晚期	东安汉里汉墓画像石椁东壁线刻
		张口,有舌,有角,四足,有鳞	东汉早期	山东邹城卧虎山2号汉墓画像石
		张口,四足,有舌、须、角和鳞	东汉早期	河南方城东关汉墓画像石
		衔带,四足	东汉中期	四川渠县沈府君阙右阙高浮雕
		张口,四足,身有鳞及云纹、刺纹	东汉晚期	山东沂南墓前室北壁东侧画像石
		张口,有角,四足,有鳞	东汉晚期	四川简阳鬼头山崖墓石棺左壁
	②有翼	张口,露牙,双角,四足,有鳞	西汉中期	山东诸城汉墓西棺底下侧木板画
6.蛇、兽复合型		比走兽型的躯干更长		
	①有翼	张口,曲颈,有角,双翼,四足	西汉晚期	河南唐河针织厂汉墓画像石
		张口,有角,四足,有翼,奔走状	东汉早期	南阳石桥汉墓南墓前室石梁北面
		张口,有翼,四足,曲颈		山东看庄乡柳下邑汉墓画像石
		张口,有角,曲颈,四足,有翼	东汉中期	陕西神木大保当汉墓墓门右门扉
		有舌,有角,曲颈,四足,有翼	东汉中期	陕西神木大保当汉墓墓门右立柱
		衔带,四足,双翼,双角,曲颈	东汉晚期	四川新津城南汉墓2号石棺左侧
		张口,见舌,有翼,四足,有鳞	东汉晚期	山东梁山县梁山镇后集汉墓
		双角,长须,四足,有爪,有翼	东汉晚期	四川芦山王晖石棺
		张口,双角,双翼,四足	东汉晚期	山东临沂金雀山画像砖墓
		张口,有角,曲颈,四足	东汉晚期	河南南阳宛城区日月合璧

(续表)

类 型	特 点	时 间	出 处
②无翼	张口,有须,有鳞,四足	东汉早期	河南邓州梁寨汉墓南室门楣正面
	衔带,四足,有角	东汉晚期	成都曾家包汉墓
③身上有鳍	张口伸舌,有角,有翼,四足	东汉晚期	河南新野出土的汉代画像砖

考察上述47例青龙图像,其艺术造型大致如下。

1. 走兽型

走兽型的青龙形象变化较多,基本造型为躯体接近兽类,但又无法说明是哪一种具体的动物。一般腿足分明,长尾细而上翘,在肩附近呈有翼和无翼之别,多数昂首向前,也有的回头张望,有三种之分。

其一,无翼的走兽型青龙。以西汉中期汉武帝茂陵①遗址瓦当(图3-1)与东汉中期四川冯焕阙②上的青龙形象(图3-2)最为典型。

图3-1 汉武帝茂陵遗址青龙瓦当　　图3-2 四川冯焕阙青龙图像

其二,有翼的走兽型青龙。有翼的青龙,在发掘报告中常被书写为应龙。《广雅》记:"有鳞曰蛟龙,有翼曰应龙,有角曰虬龙,无角曰螭龙。"又说:"水虺五百年化为龙,蛟千年化为龙,龙五百年为角龙,千年为应龙。"③主要见于东汉中期陕西神木大保当汉墓④墓门右立柱(图3-3)以及河南方城县城关镇汉墓⑤西门门扉(图3-4)。

图3-3 陕西神木大保当汉墓墓门右立柱青龙图像　　图3-4 河南方城县城关镇汉墓西门门扉青龙图像

---

① 笔者自拍。
② 高文主编.中国汉阙[M].北京:文物出版社,1994
③ [清]王念孙撰.广雅疏证[M].南京:江苏古籍出版社,1984:369
④ 陕西考古研究所等.陕西神木大保当第11号、第23号汉画像石墓发掘简报[J].文物,1997(9):26-35
⑤ 南阳地区文物工作队,方城县文化馆.河南方城县城关镇汉画像石墓[J].文物,1984(3):38-45

其三,回头张望的有翼走兽型青龙。见于西汉晚期江苏盱眙东阳汉墓①四神铜镜中的青龙造型(图3-5),以及东汉早期河南南阳蒲山汉墓②前室墓顶的青龙图像(图3-6)。就整体而言,如果没有头上的角,此处青龙的形象更接近于狗。《后汉书·儒林列传·孔僖传》云:"画龙不成反为狗者。"③《魏书》云:"正光元年八月,有黑龙如狗,南走至宣阳门。"④

图3-5　江苏盱眙东阳汉墓铜镜青龙图像　　图3-6　河南南阳蒲山汉墓前室墓顶青龙图像

此种造型从西汉中期到东汉晚期皆有出现,分布地域也十分广泛,由此可以见出汉代青龙的形象设计类同走兽之风的经久不衰。

2. 牛型

这类青龙造型样式较为少见,只在东汉晚期的安徽宿县褚兰1号汉墓⑤中有所发现(图3-7)。《山海经·大荒东经》云:"有兽,状如牛,苍身而无角,一足,名曰夔。"⑥《论衡·龙虚篇》云:"则龙,牛之类也。"⑦牛性喜水,常驻足于水边。在农耕时代,牛是最为重要的家畜之一,常被用作祭祀牺牲,其地位非同一般。并且,宿县与传说中的夔的出现地雷泽(今山东菏泽)距离很近,因此,将龙的造型表现得与牛接近,可能也有地域崇拜的色彩在内。

图3-7　安徽宿县褚兰1号汉墓前室西壁青龙图像　　图3-8　湖南资兴博局镜青龙图像

3. 马型

马型的青龙也是十分少见的。虽然,在走兽型青龙造型样式中能看到一些

---

① 南京博物院.江苏盱眙东阳汉墓[M].考古,1979(5):412-426
② 南阳地区文物研究所.河南南阳县蒲山汉墓的发掘[J].华夏考古,1991(4):20-30
③ [南朝宋]范晔撰;[唐]李贤等注.后汉书[M].北京:中华书局,1965:2650
④ [北齐]魏牧.魏书[M].北京:中华书局,1974:2917
⑤ 王步毅.安徽宿县褚兰汉画像石墓[J].考古学报,1993(4):515-547
⑥ [晋]郭璞注.山海经[M].上海:上海古籍出版社,1989:107
⑦ 北京大学历史系《论衡》注释小组.论衡注释[M].北京:中华书局,1979:373

对马的形象元素的借用,但在整体视觉传达上,还是存在一定的距离。只有东汉早期湖南资兴博局镜①上的青龙造型(图 3-8),与马的体型较为接近,但是出于构图的需要,身形被拉得极长,并且前半身与后半身呈相反方向。《论衡·龙虚篇》云:"世俗画龙之象,马首蛇尾,由此言之,马、蛇之类也。"②《周礼·夏官·庾人》云:"马八尺以上曰龙。"③《吕氏春秋·本味篇》云:"马之美者,青龙之匹。"④从中不难看出汉代之前马的形象就已成为龙造型创作的源泉之一,马型青龙样式的出现,可以说是对传统的一种继承与延续。

4. 蛇型

这一类青龙造型的突出特点便是躯体像蛇,此种样式在汉画中十分多见,并且与以后龙的形象的发展走向相为吻合。《太平御览》卷九三〇引《沈怀远南越志》云:"蟠龙,身长四丈,青黑色,赤带如锦文,常随水而下,入于海。"⑤《左传》云:"深山大泽实生龙蛇。"⑥《论衡·龙虚篇》云:"世俗画龙之象,马首蛇尾,由此言之,马、蛇之类也。"⑦慎子曰:"蜚龙乘运,腾蛇游雾,飞龙乘云,云罢雾霁,与蚯蚓同。"⑧闻一多在《伏羲考》中也指出:"龙是以蛇为主体,接受了鳄类的四脚、马的头、鬣的尾、鹿的角、狗的爪、鱼的鳞和须。"⑨实际上,这些学说都在认为蛇是龙的形象来源的主体,同时又包含了一些其他动物形象的元素,譬如鱼鳍和鱼尾。

其一,拥有鱼鳍和鱼尾的蛇型青龙。如西汉中期河南南阳赵寨升仙图⑩(图 3-9)和西汉晚期河南洛阳 61 号壁画墓⑪中的青龙(图 3-10),都拥有鱼鳍和鱼尾。《左传·昭公二十九年》云:"龙,水物也。"⑫《论衡·龙虚篇》云:"孔子曰:'龙食于清,游于清;龟食于清,游于浊;鱼食于浊,游于浊。'""龙,鱼之类也。"⑬龙,从水,属于鳞类之长,在对它的形象创造的过程中添加了鱼类特征,是当时人们认可龙、鱼之间的密切联系的最为贴切的观念传达。

---

① 孔祥星.中国铜镜图典[M].北京:文物出版社,1992:286
② 北京大学历史系《论衡》注释小组.论衡注释[M].北京:中华书局,1979:371
③ [汉]郑玄注;[唐]贾公彦疏.周礼[M].上海:上海古籍出版社,1990:496
④ [秦]吕不韦撰;[汉]高诱注.吕氏春秋[M].诸子集成·六.北京:中华书局,1954:143
⑤ [宋]李昉等撰.太平御览[M].北京:中华书局,1960:4133
⑥,⑫ [晋]杜预集解.春秋经传集解[M].上海:上海古籍出版社,1978:972,1576
⑦ 北京大学历史系《论衡》注释小组.论衡注释[M].北京:中华书局,1979.371
⑧ 钱熙祚校.慎子[M].诸子集成·五.北京:中华书局,1954:1
⑨ 闻一多.伏羲考//孙觉伯,袁秦正主编:闻一多全集.武汉:湖北人民出版社,1993:80
⑩ 中国画像石全集编辑委员会.中国美术分类全集·中国画像石全集 6·河南画像石[G].山东美术出版社、河南美术出版社,2000:1
⑪ 河南省文化局文物工作队.洛阳西汉壁画墓发掘报告[J].考古学报,1964(2):107-124
⑬ 北京大学历史系《论衡》注释小组.论衡注释[M].北京:中华书局,1979.370-378

第三章 汉画四神图像的艺术分析

图3-9 河南南阳赵寨青龙图像

图3-10 河南洛阳61号壁画墓青龙图像

其二,有翼的蛇型青龙。西汉中期河南永城梁王墓[①]四神云气图中的青龙(图3-11),可堪称是这种造型的代表样式。这一类的青龙造型,虽然具有后世较为稳定的龙的形象中的蛇形躯体,但身上并没有刻画出鳞片,并且身形蜿蜒,长有翅翼,做飞行状,腿足反而变为次要形象。

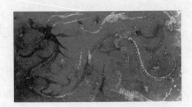 

图3-11 河南永城梁王墓青龙图像　　图3-12 河南宜阳县牌窑画像砖青龙图像

其三,夸张造型的蛇型青龙。此种青龙形象多是出现在画像砖或者陶器盖上。例如,西汉中期河南宜阳县牌窑[②](图3-12)和河南郑州南关外北二街5号墓[③](图3-13)画像砖上的青龙,还有东汉中期河南方城县城关镇汉墓[④]陶器盖上的青龙(图3-14),造型简洁明快,也是极尽夸张之能事。整体来说,这一类的青龙图像,以蛇形为躯干,进行简化、夸张与变形,或扭曲,或添加,具有很大的抽象

[①] 阎道衡.永城芒山柿园发现梁国国王壁画墓[J].中原文物,1990(1);河南省文物考古研究所.永城西汉梁国王陵与寝园[R].郑州:中州古籍出版社,1996;河南省商丘市文物管理委员会,河南省文物考古研究所,河南省永城市文物管理委员会.芒砀山西汉梁国王陵[R].北京:文物出版社,2001
[②] 洛阳地区文管会.宜阳县牌窑西汉画像砖墓清理简报[J].中原文物,1985(4):5-12
[③] 郑州市文物考古研究所.郑州市南关外汉代画像空心砖墓[J].中原文物,1997(3):30-48
[④] 南阳地区文物工作队,方城县文化馆.河南方城县城关镇汉画像石墓[J].文物,1984(3):38-45

性。正如阿恩海姆所言:"当某件艺术品被誉为具有简化性时,人们总是指这件作品把丰富的意义和多样化的形式组织在一个同样结构中。在这个结构中,所有细节不仅各得其所,而且各有分工。"①

图 3-13　河南郑州南关外 5 号墓画像砖青龙图像　　图 3-14　河南方城县城关镇汉墓陶器盖青龙图像

5. 蜥蜴型

这种造型不仅较为多见,而且早已有之。我们在第一章中提到的汉代以前河南濮阳西水坡蚌塑青龙的造型样式便属于蜥蜴型。《左传·昭公二十九年》云:"秋,龙见于绛郊。魏献子问于蔡墨曰:'吾闻之,虫莫知于龙,以其不生得也。谓之知,信乎?'对曰:'人实不知,非龙实知。古者畜龙,故国有豢龙氏,有御龙氏。'"②《述异记》云:"汉和帝时,大雨,龙堕宫中,帝命作羹赐群臣。"又说:"蛟乃龙属,眉交生故谓之蛟。"裴渊《广州记》云:"蛟长大余,似蛇而四足。"王子年《拾遗录》云:"汉昭帝钓于渭水,得白蛟……牙出唇外,命大臣作鲊,食甚美。"③《中庸》云:"鼋、鼍、蛟龙、鱼鳖生焉。"④《论衡·龙虚篇》也云:"蛟则龙之类。"⑤这里所说的龙,多为鳄鱼,身形如同蜥蜴。在汉画中,蜥蜴型的青龙有无翼和有翼之分。

其一,无翼的蜥蜴型青龙。以东汉早期山东邹城卧虎山 2 号汉墓⑥中的青龙(图 3-15),以及东汉晚期山东沂南汉墓⑦前室北壁东侧图像中的青龙(图 3-16)最为典型。

图 3-15　山东邹城卧虎山 2 号汉墓青龙图像

---

① [美]阿恩海姆. 艺术与视知觉[M]. 滕守尧,朱疆源译. 成都:四川人民出版社,1998:67
② [晋]杜预集解. 春秋经传集解[M]. 上海:上海古籍出版社,1978:1575
③ [晋]王嘉撰. 孟庆祥,商嫩姝译注. 拾遗记译注[M]. 哈尔滨:黑龙江人民出版社,1989:159
④ [宋]朱熹集注. 四书集注[M]. 长沙:岳麓书社,1985:55
⑤ 北京大学历史系《论衡》注释小组. 论衡注释[M]. 北京:中华书局,1979:378
⑥ 邹城市文物管理局. 山东邹城市卧虎山汉画像石墓[J]. 考古,1999(6):523-531
⑦ 曾昭燏等. 沂南古画像石墓发掘报告[R]. 北京:文化部文物管理局出版,1956

第三章 汉画四神图像的艺术分析

图 3-16 山东沂南汉墓前室北壁东侧青龙图像

其二,有翼的蜥蜴型青龙。有翼的蜥蜴型青龙目前只见于西汉中期山东诸城县木椁墓①西棺底下侧上(图 3-17)。

6. 蛇、兽复合型

所谓复合型,就是兼有蛇、兽的特点。这一类青龙,与走兽型和蛇型都有接近之处,但其躯体没有走兽型的粗壮,比较细长,而与蛇型相比,又更加突出了腿足的刻画,并且有一条与身体比例非常不协调的细尾。概括起来,可分为三种样式。

图 3-17 山东诸城县木椁墓青龙图像

其一,有翼的蛇、兽复合型青龙。如东汉早期河南南阳石桥汉墓②南墓前室石梁北面图像中的青龙(图 3-18)、东汉晚期四川芦山王晖石棺③上的青龙(图 3-19)。

图 3-18 河南南阳石桥汉墓南墓前室石梁北面青龙图像

图 3-19 四川芦山王晖石棺青龙图像

---

① 诸城县博物馆. 山东诸城县西汉木椁墓[J]. 考古,1987(9):778-785
② 南阳博物馆. 河南南阳石桥汉画像石墓[J]. 考古与文物,1982(1):33-39
③ 任乃强. 芦山新出土汉石图考[J]. 康导月刊,1942,4(6、7):13;罗二虎. 汉代画像石棺[M]. 成都:巴蜀书社,2002:65

其二，无翼的蛇、兽复合型青龙。以东汉早期河南邓州市梁寨汉墓[1]南室门楣正面的青龙图像（图3-20）为代表。

图3-20　河南邓州市梁寨汉墓南室门楣青龙图像

其三，身上有鳍的蛇、兽复合型青龙。这种青龙样式只见于东汉晚期河南新野[2]出土的汉代画像砖上（图3-21）。

图3-21　河南新野画像砖青龙图像　　　　甲骨文中的"龙"字

总结上文的论述，汉画中的青龙造型，可说是种类繁多、样式多变，跨越整个两汉时期，遍及全国各地，并且每种样式都有其鲜明的特点，呈现出时间性和地域性的规律。这是因为汉画中的青龙图像的由来，是以原始农业发展为前提，不仅与天象相关联，同时又是原始宗教信仰、原始意识形态、原始文化艺术发展的产物。所以不同地域的人由于存在环境的不同，所熟悉依赖的物象不同，创造出的青龙图像也出现了一定的差异。但青龙头上有角、长身的主体特征是亘古不变的，这从我国最早的文字——甲骨文中的龙字""便可以看出。龙字的特点前有大头，后部几乎为蜷曲成环形的长躯。作为象形文字，龙的形象必然与之相近。而汉画中的青龙造型正是在这一形式下发展与演变出的绘画性表现。

值得指出的是，虽然龙给人的一种相当普遍的印象是作为皇权的象征，其神秘性和神圣性被无限制地夸张和膨胀，但在汉代，龙并没有成为统治者专属。以服装而论，汉代皇帝日常穿的是黑衣，《史记·孝文本纪》云："上常衣绨衣。"[3]《史

---

① 南阳市文物研究所.河南省邓州市梁寨汉画像石墓.中原文物,1996(3):1-7
② 王褒祥.河南新野出土的汉代画像砖[J].考古,1964(2):90-93
③ [汉]司马迁.史记[M].[宋]裴骃集解;[唐]司马贞索隐;[唐]张守节正义.北京:中华书局,1972:433

记集解》如淳注曰:"贾谊云'身衣皁绨'。"①东汉明帝以后,皇帝祭天的冕服上开始饰以十二章,其中有龙,但并不十分突出。在黄袍上绣以龙纹并形成制度,则是出于明代,这和皇权专制在明代被强化的历史背景分不开,龙纹遂成为皇帝所专用,臣庶不得僭用②。也正因为如此,我们今天才能看到繁复多姿、意态奔放、气势雄强的青龙造型艺术。

(二)无翼白虎与有翼白虎

如同青龙代表东方,白虎则是西方的代表。《周礼·春官》云:"以白琥礼西方。"(从"琥"的造型可见于"白"、"虎"之间的关联)③青龙和白虎属于较早出现的动物神灵,《山海经·西山经》云:"又北二百二十里,曰孟山,其阴多铁,其阳多铜,其兽多白狼白虎,其鸟多白雉白翟。""又西二百二十里,曰鸟鼠同穴之山,其上多白虎、白玉。"④《抱朴子》云:"虎及鹿兔,皆寿千岁,满五百岁者,其色全白。"⑤与青龙不同的是,白虎在现实生活中可以找到具体的原型,并且也是四神中唯一可以找到原型的艺术形象。四神图像中的白虎,造型要相对写实,与生活中的虎的真实形象极为接近。总体而言,汉画中白虎的造型样式较为简单,变化不大,只是在翅翼的添加方面有一些出入。并且,西汉时期的白虎造型要比东汉时期写实,同时多集中在河南地区。更有意思的是,白虎基本呈现出张口咆哮的姿态,想必是为了显示威猛之势。详见下表所示。

表3-2 白虎造型样式划分一览表

类型	特点	时间	出处
1. 无翼白虎	白虎的身上未见翅膀		
①造型较为写实	张口伸舌,身有斑纹,尾卷扬	西汉早期	汉阳陵画像砖
	张口咆哮,身有斑纹,虎尾高扬	西汉中期	汉茂陵瓦当
	张口咆哮,身有斑纹,如发力状	西汉中期	河南南阳赵寨升仙图
	张口咆哮,身有黑色条纹,白底	西汉中期	河南永城汉梁王墓壁画
	张口咆哮,尾上扬,似有斑纹	西汉中期	南阳辛店熊营画像石墓西门门扉
	咆哮尾扬,有黑色斑纹,十分写实	西汉晚期	洛阳出土的一批汉代壁画空心砖

① [汉]司马迁.史记[M].[宋]裴骃集解;[唐]司马贞索隐;[唐]张守节正义.北京:中华书局,1972:433
② 孙遇安.三足的龙和两足的龙[J].文物天地,1998(2):17-20
③ [汉]郑玄注;[唐]贾公彦疏.周礼[M].上海:上海古籍出版社,1990:280
④ [晋]郭璞注.山海经[M].上海:上海古籍出版社,1989:32-33
⑤ 王明.抱朴子内篇校释[M].北京:中华书局,1985:47

(续表)

类 型	特 点	时 间	出 处
	张口行走状,身上画有斑纹	西汉晚期	洛阳西汉61号壁画墓上部雕砖
	张口咆哮,行走状,用线刻出斑纹	东汉中期	陕西绥德四十里铺画像石墓门扉
②足如马蹄	张口咆哮,奔跑状,蹄为马蹄形	西汉中期	河南郑州南关外北二街5号汉墓
③咬物	白虎低头咬着铺首	新莽时期	唐河汉郁平大尹冯君孺人墓中室
	白虎呈奔走状,口衔绶带	东汉中期	四川渠县沈府君左阙
④回头状	白虎回头咆哮	东汉早期	河南南阳蒲山汉墓前室墓顶
	回头咆哮,一腿扬起,身有斑纹	东汉晚期	山东苍山画像石墓西主室顶
⑤竖立持物状	匍匐前行状,身白底黑条形斑纹	东汉中期	陕西神木大保当汉墓墓门左立柱
2. 有翼白虎	白虎的身上出现翅膀		
①单翼	张口咆哮,奔跑状,背见一翼	西汉中期	河南唐河针织厂汉墓
	张口伸舌,身上有黑色斑纹	西汉中期	陕西神木大保当汉墓左门扉
②抓玩一物	张口咆哮,身有斑纹	东汉中期	山东微山县出土的汉画像石
	张口伸舌,身有斑纹	东汉晚期	山东梁山县梁山镇后集汉墓
③咬物	白虎咬绶带	东汉晚期	四川新津县砖室墓2号石棺左侧
④回头状	回头咆哮,身有双翼,长颈	东汉晚期	山东临沂金雀山画像砖墓
⑤夸张造型	白虎为尖耳,不是常见的圆耳	东汉晚期	河南新野出土的汉代画像砖

白虎的造型样式可以分为两大类,即无翼白虎与有翼白虎。

1. 无翼白虎

无翼白虎的总体特征就是身上没有翅膀。早期的无翼白虎较为写实,以后逐渐趋于夸张与变形,并且姿态各异,甚为有趣。

其一,造型写实的无翼白虎。目前能够看到的汉代最早的白虎图像,同时也是无翼白虎图像,出于西汉早期陕西咸阳的汉阳陵罗经石遗址①中出土的白虎画像砖(图2-1)。西汉中期河南永城梁王墓②四神云气图中的白虎(图3-22),形象

---

① 笔者自拍。
② 阎道衡. 永城芒山柿园发现梁国国王壁画墓[J]. 中原文物,1990(1);河南省文物考古研究所. 永城西汉梁国王陵与寝园[R]. 郑州:中州古籍出版社,1996;河南省商丘市文物管理委员会,河南省文物考古研究所,河南省永城市文物管理委员会. 芒砀山西汉梁国王陵[R]. 北京:文物出版社,2001

写实,略加装饰。西汉晚期河南洛阳①出土的一批汉代壁画空心砖中的白虎造型(图3-23),则与我们在现实中所见到的虎的模样别无二致。可以说,白虎形态的写实,是与现实生活中存在范例具有很大的关系。此类白虎造型样式,刻画细致,比例合理,昂首翘尾,瞪目龇牙,白底清晰,寓意直观,特别是身上条状黑纹的描绘,与文献记载相为印证。《毛传》释曰:"义兽也。白虎黑文,不食生物,有至信之德则应之。"②陆机《毛诗草木鸟兽虫鱼疏》亦谓:"驺虞,即白虎也。黑文,尾长于躯。不食生物,不履生草,君王有德则见应,德而至者也。"③《说文·虍部》曰:"虞,驺虞也。白虎黑文,尾长于身,仁兽也。食自死之肉,从虍,吴声。"④

图 3-22　河南永城梁王墓白虎图像　　图 3-23　河南洛阳壁画空心砖白虎图像

其二,足如马蹄的无翼白虎。目前只见于西汉中期河南郑州南关外北二街5号空心砖墓⑤白虎图像(图3-24),此种对其他动物形象元素的借鉴在白虎造型样式中十分特殊,就是在汉画中其他种类虎的身上也是极为少见,不排除工匠的制作本意并非为了塑造白虎而是由于某种原因临时进行修改的可能性。

图 3-24　河南郑州南关外5号汉墓白虎图像

其三,张口咬物的无翼白虎。这里白虎所咬之物并不是普通之物,一般都是具有特定含义的。例如,新莽时期河南唐河郁平大尹冯君孺人画像石墓⑥白虎铺首衔环图像中的白虎(图3-25),咬的是铺兽;而东汉中期四川渠县沈府君阙⑦上

---

① 沈天鹰.洛阳出土一批汉代壁画空心砖[J].文物,2005(3):76-80
② 孔颖达.毛诗正义[M].十三经注疏.北京:中华书局,1980
③ 陆机.毛诗草木鸟兽虫鱼疏//丛书集成初编·卷下.北京:商务印书馆,1926
④ [汉]许慎.说文解字·西部[M].北京:中华书局,1963:103
⑤ 郑州市文物考古研究所.郑州市南关外汉代画像空心砖墓[J].中原文物,1997(3):30-48
⑥ 南阳地区文物队等.唐河汉郁平大尹冯君孺人画像石墓[J].考古学报,1980(2):239-262
⑦ 高文.中国汉阙[M].北京:文物出版社,1994

的白虎(图3-26),咬的是系玉璧的绶带。铺兽和玉璧都是汉画中经常出现的图像,前者用于驱鬼辟邪,后者则是吉祥与美好的象征。它们的重组与搭配,使白虎的意义得到扩充,而白虎的造型样式也出现多元化局面。

图3-25 河南唐河郁平大尹冯君孺人墓白虎图像　　图3-26 四川渠县沈府君阙白虎图像　　图3-27 陕西神木大保当汉墓墓门左立柱左侧白虎图像

其四,回头状的无翼白虎。东汉晚期山东苍山元嘉元年画像石墓①西主室顶图像中的白虎(图3-28),是这类白虎造型样式的代表。

其五,竖立持物状的无翼白虎。东汉中期陕西神木大保当汉墓②墓门左立柱的左侧,有一只白虎造型(图3-27)与众不同。为了整个墓门图像内容和构图的需要,白虎的身形被拉得极长。王充《论

图3-28 山东苍山元嘉元年画像石墓白虎图像

衡》云:"画虎之形,著于门阑。"③汉代人们认为白虎能驱鬼攘灾,将之作为保护阳宅、镇守陵墓的卫士。《风俗通义》云:"虎者,阳物,百兽之长也,能执搏挫锐,噬食鬼魅。"所以,汉人"画虎于门,皆追效于前事,冀以卫凶也。"④

2. 有翼白虎

白虎添翼,是人们对其神性的扩展与演绎,不仅使白虎形象与日常猛虎区别开来,同时也将其塑造为一个可以通天达地的神灵。一方面在现实的基础上造成视觉上的神秘感,另一方面则更加直观地展现出白虎所蕴含的驱凶纳吉、接引

---

① 山东省博物馆等.山东苍山元嘉元年画像石墓.考古,1975(2):124-134;方鹏钧,张勋燎.山东苍山元嘉元年画像石题记的时代和有关问题的讨论[J].考古,1980(3):271-278
② 陕西考古研究所等.陕西神木大保当第11号、第23号汉画像石墓发掘简报.文物,1997(9):26-35
③ [汉]王充.论衡[M].上海:上海人民出版社,1974:247
④ [汉]应劭.风俗通义[M].上海:上海古籍出版社,1990:58

升天、镇守天宇的文化属性。

其一,只出现单翼的有翼白虎。由于白虎多为侧面造型,因此一般在画面上只出现一只翅膀。例如,西汉中期河南唐河针织厂汉墓①北室墓顶天象图中的白虎(图3-29)。

图3-29 河南唐河针织厂汉墓北室墓顶白虎图像

其二,抓玩一物的有翼白虎。东汉中期山东微山县②出土的画像石上的白虎图像(图3-30),两腿间有株仙草。仙草的静与白虎的动相得益彰。

图3-30 山东微山县画像石白虎图像

图3-31 四川新津县城南砖室墓2号石棺左侧白虎图像

其三,咬物的有翼白虎。见东汉晚期四川新津县城南砖室墓③2号石棺左侧图像中的白虎(图3-31)。

其四,回头状的有翼白虎。东汉晚期山东临沂金雀山画像砖墓④的白虎图像(图3-32),似在回头召唤,又似给以恐吓,怪异神秘,威武有力。

图3-32 山东临沂金雀山画像砖墓白虎图像

图3-33 河南新野画像砖白虎图像

其五,夸张变形的有翼白虎。如东汉晚期河南新野⑤出土的汉代画像砖上的白虎图像(图3-33),个别造型元素的夸张与变形,使整个白虎形象发生了改变,看起来更像一只家猫,只是气势并不相同。

总体来说,汉画中的白虎造型,既不同于先秦时代虎之神秘、凶暴的特

---

① 周到,李京华.唐河针织厂汉画像石墓的发掘[J].文物,1973(6)
② 微山县文物管理所.山东微山县汉画像石墓的清理[J].考古,1998(3):8-16
③ 郑伟.汉代画像石棺墓清理记[J].成都文物,1994(2):62
④ 临沂市博物馆.山东金雀山画像砖墓[J].文物,1995(6):72-78
⑤ 王褒祥.河南新野出土的汉代画像砖[J].考古,1964(2):90-93

点,也有别于后世人间色彩浓厚的驯顺形象,呈现出的是一种既有规矩又不受规矩限制、既有依托又不困囿于依托的丰富样式,这是当时人们完全按照自我对事物的理解,并完全凭借自我的意念描绘的形象。尽管白虎姿态各异,但在天然舒展的艺术思想指导下,还是形成了其自身一定的独特性和规律性。第一,多为侧面造型。汉画中的白虎形象基本上都是侧身,很少出现虎头与观者正面相视的画面。一方面,这是由于受到墓室砖、石材料的限制,另一方面,也是由于汉代绘画注重平面展示缺乏透视表现的效果影响,更重要的一点是,汉人对完整、完美意念的追求,强调造型的全面刻画。通过侧面,白虎的头、尾、四肢都能展现出来,使其起伏流畅的躯体线条得到完美表达,即使在一些竖起的石柱、方砖中,制作者也绝不肯把虎的躯体的任何一个细微部分省略,或是被别的物体遮挡。就像陕西神木大保当汉墓墓门左立柱左侧的白虎图像,受石材、内容和构图的限制,横向刻虎已不可能,于是作者便将虎的躯体侧身向上拉长,形成看似站立实为匍匐在地的视觉效果。第二,张口咆哮之势。所有的白虎都是无所顾忌地咆哮怒吼,显得个性张扬,具有压倒一切的雄力与气势。白虎的嘴巴、舌头、眼睛与头部的比例关系并不十分讲究,时常打破现实中的形象真实,这不仅没有影响画面的整体效果,反而更加增添了艺术感染力。

(三) 朱雀样式的细节差异

《史记·封禅书》曰:"周得火德,有赤乌之符。"[1]这里所说的"赤乌"即指朱雀、朱鸟,是周人崇祀的对象。延续至汉代,朱雀也为汉人所重视与喜爱,在汉画中出现的概率非常之高,只不过彼此之间的差别并不太大,而且与凤凰、雀类在形象上非常类同,常常难以分辨。朱雀在现实生活中没有具体的原型。沈括《梦溪笔谈》卷七云:"四方取象,苍龙、白虎、朱雀、龟蛇。唯朱雀莫知何物,但谓鸟而朱者,羽族赤而翔上,集必附木,此火之象也。或谓长离……或云,鸟即凤也。"[2]《春秋演孔图》曰:"凤为火精,在天为朱雀。"《法言·问明》吴祕注云:"朱鸟,凤也。南方朱鸟,羽虫之长。"[3]凤鸟也是古人想象出来的神物,在汉画中多有出现,一般是祥瑞的象征。为了以示区分,笔者将没有与青龙、白虎、玄武四神元素或者是固定搭配的铺首一类配套元素同时出现的鸟类形象,归入凤鸟系列,可以看到,在某种时候二者是两相重合的。

---

[1] [汉]司马迁.史记[M].[宋]裴骃集解;[唐]司马贞索隐;[唐]张守节正义.北京:中华书局,1972:1366
[2] [宋]沈括.梦溪笔谈[M].长沙:岳麓书社,1998:66
[3] 汪荣宝撰;陈仲夫点校.法言义疏[M].北京:中华书局,1987:208

第三章 汉画四神图像的艺术分析

《左传·哀公六年》云:"有云如众赤鸟,夹日以飞三日。"[①]朱雀被形容为可以伴日,可以若云,给人的感觉是形象怪异,变化无常。那么,朱雀的造型到底是怎样的呢?在样式上又有哪些区分呢?具体见下表所列。

表3-3 朱雀造型样式划分一览表

类 型	特 点	时 间	出 处
1. 侧面单翼伸展型	朱雀为侧面形象,只能见到一翼		
①无冠样式	朱雀头上均无冠,但尾翎数目不同		
A1 支尾翎	迈步,展翼,尾翎似鱼尾	东汉中期	四川泸州洞宾亭崖墓石棺前端
	驻足,展翼,长喙,尾翎飘扬	东汉晚期	河南襄城县发现的汉画像石
B2 支尾翎	驻足,展翼,身上有羽毛刻画	东汉晚期	安徽濉溪县古城汉墓
C3 支尾翎	双目向前观望,展翼,足为鹤形,翎似云纹,极为夸张	西汉中期	河南洛阳卜千秋汉墓壁画
②有冠样式	朱雀头上均有冠,但冠羽和尾翎的数目有所不同		
A1 冠,兽尾	尖喙,兽身,兽尾,四足,有羽毛状刻画,汉画中的朱雀独此一例	东汉晚期	河南襄城发现的汉画像石
B1 冠,1 支尾翎	飞翔状,尾翎似鱼尾,冠似飘带状	东汉晚期	浙江海宁汉画像石墓南门右门扉
	驻足,翅膀为三角形	东汉晚期	河南襄城县发现汉画像石
C1 冠,3 支尾翎	阔步向前,展翼鸣啼,身有羽毛,头上1冠,尾翎三分	西汉中期	汉茂陵瓦当
	低头衔串珠,一足站立,冠翎飘扬,展翼,如同飘扬的绶带或旗帜	东汉中期	山东邹城市看庄乡柳下邑汉墓
	迈步,展翼,冠羽呈 s 形	东汉晚期	山东安丘汉墓中室室顶南坡西段
D1 冠,3 支尾翎	迈步,展翼,冠和尾的羽毛状刻画十分明显	东汉晚期	四川简阳鬼头山东汉崖墓5号棺前挡
E 多冠	尖喙,展翼,驻足,冠上羽毛很多	西汉时期	山东沂水县芑山汉墓
2. 双翼伸展型	能见到双翼,做伸展状		

---

① [晋]杜预集解.春秋经传集解[M].上海:上海古籍出版社,1978:1740

(续表)

类型	特 点	时 间	出 处
①无冠样式	朱雀头上均无冠,但尾翎数目不同		
A1 支尾翎	迈大步,展双翼,头上有隆起的冠,张口吐舌似花,尾翎较大	东汉晚期	山东金雀山画像砖墓
	迈步,展双翼	东汉晚期	山东安丘汉墓后室西间北壁东侧
	驻足,展双翼	东汉晚期	山东安丘汉墓前室室顶东坡
	驻足,展双翼,尖喙	东汉晚期	四川成都曾家包汉墓
B2 支尾翎	身形似蛇,较为少见	西汉晚期	河南洛阳浅井头汉墓壁画
C4 支尾翎	张口衔丹,尾翎为孔雀形翎,身有羽毛刻画,与后世凤凰形象接近	西汉晚期	河南洛阳西汉 61 号壁画墓上部
D5 支尾翎	驻足,展双翼	东汉晚期	山东安丘汉墓中室室顶东坡
②有冠样式	朱雀头上均有冠,但冠和尾翎的数目有所不同		
A1 冠,1 支尾翎	迈步,展双翼,冠羽似一圆球,尾翎如卷云	东汉晚期	山西离石石盘墓左右门扉
	一足站立,展双翼,张口衔丹,身上似绘有羽毛,冠羽如同一只展开的小翅膀,尾翎似蓬松的狐尾	东汉中期	陕西神木大保当汉墓右门扉
	迈大步,展双翼,冠羽方向朝前	东汉中期	四川渠县沈府君右阙
	迈步,展双翼,尾翎似卷云	东汉晚期	山东安丘汉墓前室室顶南坡
B1 冠,2 支尾翎	张口,展双翼,鹤足	西汉中期	河南郑州南关外北二街 4 号汉墓
C1 冠,3 支尾翎	展双翼,以肚腹示人	新莽时期	河南洛阳金谷园新莽壁画墓
	张口,展双翼,迈步,冠似尾翎	东汉早期	河南南阳英庄汉墓西门门扉
	驻足,口衔 2 连珠,双翼异位变形	东汉晚期	安徽宿县褚兰 2 号汉墓前室南壁
D1 冠,4 支尾翎	张口,展双翼	西汉中期	河南南阳赵寨升仙图
	迈步前行,身上刻有羽毛,尖喙	东汉中期	陕西绥德四十里铺画像石墓门扉
	驻足,展双翼,尾翎似卷云	东汉晚期	山东安丘汉墓前室室顶南坡
E2 冠,3 支尾翎	驻足,正面,身刻羽毛,鱼尾形尾翎,翅膀各为 5 片羽毛,冠似叶子	东汉时期	山东费县垛庄镇潘家疃汉墓
F2 冠,4 支尾翎	长喙,展双翼,身有羽毛刻画	西汉后期	河南新野樊集画像砖墓

(续表)

类型	特点	时间	出处
G3 冠,3 支尾翎	冠羽呈十字形,展双翼,驻足	西汉晚期	河南唐河针织厂汉墓
	冠羽如叶,张双翼,迈步,长颈	新莽时期	河南唐河冯君孺人墓南主室门扉
	冠羽呈圆形,展双翼	新莽时期	河南南阳蒲山2号墓西门门扉
	展双翼,迈步	东汉早期	河南南阳英庄画像石墓西门门扉
	张口衔丹,展双翼,冠和尾似卷云	东汉早期	河南方城东关画像石墓
	迈步状,展双翼,张口鸣啼,腿爪如鸡,冠羽如两叶一圆果	东汉中期	陕西绥德王得元汉墓门扉
	一足站立,张口衔丹,展双翼,尾翎似卷云,冠羽最上呈尖形	东汉中期	陕西绥德黄家塔东汉画像石墓群11号墓左门扉
H3 冠,尾翎很多	展双翼,张口鸣啼,尾翎张开呈圆形,数目很多,形象如火焰	西汉晚期	山东东安汉里石椁南壁里面
I4 冠,6 支尾翎	驻足,正面,展双翼,颌边有2支飞羽,尾翎呈左右对称分布	东汉晚期	山东沂南汉墓前室北壁中柱
J5 冠,4 支尾翎	张口,展双翼,身有羽毛,似鳞,身形大而腿短小	东汉早期	河南方城东关画像石墓南门门扉
3. 收翼型	朱雀的翅膀呈收缩状		
①无冠样式	驻足回头,尾翎似扇形,尖喙	东汉晚期	河南浚县汉墓
②有冠样式	朱雀头上均有冠,但冠羽和尾翎的数目有所不同		
A1 冠,1 支尾翎	黑嘴,颈、腿、尾皆长,似为鹳鸟	西汉中期	河南永城汉梁王墓壁画
B1 冠,2 支尾翎	迈步,冠羽卷曲出一个"O"形	东汉晚期	山东安丘汉墓中室室顶北坡中段
C1 冠,3 支尾翎	口衔丹,回头,收翼,迈步	西汉时期	陕西周至长杨宫遗址瓦当
	尖喙,收翼,迈步	东汉早期	安徽淮北汉墓
	迈小步,尖喙,身形脖颈比例较大	东汉晚期	山东武氏祠西阙子阙栌斗南面
D2 冠,2 支尾翎	张口衔丹,收翼,有线状羽毛表现	西汉早期	汉茂陵画像砖
E2 冠,3 支尾翎	收翼,一足站立,一足收起	新莽时期	河南唐河冯君孺人墓南主室门扉

(续表)

类型	特点	时间	出处
F3 冠,1 支尾翎	迈步向前,收翼,冠羽如两叶一果,颈上有飘羽,尾翎呈鱼尾形	东汉中期	陕西绥德王得元墓门楣
G3 冠,尾翎较多	张口,身有羽毛,多尾翎	新莽时期	河南洛阳偃师壁画墓后室横额

根据朱雀翅膀的伸展与否以及从画面上能够看见的翅膀数,可以将其分为三大类型,而每个类型中又出现许多差异,主要是在于冠和尾翎这两个细节上。

1. 侧面单翼伸展型

这是指朱雀多为侧面形象,画面上只能见到一只翅膀,作伸展之姿。除了无冠和有冠的差别,冠羽的多少、尾翎的多少、尾翎的样式也是区分的重点。

其一,无冠样式的侧面单翼伸展型朱雀。见于东汉中期四川泸州洞宾亭崖墓①石棺前端(图 3-34)、安徽濉溪县古城汉墓②(图 3-35)以及西汉中期河南洛阳卜千秋汉墓③壁画上的朱雀图像(图 3-36)。魏钟会《孔雀赋》曰:"有炎方之伟鸟,感灵和而仪,禀丽精以挺质,生丹穴之南垂。……戴修尾之翅翅,若顺风而扬麾,五色点注,华丽参差……"④魏杨修《孔雀赋》云:"有南夏之孔雀,同号称于火精……"⑤《春秋元命苞》云:"火离为孔雀。"⑥可以看出孔雀是组成朱雀形象的主要来源之一。

图 3-34 四川泸州洞宾亭崖墓石棺前端朱雀图像

图 3-35 安徽濉溪县古城汉墓朱雀图像

图 3-36 河南洛阳卜千秋墓朱雀图像

图 3-37 河南襄城画像石朱雀图像

---

① 罗二虎.汉代画像石棺[M].成都:巴蜀书社,2002:113
② 中国画像石全集编辑委员会.中国美术分类全集·中国画像石全集 4·江苏、安徽、浙江画像石[J].山东美术出版社、河南美术出版社,2000:66
③ 洛阳博物馆.洛阳卜千秋墓发掘简报[J].文物,1977(6)
④~⑥ [唐]欧阳询.艺文类聚[M].上海:上海古籍出版社,1982.1574-1575,1574,1574

第三章　汉画四神图像的艺术分析

其二,有冠样式的侧面单翼伸展型朱雀。

第一种,朱雀头上1冠。见于东汉晚期河南襄城①发现的汉画像石中的朱雀图像(图3-37)、浙江海宁画像石墓②南门右门扉上的朱雀图像(图3-38)、东汉中期山东邹城市看庄乡柳下邑汉墓③中的朱雀图像(图3-39)。

图3-38　浙江海宁画像石墓朱雀图像　　　图3-39　山东邹城市看庄乡柳下邑汉墓朱雀图像

第二种,朱雀头上2冠。见于东汉晚期四川简阳鬼头山崖墓④5号棺前挡的朱雀图像(图3-40)。

图3-40　四川简阳鬼头山崖墓5号棺前挡朱雀图像　　图3-41　山东沂水岜山汉墓朱雀图像

第三种,朱雀头上多冠。可以西汉时期山东沂水岜山汉墓⑤中的朱雀图像为代表(图3-41)。

2. 双翼伸展型

这一类造型的朱雀在汉画中最为多见,细节变化繁复,各有特色。

---

① 黄留春,张照. 河南襄城县发现汉画像石[J]. 文物,1988(5):54-60
② 嘉兴地区文管会等. 浙江海宁东汉画像石墓发掘简报[J]. 文物,1983(5):1-20
③ 中国画像石全集编辑委员会. 中国美术分类全集·中国画像石全集2·山东汉画像石[G]. 河南美术出版社、山东美术出版社,2000:22
④ 内江市文管所,简阳县文化馆. 四川简阳县鬼头山东汉崖墓[J]. 文物,1991(3):20-25
⑤ 中国画像石全集编辑委员会. 中国美术分类全集·中国画像石全集3·山东汉画像石[G]. 河南美术出版社、山东美术出版社,2000:25

其一，无冠样式的双翼伸展型朱雀。见于山东金雀山画像砖墓①（图3-42）、西汉晚期河南洛阳浅井头汉墓②壁画（图3-43）、西汉晚期河南洛阳61号壁画墓（图3-44）③、东汉晚期山东安丘汉墓④后室西间北壁图像中的朱雀（图3-45）。

图3-42　山东金雀山画像砖墓朱雀图像　　　图3-43　河南洛阳浅井头汉墓朱雀图像

图3-44　河南洛阳61号壁画墓朱雀图像　　　图3-45　山东安丘汉墓后室西间北壁朱雀图像

其二，有冠样式的双翼伸展型朱雀。在朱雀的造型样式中，就数这一种出现的频率最高，不仅冠和尾翎的数目多少不一，而且形状各异，妙趣纷呈。

图3-46　山西离石石盘墓门扉朱雀图像　　　图3-47　陕西神木大保当汉墓右门扉朱雀图像

---

① 临沂市博物馆.山东金雀山画像砖墓[J].文物，1995(6):72-78
② 洛阳市第二文物工作队.洛阳浅井头西汉壁画墓发掘简报[J].文物，1998(5):1-18
③ 河南省文化局文物工作队.洛阳西汉壁画墓发掘报告[J].考古学报，1964(2):107-124
④ 山东省博物馆.山东安丘汉画像石墓发掘简报[J].文物，1964(4):30-41

第三章 汉画四神图像的艺术分析

第一种,朱雀头上1冠。见于东汉晚期山西离石石盘墓①门扉(图3-46)、东汉中期陕西神木大保当汉墓②右门扉(图3-47)、东汉中期四川渠县沈府君右阙③(图3-48)以及东汉早期河南南阳英庄汉画像石墓④西门门扉上的朱雀图像(图3-49)。

图3-48　四川渠县沈府君　　　　图3-49　河南南阳英庄汉墓
　　　　　右阙朱雀图像　　　　　　　　　　西门门扉朱雀图像

第二种,朱雀头上2冠。这一种样式的数量属于较少的,可能由于朱雀为南,为火,为阳,因此人们认为其冠、尾翎一类数目也应以阳数(奇数)为代表,见于东汉时期山东费县垛庄镇潘家疃汉墓⑤中的朱雀图像(图3-50)。

第三种,朱雀头上3冠及以上。见于东汉晚期山东沂南汉墓⑥前室北壁中柱(图3-51)、新莽时期河南唐河郁平大尹冯君孺人画像石墓⑦南主室门扉(图3-52)、新莽时期河南南阳蒲山2号画像石墓⑧西门门扉(图3-53)、河南英庄画像石墓⑨西门门扉(图3-54)和河南方城东关画像石墓⑩中的朱雀图像(图3-55)。

---

① 中国画像石全集编辑委员会.中国美术分类全集·中国画像石全集5·陕西、山西汉画像石[G].河南美术出版社、山东美术出版社,2000:82
② 陕西考古研究所等.陕西神木大保当第11号、第23号汉画像石墓发掘简报[J].文物,1997(9):26-35
③ 高文.中国汉阙[M].北京:文物出版社,1994
④ 南阳地区文物工作队,南阳县文化馆.河南南阳县英庄汉画像石墓[J].文物,1984(3):25-37
⑤ 中国画像石全集编辑委员会.中国美术分类全集·中国画像石全集3·山东汉画像石[G].河南美术出版社、山东美术出版社,2000:28
⑥ 曾昭燏等.沂南古画像石墓发掘报告[R].北京:文化部文物管理局出版,1956
⑦ 南阳地区文物队等.唐河汉郁平大尹冯君孺人画像石墓[J].考古学报,1980(2):239-262
⑧ 南阳市文物研究所.河南南阳蒲山二号汉画像石墓[J].中原文物,1997(4):48-55
⑨ 南阳地区文物工作队,南阳县文化馆.河南南阳县英庄汉画像石墓[J].文物,1984(3):25-37
⑩ 南阳市博物馆,方城县文化馆.河南方城东关汉画像石墓[J].文物,1980(3):69-72

图 3-50　山东费县垛庄镇潘家疃汉墓朱雀图像　　图 3-51　山东沂南汉墓前室北壁中柱朱雀图像

图 3-52　河南唐河郁平大尹冯君孺人墓南主室朱雀图像　　图 3-53　河南南阳蒲山 2 号墓西门门扉朱雀图像

图 3-54　河南英庄画像石墓西门门扉朱雀图像　　图 3-55　河南方城东关画像石墓朱雀图像

3. 收翼型

这一类样式，朱雀的翅膀呈收缩状态，与前述侧面单翼伸展型和双翼伸展型相比，姿态较为安静，形象更接近于雀鸟之类。

其一，无冠样式的收翼型朱雀。数量极少，目前只见于东汉晚期河南浚县画像石墓①中的朱雀图像(图 3-56)。整个形象近于鹳鸟。

其二,有冠样式的收翼型朱雀。

图 3-56　河南浚县画像　　　图 3-57　山东安丘汉墓中室室顶
　　　　　石墓朱雀图像　　　　　　　　　北坡东段朱雀图像

第一种,朱雀头上 1 冠。见于东汉晚期山东安丘汉墓②中室室顶北坡中段(图 3-57)、西汉中期河南永城梁王墓③(图 3-58)以及西汉时期陕西周至长杨宫遗址④中的朱雀瓦当(图 3-59)。

图 3-58　河南永城梁王墓　　　图 3-59　陕西周至长杨宫遗址
　　　　　朱雀图像　　　　　　　　　　　朱雀瓦当

第二种,朱雀头上 2 冠。如西汉中期汉武帝茂陵遗址⑤朱雀画像砖(图 3-60)。

第三种,朱雀头上 3 冠。如新莽时期河南洛阳偃师壁画墓⑥后室横额上的朱雀图像(图 3-61)。

综上所述,朱雀是当时人们通过借鉴现实生活中的鸟类形象,并发挥丰富的想象力而创作出来的艺术造型。展翼的朱雀与孔雀较为接近,收翼的朱雀则类

---

① 高同根.简述浚县东汉画像石的雕刻艺术[J].中原文物,1986(1):88-90
② 山东省博物馆.山东安丘汉画像石墓发掘简报[J].文物,1964(4):30-41
③ 阎道衡.永城芒山柿园发现梁国国王壁画墓[J].中原文物,1990(1);河南省文物考古研究所.永城西汉梁国王陵与寝园[R].郑州:中州古籍出版社,1996;河南省商丘市文物管理委员会,河南省文物考古研究所,河南省永城市文物管理委员会.芒砀山西汉梁国王陵[R].北京:文物出版社,2001
④ 赵力光.中国古代瓦当图典[M].北京:文物出版社,1998:116
⑤ 笔者自拍。
⑥ 洛阳市第二文物工作队.洛阳偃师县新莽壁画墓清理简报[J].文物,1992(12):1-8

似燕雀,当然这只是就整体而言,从中也不难发现其他如丹顶鹤、鸿鹄、天鹅等一系列鸟类的形象特点。因此,汉画中的朱雀,或展翅翱翔,或亭亭玉立,或引颈作鸣,或收翼凝神,千姿百态,争奇斗艳。可以说,朱雀的艺术造型在汉代仍旧处于发展阶段,并没有完全定型,所以其细节的变化繁多而且琐碎,没有出现特定的规律性。

图3-60 汉武帝茂陵遗址朱雀画像砖

图3-61 河南洛阳偃师壁画墓后室横额朱雀图像

(四)独特的玄武

《礼记·曲礼上》曰:"行前朱鸟而后玄武。"①孔颖达疏:"玄武,龟也。"②《后汉书·王梁传》曰:"玄武,神之名。"李贤注:"玄武,北方之神,龟蛇合体。"③《重修纬书集成》卷二《尚书考灵曜》曰:"二十八宿,天元气,万物之精也。……北方斗、牛、女、虚、危、室、壁七宿,其形如龟蛇,曰后玄武。"④与文献记载相对应,汉画中的玄武形象,或表现为龟,或表现为龟蛇合体,这一艺术造型,是四神中最为独特的,比较容易辨认。青龙、白虎、朱雀之名从字面上便很好理解,唯独玄武这个称呼令人颇费思量。玄,《说文》云:"黑而有赤色者。"⑤《楚辞·远游》注:"玄武,北方神名。"洪兴祖补注:"玄武谓龟蛇,位在北方,故名曰玄,身有鳞甲,故曰武。"⑥因为有龟、蛇两种动物形象的出现,玄武造型的样式具有其自身的独特性。详见下表所列。

表3-4 玄武造型样式划分一览表

类 型	特 点	时 间	出 处
1.龟蛇相缠型	出现一龟一蛇,二者相互缠绕		
①龟蛇相望	龟与蛇头部的位置和方向不同		

---

① ,② [清]孙希旦.礼记集解[M].北京:中华书局,1989:84
③ [南朝宋]范晔撰;[唐]李贤等注.后汉书[M].北京:中华书局,1965:774
④ [日]安居香山,中村璋八.纬书集成[M].石家庄:河北人民出版社,1994:366
⑤ [汉]许慎.说文解字·玄部[M].北京:中华书局,1963:84
⑥ [宋]洪兴祖撰.楚辞补注[M].北京:中华书局,1983:171

(续表)

类　型	特　点	时　间	出　处
A. 蛇的头部位于龟的头部的下方	蛇头有胜,从龟腹前出,向上看龟	西汉中期	汉茂陵画像砖
	蛇自龟腹的后面而出,向上看龟	西汉晚期	河南唐河针织厂汉墓
	蛇回头在下与龟相望,蛇身很长	东汉中期	四川渠县冯焕阙
B. 蛇的头部位于龟的头部的上方	蛇头自龟腹伸出,位于龟之上	西汉中期	汉茂陵瓦当
	龟背形同博山,为陕北特色	东汉中期	陕西神木大保当汉墓墓门左立柱
C. 龟的头部向后扭转	龟回头与蛇相望,蛇自身缠绕,龟足有力,蛇龟皆张口	汉代	河南博物院藏汉墓壁画
②夸张造型	龟形更似蟾蜍,蛇从龟腹绕背而前	西汉晚期	江苏盱眙汉墓金之青四神博局镜
	龟用后腿站立,似兽似龙,有刺纹	东汉晚期	山东沂南汉墓前室北壁中柱
③俯视角度下的龟蛇造型	龟以背为正面,蛇似相连的藕节	西汉时期	陕西周至长杨宫瓦当
	龟以背为正面,有花纹,似在咬蛇	西汉时期	陕西周至长杨宫瓦当
④龟蛇相缠但并不互望	龟、蛇皆驻足回望,身上都有花纹	新莽时期	河南洛阳金谷园汉墓壁画
	蛇龟相缠,并不相望,皆头向前	东汉中期	四川泸州洞宾亭崖墓石棺前端
	龟蛇相缠,蛇、龟皆向前望	东汉晚期	山东临沂金雀山画像砖墓
⑤龟为兽足	龟脖内缩,龟足为鹿形腿	东汉晚期	山东武氏祠西阙子栌斗南面
	龟为兽足,蛇自下与龟相望	东汉晚期	安徽宿县褚兰汉画像石墓
	龟、蛇口部相接,龟为兽腿	东汉晚期	安徽濉溪县古城汉墓
⑥蛇咬住龟的头部	蛇从上而下咬着龟的头部,较罕见	东汉晚期	四川新津县砖室墓1号石棺左侧
2. 只有龟而无蛇型	只有龟而未见蛇出现		
①龟为侧面形象	龟阔步向前,龟足有力,背有花纹	西汉晚期	山东东安汉里汉墓石椁北壁里侧
	龟四足有力,拖一长尾	新莽时期	湖南零陵出土的善铜四神博局镜
	龟背有回字形花纹,迈步向前	东汉晚期	四川简阳鬼头山崖墓3号棺后挡
②俯视角度下的龟的造型	龟以背为正面展现,上有花纹	西汉时期	陕西淳化董家村采集的瓦当
	简化的俯视角度的龟,头似几何形	东汉中期	河南方城县城关镇汉墓陶器盖
③类兽的龟	足似兽,头似虎豹,只有龟甲	东汉晚期	山西离石马茂庄2号汉墓南壁
3. 龟蛇不相缠型	出现一龟一蛇,但二者未相互缠绕		

(续表)

类 型	特 点	时 间	出 处
①龟蛇同向上望	龟背有花纹,蛇身有节纹,龟蛇在画面上呈平行状态	西汉早期	汉阳陵画像砖
②龟咬着蛇	龟四足伸出,口中咬着一蛇	西汉时期	陕西周至长杨宫瓦当
③龟蛇相望	蛇缠于龙身,龟形似兽	东汉晚期	山东滕州市官桥镇后掌大汉墓
4. 一龟二蛇型	蛇龟均为正面,龟卧于中央,两条蛇环绕龟身,与龟相峙,龟蛇张口啮齿搏斗,造型别致,较为罕见	汉代	陕西西安北郊坑底寨村出土的瓦当

根据龟、蛇的组合方式,玄武可以分为龟蛇相缠型、只有龟而无蛇型、龟蛇不相缠型以及一龟二蛇型四类。

1. 龟蛇相缠型

这一类是玄武,造型的主要样式,在汉画中出现的频率最高。汉代魏伯阳《周易参同契》卷下云:"雄不独处,雌不孤居,玄武龟蛇,蟠纠相扶。"① 明确指出玄武为龟与蛇交互纠结缠绕的形象。不同视角下的龟、蛇,具体样式也会不同。

其一,龟蛇相望。根据龟与蛇头部的位置和方向不同,可以细分成三种。

第一种,蛇的头部位于龟的头部的下方。见于西汉中期汉武帝茂陵遗址② 玄武画像砖(图 3-62),以及东汉中期四川渠县冯焕阙③中的玄武图像(图 3-63)。

图 3-62 汉武帝茂陵遗址玄武画像砖

图 3-63 四川渠县冯焕阙玄武图像

第二种,蛇的头部位于龟的头部的上方。如西汉中期汉武帝茂陵遗址④玄武瓦当(图 3-64)。东汉中期陕西神木大保当墓⑤墓门左立柱上的玄武图像

---

① 周士一,潘启明.《周易参同契》新探[M].长沙:湖南教育出版社,1981:42
②,④ 笔者自拍。
③ 高文.中国汉阙[M].北京:文物出版社,1994
⑤ 陕西考古研究所等.陕西神木大保当第11号、第23号汉画像石墓发掘简报[J].文物,1997(9):26-35

（图3-65）也是如此，玄武图像通常都是头左尾右的左侧视图，而此图中的龟与蛇却是头右尾左的右侧视图，与前者恰恰相反，是较为少见的。

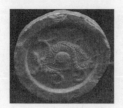
图3-64　汉武帝茂陵遗址玄武瓦当

图3-65　陕西神木大保当墓墓门左立柱玄武图像

第三种，龟的头部向后扭转。见于河南博物馆收藏①的一幅汉墓玄武图像（图3-66）。

图3-66　河南博物馆藏玄武图像

图3-67　山东沂南汉墓前室北壁中柱玄武图像

其二，龟蛇为夸张造型。东汉晚期山东沂南汉墓②前室北壁中柱上的玄武图像（图3-67）较具代表性。

其三，俯视角度下的龟蛇相缠型玄武。对缠绕纠结的龟蛇采取俯视的视角，在汉画中十分少见，目前只见于西汉时期陕西周至长杨宫遗址③玄武瓦当，有两块（图3-68、图3-69）。

图3-68　陕西周至长杨宫遗址玄武瓦当

图3-69　陕西周至长杨宫遗址玄武瓦当

其四，龟蛇相缠但不互望。见于东汉中期四川泸州洞宾亭崖墓④石棺前端

---

① 笔者自拍。
② 曾昭燏等.沂南古画像石墓发掘报告[R].北京:文化部文物管理局出版,1956.
③ 赵力光.中国古代瓦当图典[M].北京:文物出版社,1998:121.
④ 罗二虎.汉代画像石棺[M].成都:巴蜀书社,2002:113.

(图3-70)与东汉晚期山东临沂金雀山画像砖墓①中的玄武图像(图3-71),视图与上例正好相反。

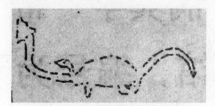 

图3-70　四川泸州洞宾亭崖墓石棺前端玄武图像　　图3-71　山东临沂金雀山画像砖墓玄武图像

其五,龟为兽足。在龟蛇相缠的玄武造型中,很少出现采用其他动物形象元素的,但此种样式却将龟足塑造成兽足,显得与众不同。如东汉晚期山东武氏祠②西阙子阙栌斗南面的玄武图像(图3-72)。东汉晚期安徽宿县褚兰汉墓③中的玄武图像(图3-73)也是如此,龟的腿足如同走兽,看上去似马,又或似骆驼。

图3-72　山东武氏祠西阙子阙栌斗南面玄武图像　　图3-73　安徽宿县褚兰汉墓玄武图像　　图3-74　四川新津县城南砖室墓1号石棺左侧玄武图像

其六,蛇咬住龟的头部。这种样式极为少见,目前只发现一例,见于东汉晚期四川新津县城南砖室墓④1号石棺左侧的玄武图像(图3-74)。

2. 只有龟而无蛇型

以单独龟的形象出现的玄武造型,虽然不是玄武的主导样式,但却贯穿了整个两汉时期,出现了侧面和俯视两种取角方式。

其一,龟为侧面形象。如西汉晚期山东东安汉里汉墓⑤石椁北壁的玄武图像(图3-75),表现为左侧视图。

---

① 临沂市博物馆.山东金雀山画像砖墓[J].文物,1995(6):72-78

②、⑤ 中国画像石全集编辑委员会.中国美术分类全集·中国画像石全集1·山东汉画像石[G].河南美术出版社,山东美术出版社,2000:8,36

③ 王步毅.安徽宿县褚兰汉画像石墓[J].考古学报,1993(4):515-547

④ 郑伟.汉代画像石棺墓清理记[J].成都文物,1994(2):62

第三章 汉画四神图像的艺术分析

图 3-75 山东东安汉里汉墓石椁北壁玄武图像　　图 3-76 陕西淳化董家村玄武瓦当

其二,俯视角度下的龟。与侧面形象相比,以俯视角度对龟进行描绘则要少得多。除了上述列举的西汉时期陕西周至长杨宫遗址瓦当中的两幅玄武图像,在陕西淳化董家村采集①的瓦当(图3-76)中也有发现。相对而言,东汉中期河南方城县城关镇汉墓②四神陶器盖上的玄武图像(图3-77),显得更为抽象概括。

图 3-77 河南方城县城关镇汉墓　　图 3-78 山西离石马茂庄 2 号画
　　　　 四神陶器盖玄武图像　　　　　　　　像石墓南壁玄武图像

其三,类兽的龟。兽形龟在陕北地区的玄武图像中较为多见,只是单独以龟而无蛇的形象出现的极少。东汉晚期山西离石马茂庄 2 号画像石墓③南壁的玄武图像(图 3-78),颇具代表性。

3. 龟蛇不相缠型

龟蛇虽然在同一画面出现,并且距离也很接近,但二者肢体没有纠缠盘结。这种情况较为少见,有三种不同表现。

其一,龟蛇同向上望。见于西汉早期汉文帝阳陵遗址④玄武画像砖(图3-79),是早期玄武造型样式的典范之作。

其二,龟咬着蛇。出于西汉时期陕西周至长杨宫遗址⑤的玄武瓦当(图3-80)。

---

① 赵力光.中国古代瓦当图典[M].北京:文物出版社,1998:98
② 南阳地区文物工作队,方城县文化馆.河南方城县城关镇汉画像石墓[J].文物,1984(3):38-45
③ 山西省考古研究所等.山西离石马茂庄东汉画像石墓[J].文物,1992(4):14-40
④ 笔者自拍。
⑤ 傅嘉仪.秦汉瓦当[M].西安:陕西旅游出版社,1999:605

图 3-79　汉文帝阳陵遗址玄武画像砖

图 3-80　陕西周至长杨宫　　图 3-81　山东滕州市官桥镇后　　图 3-82　陕西西安北郊坑
　　　　　遗址玄武瓦当　　　　　　　　掌大汉墓玄武图像　　　　　　　　底寨村玄武瓦当

其三,龟蛇相望。在龟蛇相缠型中有许多龟蛇相望的画面,彼此身体纠结环绕,显得十分亲密。东汉晚期山东滕州市官桥镇后掌大汉墓①中的玄武图像(图3-81),蛇悬挂于上方龙身之上。二者虽然也是互相对望,但没有任何肢体上的纠缠,仿佛形同陌路。

4. 一龟二蛇型

目前只见于陕西西安北郊坑底寨村②出土的汉代玄武瓦当(图3-82)上,当为龟蛇合体的玄武样式的变异。

总体而论,玄武虽然是当时人们通过幻想而虚构出来的,但是由于其组成之物——龟、蛇较为常见,所以整个玄武造型相对较为写实。龟蛇合体是玄武的主导样式,而龟蛇相缠型又是其中最为多见的,堪称为玄武的典型形象。蛇的身体往往相交如环,或覆盖于龟背,或在龟的身上缠绕,圈数不等,有一圈、两圈甚至三圈。龟的造型中吸纳了兽足的元素,相较于蛇要更加复杂,形象更十分夸张且不尽雷同,充分显示出制作者丰富的想象力与创造力。龟甲与蛇身基本都有富丽的花纹。至于视图的方向,通常都是龟、蛇头部在左,尾部在右的左侧视图,也有个别龟、蛇头部在右,尾部在左的右侧视图的出现,而在汉代玄武瓦当中以俯视角度塑造龟、蛇者居多。

说到玄武,有必要涉及玄武元素形态的多变性。

---

①　中国画像石全集编辑委员会.中国美术分类全集·中国画像石全集2·山东汉画像石[G].河南美术出版社、山东美术出版社,2000:63

②　赵力光.中国古代瓦当图典[M].北京:文物出版社,1998:119

第三章 汉画四神图像的艺术分析

从考古资料可知,四神元素龙、虎、鸟、龟蛇的形态并不是在同一时间出现,青龙、白虎、朱雀因其文化背景和特有的图像特征,故而其图像也相对稳定。但代表北方的玄武元素形态的确立却是最为复杂并且多变。笔者就已有资料将玄武的形态演变列于表3-5(以其它三者符合青龙、白虎、朱雀元素为准)。

表3-5　玄武*形态演变

时代	资料出处	东宫	西宫	南宫	北宫
西汉中期	河北满城中山靖王墓博山炉	青龙	白虎	朱雀	骆驼
西汉中期	河南永城芒山柿园梁王墓	青龙	白虎	朱雀	鱼妇
西汉中期	河南洛阳卜千秋壁画墓	青龙	白虎	朱雀	黄蛇
西汉晚期	河南洛阳西汉61号壁画墓	青龙	白虎	朱雀	方相氏
西汉晚期	河南洛阳禽兽简化博局镜	青龙	白虎	朱雀	蟾蜍
西汉晚期	河南洛阳四乳禽兽镜	青龙	白虎	朱雀	朱雀
西汉晚期	山东东安汉里汉墓石椁北壁里侧	青龙	白虎	朱雀	龟
西汉时期	陕西淳化董家村采集的瓦当	青龙	白虎	朱雀	龟
西汉晚期	陕西西安交通大学壁画墓	青龙	白虎	朱雀	蛇、星宿
新莽时期	湖南零陵出土的善铜四神博局镜	青龙	白虎	朱雀	龟
东汉早期	广东广州四乳禽兽镜	青龙	白虎	朱雀	鸡雏
东汉中期	河南方城县城关镇汉墓陶器盖	青龙	白虎	朱雀	龟
东汉晚期	广东广州出土的黍言禽兽博局镜	青龙	白虎	朱雀	兽
东汉晚期	四川简阳鬼头山崖墓3号棺后挡	青龙	白虎	朱雀	龟
东汉时期	浙江安吉四乳四神镜	青龙	白虎	朱雀	麒麟
东汉时期	浙江绍兴漓渚禽兽画像镜	青龙	白虎	朱雀	独角兽
东汉时期	湖南长沙善铜禽兽博局镜	青龙	白虎	朱雀	独角兽

* 玄武为龟蛇相缠形象。

《后汉书》云:"览天地之幽奥兮,统万物之维纲;究阴阳之变化兮,昭五德之精光。跃青龙于沧海兮,豢白虎于金山;凿岩石而为室兮,托高阳以养仙。神雀翔于鸿崖兮,玄武潜于婴冥;伏朱楼而四望兮,采三秀之华英。"[①]这里将青龙、白虎、神雀(朱雀)、玄武同天地万物、阴阳五德紧密地联系起来,赋予它们神圣的气魄和神秘的光环。四神的举止与神情通过跳动韵律的字符被拟化得活灵活现。

---

① [南朝宋]范晔.后汉书·冯衍传[M].北京:中华书局,1965:999

从字面就可以明白,青龙、白虎、朱雀是由某种动物神化而出的一种形象,那么,玄武是什么呢?

玄武的名称最早见于《楚辞·远游》:"时暧暧而偒莽兮,召玄武而奔属。"孔颖达注:"玄武,北方神名。"①洪兴祖补注:"玄武谓龟蛇,位在北方,故名曰玄,身有鳞甲,故曰武。"②《楚辞·九怀》云:"玄武步兮水母,与吾期兮南荣。"东汉王逸注曰:"玄武步兮水母,天龟水神侍送余也。"③东汉张衡《思玄赋》云:"寒风凄而永至兮,拂穹岫之骚骚。玄武缩于壳中兮,螣蛇蜿而自纠。"④"玄武缩于壳中兮",看来玄武应是龟甲类的动物,与王逸的"天龟"看法近似。李贤注曰:"玄武谓龟蛇也。"⑤《后汉书·王梁传》曰:"玄武,神之名。"李贤注:"玄武,北方之神,龟蛇合体。"⑥《礼记·曲礼上》曰:"行,前朱鸟而后玄武,左青龙而右白虎,招摇在上。"汉代郑玄注曰:"以此四兽为军阵,象天也。"⑦《吴子·治兵第三》讲到三军进止时说:"必左青龙,右白虎,前朱雀,后玄武,招摇在上,从事在下。"⑧从两文均有"招摇在上"的句子推断,这里的青龙、白虎、朱雀、玄武所代表的是古代用兵的旗帜,与四神的方位概念含义密不可分,即把它们作为旗帜上的标志来象征东南西北,但是还是看不出来玄武究竟是什么动物。四神的方位概念源于星宿的位置,顺着这一思路,可以找到一些间接证据。《周礼·考工记·輈人》载:"龙旂九斿,以象大火也。鸟旟七斿,以象鹑火也。熊旗六斿,以象伐也。龟蛇四斿,以象营室也。弧旌枉矢,以象弧也。"⑨这里的龙、熊⑩、鸟、龟蛇,正是依照四神所代表的星宿方位排列的。由此,应可以说龟蛇乃是玄武物象化的俗称,以象北方七宿之象。《重修纬书集成》卷二《尚书参考灵曜》曰:"二十八宿,天元气万物之精也。北方斗、牛、女、虚、危、室、壁七宿,其形如龟蛇,曰后玄武。"⑪敦煌所出《瑞应图》有《玄武》,其下曰:"似龟而黑色,常负蛇而行,北方神兽。"南宋朱熹也云:"玄,龟也。武,蛇也。此本虚、危星形以之,故因而名。"⑫俞琰在其《席上腐谈》卷二中讲得更为清楚:"玄武即乌龟之异名。龟,水族也。水属北,其色黑,故曰玄龟。有甲能捍御故曰武。其实只是乌龟一物耳。北方七宿如龟形,其下有螣蛇星。蛇,

---

① ,② [宋]洪兴祖撰.楚辞补注[M].北京:中华书局,1983:171
③ [汉]王逸.楚辞章句·卷五[M].上海:上海书店,1983年影印《四部丛刊初编》本:10
④ ,⑤ [南朝宋]范晔.后汉书·张衡列传[M].北京:中华书局,1965:1929
⑥ [南朝宋]范晔撰;[唐]李贤等注.后汉书[M].北京:中华书局,1965:774
⑦ [清]孙希旦.礼记集解[M].北京:中华书局,1989:84
⑧ 李熙元;吴树永译注.吴子译注[M].北京:中华书局,1958
⑨ [汉]郑玄注;[唐]贾公彦疏.周礼[M].石家庄:河北人民出版社,1995:24
⑩ 李学勤《西水坡"龙虎墓"与四象的起源》一文云:"以熊带虎,也许是带地方色彩的说法。"见李学勤.走出疑古时代[M].沈阳:辽宁大学出版社,1994:142-149
⑪ 重修纬书集成·卷二·尚书参考灵曜.日本:明德出版社,昭和五十年:51
⑫ [宋]朱熹.朱子语类·卷一二五[M].北京:中华书局,1986:3006

火属也,丹家借此以喻身中水火之交,遂绘为龟蛇蟠纠之状。世俗不知其故,乃以玄武为龟蛇二物。"①

归纳起来,从汉代开始,人们对玄武本象的诠释有三种:第一是龟;第二是龟蛇;第三是龟蛇相交。虽略有不同,但都是指玄武应为龟蛇相缠、合为一体、兼有龟与蛇特征的图像形态。这从前文论述的关于独特的玄武中可见端倪。最早的龟蛇合体的玄武图像见于汉阳陵的玄武空心砖,此后,龟蛇合体的图像不断被重复使用,到王莽时期和东汉时期,逐渐成为玄武的典型形象②。

但汉画中为何还有这么多非龟蛇之形的玄武形象出现呢?其实玄武在汉代是一个颇为庞杂的体系,在这个体系中,玄武对应北方、水位、黑色、颛顼、玄冥等。这个体系,大约形成于战国晚期至西汉初年,但关于玄武更早的源头,即汉代以前的玄武形象及其演变过程,则颇为复杂,归纳起来,主要有以下诸说。

第一,玄武起源于古代星宿崇拜。许道陵在《玄武之起源及其蜕变考》中认为,汉代玄武的形象原本为龟,到西汉末年则增有龟蛇的合体,指北方七宿,同时也有水神等涵义③。冯时认为玄武早期形象不是龟蛇而是神鹿,并将四象传说与河南濮阳西水坡遗址、西周四象铜镜图联系起来考察,认为玄武早期形象为神鹿④。陈久金也从天象角度认为早期玄武形象为神鹿,是北方胡人的图腾,战国以后,夏民族的龟蛇图腾取代了胡人的鹿图腾而成为北宫之象⑤。

第二,玄武起源于古代动物图腾崇拜。无论龟、蛇,抑或神鹿,其原形都是动物,但在星辰崇拜说中,动物只是星辰的附形,大约星辰过于遥远,古人以近及远,用已经认识的动物形象附会天际的星辰,其本质仍是一种星辰天体崇拜。而在所谓动物崇拜说中,有人仍然认为玄武是龟蛇的合体,但不附会天象。如张从军认为,龟、蛇崇拜分别起源于南方和北方地区,到新石器晚期在黄河下游山东地区开始合流,最后组合为龟蛇合体的玄武形象⑥。王小盾、叶昶则说玄武的来源应从殷墟龟卜的角度去追溯,龟卜的意义是请龟的灵魂到冥间问于先祖,然后把结果带回,以卜兆的形式显示给世人。先祖死后居住于冥,龟的"亚"形腹甲可

---
① 俞琰.席上腐谈·卷二[M].上海:上海古籍出版社,1987年影印《四库全书》本·1061册:606
② 黄佩贤.汉代的北方动物神形象//朱青生主编:中国汉画学会第九届年会论文集.北京:中国社会出版社,2004:68-74
③ 许道龄.玄武之起源及其蜕变[J].史学集刊,1947(5)
④ 冯时.中国天文考古学[M].北京:中国社会科学出版社,2007:426-434
⑤ 陈久金.从北方神鹿到北方龟蛇观念的演变——关于图腾崇拜与四象观念形成的补充研究[J].自然科学史研究,1999,18(2):115-120
⑥ 张从军.玄武与道教起源[J].山东师范大学学报,2002(齐鲁文化研究专号)

以代表大地,也可以代表"冥",神龟因此有了"玄冥"的名称。而"武"、"冥"同音相假,"玄武"就是"玄冥"①。

第三,人神崇拜。此说认为龟蛇合体的玄武是中国古代神话中禹的父母鲧、修己夫妇的象征。孙作云以为玄武源于北方神禺强,其形为龟,后演变为鲧,为鳖氏族酋长,死后化为三足鳖,鳖为其氏族图腾。相传鲧的妻子名"修巳(或作己)",在古代"巳"与"蛇"是同字,修巳即"修蛇"。汉以后龟蛇合体的形象,乃是上古崇奉龟或鳖图腾的氏族,与崇奉蛇图腾的氏族相互通婚的遗留。或以为玄武本名玄冥,是水神。此神的最初本体为鲧。鲧的象征是鳖,别名鼋,鲧鼋省形作"玄鼋",也可写作"冥鼋"、"玄冥"。一方面玄冥其音义与海相通,故由水神再变为海神,或为死神。另一方面,"玄冥之冥在上古音系中与武相通。因此音近而通假"②。何新在《诸神的起源》中承孙作云说,亦以为玄武神起源于鲧③。

笔者以为龟蛇形象的产生与汉代盛行的阴阳五行学说有着密切关联。在先秦典籍《吕氏春秋》中云:

"孟春、仲春、季春:其日甲乙,其帝太皞,其神句芒,其虫鳞,其音角;

孟夏、仲夏、季夏:其日丙丁,其帝炎帝,其神祝融,其虫羽,其音徵;

中央土:其日戊己,其帝黄帝,其神后土,其虫倮,其音宫;

孟秋、仲秋、季秋:其日庚辛,其帝少皞,其神蓐收,其虫毛,其音商;

孟冬、仲冬、季冬:其日壬癸,其帝颛顼,其神玄冥,其虫介,其音羽。"④

相同的内容在《礼记·月令》及《淮南子·时则训》中也可以看到。高诱对《吕氏春秋》的解释是:"甲乙,木日也.太皞,伏羲氏以木德王天下之号,死祀于东方,为木德之帝。东方少阳,物去太阴,甲散为鳞,鳞,鱼属也,龙为之长。角,木也,位在东方。丙丁,火日也。炎帝,少典之子,姓姜氏,以火德王天下,是为炎帝,号曰神农,死托祀于南方。为火德之帝,盛阳用事,鳞散为羽,故曰'其虫羽'。羽虫,凤为之长,徵,火也,位在南方。戊己,土日。土王中央也。黄帝,少典之子,以土德王天下,号轩辕,死托祀为中央之帝。阳发散越,而属倮虫。倮虫,麒麟为之长。宫,土也,位在中央,为之音主。庚辛,金日也。少皞,帝喾之子挚兄也,以金德王天下,号为金天氏,死配金,为西方金德之帝。金气寒,裸者衣毛。毛虫之属,而虎为之长。商,金也,其位在西方。壬癸,水日。颛顼,黄帝之孙,昌意之子,以水德王天下,号高阳氏,死祀为北方水德之帝。介,甲也,象冬闭固,皮

---

① 王小盾,叶昶.玄武考原[J].高校文科学报文摘,1989(1)
② 孙作云.敦煌画中的神怪画[J].考古,1960(6):24-34
③ 马书田.中国道教诸神[M].北京:团结出版社,1996:93-98
④ [秦]吕不韦撰;[汉]高诱注.吕氏春秋[M].诸子集成·六.北京:中华书局,1954:1-124

漫胡也。甲虫,龟为之长。羽,水也,位在北方。"①俱以十干、五帝、武佐、五虫、五音配属五方。很明显,春配鳞虫,鳞虫为龙属东方;夏配羽虫,羽虫为鸟属南方;秋配毛虫,毛虫为虎属西方;冬配介虫,介虫为龟属北方,正是四象的完整配置。值得注意的是,《月令》在季夏之后列有中央一方,以倮虫相配,倮虫即为麒麟。这样,五兽配属五方,就与五行相吻合了,四象也从四生成了五。

麒麟作为四灵兽之外多出的一兽,最初显然就是北宫的象征,后来只是由于北宫为玄武所代,于是才以麒麟转配中央②。麒麟是传说中的神兽,自然界自无此种动物。《尔雅·释兽》云:"麐,麕身,牛尾一角。"③《说苑·辨物篇》云:"牛尾,麕身,圜顶,一角。"④《公羊传·哀公十四年》注云:"麟谓为兽也。"何休《注》:"状如麇,一角而戴肉。"⑤《宋书·符瑞志》云:"麒麟者,仁兽也。牡曰麒,牝曰麟。不刳胎剖卵则至。麕身而牛尾,狼项而一角,黄色而马足。含仁而戴义,音中钟吕,步中规矩,不践生虫,不折生草,不食不义,不饮洿池,不入坑阱,不行罗网。明王动静有仪则见。牡鸣曰'逝圣',牝鸣曰'归和',春鸣曰'扶幼',夏鸣曰'养绥'。"⑥"麒"、"麟"两字都作"鹿"字旁,可见它与鹿有着密切关联,头上的一角是它最为鲜明的特征。《说文·鹿部》云:"麟,仁兽也。麕身,牛尾,一角。"又云:"麐,牝麒也。"⑦从上文可知麒麟为独角兽,但汉画中的独角兽不止此一类,在功能上也有一定区别。

冯时以西水坡第二组蚌塑遗址中出现的蚌鹿、虢国铜镜上的北宫之象,来解释鹿是麒麟的原始形象,同时把西汉中期的卜千秋墓脊顶壁画中的枭羊(怪兽)⑧,定为麒麟(两)⑨,认为作为具有悠久文化传统的四象之一的北方物化形态麒麟,不论是解释为固有观念的长期影响还是习惯表述,其作为北宫之象的做法在当时并没有彻底消失,这也应该是麒麟出现在玄武方位上的原因。

但为什么麒麟会让位于龟蛇呢?笔者结合上文玄武起源之说总结认为这是社会文化观念转变与功能转化的双重结果。我们先从玄武的其他形态说起。

---

① 原文脱,此据《淮南子·时则训》高诱《注》补。
② 冯时. 中国天文考古学[M]. 北京:中国社会科学出版社,2007:428
③ 徐朝华. 尔雅今注[M]. 天津:南开大学出版社,1987:337
④ [汉]刘向. 说苑[M]. 上海:上海古籍出版社,1990:154
⑤ 杨伯峻. 春秋左传注[M]. 上海:上海古籍出版社,1981:1680
⑥ [梁]沈约. 宋书[M]. 北京:中华书局,1974:791
⑦ [汉]许慎. 说文解字·鹿部[M]. 北京:中华书局,1963:202
⑧ 洛阳博物馆. 洛阳西汉卜千秋壁画墓发掘简报[J]. 文物,1977(6). 简报将朱雀、青龙间两兽定为枭羊。贺西林. 古墓丹青:汉代墓室壁画的发现与研究[M]. 西安:陕西人民美术出版社,2001:28
⑨ 孙作云. 洛阳西汉卜千秋墓壁画考释. 文物,1977(6). 其文云:"青龙与麒麟均为两只,二龙表示一雄一雌,二麒麟应与此同意。"又见:冯时. 中国天文考古学[M]. 北京:中国社会科学出版社,2007:429

1. 骆驼

玄武代表着北方,骆驼为北方之物,北方民族的图腾崇拜,以其表现北方甚为贴切,这也是河北满城中山靖王墓博山铜炉上北方之位被骆驼代替的主要原因。骆驼多见于我国的西北地区,《汉书·西域传》云:"大月氏国……出一封橐驼。"①《穆天子传》云:"壬寅,天子饮于文山之下,文山之人归遗乃献良马十驷,用牛三百,守狗九十,牧牛二百,以行流沙〔此牛能行流沙中,如橐驼〕。"②可见骆驼为方外物产,是西北地区的特产,以其图像形态表现北方,使之成为北方的一个象征图像也不为过。这种以地域的物产(图腾)为北方神灵象征的图像,鹿(麒麟)、骆驼、龟蛇等图像都具有这种特性,产生混乱也是有其文化背景等原因的。

2. 蟾蜍

蟾蜍出现在玄武位置,代表北方神灵。《淮南子·精神训》云:"月中有蟾蜍。"③《续汉书·天文志》注引张衡《灵宪》云:"姮娥遂托身于月,是为蟾蜍。"④《艺文类聚》引《灵宪》则云:"月者,阴精之宗,积而成兽,像蜍兔。"⑤《楚辞·天问》云:"夜光何德,死则又育?厥利维何,而顾菟在腹?"⑥据闻一多先生考证,"顾菟"就是蟾蜍的别名,"屈诸"的一音之转⑦。一种传统的解释认为,古人在观测月球时发现了上面的高山和枯海,但是由于阴影晦暗而误认为是蟾蜍⑧。之所以蟾蜍出现在月亮之中,有的学者认为是因为蟾蜍多子,其腹部可鼓可瘪与月圆月缺近似,所以两者意义相关。但是在中国很难找到关于蟾蜍的神话流传。同时又由于蟾蜍在月亮之中,常被解释为"阴",而按照阴阳五行学说,玄武也为"阴",这是两者的共通之处。并且如果按照一天的四个时间点来标示四神,日出日落之间,正午是骄阳似火,以日中之鸟——朱雀来表示南方神灵,或上方神灵。而深夜以月中蟾蜍来表示玄武之象也较有类似之处,但其位置以及北的含义就显得不突出,而是"阴"的含义,"下"的含义。

3. 鱼妇(黄蛇)

在河南永城芒山柿园梁王墓壁画四神云气图中的青龙舌上卷一怪兽,贺西林考其为鱼妇⑨。另外,河南卜千秋墓脊顶最西面的黄蛇图像,原报告也考其为鱼妇⑩。

---

① [清]王先谦.汉书补注[M].北京:书目文献出版社,1995:1624
② 郑杰文.穆天子通解[M].济南:山东文艺出版社,1992:7
③ [汉]刘安.淮南子[M].诸子集成·七.北京:中华书局,1954:100
④ [南朝宋]范晔撰;[唐]李贤等注.后汉书[M].北京:中华书局,1965:3216
⑤ [唐]欧阳询.艺文类聚[M].上海:上海古籍出版社,1982:7
⑥ [宋]洪兴祖撰.楚辞补注[M].北京:中华书局,1983:88
⑦ 闻一多.天问释天//闻一多全集·第五卷.武汉:湖北人民出版社,1993:513
⑧ 周到.南阳汉画像石中的几幅天象图[J].考古,1975(1):58-61
⑨,⑩ 贺西林.古墓丹青:汉代墓室壁画的发现与研究[M].西安:陕西人民美术出版社,2001:16,28

《山海经·大荒西经》云:"有鱼偏枯,名曰鱼妇,颛顼死即复苏。风道北来,天乃大水泉,蛇乃化为鱼,是为鱼妇。颛顼死即复苏。"①这种灵异的出现,往往具有灵魂复苏和生命形态转化的暗示。

4. 独角兽(麒麟)、方相氏

独角兽是汉画中较为多见的动物形象,它形体壮硕如牛,额头长有犀利的独角,呈前抵猛冲之状。但在玄武的替代图像中,此类的独角兽应为神兽獬豸形象。《神异经》云:"东北荒中有兽,如牛,毛青,四足……。名曰獬豸。一名任法兽。"②《说文》也云:""廌,獬廌,似山牛,一角,古者诀讼,令触不直。"③《论衡》云:"觟□,一角之羊也,性知有罪④。《淮南子·主术训》云:"楚文王好服獬冠,楚国效之。"⑤《后汉书·舆服志》云:"法冠……或谓之獬豸冠。"⑥《史记·淮南衡山列传》"集解"引蔡邕曰:"法冠,楚王冠也。秦灭楚,以其君冠赐御史。"⑦由此可知,秦汉时流行的法冠源于楚王的獬豸冠,而楚王及其国人以神兽獬豸的独角作为冠饰,足以表明楚人对獬豸的崇拜程度之甚。

从整体来考察,不难发现独角兽多出现于墓门下方。墓门作为阴宅的门户,是供墓主人鬼魂进出的通道,刻独角兽于此,显然是将其视为墓室的守护神。此类图像更进一步证明了独角神兽的驱鬼神性。而这种神性应源于獬豸的"神判"功能。至于獬豸的神性,据神话传说,它具有"知有罪"、辨忠奸、识别好坏人的奇异功能。而古人认为凡人死后辄为鬼,鬼与人一样也有善恶之分,獬豸既然能辨别好坏人,同样应该能区分善恶之鬼。根据汉代人"事死如生"的观念,人们将獬豸神兽的形象刻画在墓葬入口处,用以区分善恶之鬼,防止恶鬼入侵墓室扰乱墓主人的平安生活。而汉代驱鬼大傩头目——方相氏也是出于这一目的才出现在玄武位置上,与此同时,熊是方相氏的另一形象,因此在墓门下方也会刻有熊。《后汉书·礼仪志》云:"先腊一日,大傩,谓之逐疫,其仪:……方相氏黄金四目,蒙熊皮,玄衣朱裳,执戈扬盾。"⑧方相氏功能也与独角兽同。

5. 朱雀(鸡雏)

朱雀出现在玄武的位置上,在道理上很难说明其具体的含义。朱雀为阳物,

---

① [晋]郭璞注. 山海经[M]. 上海:上海古籍出版社,1989:113
② [宋]李昉等撰. 太平御览[M]. 北京:中华书局,1960:3953
③ [汉]许慎. 说文解字·鹿部[M]. 北京:中华书局,1963:202
④ [汉]王充. 论衡[M]. 上海:上海人民出版社,1974:270
⑤ [汉]刘安. 淮南子[M]. 诸子集成·七. 北京:中华书局,1954:144
⑥ [南朝宋]范晔撰;[唐]李贤等注. 后汉书[M]. 北京:中华书局,1965:3667
⑦ [汉]司马迁. 史记[M]. [宋]裴骃集解;[唐]司马贞索隐;[唐]张守节正义. 北京:中华书局,1972:3092
⑧ [南朝宋]范晔撰;[唐]李贤等注. 后汉书[M]. 北京:中华书局,1965:3127

而且两者相对,笔者以为只能理解为是对朱雀导引升仙功能的重点突出。鸡雏的出现极少,显现的生成发展含义,都与玄武的孕育再生的含义相雷同,蟾蜍实际上也有这层含义。《淮南子·墬形训》云:"鸟鱼皆生于阴,阴属于阳,故鸟鱼皆卵生。鱼游于水,鸟飞于云,故立冬燕雀入海,化为蛤。"①龟、蛇都是卵生,在这层含义上相同,从这一道理上来讲主要寓意阴阳交融与互换。

通过总结这几个替代图像可以发现,龟蛇的含义不仅包含他们本身的内在含义,而且功能更为丰富,其图像更能体现文化观念和先民的象征思维特征。

龟、蛇是北方夏民族的图腾,其表象含义可以指示北方。龟生活于水中,作为水的代表很是直观浅显;蛇也是出没于水边,游动于水,古代也认为蛇与水有着某种关联。这两者都具有了水的含义。龟、蛇都有冬眠习惯,眠于地下洞穴,容易在先民印象中留下皆出于地下之念,使其与地下、阴、阴间(玄冥)等产生关联。关于龟、蛇为"阴"的含义,说法略有不同。茱莉安露(Annette L. Juliano)指出,在中国民间传说中,所有的龟都是雌性,而且需要与蛇结合来繁殖,并由此引申,龟蛇合体的形象可解作一个结合了阴与阳的象征②。茱莉安露的意见与孙作云的意见相为吻合。马绛(John S. Major)对此持不同的意见。他认为,虽然被长蛇缠绕的龟形象强烈地显示出一种性交的姿态,但自始都没有权威性的古籍曾记述这种龟都是雌性和这种蛇都是雄性的观念。他同意合体的龟蛇形象与阴阳的特性吻合,但他进一步解释说,在中国天文学中,阴与阳的特性永远不是绝对的,龟和蛇即如水和北方两个黑暗的象征,同属阴性。但在四方的象征中,蛇一方面属于阴性,与属阳的朱雀相对,另一方面它又属于阳性,与被之缠绕着的属于阴性的龟成相反的一对③。

龟为可支撑天地之物。《淮南子·览冥训》云:"往古之时,四极废,九州裂;天下兼覆,地不周载。火监焱而不灭,水浩洋而不息;猛兽食颛民,鸷鸟攫老弱。于是女娲炼五色石以补苍天,断鳌足以立四极,杀黑龙以济冀州,积芦灰以止淫水。"④鳌就是大龟(鳖),断其足以作天柱,可知其神圣。它与女娲产生了联系,成为汉代人们崇尚生殖观念的形象化反映,将它刻置于墓间,有祈求家族兴旺、子孙繁昌之意。

龟作为卜筮的灵物,预示未知,通晓阴阳。《史记·龟列策传》载:"王者决定诸疑,参以卜筮,断以蓍龟,不易之道也。"又云:"生于深渊,长于黄土。知天之

---

① [汉]刘安.淮南子[M].诸子集成·七.北京:中华书局,1954:60-61
② Annette L Juliano. Teng-Hsieh(Dengxian) AnImportant Six Dynasies Tomb. Ascoma:Artibus Aaiae,1980:37
③ John S Major. Essays on the "Huainanzi" and Other Topics in Early Chinese Intellectual History, Albany:State University of New York Press,1995:8
④ [汉]刘安等编著;高诱注.淮南子[M].上海:上海古籍出版社,1989:65

道,明于上古。游三千岁,不出其域。安平静正,动不用力。寿蔽天地,莫知其极。与物变化,四时变色。居而自匿,伏而不食。春仓夏黄,秋白冬黑。明于阴阳,审于刑德。先知利害,察于祸福,以言而当,以战而胜,王能宝之,诸侯尽服。王勿遣也,以安社稷。"①

蛇在汉代多为不祥之物。《汉书·郊祀志》云:"有物曰蛇。"颜师古注:"物为鬼神也。"②《搜神记》云:"寿光侯者,汉章帝时人也。能劾百鬼众魅,令自缚见形。其乡人有妇为魅所病,侯为劾之,得大蛇数丈,死于门外,妇因以安。"③《史记·高祖本纪》云:"高祖被酒,夜径泽中,令一人行前。行前者还报曰:'前有大蛇当径,愿还。'高祖醉,曰:'壮士行,何畏!'乃前,拔剑击斩蛇。蛇遂分为两,径开。行数里,醉,因卧。后人来至蛇所,有一老妪夜哭。人问何哭,妪曰:'人杀吾子,故哭之。'人曰:'妪子何为见杀?'妪曰:'吾子,白帝子也,化为蛇,当道,今为赤帝子斩之,故哭。'人乃以妪为不诚,欲告之,妪因忽不见。"④可见蛇还是神灵转化的一个形象。

从文化内涵来说,龟的内涵完全可以代表玄武,但为何还要将玄武幻化成龟蛇这一形象呢?在陕西西安交通大学壁画墓圆拱形墓顶上的四神星象图中,北方的象征是一条被串联的五个小圆点围绕着的小蛇。五个圆点代表了龟的形象,来源于虚、危二宿的天文象征意义⑤,而蛇居于其中,不仅是作为星宿象征,同时更多应是一种文化含义的延伸。

《淮南子·原道训》云:"故以天为盖,则无不覆也;以地为舆,则无不载也;四时为马,则无不使也;阴阳为御,则无不备也。"⑥《管子》云:"宙合之意,上通天下,下泉于地下,外出四海之外,合络天地以为一裹。"⑦四神模式在于流动不息,将宇宙万物的变易之理集中体现在四神图像的体系之中。而变易的深意就在于"生意",有生意,宇宙才是活泼泼的世界,四时唯生,人之所重。《史记·历书》云:"昔自在古,历建正作于孟春。于时冰泮发蛰,百草奋兴,秭鴂先滜。物乃岁具,生于东,次顺四时,卒于冬分。"⑧《太平经》袭承前人将天干地支配列五行的做法,使干支、五行、元气三者融为一体,共同说明宇宙万物的演化规律:"万物始萌于北,元气起于子,转而东北,布根于角,转在东方,生而远,转在东南,而悉生枝叶,转在南方而茂盛,转在西南而盛,转在西方而成熟,转西北而终。物终当更反

---

①,④,⑧ [汉]司马迁. 史记[M]. [宋]裴骃集解;[唐]司马贞索隐;[唐]张守节正义. 北京:中华书局,1972:3223,3231,347,1255

② [清]王先谦. 汉书补注[M]. 北京:书目文献出版社,1995:520

③ [晋]干宝原著;黄涤明注释. 搜神记[M]. 贵阳:贵州人民出版社,1991

⑤ 这也是龟(鳖)形象作为玄武出现贯穿整个汉代的原因之一。危宿基本位置在冬至点上,直接服务于古人观象授时的需要。

⑥ [汉]刘安. 淮南子[M]. 诸子集成·七. 北京:中华书局,1954:3

⑦ [战国]管子. 管子·宙合篇[M]. 北京:中国社会科学出版社,1994:44

始，故为玄，二人共抱一为三皇初。是故亥者，核也，迁始凝核也，故水始凝于十月也。壬者，任也，已任必滋曰益巨。故子者，滋也，三而得阴阳中和气，都具成而反初起，故反本名为甲子。夫天道生物，当周流俱具，睹天地四时五行之气，乃而成也。"①

从古代文献记载我们可以知道，玄武不仅仅要表示北方、阴、水等内涵，其最为重要的功能是起始、孕育，这也是其为"玄"的涵义。《周易·坤卦》云："天玄而地黄"。疏："玄，天色。"②《说文》云："黑而有赤色者。"③"玄"有幻化之形，是古代推崇之色。放于北方，可见对北方之中，皆因其为起始之处，这也是成龟蛇之形的原因。龟虽为神物，其之为阴，载蛇而行，则阴阳交合，孕化事物，以符合四神所寓意的流转不息的起始之段阴阳生化观念。《埤雅·龟》云："龟，旧也，外骨内肉，肠属于首，广肩，无雄，与蛇为匹，故龟与蛇合谓之元武。"④《说文》曰："龟，旧也，外骨内肉者也。从它，龟头与蛇头同，天地之性，广肩无雄，龟鳖之类，以蛇为雄。"⑤龟蛇相交的含义由此可以理解。之所以选择这两个事物，与它们都能够通顺阴阳的含义有关。蛇在古代是邪恶的化身，是鬼魂的象征，而龟卜的灵验，使龟成为通晓阴阳的事物，可以通行于冥间。所以在汉画的组合中，玄武的位置通常在最下，也有寓示此意；同时，玄武居于地下的特性，也是其被认为是北方、下的一个直观原因；第三，龟蛇居于水中（边），适合五行属性；第四，是北方夏民族的图腾等，这些原因相累加，龟蛇图像使得玄武的内涵得到了充分展演，也增添演绎了其功用，最终成为玄武的流行和主导图像。

龟蛇相交图像与北方的始萌的文化内涵相连属，更为直观，在汉代盛行的阴阳五行观念之下，得到了广泛的认可与推崇，在诸多文献都可见到关于"龟类无雄，借助于蛇"的文献记载，也应该是这种含义的直观描绘，如汉代魏伯阳《周易参同契》卷下云："雄不独处，雌不孤居，玄武龟蛇，蟠纠相扶。"⑥且"龟"与"贵"同音，蛇、龟都是长寿象征，结合这些文化背景，龟蛇形态的玄武最终成为代表北方玄武的图像，同时也上升为一种人文知识体系。

二、造型的风格

所谓"风格"，是指"艺术作品在整体上所呈现出来的具有代表性的独特面

---

① 王明.太平经合校·分解本末法[M].北京:中华书局,1960:76-77
② 黄寿祺,张善文.周易译注[M].上海:上海古籍出版社,1989:37
③ [汉]许慎.说文解字·玄部[M].北京:中华书局,1963:84
④ 北京图书馆古籍出版编辑组编.北京图书馆古籍珍本存刊[M].北京:书目文献出版社,1988:270
⑤ [汉]许慎.说文解字新订[M].臧克和,王平校订.北京:中华书局,2002:895
⑥ 周士一,潘启明.《周易参同契》新探[M].长沙:湖南教育出版社,1981:42

貌。"①一般说来,某类艺术图像的形成,大都包容了一段时期人们共同认可的视觉形式和认知方式,图像的流传也是建立在这样一个基础之上的。而那些反映人们思想、信仰的神灵图像,在形成和传播过程中,要比一般的艺术图像带有更广泛的认同范围。四神图像即是如此。作为一种文化观念的物化形态,汉画四神图像繁多且普及,不仅形成了自身较为成熟与稳定的造型模式,同时也说明两汉之际人们对四神表现为龙、虎、鸟、龟蛇形象的观念上的认同。汉代四神图像的流传区域十分广泛,但在对四神形象的塑造模式上却并不是一味保持"刻板"与"规范",而是在遵循一般规律的基础之上,根据创作者自己的感悟与认知乃至构图或者表现手法的需要来发挥与演绎,充分体现出汉代艺术家们的创造能力,并且使得四神图像的艺术造型千变万化,各具典范,形成自身独特的风格。

(一) 夸张与变形

汉画四神图像,不单是模仿与"再现"了现实生活中的具象形态,与此同时,更突出了图像形态的表现性因素,通过暗示、寓意、对比和联想来表现四神图像的精神层面。人类早期的"集体无意识"的思维原型,在儿童身上表现为一种抽象的可能性,一种先天的心理结构形式,而在民间意识和传承样式中,却常常以改装的原始意象形式,重现一些久远的既定观念、情节和认知结构等。图像被视作是一件完全真实的生命复制品,精神和物质相互混化,体现出"象"与"物"之间的灵实互渗观念以及中国偶像崇拜和灵物崇拜的影响。四神图像中的青龙、白虎、朱雀和玄武这些神灵异兽,便是人们通过对自然事物的感悟,并依托传说和想象创造出来的,它们并不存在于现实生活之中,是意象造型,其生成大体可以概括为三种方法。

其一,以意取象。是主体带着主观意念,去寻找合适对象。在创作之前,创作者的心中已经有了一种"意"。这种"意"是灵感的闪念,是头脑中远古的形式基因的传承而产生的"集体无意识",这种表象记忆中的形象促使创作者以自我的主观观念寻找合适的表达图像。有时难以寻觅,就对已知或参照的"象"进行一番变形改造,直到象与意吻合。四神图像的艺术造型的成熟与稳定,便是以意取象的结果,也就是客体主体化的结果。

其二,观象生意。当艺术家在对大自然以及社会生活进行有意或无意的观察过程中,会不由自主地被某种物象或现象所吸引,并产生表现欲望而形成一种意象。正如同北方的青龙,形近于虫;中原地区的青龙,形近于兽;东方的青龙,形近于鳄,之所以会出现差异,是因为不同地域的青龙形象都与地域性的物产有

---

① 李远行. 风格∥中国大百科全书·美术. 北京:中国大百科全书出版社,1990

所联系,是创作者对身边物象观察的结果。当一个物象,与观念意象接近时,根据这一物象来创作事物形态,是非常自然的事情。

其三,意象融合。这种意象的生成,其意与象早已带上主观色彩,主题性和表现性完美结合。艺术家摆脱了对自然物象按正常比例进行刻画的束缚,常常加以夸张,青龙腾云驾雾,白虎被增添了翅膀,朱雀头冠和尾翎差异繁复,玄武造型奇特,视觉形式的多样化以及表现方式的冲击力,更突显出四神的怪异与神圣,与所要表达的四神图像思想主题相契合,增加了世人的膜拜心理。

既然意象是一种被情绪设定而构想出来的感性思维,是意中之象,那么其图形便带有强烈的主观性所体现出来的形态。通过汉代艺术家之手,四神图像的艺术造型体现出一系列的意象性形态:几何形态、有机形态、自由形态、象征形态等,以解剖构造编组,组成不同的团块,夸张与变形成为这些造型的主体风格。

1. 夸张

夸张是造型艺术的一个重要法则,是艺术家主观能动性的必然反映。由于实用的因素、物质材料和制作工艺的制约,以及制作者的主观愿望,需要对对象加以"变化"和"改造"。夸张,便是通过对自然物象形态的强化和延伸,使艺术形象达到比自然原型更有神采、更震撼人心的艺术效果。在四神图像中,艺术造型的夸张突出表现在结构上的夸张和形体上的夸张两个方面。

结构上的夸张主要采用省略和添加两种方式。第一,省略。就是删繁就简,略去无关紧要的细节,保留主要的部分,造成艺术形象的简化效果。例如,东汉中期河南方城县城关镇汉墓[1]中的四神陶器盖(图3-83)上,青龙、白虎、朱雀和玄武造型,均是以线概括的几何图形描绘而成,简单明了,无关紧要的部分一概省略,可以说省略得恰到好处。有的四神图像则是利用影像造型,目的是省略掉一些不必要的具体细节,从而表现出形象的最本质特征。这种图像多采取侧面视角,例如单翼的朱雀,或者陕北画像石上的剪影式玄武,突出的都是艺术造型最为简洁和本质的形象特征。第二,添加。就是把本来毫无关联的物象或者物象的局部,添加在主体形象之上,使主体事物的组成元素更加繁复,寓意更加丰富,视觉表现更加饱满。我们所共知的青龙、朱雀以及玄武都是由多种动物的局部形象组合而成,不仅如此,有时还会被添加上一些出人意料的事物。例如,西汉中期河南永城梁王墓[2]中的四神图像(图3-84),除了烘托画面的云气以及边

---

[1] 南阳地区文物工作队,方城县文化馆.河南方城县城关镇汉画像石墓[J].文物,1984(3):38-45
[2] 阎道衡.永城芒山柿园发现梁国国王壁画墓[J].中原文物,1990(1);河南省文物考古研究所.永城西汉梁国王陵与寝园[R].郑州:中州古籍出版社,1996;河南省商丘市文物管理委员会,河南省文物考古研究所,河南省永城市文物管理委员会.芒砀山西汉梁国王陵[R].北京:文物出版社,2001

框上的穿璧纹饰,在青龙的背腹、白虎的耳下、朱雀的颌下都描绘有长径的花朵,甚为罕见。再如东汉晚期山东沂南汉墓前室北壁中柱上的玄武图像(图3-67),龟、蛇周身刺纹丛生,很是怪异。

图3-83　河南方城县城关镇
　　　　汉墓四神陶器盖

图3-84　河南永城梁王墓四神图像

图3-85　汉武帝茂陵遗址白虎瓦当

图3-86　安徽宿县褚兰画像石墓
　　　　前室南壁西侧朱雀图像

形体上的夸张则主要通过拉长和扭曲。第一,拉长。就是把形象的各个部分同比拉长或是局部拉长,拉长后的形象产生出一种特殊的美感。例如,西汉中期汉武帝茂陵遗址①的白虎瓦当(图3-85),白虎的躯体被拉长,背部与头部、臀部并不处于同一水平线上,而是围绕着瓦柱形成一个弧度,特别是尾部的夸饰达到极致境界,弯曲成卷云的形状,远远超出正常的比例和体态。这种打破规范、不拘一格的夸张方式令人叹为观止,不仅使白虎的形体更为优美,并且将其气势表现得更为威武雄壮。第二,扭曲。就是把物象的形体加以扭曲,使艺术造型整体更富有动感,增加不稳定性和不平衡性。例如,东汉早期山东邹城卧虎山2号汉墓中的青龙图像(图3-15),青龙的形体扭曲成两个连续的"S"形,虽然说青龙的躯干为蛇形,但这种扭曲已经并非正常状态,而是一种夸张的效果,增加了形象的运动性,造成了观者对画面不稳定性和不平衡性的视觉感受。

2. 变形

变形是在保持自然物象基本规律和结构的前提下,出于情感、美感和创作的

---

① 笔者自拍。

需要,对自然物象的整体或局部进行各种改变,是在四神图像艺术创作中应用得较为广泛的。它包括四种方式。

第一,局部变形。即改变物象的某些局部,有时是造成局部比例的失调,有时是让局部的形象元素产生变异。例如,东汉晚期山东武氏祠西阙子阙栌斗南面的玄武图像(图3-72),龟的四足变形为鹿腿的样子,背部刻画成俯视的效果,与整个龟的侧面形象不相吻合,但反而显得更加突出。这里既出现了局部比例失调,同时也出现了局部形象元素的改变,使龟的造型已经与现实生活中龟的形象相去甚远,与其他玄武形象也有很大不同,创作者的主观意向得到了强烈的表达与传递。

第二,适形变形。就是在预先制定好的轮廓中,依形做适当变形。这种方式在汉瓦当、铜镜、陶器等一类的四神图像中比较常见。

第三,局部重构。是指依据创作者的意图重新组织安排画面中的形象,这种安排并非是加入其他物象元素,而是对原有物象的局部进行移位,通常是违背物象的自然规律,使之呈现出一种新颖别致的面貌。例如,东汉晚期安徽宿县褚兰画像石墓[1]前室南壁西侧的朱雀图像(图3-86),朱雀的双翼,一只被安插在脖子之上,另一只则被置放在右腿之上,与常理不合,属于变形朱雀的典型形象。

第四,整体重构。就是将不同的物体进行分解,然后选取不同物体的局部进行重构,从而产生出新的艺术形象。实际上,四神图像中的青龙、白虎、朱雀、玄武造型都是整体重构的产物,在它们的形象中都能看到其他不同动物的形象元素,其中尤以青龙造型最为突出,对其他物象形体的借鉴也是最多的。可以说,整体重构是四神图像中被大量使用的一种变形方式。

(二)视觉形象的动态感

四神图像中的青龙、白虎、朱雀、玄武这些艺术造型,不仅表现出夸张与变形的典型风格,还多处于运动当中,或奔腾跳跃,或飞翔翱游,呈现出各种姿态,视觉形象极富动态感,把稍纵即逝的节奏韵律和力量爆发的瞬间永恒地记载下来。即使是朱雀在静止站立时,也多是一脚离地,造成不平衡感和不规则感,使人可以感受到那内在的运动、力量的速度感。具体表现在以下方面。

其一,(曲)线性的形态特征。康定斯基说:"线产生运动——而且产生于点自身隐藏的绝对静止破坏之后,这里有从静止状态转向运动状态的飞跃。"[2]四神图像的艺术造型以运动为主要表现形式产生线性概念,进而呈现出抽象的线条美感。如西汉中期河南永城梁王墓的四神图像(图3-84),青龙弯曲蜿蜒,占据画面的主要部分,呈现出流动扭曲的线性图像;朱雀口衔龙角,颈、尾被夸张性地拉

---

[1] 王步毅.安徽宿县褚兰汉画像石墓[J].考古学报,1993(4):515-547
[2] 康定斯基.论艺术精神[M].北京:人民美术出版社,1980:39

长,视觉形象也体现出线性形态;白虎虽然没有太多的夸张与变形,但形态还是具有线性的流动感;玄武为鱼妇形象,形态扭曲;与此同时,画面背景饰以云气纹,云气表现为绵长圆转的长线条,边框上则是穿璧纹样,菱形线条穿插于圆璧中,并不需要仔细观看青龙、白虎、朱雀等是否张足腾步、伸翼展翅,只是顺着这些图像同向的运动方向,视觉自然而然产生张力,形成一种运动的"势"。"势"指的是图像中的形势与气势。形势是由视觉元素的整体与局部或局部与局部之间产生的感觉乃至意识的关系。气势则是指视觉对象的携有力度(能量)的抽象趋向性。形势多诉诸点、线、面等具体形态,气势多蕴含于观者的心理感受。由势而生"动",从而使整个四神形态活了起来。这种表现形式,汉画四神图像中十分常见。

其二,形象表现上的不平衡性。四神图像的动态形式,不仅表现在四神造型的运动姿势,而且这些运动姿势常常呈现出一种不平衡性,主要体现为位置偏离重心的倾斜之中。这种偏离会在正常位置和一种偏离了基本定向的位置之间造成一种张力,产生强烈的视觉冲击力,从而形成获取动态的"势"。如西汉中期河南南阳辛店熊营画像石墓①西门门扉上的白虎图像(图3-87),白虎张口咆哮,前两足撑于铺首之上,高抬头颈,躯干扭转而向上方,后两足撑于上方边框之上,尾向右方上扬,不仅使视觉有一个流动观察过程,同时白虎的重心点,也前移至胸前,与平常重心位于腹下大不相同,使得白虎产生一种往前冲的运动态势,即使白虎前两足已呈平稳视觉的扎开状,但其虎虎生威的动态依旧流露无遗,如同一只下山的猛虎,与其被雕刻于门扉的驱凶食鬼、镇墓守灵的思想内涵相贴切。再如新莽时期河南唐河郁平大尹冯君孺人墓②南主室门扉的朱雀图像(图3-88),朱雀单足站立,头颈高举,却作势下啄,冠和尾翎都呈上扬之态,整个重心完全集中在朱雀的左腿,而其左腿刻绘靠前,使得重心前压,势态难以平衡,衍生出朱雀形象呼之欲下的动态感。

其三,形象塑造上的不完全性。四神图像的动态感,还表现为一些图像的"不完全性"。也就是说,制作者在创作时有意识地省略一部分形象元素,而导致存在的另一部分形象元素在视觉上会向省略的空白形象上扩张,从而获得完整的形象。按照格式塔心理学的观点,人们视知觉具有主动完形的倾向,当不完整的形象呈现时,会激起一种将其补充到完整形态上的冲动,从而使知觉的兴奋程度得以提高。观赏者在接受形象的过程中,心理的意象时刻起着解释、补充的作用,特别是在图形空白和模糊区域。当视觉来回运动于空白与实行、不完整与完整、模糊与清晰的时候,知觉本身就会具有选择、补充、构成、判断的性质。"不完

---

① 南阳市文物研究所.河南省南阳县辛店乡熊营画像石墓[J].中原文物,1996(3):8-17
② 南阳地区文物队等.唐河汉郁平大尹冯君孺人画像石墓[J].考古学报,1980(2):239-262

全性"的形象往往可以起到以少胜多、事半功倍的视觉效果。如东汉晚期浙江海宁画像石墓南门右门扉的朱雀图像(图 3-38),朱雀呈飞翔状,却只描绘出一只翅膀,使观者迅速联想到另一只翅膀,产生朱雀伸展双翼飞翔之像,这种不完全性使得朱雀形象的动态感获得加强。这种单翼的不完全性图像在青龙、白虎、朱雀造型中较为多见。

图3-87 河南南阳辛店熊营汉墓西门门扉白虎图像

图3-88 河南唐河冯君孺人墓南主室门扉朱雀图像

其四,运动姿态的局部特写。运动姿态的特写也是四神图像的动态感来源之一。运动是视觉最容易注意到的现象。制作者往往还通过对四神图像局部进行夸张、变形以及局部特写,来形成强烈的视觉效果,以获取动态的"势"。那些不符常情的姿态,不仅没有减弱反而增强了运动、力量、气势的美,成为艺术造型不可分割的必要因素。一般青龙、白虎、朱雀的形体矫健优美,张嘴翘足,以极强的节奏感,来表现其旺盛强大的生命活力,造成视觉形象的运动视感。玄武的塑造,则是注重于龟蛇之间的动态描绘,或者是强化龟的行走状态,来渲染画面的流动气息。如河南博物馆收藏的一幅汉墓玄武图像(图 3-66),龟的四足变形为兽足,粗壮有力,正快步前行,具有强烈的运动性;蛇在龟的身上层层缠绕、翻卷,表现出躯体的流动性;再加上龟蛇之间相望相斗的刻绘,整个视觉形象动态感十足。这种特写也使得观者在心理上得到强烈的动态感受。

李泽厚在《美的历程》中写道:"汉代艺术尽管由于处在草创阶段,显得幼稚、粗糙、简单和拙笨,但是上述那种运动、速度的韵律感,那种生动活跃的气势力量,就反而由之愈显其优越和高明。尽管唐俑也威武雄壮,也有动作姿态,却总缺少那种狂放的气势;尽管汉俑也有静立静坐形象,却仍然充满了雄浑厚重的冲涌力量。同样,唐的三彩马俑不管如何鲜艳夺目,比起汉代古拙的马,那造型的气势、力量和运动感仍就相差很远。天龙山的唐雕不管如何肌肉突出相貌吓人,比起汉代笨拙的石雕,也仍然会逊色。宋代画像砖不管如何细微工整,面容姣好,秀色纤纤,比起汉代来,那生命感和艺术价值距离很大。汉代艺术那种蓬勃旺盛的生命,那种整体性的力量和气势,是后代艺术所难以企及的。"①四神图像作为汉代艺术中的一部分,自然受到这种审美倾向的影响。但四神图像造型风格的动态感,还与其自身作为"百兽率舞"的图腾文化有着强烈的呼应关系。众所周知,四神图像是天文、图腾、祭祀等文化交合的产物。它们作为天文、图腾所标记、所代表的,是一种狂热的巫术礼仪活动,如火如荼,如醉如狂,虔诚而野蛮,热烈而谨严,浓缩积淀了先民强烈的情感、思想、信仰和期望。宗白华说:"形式之最后与最深的作用,就是它不只是化实相为空灵,引人精神的飞跃,超入美境;而尤在它能进一步引入'由美入真',深入生命节奏的核心。世界上唯有最生动的艺术形式——如音乐、舞蹈姿态、建筑、书法、中国戏面谱、钟鼎彝器的形态与花纹——乃最能表达人类不可言、不可状之心灵姿式生命的律动。"②从"百兽率舞"的祭祀行为可以看出,"动态"之美是构成四神图像艺术特征的一个基本因素。对它的理解并不仅仅源于对鸟兽飞动之势的机械模拟,而是要透射出其内在的生命动势,以及四神所蕴含的流动不止的时空内涵。

第二节 四神图像的图式构成

四神图像的观念形态发端于远古时期,因此,当汉代人们再进行重新审视时,就必然要在全新的宗教和历史语境中实施自己的文化解读,这由此导致了特定观念形态有限度的变动。事实上,汉代人建构四神图像的各种要素都可以找到相关的历史原型,所不同的只是要素和要素之间的组合关系。作为一种成熟的图像模式,汉画四神图像显然已经脱离了最初的原生形态,其图示构成业已形成了自己的特点。

贡布里希在《艺术与幻觉》中提出的"预成图式——修正"的公式,对于我们揭示四神图像的图式构造过程颇具启发意义。在他看来,预成图式对知觉的支配作用是通过心理定向作桥梁的,它首先形成知觉的期待,然后以此指导着知觉的定向选择。因此,画家总是倾向于去看他所画的东西,而不是画他所看的东西。汉画四神图像在形态、组合上之所以复杂多变、丰富繁多,可能源于此因。这即是说,任何图形的创造,首先是源自主体一方的内在心灵需要,这种内在需要总是预先存于胸中,形成一种期待,或预成图式,艺术家正是以这种预成图式为规范,去对各种视觉形态进行评价、筛选、提炼、修正,直至最终使之合于自己的理想模式。——这一过程是图式不断清晰化、确定化的过程,也是一切艺术图

---

① 李泽厚.美的历程[M].合肥:安徽文艺出版社,1994:85
② 宗白华.宗白华全集·第3卷[M].合肥:安徽教育出版社,1994:99

式构成的创造与成型过程。这一过程一方面印证了创造者们对观念的汰涤与扬弃的精神轨迹,另一方面也显示出与观念形态相对应的艺术图式的同步发展过程。因此,图式构成一旦作为模式确立下来,它便不仅成为浓缩着某种观念意义的象征符号,同时也为后人提供了相对稳定的形式规范和艺术样式。可以说,四神图像的图式构成不仅仅是创作者个性化的创造,同时更是汉代人们集体文化理念的阐述。从形态上看,它凝聚着一个民族共有的意志、愿望与情感(即所谓"图腾"的含义);从图式上看,它也是经由历代无数艺人的参与,经由多人多次的反复修改、提炼而最终成型的。四神图像的图式的确定与普及,浓缩了集体理想的内涵特征,使我们想到荣格关于"集体无意识"的"原型"理论,即任何一个"原型"都是一个民族的集体无意识的形象化缩影。四神图像的"原型"意味的图式之所以能够流行传承于中华文化之间,并且至今仍然在民众中影响深远,正是由于它们积淀了民族文化传统的精髓,体现了整个民族的"集体无意识"的深刻心理内涵。

图式既然是内容与形式的有机统一,那么,它就不仅仅是作为社会思想、观念的象征符号而存在,同时也以其优美的图形结构和视觉形态给人以直观的审美感受。一般而言,那些历经众多艺术家反复锤炼、扬弃而形成的艺术程式,往往都具有很好的图式结构和视觉效果。它能够以简洁、凝练的符号形式对应于人们深层心理中的观念形态,使人们从内心里自然地产生认同感。就如同英国版画家贺加斯所说:"下面就要说到一些基本规则,这些规则如果配合的好,就会使任何绘画构图变得优雅和美……我们的这些规则就是:适应多样、统一、单纯、复杂和尺寸——所有这一切都参加美的创造,互相补充,有时相互制约。"[1]也正是由于四神图像表现出简明易懂、精粹美观的符号特征,它才能够成为流传千载的艺术形式。当四神图像中的观念内涵随着时光流逝和历史演变而逐渐淡化乃至消失以后,艺术程式的图式结构与外观形态所具有的形式美要素便会跃升至主导地位。至此,图式也就蜕变成为纯然审美的对象。图式作为视觉形态的样式规范,已经具有某种不依附于观念内涵的独立审美价值,同时,也具有远比观念形态的内容更为长久的艺术生命力。以上两点也恰好说明了图式作为形式规范的价值所在。当然,不可否认汉画四神图像的图式构成,曾经蕴含着重大的观念意义,但于今留给我们的却是那成为千古之谜的"有意味的形式",以一种永不可解的神秘表情,显示出大汉王朝无与伦比的那种不可复现的气势和魅力。

由此可见,作为艺术家集体智慧的结晶,汉画四神图像具有完整的艺术语汇和各种形式美规律,并且反映出汉代大气磅礴、勇于创新以及民风昌盛、思想意识活

---

[1] 杨身源,张弘昕.西方画论辑要[M].南京:江苏美术出版社,1990:237

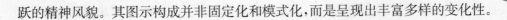

跃的精神风貌。其图示构成并非固定化和模式化,而是呈现出丰富多样的变化性。

一、构成的元素

汉画四神图像虽然在出现的范围、时间、形式上各异,但它们都是一个文化理念的产物,有着大致相似的功能和目的。尽管如此,由于四神不是孤立出现的,其本身存在着元素的组合问题和不完全性问题,它的意义存在于图像环境关系中,完全相同的个体通向在不同的图像系统中会具有不同的意义,因此必须将图像放置在图式构成中讨论。四神图像的图式构成在元素组合上可以理解为两个层面:① 四神自身的图像系统与特征;② 四神图像的配套元素,即四神图像中出现频率较高并且对四神的观念、功能、意义起到直接或间接影响的元素。本书的目的在于将这些零散的图像元素构筑成一个容易理解的整体,以便充分认识四神图像的不同功能与意义。

(一) 四神元素

四神元素就是青龙、白虎、朱雀和玄武,是四神图像中最为必要和重要的核心元素。但它们并非总是同时出现,并且也并非总是出现在同一幅画面上,有时是在同一幅画面上,我们称之为单一画面;有时是由四个独立的画面组合而成,我们称之为组合画面。《礼记·曲礼上》云:"行,前朱雀而后玄武,左青龙而右白虎。"①《尚书正义》云:"东方成龙形,西方成虎形,皆南首而北尾;南方成鸟形,北方成龟形,皆西首而东尾。"②按照文献记载,四神在画面上的位置是遵循一定的规制的,但从实物上来看,却并不是完全如此。根据四神元素出现和位置排列的不同,四神图像的形态和图式构成会发生相应变化。具体分析如下。

1. 四神元素俱全

①单一画面。这种四神图像,一般多为天象图和祥瑞图,其中以铜镜形制出现的最多③,反映出当时升仙祝福、祈求保护、祥瑞辟邪等神仙思想的盛行。

第一,左青龙、右白虎、上(前)朱雀、下(后)玄武的图式。这是指在一幅画面上,青龙位于画面的左方,白虎位于画面的右方,朱雀位于画面的上方,玄武位于画面的下方,其中会出现四神头部朝向的差别,有四种情形。例1,西汉晚期河南唐河针织厂汉墓④墓顶的四神图像,青龙和白虎的头部皆朝向朱雀,朱雀和玄武的头部则皆朝向青龙。例2,新莽时期河南洛阳五女冢267号墓⑤四神规矩镜上

---

① [清]孙希旦.礼记集解[M].北京:中华书局,1989:84
② 屈万里.尚书今注今译[M].台北:商务印书馆,1969:22
③ 根据笔者所掌握的资料统计,单一画面四神元素俱全的图像共70幅,其中铜镜占56幅之多。
④ 周到,李京华.唐河针织厂汉画像石墓的发掘[J].文物,1973(6)
⑤ 史家珍,王遵义,周立.洛阳五女冢267号新莽墓发掘简报[J].文物,1996(7):42-51

的四神图像(图 3-89),青龙的头部朝向玄武,朱雀的头部朝向青龙,白虎的头部朝向朱雀,玄武的头部朝向白虎。例 3,东汉早期湖南资兴四神博局镜①上的四神图像(图 3-90),青龙和白虎的头部皆朝向朱雀,朱雀和玄武的头部皆朝向白虎,与文献记载的四神位置排列一致。例 4,东汉晚期河南许昌张潘乡盆李村汉魏许都宫殿遗址②的四神柱基(图 3-91),朱雀在上,扭头朝下对着左方青龙,青龙扭头回望朱雀,玄武位于下方,头朝青龙,右为白虎朝向朱雀,扭头看向玄武。

图 3-89　河南洛阳五女冢 267 号墓四神规矩镜

图 3-90　湖南资兴四神博局镜

图 3-91　河南许昌张潘乡盆李村汉魏许都宫殿遗址四神柱基

图 3-92　广东广州四乳四神镜

第二,左白虎、右青龙、上(前)朱雀、下(后)玄武的图式。此图式与上一种的区别在于青龙和白虎的位置左右互换。例 1,东汉时期河南南阳麒麟岗汉墓③天象图中,青龙、白虎的头部皆朝向朱雀(南),朱雀、玄武的头部朝向白虎(西)。例 2,东汉早期广东广州四乳四神镜④(图 3-92),青龙头朝朱雀,朱雀头朝青龙,白虎头朝朱雀,玄武头朝白虎。例 3,东汉时期浙江安吉四乳四神镜⑤(图 3-93),朱雀头朝下,面向白虎,白虎头朝玄武(麒

图 3-93　浙江安吉四乳四神镜

---

①,④　孔祥星.中国铜镜图典[M].北京:文物出版社,1992:286,251
②　张淑霞.许昌汉魏画像砖、石特点及艺术价值[J].华夏考古,1998(3):84-88
③　中国画像石全集编辑委员会.中国美术分类全集·中国画像石全集 6·河南汉画像石[G].河南美术出版社、山东美术出版社,2000:44
⑤　邱宏亮.浙江安吉出土东汉四乳四神镜[J].文物,2005(2):96

麟),玄武朝向白虎,扭头看向青龙,青龙朝向朱雀,扭头看向玄武。

第三,其他图式。例1,西汉中期河南永城梁王墓壁画四神云气图(图3-84)中,青龙位于整个画面的中部,白虎在青龙的左下方,玄武(鱼妇)则在青龙的右方(东)。例2,西汉中期河南洛阳卜千秋壁画墓①墓顶图像(图3-94),四神从西向东分别为黄蛇(玄武)、白虎、朱雀、青龙,排列在带状构图之中。例3,东汉中期山东邹城市看庄乡汉墓②的四神图像(图3-95),两只朱雀相对站立于画面的上方,在朱雀下方、画面的中部为玄武,再往下为左青龙,右白虎(实际上,从某种方式上来说,这种图式也可以称为上朱雀、下玄武,左青龙、右白虎的图式,但是由于青龙、白虎位于玄武之下,从而把向心集中的"十"字式的图式,变成"⊥"形的图式效果,在视觉上形成纵深感)。例4,东汉中期河南方城县城关镇汉墓的四神陶器盖(图3-83),朱雀、白虎、青龙皆头朝上,青龙、白虎的头部朝向朱雀,朱雀的头部朝向青龙,玄武(龟)则是头下尾上。

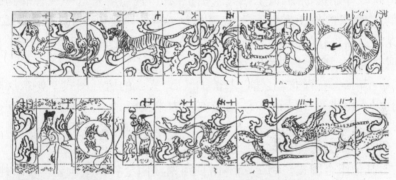

图3-94　河南洛阳卜千秋壁画墓墓顶图像

 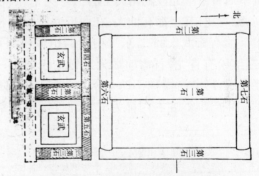

图3-95　山东邹城市看庄乡　　　图3-96　山东曲阜东安汉里汉墓
　　　　汉墓四神图像　　　　　　　　　　四神画像石椁平面图

---

① 洛阳博物馆.洛阳卜千秋墓发掘简报[J].文物,1977(6)
② 中国画像石全集编辑委员会.中国美术分类全集·中国画像石全集2·山东汉画像石[G].河南美术出版社、山东美术出版社,2000:22

总体来说,单一画面的四神图像在图式构成上以左青龙、右白虎、上朱雀、下玄武为多,属于四神图像较为普及的图式。关于左白虎、右青龙、上朱雀、下玄武图式中青龙白虎的逆反现象在本书第四章第一节会有详细论述。没有按照这一规则排列的四神图像多出现在西汉中期以前,或是因为材料形制的特殊原因。

②组合画面。这一类型的四神图像,在汉画中出现也很多,以四神瓦当、石棺上的四神图像最具代表性,多为表示升仙、祛邪以及祥瑞的含义。

第一,左青龙、右白虎、上(前)朱雀、下(后)玄武的组合图式。例1,西汉中期汉武帝茂陵遗址四神瓦当(图2-4),虽然没有详细的出土记载,但根据《史记·高祖本纪》载:"萧丞相营作未央宫,立东阙、北阙、前殿、武库、太仓。"①注解《关中记》曰:"东有苍龙阙,北有玄武阙,玄武所谓北阙。"②《三辅黄图·未央宫》云:"苍龙、白虎、朱雀、玄武,天之四灵,以正四方,王者制宫阙殿阁取法焉。"③这说明帝王制造宫殿等建筑,常取天上四灵来镇正四方,瓦当就是这一观念的物化艺术形式。例2,西汉晚期山东曲阜东安汉里汉墓④的四神画像石椁(图3-96),左(东)青龙、右(西)白虎、前(南)朱雀、后(北)玄武,南北壁板朝里的朱雀、玄武都是两两成对,青龙、白虎皆头朝北⑤。

第二,左白虎、右青龙、上(前)朱雀、下(后)玄武的组合图式。如东汉晚期四川简阳县鬼头山崖墓3号石棺⑥,棺身前端为朱雀图;棺身后端为伏羲女娲玄武鸠鸟图;棺身右侧为仙境图,有仙人博弈、仙人骑、羽人、青龙等;棺身左侧为天门图,有天门、凤鸟、人物、白虎等。

第三,其他组合图式。例1,新莽时期河南洛阳金谷园壁画墓⑦的四神图像,在墓室后室东壁北段的两砖上各绘一只朱雀;在西壁南段相对的两砖上,一绘白虎,一绘青龙,其上都有仙人;在西壁北段隔柱相对的两砖上则各绘一条青龙,北壁中部绘有玄武。例2,东汉中期四川泸州洞宾亭崖墓⑧的石棺上,右侧绘有白虎,左侧绘有青龙;石棺前端为朱雀站于璧上,璧下有绶带,再下为玄武;棺后为伏羲女娲,形象已模糊不清。例3,东汉中期陕西绥德黄家塔画像石墓群9号墓⑨的四神图像,左右门扉为朱雀铺首衔环独角兽;南壁门洞立柱左边从上而下

---

① , ② [汉]司马迁. 史记[M]. 中华书局,1959:385,386
③ 何清谷撰. 三辅黄图校释[M]. 中华书局,2005:160
④ 中国画像石全集编辑委员会. 中国美术分类全集·中国画像石全集1·山东汉画像石[G]. 河南美术出版社,山东美术出版社,2000:35-36
⑤ 蒋英炬. 略论曲阜"东安汉里画像"石[J]. 考古,1985(12):1130-1135
⑥ 内江市文管所,简阳县文化馆. 四川简阳县鬼头山东汉崖墓[J]. 文物,1991(3):20-25
⑦ 洛阳博物馆. 洛阳金谷园新莽时期壁画墓[J]. 文物参考资料丛刊,1985(9)
⑧ 罗二虎. 汉代画像石棺[M]. 成都:巴蜀书社,2002:113
⑨ 戴应新,魏遂志. 陕西绥德黄家塔东汉画像石墓群发掘简报[J]. 考古与文物,1988(5,6):251-261

第三章 汉画四神图像的艺术分析

为朱雀、白虎、伏羲、白虎、羽人持仙草、一兽、嘉禾，右边从上而下为朱雀、青龙有双翼、女娲、青龙一翼、羽人、猴、嘉禾；左门框最底下为玄武，左边在云形纹饰中有羊、羽人、熊等，右边为长青树上端坐东王公，左右两侍者，下有狐、兽、羽人，下格为持帛者。右门框具陕北画像石惯例，所绘一般大致相同，只是将东王公换为西王母。例4，东汉晚期山东沂南汉墓①中的四神图像，前室北壁东侧为一青龙；前室北壁西侧为一白虎；前室北壁中柱上刻一朱雀，中刻一虎首神怪，下刻玄武；中室北壁东侧最下边刻青龙、白虎。例5，东汉晚期山东临沂金雀山画像砖墓②中的四神画像砖，青龙画像砖嵌置于墓室东壁的第2层丁砖中；白虎画像砖嵌置于墓室东壁的第3层丁砖中；朱雀画像砖嵌置于墓室西壁的第2层丁砖中；玄武画像砖嵌置于墓室北壁的第3层丁砖中。例6，东汉晚期河南浚县姚厂村③出土汉画像石中的四神图像，门楣右边一块，从左至右雕刻有鹿、青龙、白虎、朱雀；另一块相当于门楣的长方形画像石，左右两端各雕一只朱雀，正中间部分有一索穿两壁间隔上下，上为玄武，下为立羊。例7，东汉晚期安徽宿县褚兰汉画像石1号墓④中的四神图像，耳室门西侧下格竖刻一龙，旁边是一只狗和两只鸟；耳室门东侧下格竖刻一虎衔鸟，旁边一狗一鸟；前室西壁正中，下面一格，竖刻一龙一虎，相对立舞；前室南壁额枋，下格较窄，从左至右依次刻玄武、斗兽、虎、龙等；两只斗兽类狗，相视欲斗。

概括起来，组合画面的四神图像在图式构成上以左青龙、右白虎，上朱雀、下玄武出现频率较高，且多在西汉时期；没有按照这一规则排列的图像多出现在新莽以后的东汉时期，这与四神功能的转变、扩大有关，引魂升天不再是主要目的之一，而呈现出祛邪辟凶、纳祥呈吉的祥瑞含义与阴阳五行思想进一步结合的倾向。

2. 四神元素中缺少玄武，只有青龙、白虎和朱雀

①单一画面。

第一，左青龙、右白虎、上（前）朱雀的图式。例1，西汉晚期河南洛阳61号壁画墓⑤，在隔墙前额上部壁画中，右上角是一只绿色的蟾蜍，其下绘一直立的白虎；左上角绘一只红色似虎的动物，其下绘一头上尾下的青龙；上部中央绘一只朱雀（原报告说为凤凰）；凤的右下方绘一只深紫色的熊（?），凤的右下方绘一人，穿红色衣服，色已残佚；下部绘一巨兽，面似虎，四肢长毛，身穿红衣；兽的两臂上各绘一人，穿赫

图3-97 四川巫山县江东咀干沟子汉墓铜牌

---

① 曾昭燏等. 沂南古画像石墓发掘报告[R]. 北京：文化部文物管理局出版，1956
② 临沂市博物馆. 山东金雀山画像砖墓[J]. 文物，1995(6)：72-78
③ 高同根. 简述浚县东汉画像石的雕刻艺术[J]. 中原文物，1986(1)：88-90
④ 王步毅. 安徽宿县褚兰汉画像石墓[J]. 考古学报，1993(4)：515-547
⑤ 河南省文化局文物工作队. 洛阳西汉壁画墓发掘报告[J]. 考古学报，1964(2)：107-124

石色衣服,手各持一个鼓状物。画面空隙之处则以彩云填补。例2,东汉时期四川巫山县江东咀干沟子汉墓①的铜牌(图3-97),上有双阙,书"天门"两字。两阙之间,有西王母端坐于石座之上。双阙连罩之上立一朱雀。左阙外侧为青龙,右阙外侧为斗拱白虎,在人、兽、阙、壁间的空隙处,密布着卷曲缭绕的祥云仙气。

第二,其他图式。例1,西汉中期河南南阳汉墓②赵寨升仙图,右绘一只白虎,上乘一仙人,张弓射兽,怪兽惊慌逃走,其左是一只朱雀,中部有一仙人,仙人左刻方相氏,再左端一青龙在云雾中飞腾,其右亦有一朱雀。例2,东汉晚期江苏泗阳打鼓墩樊氏画像石墓③第17石正面图,右起刻青龙一条,独角双翼,遍体鳞纹,青龙的腹下有一鱼一兔;再向左刻有白虎一只,虎前刻一凤(朱雀)、一鹿。例3,东汉时期山东招远县界河画像石④(图3-98),从左起依次为白虎、朱雀、青龙。

图3-98　山东招远县界河画像石图像

②组合画面。

第一,左青龙、右白虎、上(前)朱雀的组合图式。如东汉时期陕西绥德汉墓⑤的左右门扉(图3-99),呈对称画面,上、中部为朱雀、铺首衔环,下部分别为左青龙、右白虎。

第二,左白虎、右青龙、上(前)朱雀的组合图式。例1,东汉中期陕西神木大保当11号墓⑥的墓门门扉(图3-100),右门扉的上部刻朱雀,中间是铺首衔环,下部为一青龙,在龙的胯下墨书"青龙在左"四字;左门扉的上部刻朱雀,中间是铺首衔环,最下端为白虎,在虎的胯下有墨书"白虎在右"四字。而该墓墓门右立柱上的画面则分上下两部分:上部分为重檐式宫殿顶双层楼阁,其上两只朱雀;

---

① 刘弘.四川汉墓中的四神功能新探——兼谈巫山铜牌上饰上人物的身份[J].四川文物,1994(2):3-7.
② 王建中.南阳市赵(周)寨"羽人升仙"画像石考[J].汉代画像石砖研究·中原文物,1996(增刊).
③ 淮阴市博物馆,泗阳县图书馆.江苏泗阳打鼓墩樊氏画像石墓[J].考古,1992(9):811-830.
④ 山东省博物馆,山东省文考古研究所.山东画像石选集[G].济南:齐鲁书社,1982.
⑤ 中国画像石全集编辑委员会.中国美术分类全集·中国画像石全集5·陕西、山西汉画像石[G].河南美术出版社、山东美术出版社,2000:45.
⑥ 陕西考古研究所等.陕西神木大保当第11号、第23号汉画像石墓发掘简报[J].文物,1997(9):26-35.

第三章 汉画四神图像的艺术分析

图 3-99　陕西绥德汉墓门扉图像　　图 3-100　陕西神木大保当 11 号墓门扉图像

下半部刻绘一人面、人身、鸟腿足的神，神像右侧及足下各刻绘一龙，其右侧龙的前爪还持一曲尺。墓门左立柱画面上部残缺，下部亦为一人面、人身、鸟腿足的神；神像身后刻一白虎，长尾下垂，右后腿立于地，其余三足执戟；在神像的足下也刻绘一白虎。例 2，东汉中期四川渠县沈府君阙①，右阙正面上部刻朱雀，侧面刻青龙衔璧；左阙正面上部刻朱雀，侧面刻白虎衔璧。例 3，东汉中期陕西绥德县四十里铺画像石墓②左右门扉，刻绘朱雀、铺首衔环、青龙（右）、白虎（左）。龙虎口内皆衔仙草。例 4，东汉晚期四川成都曾家包汉墓③的墓门，上部刻朱雀，下部刻男女二人；墓门两侧的右枋上刻青龙，头上尾下，口含系璧，左枋上刻白虎，头上尾下，口含系璧。例 5，东汉晚期重庆江北汉墓④的墓门，门楣分上下两层，上层中部刻绘了一只大朱雀，右边是蟾蜍，左侧为玉兔；下层中刻朱雀，右刻青龙，左刻白虎；门枋右雕青龙，左刻白虎，皆头上尾下。例 6，东汉晚期天津鲜于璜画像石碑⑤（图 3-101），碑呈圭形，碑跌为长方覆斗形，碑两面均有铭文，碑首有题额和画像。碑阴额上刻一"凸"字形边框，上阳刻小篆"汉故雁门太守鲜于君碑" 10 字，字的排列顺序是上竖刻"汉故"两字，下竖刻"雁门太守"、"鲜于君碑"两行，故碑额题字呈"凸"字形。边框六角刻有卷云纹。额旁阴刻青龙、白虎画像。碑阴额部阴刻朱雀图。例 7，东汉晚期山东青州冢子庄画像石墓⑥的墓门门楣：由二方画像石组成，上方画像石的画面有羊头、鱼、朱雀；下方画像石则是羊头居

---

① 高文. 中国汉阙[M]. 北京：文物出版社，1994
② 榆林地区文管会，绥德县博物馆. 陕西绥德县四十里铺画像石墓调查报告[J]. 考古与文物，2002(3)：19-26
③ 成都市文物管理处. 四川成都曾家包东汉画像石墓[J]. 文物，1981(10)：25-32
④ 陈丽琼. 四川江北发现汉墓石刻[J]. 考古通讯，1958(8)：51-52
⑤ 天津市文物管理处等. 武清县发现东汉鲜于璜墓碑[J]. 文物，1974(8)：68-72
⑥ 姜建成，庄明军. 山东青州市冢子庄画像石墓[J]. 考古，1993(8)：764

中,右上方有一立鹤,其下有一条小鱼,羊头左上方亦有一条鱼左下方白虎,右下方为青龙。

图 3-101 天津鲜于璜画像石碑

第三,其他组合图式。例1,新莽时期山东金乡鱼山2号墓[①]的南、北室墓门图像(图3-102),南室墓门左扇石,上刻青龙,中刻朱雀,下左为铺首衔环,下右持戟门吏;南室墓门右扇石,上刻白虎,下左为持戟门吏。北室墓门左扇石,上刻青龙,中刻朱雀,下左为铺首衔环,下右为一门吏;北室墓门右扇石,上刻白虎,下右为铺首衔环,下左为一门吏。例2,东汉早期河南南阳蒲山汉墓[②],墓门东西两个侧柱正面为朱雀、执棨戟门吏图;墓门中门柱正面为朱雀、执盾门吏图;墓门门扉正面,共四幅,为白虎铺首衔环图;前室墓顶有升仙及白虎星座图、苍龙星座图。例3,东汉中期陕西绥德黄家塔画像石墓群6号墓[③]左门框,画面分成三列,其中中间一列有七格,从上至下依次为白虎、青龙、盘角羊、朱雀、羊羔、顾首鹅、卧鹿。

图 3-102 新莽时期山东金乡鱼山2号墓南、北室墓门图像

青龙、白虎、朱雀三种元素单一或者组合的图像很多,但之所以缺乏玄武图

---

① 顾承银,卓先胜,李登科.山东金乡鱼山发现两座汉墓[J].考古,1995(5):385-389
② 南阳地区文物研究所.河南南阳县蒲山汉墓的发掘[J].华夏考古,1991(4):20-30
③ 戴应新,魏遂志.陕西绥德黄家塔东汉画像石墓群发掘简报[J].考古与文物,1988(5、6):251-261

像,与四神中代表北方的动物神确立最迟、最复杂、最奇异、最不稳定有关,后文笔者将对其进行专门论述。上述所举例中提到的鱼、鹿、武士、碑趺、蟾蜍等都是玄武的替代图像之一。另外,在组合图像中龙虎易位的现象出现较为频繁。

3. 四神元素中缺少朱雀,只有青龙、白虎和玄武

①单一画面。

这一类的图式没有按左青龙、右白虎、下(后)玄武的顺序排列。例1,新莽时期江苏扬州新莽四神博局镜①,座外方格,四乳及博局纹区分的四方八极内,分别配置:青龙与瑞兽(右),白虎与瑞兽(下),玄武与瑞兽(左),羽人与蛇(上)。此镜缺朱雀但多一蛇,羽人弄蛇图纹较少见到。例2,东汉晚期山东济宁市喻屯镇城南张汉墓②,画面自上而下刻一蟾蜍,周围刻圆饼物和三条鱼(左上角还残缺一圆饼二鱼),三人正拉一线,周围刻云状物;一神怪左手执锤,右手擎龙,龙作飞翔状;二人乘坐在玄武背上,玄武昂首蹬足;一仙人骑鹿,一仙人骑虎,一仙人乘龙;一虎头人身和一鸟头人身者相对。

②组合画面。

第一,左青龙、右白虎、下(后)玄武的组合图式。例1,东汉晚期四川芦山王晖砖室墓③石棺(图3-103、图3-104),棺盖前端为铺首衔环图,其下为仙人半开门图和铭文,棺身左侧为一青龙,棺身右侧为一白虎,棺身后端为玄武图。

第二,其他图式。如东汉时期陕西绥德汉墓④的左右立柱画像:左右画面各分成五层。左第一层为伏羲、女娲分立于仙草两边;第二层是两株仙草之间有一白虎;第三层为青龙、仙草;第四层为玄武、仙草;第五层为执彗门吏和卷草边饰。右第一层为人物谒见;第二层为奔马、仙草;第三层为青龙;第四、五层与左边画面相同。

图3-103　四川芦山王晖砖室墓画像石棺透视图

---

① 孔祥星.中国铜镜图典[M].北京:文物出版社,1992:283

② 中国画像石全集编辑委员会.中国美术分类全集·中国画像石全集2·山东汉画像石[G].河南美术出版社、山东美术出版社,2000:2

③ 任乃强.芦山新出土汉石图考[J].康导月刊,1942,4(6、7):13;罗二虎.汉代画像石棺[M].成都:巴蜀书社,2002:65

④ 中国画像石全集编辑委员会.中国美术分类全集·中国画像石全集5·陕西、山西汉画像石[G].河南美术出版社、山东美术出版社,2000:32

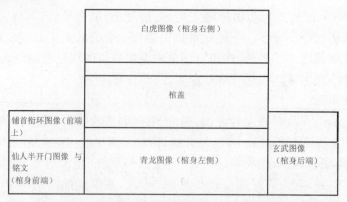

图3-104 四川芦山王晖砖室墓画像石棺平面展演图

总体来说,这一类的图像不多,图式构成差异也很大。朱雀的缺乏,使得四神引魂升仙的含义变得很不明显,如王晖墓用仙人来获得更为直观的视觉效应。

4. 四神元素中缺少青龙,只有白虎、朱雀和玄武

这类图式目前只见一幅,是东汉时期陕西米脂汉墓①的门楣(图3-105),属于组合画面,没有按右白虎、上(前)朱雀、下(后)玄武的顺序排列。画面左边残缺,其余部分分成三格,从右向左依次为铺首衔环,朱雀、玄武、白虎。不排除青龙的缺少是残缺画面造成的可能性。

图3-105 东汉时期陕西米脂汉墓门楣图像

5. 四神元素中缺少白虎,只有青龙、朱雀、玄武

此类图式也极少,目前只见两幅,都是属于单一画面,没有按左青龙、上(前)朱雀、下(后)玄武的顺序排列。例1,东汉晚期四川新津县城南砖室墓②石棺棺身左侧仙境图(图3-106),画面中心是灵芝连理树,其枝干对称;树上踏二凤鸟,欲衔灵芝,其下方为一玄武托住树干;右侧上方为一翼龙奔腾而来,下方为一仙人骑瑞兽,也向树的方向奔来;左下方有一裸体仙人,攀枝而舞。例2,汉代尚方

---

① 中国画像石全集编辑委员会.中国美术分类全集·中国画像石全集5·陕西、山西汉画像石[G].河南美术出版社、山东美术出版社,2000:17
② 郑伟.汉代画像石棺墓清理记[J].成都文物,1994(2):62

七乳禽兽镜①，中区主纹为七枚四叶座乳，其间配置青龙和羽人，玄武(三者没有占据一方，为连续形式，在一方)，神人吹排箫，羽人，羽人，神人抚琴，朱雀。一般铜镜上的四神图像如果不完整的话，主要是缺少玄武，但此镜缺少的却是白虎，较为少见。并且许多铜镜除四神元素外多为禽兽，有的会增加一个羽人，而此镜不算青龙配的羽人，四区都配置一羽人，有抚琴、吹箫和舞蹈的，可以说是以羽人为主了。

图3-106　四川新津县城南砖室墓石棺棺身左侧仙境图

6. 四神元素中缺少朱雀、玄武，只有青龙、白虎

①单一画面。

第一，左青龙、右白虎的图式。例1，东汉早期河南方城东关画像石墓②左上门楣(图3-107)，左刻一青龙，右刻一虎。与张衡《灵宪》所载"苍龙连蜷于左，白虎猛据于右。"③相为一致。例2，东汉晚期山东苍山元嘉元年画像石墓④西主室顶上刻一幅左青龙、右白虎扭头相搏图。例3，东汉晚期江苏徐州十里铺汉画像石墓⑤西侧室横额，最左刻树上立有小鸟，向左依次刻有青龙、狗、白虎，下端刻有崎岖的山峦。例4，东汉晚期四川新津县城南砖室墓⑥2号石棺左侧为左青龙、

图3-107　河南方城东关画像石墓左上门楣图像

---

① 孔祥星. 中国铜镜图典[M]. 北京：文物出版社，1992：346
② 南阳市博物馆，方城县文化馆. 河南方城东关汉画像石墓[J]. 文物，1980(3)：69-72
③ [清]严可均校辑. 全上古三代秦汉三国六朝文[M]. 北京：中华书局，1958：777
④ 山东省博物馆等. 山东苍山元嘉元年画像石墓[J]. 考古，1975(2)：124-134；方鹏钧，张勋燎. 山东苍山元嘉元年画像石题记的时代和有关问题的讨论[J]. 考古，1980(3)：271-278
⑤ 江苏省文管会等. 江苏徐州十里铺汉画像石墓[J]. 考古，1966(2)：66-83
⑥ 郑伟. 汉代画像石棺墓清理记[J]. 成都文物，1994(2)：62

右白虎衔璧图,璧的形制较特殊,表面纹饰为放射状弧形抛物线,龙虎均有翼。例5,东汉晚期四川郫县新胜2、3号砖室墓①1号石棺盖顶,画像分为两组。一组为青龙(左)、白虎(右)衔璧图,占棺盖的幅面大部。龙虎均有翼,作奔腾状,中为一璧,两根绶带穿璧。左边龙用口衔住绶带,并用双爪抓拉住绶带。绶带在中国古代为一种身份等级的标志,在这里用绶带系璧可能是表示璧的贵重。在右边虎的上方相反方向,为牛郎织女图。牛郎头戴一山形冠,身着长袍,正牵一水牛欲向织女奔去。织女在画面一端,双髻长裙,一手传梭,一手举起,眺望牛郎方向。在牛郎织女中间,留出大面积的空白,应是表示二人之间有银河相隔。

第二,左白虎、右青龙的图式。如东汉晚期河南新野②出土的青龙白虎画像砖,画面中悬玉璧,右为青龙,左为白虎,虎前后绘有云气。

②组合画面。

第一,左青龙、右白虎的组合图式。如东汉中期河南方城县城关镇汉画像石墓③西门门扉,左门扉的上部刻一吐舌、长角、展翼奔驰的青龙,中间是铺首衔环,下方是一只熊,立身、侧首,张口,两前腿平伸作搏击状。《周礼·夏官》:"方相氏,掌蒙熊皮,黄金四目,玄衣朱裳,执戈扬盾,帅百隶而时难,以索室,驱疫。大丧,先柩,及墓,入圹,以戈击四隅,驱方良。"④如果此熊为方相氏,这幅图则含有驱疫辟邪之意。右门扉的上部刻一昂首、鼓腹、翘尾、张牙舞爪的白虎,中间是铺首衔环,下方是一低头翘尾、奋力抵角的牛。

第二,左白虎、右青龙的组合图式。如东汉早期山东邹城市卧虎山汉画像石墓⑤2号墓,南檩板东端立面刻一白虎;北檩板东端立面刻一只青龙。

四神元素中只出现青龙、白虎的图像较多,有的材料上虽然写为龙、虎,实际就是青龙、白虎。青龙、白虎对立对生的含义早在远古时期已经开始,从濮阳西水坡遗址的龙虎图像即可见其端倪,至汉代又同阴阳五行思想结合,成为阴阳的象征,后世这种观念深入人心,应是这类图像盛行的客观原因。

7. 四神元素中缺少白虎、玄武,只有青龙、朱雀

此类图式一般见于单一画面,由于出土位置、时间、年代的模糊不清,增加了判断的困难性,但根据图式的含义,可以暂且确认为青龙、朱雀。例1,东汉时期江苏徐州铜山县汉墓⑥中有一幅图像,朱雀伸展双翼,长颈,驻足站立;在朱雀的

---

① 四川省博物馆,郫县文化馆.四川郫县东汉砖墓的石棺画像[J].考古,1978(6):495-503
② 河南省南阳地区文物研究所.新野樊集汉画像砖墓[J].考古学报,1990(4):475-507
③ 南阳地区文物工作队,方城县文化馆.河南方城县城关镇汉画像石墓[J].文物,1984(3):39-45
④ [汉]郑玄注;[唐]贾公彦疏.周礼[M].上海:上海古籍出版社,1990:474
⑤ 邹城市文物管理局.山东邹城市卧虎山汉画像石墓[J].考古,1999(6):523-531
⑥ 武利华.徐州汉画像石精选[G].北京:线装书局,2001:73

右上方有一人身蛇尾仙人,头无髻,可能是伏羲;朱雀的左下方为一青龙,爬行状,身有翼,头有脚,四足,长尾。例2,也是东汉时期江苏徐州铜山县汉墓①出土,疑为上一幅的对立图像。画面上,两只朱雀驻足站立,除了一张双翼一收翼外,其它形象完全相同。在画面的左侧有一人身蛇尾仙人,举一手,头有双髻,似为女娲。两朱雀间还有一鸟,似为枭。画面下方,为一青龙,爬行状,曲颈,头有脚,四足,长尾,身上站立一收翼小朱雀。

8. 四神元素中缺少白虎、朱雀,只有青龙、玄武

①单一画面。

西汉中期山东诸城县木椁墓②西棺底下侧,彩绘板画,由两块板组成,长184厘米、宽54厘米,板两侧有深0.2厘米的子母口,板四周有两道子母口,第一道宽3厘米,髹以棕色漆;第二道宽1.6厘米,未施漆,子母口深度为0.3～0.4厘米。画为横条式,用黑、白、红、黄、褐等颜料,画上有两条带双翼的飞龙,龙首都向左方,曲身卷尾,张口吐舌,昂首瞪目,颈后有四根棕毛直竖,胲下两棕毛下伸,双翼扇动,四爪用力,姿态凶狠。两龙一青一褐色,龙首施黄色,用黑色线条勾画;龙目、龙牙涂以白色,鳞片用红色点后,再加以白点,显得有立体感。飞龙两侧有长、宽各29.5厘米的三个方形框,框深0.1～0.6厘米,方形框内画有3只乌龟,龟呈黑色,探首伸尾,两只龟的头部向右,一只龟的头部向左。龟与飞龙之间,绘以红、白、黑三色的流云。整个板画四周,用红色云气勾边,更使画面增加了灵动的气氛,堪称是罕见的艺术佳作。关于四神图像的石刻,在西汉中期以前尚不多见,此幅板画当是其演变的前身。

②组合画面。

见于东汉中期四川渠县冯焕阙③的正面和背面图像,正面上刻一青龙,张嘴昂首,背上有双翼,尾巴高扬,四爪一前一后正在向前奔跑,龙前方有一蟾蜍。背面则刻一玄武,乌龟背上缠有一蛇。

9. 四神元素中缺少青龙、玄武,只有白虎、朱雀

朱雀、白虎两个元素构成的图式,多见于门扉之上,属于组合画面。孙文青在《南阳汉画像集》中说:"铺首之上,每刻鸟兽,两相对称,其鸟具冠展翼,若凤凰为女墓;其兽张口扬尾,若奔虎为男墓。"可知墓门刻朱雀或白虎是根据墓主性别而定,都具有驱邪护墓之用。例1,新莽时期河南唐河郁平大尹冯君孺人画像石墓④南主室的南、北门扉,南门扉刻白虎铺首衔环图像;北门扉刻朱雀铺首衔图

---

① 武利华. 徐州汉画像石精选[G]. 北京:线装书局,2001:96
② 诸城县博物馆. 山东诸城县西汉木椁墓[J]. 考古,1987(9):778-785
③ 高文. 中国汉阙[M]. 北京:文物出版社,1994
④ 南阳地区文物队等. 唐河汉郁平大尹冯君孺人画像石墓[J]. 考古学报,1980(2):239-262

像。《后汉书·礼仪中》注云:"驱除毕,因立桃梗于门户上,画郁櫑持苇索,以御凶鬼,画虎于门,当食鬼也。"[1]该墓所有门扉中央皆刻有铺首衔环,并在其上端刻朱雀或者白虎,似有象征吉祥、镇墓辟邪之意。例2,东汉早期河南方城东关画像石墓[2]北门门扉,北扉的上部刻一朱雀、一羽人,羽人左手持灵芝,右手托一盘状物,正在喂朱雀,朱雀单足伫立在铺首之上,铺首衔环下是一猛虎;南扉的上部是朱雀,中间为铺首衔环,下面是一武士。例3,东汉早期河南方城东关画像石墓[3]南门门扉,北扉的上部刻朱雀,中间是铺首衔环,下面一虎;南扉的上部刻朱雀,下刻一神豹。在这里也有守护、辟邪之意。例4,东汉中期河南方城县城关镇汉画像石墓[4]东门门扉,南扉为朱雀、铺首衔环、武士图;北扉为朱雀、铺首衔环、虎图。

10. 四神元素中缺少青龙、朱雀,只有白虎、玄武

此类图式极少,目前仅见一例,是东汉时期山东滕县西户口[5]画像石(残),单一画面,画面左方为一奔走的白虎,张口舞爪,翘尾咆哮,伸出前右爪似去试探前方的玄武。

11. 四神元素中缺少青龙、白虎,只有朱雀、玄武

如东汉晚期山东嘉祥武氏祠西阙子阙[6]栌斗南面图像,由柱斗分为两格。左格刻一玄武,左上角有一飞鸟。右格刻一朱雀,其右上也有一飞鸟。

12. 四神元素中只出现朱雀

朱雀作为单一四神元素的图式构成,多见于朱雀铺首衔环图,在陕北画像石中最为多见,其形象多为对立而生,两边朱雀一般在细节(头冠、尾羽)之处略有差别,似在有意表示出阴阳之分。这类图式出现在墓门,突出显示出四神引魂升天、驱鬼辟凶的功能。例1,东汉时期陕西米脂党家沟汉墓[7]左右门扉,两扇门上的形象几乎没有差别,似为有模本之作。例2,东汉时期陕西米脂尚庄汉墓[8]墓门门扉,为朱雀铺首衔环图,左右朱雀在头冠上有细微差别,左为一,右为二,而铺首的牙齿与舌头略有差异。例3,东汉晚期山西离石马茂庄3号画像石墓[9]左右门扉,为朱雀、铺首衔环、独角兽图。朱雀的头冠、尾翎皆有差别,铺

---

① [南朝宋]范晔撰;[唐]李贤等注.后汉书[M].北京:中华书局,1965:3129
②,③ 南阳市博物馆,方城县文化馆.河南方城东关汉画像石墓[J].文物,1980(3):69-72
④ 南阳地区文物工作队,方城县文化馆.河南方城县城关镇汉画像石墓[J].文物,1984(3):38-45
⑤ 山东省博物馆,山东省文物考古研究所.山东画像石选集[M].齐鲁书社,1982
⑥ 中国画像石全集编辑委员会.中国美术分类全集·中国画像石全集1·山东汉画像石[G].河南美术出版社,山东美术出版社,2000:8
⑦,⑧ 中国画像石全集编辑委员会.中国美术分类全集·中国画像石全集5·陕西、山西汉画像石[G].河南美术出版社,山东美术出版社,2000:13,11
⑨ 山西省考古研究所等.山西离石马茂庄东汉画像石墓[J].文物,1992(4):14-40

第三章 汉画四神图像的艺术分析

首衔环的环中须有粗细之别,独角兽形态也不太一致,似乎是出于两个工匠之手。

13. 四神元素中只出现白虎

白虎作为单一四神元素的图式构成,也多为白虎铺首衔环图,多见于河南的画像石墓。王充《论衡》云:"画虎之形,著于门阑。"[1]汉代人们认为白虎能驱鬼攘灾,将之作为保护阳宅、镇守陵墓的卫士。《风俗通义》云:"虎者,阳物,百兽之长也,能执搏挫锐,噬食鬼魅。"[2]所以,汉人"画虎于门,皆效于前事,冀以御凶也。"[3]这也是白虎图像出现在门扉上的主要功能。如东汉早期河南南阳县英庄汉画像石墓[4]东门门扉,两只白虎咆哮站立于铺首之上。

14. 四神元素中只出现玄武

龟蛇相缠的玄武图像,最为容易辨认。单独表现玄武的图像,多见于一些表述不清或一些残存的图像之中,严谨性不是太强。如陕西绥德汉墓[5]墓门左右立柱,左上为东王公,下为执戟门吏,再下为玄武;右为西王母,左手拿鼓,下为执彗门吏,下为玄武。

(二)背饰元素

四神的配套元素,主要指与四神相关的必要和辅助图像,是四神图像系统中第二等重要、普遍的图像。这些元素在四神图像中较为常见,或阶段性的或区域性的对四神图像涵义产生影响与引申的某类特殊介质。这些图像有的在前面已有论述,这里再作一些概述与回顾,少数尚未展开讨论或论述不充分的,将加以详细探讨。

表3-6 四神图像构成中的背饰元素出现一览表(一)

背饰元素	四神元素	时间	出处
伏羲	缺玄武	西汉中期	河南洛阳卜千秋汉墓墓顶壁画
	俱全	东汉中期	四川泸州洞宾亭崖墓石棺
	俱全	东汉中期	陕西绥德黄家塔画像石墓群9号墓墓门
	俱全	东汉晚期	四川简阳县鬼头山东汉崖墓3号石棺
	俱全	东汉时期	河南南阳麒麟岗汉墓墓顶画像石
女娲	缺玄武	西汉中期	河南洛阳卜千秋汉墓墓顶壁画

---

[1] [汉]王充.论衡[M].上海:上海人民出版社,1974:247
[2],[3] [汉]应劭.风俗通义[M].上海:上海古籍出版社,1990:58
[4] 南阳地区文物工作队,南阳县文化馆.河南南阳县英庄汉画像石墓[J].文物,1984(3):25-37
[5] 中国画像石全集编辑委员会.中国美术分类全集·中国画像石全集5·陕西、山西汉画像石[G].河南美术出版社、山东美术出版社,2000:32

(续表)

背饰元素	四神元素	时间	出　处
女娲	俱全	东汉中期	四川泸州洞宾亭崖墓石棺
	俱全	东汉中期	陕西绥德黄家塔画像石墓群9号墓墓门
	俱全	东汉晚期	四川简阳县鬼头山东汉崖墓3号石棺
	俱全	东汉时期	河南南阳麒麟岗汉墓墓顶画像石
日	缺玄武	西汉中期	河南洛阳卜千秋汉墓墓顶壁画
	俱全	西汉晚期	陕西西安交通大学附小汉墓壁画
	俱全	东汉早期	河南新安铁塔山壁画墓
	俱全	东汉晚期	河南南阳宛城区十里铺汉墓(重建)画像石
	青龙	东汉晚期	河南南阳宛城区汉墓
	俱全	东汉时期	河南洛阳陈氏六乳禽兽镜
金乌	缺玄武	西汉中期	河南洛阳卜千秋汉墓墓顶壁画
	俱全	西汉晚期	陕西西安交通大学附小汉墓壁画
	俱全	东汉晚期	四川简阳县鬼头山东汉崖墓3号石棺
	俱全	东汉晚期	河南南阳宛城区十里铺汉墓(重建)画像石
	青龙	东汉晚期	河南南阳宛城区汉墓
月	缺玄武	西汉中期	河南洛阳卜千秋汉墓墓顶壁画
	俱全	西汉晚期	陕西西安交通大学附小汉墓壁画
	俱全	东汉早期	河南新安铁塔山壁画墓
	俱全	东汉晚期	河南南阳宛城区十里铺汉墓(重建)画像石
	青龙	东汉晚期	河南南阳宛城区汉墓
	青龙	东汉时期	河南南阳阮堂汉墓
	俱全	东汉时期	河南洛阳陈氏六乳禽兽镜
玉兔	缺玄武	西汉中期	河南洛阳卜千秋汉墓墓顶壁画
	个全	西汉晚期	陕西西安交通大学附小汉墓壁画
	缺玄武	新莽时期	湖南善铜六乳禽兽镜
	俱全	东汉晚期	浙江海宁长安镇汉墓画像石
	缺玄武	东汉晚期	重庆江北汉墓墓门门楣
	青龙	东汉晚期	河南南阳宛城区汉墓

第三章　汉画四神图像的艺术分析

(续表)

背饰元素	四神元素	时　间	出　　处
玉兔	青龙	东汉时期	河南南阳阮堂汉墓
	白虎	东汉时期	河南南阳白滩汉墓
蟾蜍	缺玄武	西汉中期	河南洛阳卜千秋汉墓墓顶壁画
	俱全	西汉晚期	江苏盱眙东阳汉墓铜镜
	俱全	西汉晚期	陕西西安交通大学附小汉墓壁画
	缺玄武	西汉晚期	河南洛阳61号壁画墓墓室隔墙前额上部
	缺玄武	西汉晚期	江苏盱眙七乳羽人禽兽镜
	俱全	新莽时期	上海博物馆收藏的四神博局镜
	俱全	东汉早期	河南洛阳福意四神博局镜
	缺白虎、朱雀	东汉中期	四川渠县冯焕阙
	俱全	东汉中期	河南洛阳尚方四神博局镜
	俱全	东汉晚期	四川简阳县鬼头山东汉崖墓3号石棺
	俱全	东汉晚期	河南南阳宛城区十里铺汉墓(重建)画像石
	缺玄武	东汉晚期	重庆江北汉墓墓门门楣
	青龙	东汉时期	河南南阳阮堂汉墓
	俱全	东汉时期	河南洛阳陈氏六乳禽兽镜
羽人	缺玄武	西汉中期	河南洛阳卜千秋汉墓墓顶壁画
	俱全	西汉晚期	江苏盱眙东阳汉墓铜镜
	俱全	西汉晚期	陕西西安交通大学附小汉墓壁画
	俱全	西汉晚期	山东东安汉里汉墓画像石椁
	缺玄武	西汉晚期	江苏盱眙七乳羽人禽兽镜
	俱全	新莽时期	上海博物馆收藏的四神博局镜
	俱全	新莽时期	新兴四神博局镜
	俱全	新莽时期	湖南零陵善铜四神博局镜
	俱全	新莽时期	河南洛阳七乳四神镜
	俱全	新莽时期	河南洛阳五女冢267号新莽墓四神规矩镜
	缺朱雀	新莽时期	江苏扬州新莽墓四神博局镜
	俱全	东汉早期	河南洛阳福禄四神博局镜

(续表)

背饰元素	四神元素	时间	出处
羽人	俱全	东汉早期	河南洛阳福意四神博局镜
	俱全	东汉中期	河南洛阳尚方四神博局镜
	俱全	东汉中期	湖南尚方七乳四神镜
	俱全	东汉中期	陕西绥德黄家塔画像石墓群9号墓墓门
	缺玄武	东汉中期	陕西绥德黄家塔画像石墓群6号墓墓门左门框
	俱全	东汉晚期	广东广州四神禽兽简化博局镜
	俱全	东汉晚期	四川简阳县鬼头山东汉崖墓3号石棺
	缺玄武	东汉时期	浙江绍兴漓渚禽兽画像镜
	缺白虎	汉代	上海博物馆收藏的尚方七乳禽兽镜
狐	缺玄武	西汉中期	河南洛阳卜千秋汉墓墓顶壁画
	俱全	东汉中期	陕西绥德黄家塔画像石墓群9号墓墓门
	俱全	东汉中期	山东邹城市看庄乡汉墓画像石
怪兽	俱全	西汉中期	河南洛阳卜千秋汉墓墓顶壁画
	缺玄武	西汉中期	河南南阳赵寨汉墓墓门门楣
	俱全	西汉晚期	江苏盱眙东阳汉墓出土的铜镜
	缺玄武	西汉晚期	河南洛阳61号壁画墓墓室隔墙前额上部
	缺玄武	新莽时期	河南洛阳金谷园新莽墓壁画
	俱全	新莽时期	上海博物馆收藏的四神博局镜
	俱全	新莽时期	中国历史博物馆收藏的善铜四神博局镜拓本
	俱全	新莽时期	河南洛阳五女冢267号新莽墓四神规矩镜
	俱全	新莽时期	河南南阳牛王庙1号汉墓四神博局镜
	俱全	东汉中期	陕西绥德黄家塔画像石墓群9号墓墓门
	俱全	东汉晚期	山东沂南汉墓画像石
	俱全	东汉时期	河南洛阳陈氏六乳禽兽镜
	缺玄武	东汉时期	浙江安吉东汉四乳四神镜
云气	缺玄武	西汉中期	河南洛阳卜千秋汉墓墓顶壁画
	缺玄武	西汉中期	河南南阳赵寨汉墓墓门门楣

第三章 汉画四神图像的艺术分析

(续表)

背饰元素	四神元素	时间	出处
云气	缺白虎、朱雀	西汉中期	山东诸城县西汉木椁墓西棺底下侧
	俱全	西汉晚期	陕西西安交通大学附小汉墓壁画
	缺玄武	东汉时期	浙江安吉东汉四乳四神镜
	俱全	东汉中期	陕西绥德黄家塔画像石墓群9号墓墓门
	俱全	东汉晚期	山东沂南汉墓画像石
	缺白虎	东汉晚期	四川新津县城南砖室墓石棺
	缺朱雀、玄武	东汉晚期	河南新野出土的汉代画像砖
	俱全	东汉时期	河南南阳麒麟岗汉墓墓顶画像石
	缺玄武	东汉时期	四川巫山县江东咀干沟子汉墓铜牌
	白虎	东汉时期	河南南阳白滩汉墓
仙人	缺玄武	西汉中期	河南南阳赵寨汉墓墓门门楣
	缺朱雀	东汉晚期	四川芦山王晖砖室墓
	缺白虎	东汉晚期	四川新津县城南砖室墓石棺
方相氏	缺玄武	西汉中期	河南南阳赵寨汉墓墓门门楣
傩	缺玄武	西汉中期	河南南阳赵寨汉墓墓门门楣
星宿	俱全	西汉晚期	陕西西安交通大学附小汉墓壁画
	青龙	西汉晚期	江苏盱眙东阳汉墓1号墓
	青龙	东汉早期	河南南阳蒲山汉墓前室墓顶
	白虎	东汉早期	河南南阳蒲山汉墓前室墓顶
	白虎	东汉早期	河南唐河县湖阳镇罐山汉墓
	俱全	东汉晚期	河南南阳宛城区十里铺汉墓(重建)画像石
	青龙	东汉晚期	河南南阳宛城区汉墓
	俱全	东汉时期	河南南阳麒麟岗汉墓墓顶画像石
	俱全	东汉时期	陕西定边县郝滩东汉壁画墓
	白虎	东汉时期	山东济南市汉墓
	青龙	东汉时期	河南南阳阮堂汉墓
	白虎	东汉时期	河南南阳白滩汉墓

汉画四神图像

(续表)

背饰元素	四神元素	时间	出处
星宿	青龙	东汉时期	河南南阳王庄汉墓墓室盖顶
	白虎	东汉时期	河南南阳县汉墓
仙鹤	俱全	西汉晚期	陕西西安交通大学附小汉墓壁画
	俱全	东汉晚期	四川简阳县鬼头山东汉崖墓3号石棺
	缺玄武	东汉晚期	山东青州冢子庄汉画像石墓墓门门楣
灵芝	俱全	西汉晚期	陕西西安交通大学附小汉墓壁画
	俱全	东汉晚期	浙江海宁长安镇汉墓画像石
	缺白虎	东汉晚期	四川新津县城南砖室墓石棺
鹿	俱全	西汉晚期	陕西西安交通大学附小汉墓壁画
	俱全	东汉中期	山东邹城市看庄乡汉墓画像石
	缺玄武	东汉中期	陕西绥德黄家塔画像石墓群6号墓墓门左门框
	俱全	东汉晚期	广东广州四神禽兽简化博局镜
	俱全	东汉晚期	四川简阳县鬼头山东汉崖墓3号石棺
	俱全	东汉晚期	河南浚县东汉画像石
天鹅	俱全	西汉晚期	陕西西安交通大学附小汉墓壁画
雉	俱全	西汉晚期	陕西西安交通大学附小汉墓壁画
	俱全	东汉晚期	四川简阳县鬼头山东汉崖墓3号石棺
熊	缺玄武	西汉晚期	河南洛阳61号壁画墓墓室隔墙前额上部
	俱全	新莽时期	河南洛阳七乳四神镜
	俱全	东汉早期	湖南资兴四神博局镜
	俱全	东汉中期	陕西绥德黄家塔画像石墓群9号墓墓门
	缺玄武	东汉中期	陕西绥德黄家塔画像石墓群6号墓墓门左门框
	缺朱雀、玄武	东汉中期	河南方城县城关镇汉画像石墓墓门
独角兽	缺玄武	西汉晚期	江苏盱眙七乳羽人禽兽镜
	俱全	新莽时期	湖南零陵善铜四神博局镜
	俱全	新莽时期	河南洛阳五女冢267号新莽墓四神规矩镜
	俱全	东汉中期	河南洛阳尚方四神博局镜
	俱全	东汉中期	陕西绥德黄家塔画像石墓群9号墓墓门

第三章 汉画四神图像的艺术分析

（续表）

背饰元素	四神元素	时间	出处
独角兽	俱全	东汉中期	陕西子洲出土东汉画像石
	俱全	东汉晚期	山东沂南汉墓画像石
	缺玄武	东汉时期	浙江绍兴漓渚禽兽画像镜
宝珠	俱全	西汉时期	陕西周至长杨宫瓦当
	缺玄武	新莽时期	河南洛阳偃师县新莽壁画墓
	俱全	东汉中期	山东邹城市看庄乡汉墓画像石
	缺青龙、玄武	东汉中期	河南方城县城关镇汉墓东门北扉
瑞兽	俱全	新莽时期	上海博物馆收藏的四神博局镜
	缺朱雀	新莽时期	江苏扬州新莽墓四神博局镜
	缺白虎	东汉晚期	四川新津县城南砖室墓石棺
十二地支	俱全	新莽时期	上海博物馆收藏的四神博局镜
	俱全	新莽时期	中国历史博物馆收藏的善铜四神博局镜拓本
	俱全	新莽时期	河南南阳牛王庙1号汉墓四神博局镜
	俱全	东汉中期	河南洛阳尚方四神博局镜
十二生肖	俱全	新莽时期	河南南阳牛王庙1号汉墓四神博局镜
大角兽	俱全	新莽时期	新兴四神博局镜
羊	俱全	新莽时期	河南洛阳七乳四神禽兽镜
	俱全	东汉中期	陕西绥德黄家塔画像石墓群9号墓墓门
	缺玄武	东汉中期	陕西绥德黄家塔画像石墓群6号墓墓门左门框
	俱全	东汉晚期	河南浚县东汉画像石
	俱全	东汉晚期	安徽宿县褚兰汉画像石墓
	俱全	东汉时期	河南洛阳四神禽兽博局镜
后土	缺玄武	新莽时期	河南洛阳金谷园新莽墓壁画
句芒	缺玄武	新莽时期	河南洛阳金谷园新莽墓壁画
蓐收	缺玄武	新莽时期	河南洛阳金谷园新莽墓壁画
祝融	缺玄武	新莽时期	河南洛阳金谷园新莽墓壁画
玄冥	缺玄武	新莽时期	河南洛阳金谷园新莽墓壁画
马	缺玄武	新莽时期	河南洛阳金谷园新莽墓壁画

(续表)

背饰元素	四神元素	时间	出处
马	俱全	东汉晚期	四川简阳县鬼头山东汉崖墓3号石棺
	俱全	东汉晚期	浙江海宁长安镇汉墓画像石
铺首衔环	缺玄武	新莽时期	山东金乡鱼山汉墓2号墓墓门门扉
	缺青龙、玄武	新莽时期	河南唐河郁平大尹冯君孺人画像石墓南主室墓门
	缺青龙、玄武	东汉早期	河南方城东关画像石墓北门北扉、南门北扉
	俱全	东汉中期	陕西绥德黄家塔画像石墓群9号墓墓门
	俱全	东汉中期	陕西绥德延家岔2号汉画像石墓墓门
	俱全	东汉中期	陕西子洲出土东汉画像石
	缺玄武	东汉中期	陕西绥德县四十里铺画像石墓
	缺朱雀、玄武	东汉中期	河南方城县城关镇汉画像石墓墓门
	缺青龙、玄武	东汉中期	河南方城县城关镇汉墓东门北扉
	俱全	东汉晚期	浙江海宁长安镇汉墓画像石
	俱全	东汉晚期	河南南阳宛城区十里铺汉墓(重建)画像石
	缺玄武	东汉时期	陕西米脂党家沟汉墓
	缺玄武	东汉时期	陕西清涧汉墓
	缺玄武	东汉时期	陕西绥德汉墓
	缺青龙	东汉时期	陕西米脂汉墓
门吏	缺玄武	新莽时期	山东金乡鱼山汉墓2号墓墓门门扉
	俱全	东汉晚期	江苏邳县青龙山彭城相谬宇画像石墓
	俱全	东汉晚期	安徽宿县褚兰汉画像石墓
西王母	缺玄武	新莽时期	河南洛阳偃师县新莽壁画墓
	俱全	东汉中期	四川泸州洞宾亭崖墓石棺
	俱全	东汉中期	陕西绥德黄家塔画像石墓群9号墓墓门
	缺玄武	东汉时期	四川巫山县江东咀干沟子汉墓铜牌
璧	俱全	东汉中期	四川泸州洞宾亭崖墓石棺
	缺玄武	东汉中期	四川渠县沈府君阙
	俱全	东汉晚期	山东沂南汉墓画像石
	俱全	东汉晚期	河南浚县东汉画像石

第三章　汉画四神图像的艺术分析

（续表）

背饰元素	四神元素	时间	出处
璧	俱全	东汉晚期	浙江海宁长安镇汉墓画像石
	青龙	东汉晚期	四川成都曾家包汉墓右枋
	白虎	东汉晚期	四川成都曾家包汉墓左枋
	缺朱雀、玄武	东汉晚期	河南新野出土的汉代画像砖
	缺朱雀、玄武	东汉晚期	四川新津县城南砖室墓2号石棺左侧
	缺朱雀、玄武	东汉晚期	四川郫县新胜砖墓室1号石棺盖顶
	缺玄武	东汉时期	四川巫山县江东咀干沟子汉墓铜牌
绶带	俱全	东汉中期	四川泸州洞宾亭崖墓石棺
	俱全	东汉晚期	山东沂南汉墓画像石
	缺朱雀、玄武	东汉晚期	四川新津县城南砖室墓2号石棺左侧
	缺朱雀、玄武	东汉晚期	四川郫县新胜砖墓室1号石棺盖顶
东王公	俱全	东汉中期	四川泸州洞宾亭崖墓石棺
	俱全	东汉中期	陕西绥德黄家塔画像石墓群9号墓墓门
佛像	俱全	东汉中期	四川泸州洞宾亭崖墓石棺
天门	俱全	东汉中期	四川泸州洞宾亭崖墓石棺
	俱全	东汉晚期	四川简阳县鬼头山东汉崖墓3号石棺
	缺玄武	东汉时期	四川巫山县江东咀干沟子汉墓铜牌
鱼	俱全	东汉中期	四川泸州洞宾亭崖墓石棺
	俱全	东汉晚期	四川简阳县鬼头山东汉崖墓3号石棺
	缺玄武	东汉晚期	山东青州冢子庄汉画像石墓墓门门楣
	俱全	东汉时期	河南汤阴县东汉墓画像石
牛	缺朱雀、玄武	东汉中期	河南方城县城关镇汉画像石墓墓门
	缺朱雀、玄武	东汉晚期	四川郫县新胜砖墓室1号石棺盖顶
	白虎	东汉时期	河南南阳白滩汉墓
猴	俱全	东汉中期	陕西绥德黄家塔画像石墓群9号墓墓门
嘉禾	俱全	东汉中期	陕西绥德黄家塔画像石墓群9号墓墓门
	俱全	东汉晚期	浙江海宁长安镇汉墓画像石
仙草	缺玄武	东汉中期	陕西绥德县四十里铺画像石墓

(续表)

背饰元素	四神元素	时间	出处
仙草	缺玄武	东汉时期	陕西米脂党家沟汉墓
	缺玄武	东汉时期	陕西绥德汉墓
犬	俱全	东汉中期	山东邹城市看庄乡汉墓画像石
	缺朱雀、玄武	东汉晚期	江苏徐州十里铺汉画像石墓西侧室横额
持帚者	俱全	东汉中期	陕西绥德黄家塔画像石墓群9号墓墓门
翼鹿	俱全	东汉晚期	山东沂南汉墓画像石
	俱全	东汉晚期	浙江海宁长安镇汉墓画像石
牛郎	缺朱雀、玄武	东汉晚期	四川郫县新胜砖墓室1号石棺盖顶
	白虎	东汉时期	河南南阳白滩汉墓
织女	缺朱雀、玄武	东汉晚期	四川郫县新胜砖墓室1号石棺盖顶
	白虎	东汉时期	河南南阳白滩汉墓
蝎尾甲虫	俱全	东汉晚期	山东沂南汉墓画像石
桂树	俱全	东汉晚期	四川简阳县鬼头山东汉崖墓3号石棺
力士	俱全	东汉时期	四川巫山淀粉厂汉墓方形鎏金铜牌
太一	俱全	东汉时期	河南南阳麒麟岗汉墓墓顶画像石
瑞草	俱全	东汉晚期	山东沂南汉墓画像石
	俱全	东汉时期	河南南阳麒麟岗汉墓墓顶画像石
	俱全	东汉时期	山东临沂金雀山汉墓画像砖
麒麟	俱全	东汉晚期	江苏邳县青龙山彭城相缪宇画像石墓
	缺玄武	汉代	湖北鄂城四乳禽兽镜
骑士	俱全	东汉晚期	浙江海宁长安镇汉墓画像石
瑞木	俱全	东汉晚期	浙江海宁长安镇汉墓画像石
蛙	俱全	东汉晚期	浙江海宁长安镇汉墓画像石
嘉莲	俱全	东汉晚期	浙江海宁长安镇汉墓画像石
比肩兽	俱全	东汉晚期	浙江海宁长安镇汉墓画像石
飞燕	俱全	东汉晚期	浙江海宁长安镇汉墓画像石
玄女	俱全	东汉晚期	浙江海宁长安镇汉墓画像石
石函	俱全	东汉晚期	浙江海宁长安镇汉墓画像石

第三章 汉画四神图像的艺术分析

(续表)

背饰元素	四神元素	时 间	出 处
比目鱼	俱全	东汉晚期	浙江海宁长安镇汉墓画像石
双瓶	俱全	东汉晚期	浙江海宁长安镇汉墓画像石
蚌生明珠	俱全	东汉晚期	浙江海宁长安镇汉墓画像石
松树	俱全	东汉晚期	安徽宿县褚兰汉画像石墓
山峦	缺朱雀、玄武	东汉晚期	江苏徐州十里铺汉画像石墓西侧室横额

根据表中出现的背饰元素,笔者将之归纳为如下几类。

1. 天文星象类

四神源起于天空中的星宿,其与天文星象相配合,既有阐释四神为星宿的涵义,还有营造天界的功用。

(1) 云气。

云气是四神图像中最为常见的配套元素,甚至在一些图像中成为如同商周青铜器中云雷纹一样的主题花纹,几乎到处可见云气形象。"云气"是汉代帝王陵墓级别的标志之一。《后汉书·礼仪志》载:"诸侯王、公主、贵人皆樟棺、洞朱、云气画。"[1]说明只有诸侯王、公主、贵人一级的墓内才能绘云气画。同时云气还是升仙的必备元素之一。浙江慈溪出土的汉代铜镜上的铭文云:"驾蜚龙,乘浮云。"[2]《庄子·逍遥游》云:"不食五谷,吸风饮露,乘云气,御飞龙,而游乎四海之外。"[3]《史记·五帝本纪》云:"官名皆以云命,为云师。"[4]应劭曰:"黄帝受命,有云瑞,故以云纪事也。春官为青云,夏官为缙云,秋官为白云,冬官为黑云,中官为黄云。"[5]张晏曰:"黄帝有景云之应,因以名师与官。"[6]皇帝之所以与云气有关联,与其乘龙升天传说应有关联。古人认为,云从龙,虎从风,云气是龙生存的环境,黄帝能够乘龙升天,当然离不开云气。而且天空是云气的故乡,从先秦时期开始云气逐步抽象为规范纹饰,装点到建筑、墓葬之上,其用意就在于营造一个虚无缥缈的神幻世界,使之如同上苍,点明了四神为天宇一方的文化观念,让人(墓主)幻想置身于神仙世界。

---

[1] [南朝宋]范晔撰;[唐]李贤等注. 后汉书[M]. 北京:中华书局,1965:3152

[2] 重庆巫山县文物管理所,中国社会科学院考古研究所三峡工作队. 重庆巫山县东汉鎏金铜牌饰的发现与研究[J]. 考古,1998(12):77-86

[3] [晋]郭璞. 庄子集解[M]. 扬州:江苏广陵古籍刻印社,1991 影印:6

[4]~[6] [汉]司马迁. 史记[M]. [宋]裴骃集解;[唐]司马贞索隐;[唐]张守节正义. 北京:中华书局,1972:6

(2) 日。

四神图像中常见的太阳图像元素，多与伏羲、女娲相结合，或在其边，或在其腹，或为手举。太阳的出现，使得四神天界形象更为突出。太阳给万物带来了光明和温暖，它的出没直接关系到明暗与寒暑，主宰着万物的生死存亡。鸟可以在天空自由飞翔，太阳东升西落，犹如鸟一般，于是先民认为太阳就是飞鸟。《山海经·大荒东经》云："旸谷上有扶木。一曰方至，一曰方出，皆载于乌。"[1]张衡《灵宪》云："日者，阳精之宗，积而成乌。"[2]可见，日中的乌是太阳精气凝聚而成的灵魂之鸟，是太阳的运载工具，所以才会有羿射十日的传说。

除了金乌载日的说法之外，还有一个说法。《初学记》卷一引《淮南子》云："日出于旸谷，浴于咸池，拂于扶桑，是谓晨明。登于扶桑，爰始将行，是谓朏明。至于曲阿，是谓朝明。临于曾泉，是谓早食。次于桑野，是谓晏食。臻于衡阳，是谓禺中。对于昆吾，是谓正中。靡于鸟次，是谓小迁。至于悲谷，是谓晡食。迴于女纪，是谓大迁。经于泉隅，是谓高舂。顿于连石，是谓下舂。爰止羲和，爰息六螭，是谓悬车（高诱注：'日乘车驾以六龙，羲和御之，日至此而薄于虞泉，羲和至此而迴六螭。'）。薄于虞泉，是谓黄昏。沦于蒙谷，是谓定昏。"[3]这里羲和成为车夫，驾驭六条黄龙，载着太阳，从东至西，历经诸多地方，到虞泉，太阳、龙车才回转。《山海经·大荒南经》云："东南海之外，甘水之间，有羲和之国。有女子名曰羲和，方日浴于甘渊。羲和者，帝俊之妻，生十日。"[4]羲和又从车夫变为了太阳的母亲。对羲和的解释，《尚书·尧典》云："乃命羲和，钦若昊天，历象日月星辰，敬授人时。"[5]

(3) 月。

月在四神图像中出现的意义与日相同。月亮不是每天都明圆皎洁，有阴晴圆缺。汉代人认为月亮由缺变圆，是月亮生和死的过程，即月亮有死而复生的神力。《楚辞·天问》云："夜光何德，死则又育？"[6]"夜光"是月亮的别名。《山海经·大荒西经》云："有女子方浴月。帝俊妻常羲，生月十有二，此始浴之。"[7]所以托月神人多为女性。嫦娥奔月神话中的特质与引子就是不死神药，这可以看出不死的去处是月亮，对四神、日、月的描绘，显示了人终极的归宿。《史

---

[1] [晋]郭璞注.山海经[M].上海：上海古籍出版社,1989:106
[2] [清]严可均校辑.全上古三代秦汉三国六朝文[M].北京：中华书局,1958:777
[3] [唐]徐坚等.初学记[M].北京：中华书局,2004:5
[4] [晋]郭璞注.山海经[M].上海：上海古籍出版社,1989:109-110
[5] 屈万里.尚书今注今译[M].台北：商务印书馆,1969.4
[6] [宋]洪兴祖撰.楚辞补注[M].北京：中华书局,1983:88
[7] [晋]郭璞注.山海经[M].上海：上海古籍出版社,1989:112

记·历书》云:"黄帝使羲和占日,常仪占月。"①可见羲和、常仪应该都是古代的天文观察者。

日月图像在汉代墓葬甚为常见。日月的刻绘,是汉代追求阴阳和谐的反映,日为阳之至尊,月为阴之至尊,日月描绘被认为阴阳和谐、万物繁盛的表现,以示墓主占有阴阳有序的天空,于是墓主天遂人愿,阴阳两界皆得保佑。《礼记·礼器》云:"大明生于东,月生于西,此阴阳之分,夫妇之位也。"②所以日月不仅表示阴阳,还有"夫妻和睦"的寓意。

(4) 星宿。

作为天空中四方星宿的物化象征,四神有时是以天象星宿图的形式出现的。或在青龙、白虎、朱雀、玄武的旁边点缀星宿,或在星宿之间连线,寓意繁星点点,象征天空;或是有目的地选取一些与人们关系比较密切的局部,如苍龙星座中的尾宿,在汉代是女性与子孙繁衍的象征,汉画中较为常见;或是比较全面完整的星象图,如洛阳尹屯新莽壁画墓和西安交通大学壁画墓中都绘制有东南西北中的五宫天体星宿或二十八宿星图。这些星象图都不是有实际用途的星图,无法与比较直观、真实反映天象的唐宋时期相比,很难作出天文学意义上的明确划分,但是却对当时人们具有人文意义上的实用价值。

2. 辟邪祥瑞类

辟邪观念的产生具有十分悠久的历史,且在汉代有了更大发展,进而形成辟邪的风俗。汉代人信仰鬼神,认为"人死辄为鬼神而有知",认为人的疾病和灾难是鬼祟的结果。《论衡·辨祟》云:"世俗信祸祟,以为人之疾病死亡、及患被罪、戮辱欢笑,皆有所犯。"③人们唯恐"触鬼逢神,忌时相害"。为了消除疾病、灾异,就要驱逐邪恶,辟邪图像也逢时而出。四神图像在汉代已被人们广泛接受,并与其他一些图像配合,强化深入了这一功能。

祥瑞一般是罕见而美好的东西和现象。《春秋左传》杜序云:"麟凤五灵,王者之嘉瑞。"④祥瑞观念是汉代天人感应思想下的产物,认为是人们感动上天,上天即降下这些祯祥福祉的事物以示反应,寄托了当时人们的诸多幻想和愿望。表现这类事物的图像就是祥瑞画,四神等都是这一类常见题材。

(1) 铺首衔环。

汉画中的铺首衔环多与朱雀、白虎相配合,出现于门扉之上。尽管各地的铺首衔环在艺术形象上略有差异,但铺首的基本形态是一致的,皆为面目狰狞的兽

---

① [汉]司马迁. 史记[M]. 北京:中华书局,1999:1094
② 王梦欧注译. 礼记今注今译[M]. 天津:天津古籍出版社,1987:326
③ 北京大学历史系《论衡》注释小组. 论衡注释[M]. 北京:中华书局,1979:1385
④ [晋]杜预等注. 春秋三传[M]. 上海:上海古籍出版社,1987:2

形。这反映了汉代用凶恶的兽形作为门环底座——铺首以辟邪的风俗。《汉书·哀帝记》云:"孝元庙殿门铜龟铺首鸣。"①可知汉代铺首为铜质,有蛇、龟等形制。

铺首的形象继承于先秦的饕餮纹饰,是宗教与权力的产物。饕餮是古代传说中一种贪食的凶兽,面目狰狞丑恶,用其头部形象作为铺首,有一种强大的震慑力。《吕氏春秋·先识览》云:"周鼎著饕餮,有首无身,食人未咽,害及其身,以言报更也。"②汉画中的铺首形制划一,皆为威严的兽面形象,对称、平衡、静止,与四神元素相互呼应,使墓门上的装饰动静相谐。虽然兽形纹饰(铺首)到汉代已经变为门环的装饰图案,但本身实用痕迹仍在汉代人们的内心积淀着,即神圣威严的权力象征,具有强烈的威慑人心的作用,维系了传统与社会秩序,能够驱魔压邪。

(2) 方相氏(大傩、熊)。

方相氏常与四神元素结合出现在门楣上,也有以熊形相配出现在门扉上的。《周礼·夏官·方相氏》云:"方相氏掌蒙熊皮,黄金四目,玄衣朱裳,执戈扬盾,帅百隶而时难。大丧,先柩,及墓,入圹,以戈击四隅,驱方良。"③注云:"冒熊复皮,以惊疫疠之鬼,如今倛头也。"④这种驱鬼习俗在汉代进入宫廷,成为一种规模盛大、仪式隆重的祭仪。《后汉书·礼仪志》云:"先腊一日,大傩,谓之逐疫。其仪:选中黄门子弟年十岁以上,十二以下,百二十人为侲子。皆赤帻皂制,执大鼗。方相氏黄金四目,蒙熊皮,玄衣朱裳,执戈扬盾。十二兽有衣毛角。中黄门行之,冗从仆射将之,以逐恶鬼于禁中。夜漏上水,朝臣会,侍中、尚书、御史、谒者、虎贲、羽林郎将执事,皆赤帻陛卫。乘舆御前殿。黄门令奏曰:'侲子备,请逐疫。'于是中黄门倡,侲子和,曰:'甲作食凶,胇胃食虎,雄伯食魅,腾简食不祥,揽诸食咎,伯奇食梦,强梁、祖明共食磔死寄生,委随食观,错断食巨,穷奇、腾根共食蛊。凡使十二神追恶凶,赫女躯,拉女干,节解女肉,抽女肺肠。女不急去,后者为粮!'因作方相与十二兽儛。嚾呼,周遍前后省三过,持炬火,送疫出端门;门外驺骑传炬出宫,司马阙门门外五营骑士传火弃雒水中。百官官府各以木面兽能为傩人师讫,设桃梗、郁櫑、苇茭毕,执事陛者罢。苇戟、桃杖以赐公、卿、将军、特侯、诸侯云。"⑤张衡《东京赋》也云:"尔乃岁卒大傩,驱除群疠;方相秉钺,巫觋操茢。"⑥由此可见,大傩一般在年底举行,驱鬼的头目方相氏常扮演成熊的样子。

---

① [清]王先谦.汉书补注[M].北京:书目文献出版社,1995:114
② [秦]吕不韦撰;[汉]高诱注.吕氏春秋[M].诸子集成·六.北京:中华书局,1954:180
③、④ [汉]郑玄注;[唐]贾公彦疏.周礼[M].上海:上海古籍出版社,1990:474
⑤ [南朝宋]范晔撰;[唐]李贤等注.后汉书[M].北京:中华书局,1965:3127-3128
⑥ 张在义,张玉春,韩格平译注.张衡诗选译[M].成都:巴蜀书社,1990:76

（3）蹶张（武器）。

蹶张，主要出现在四川四神图像系统中，一般处于中心位置。主要表现为神怪口里衔箭，两手扯着弓弦，脚蹬着硬弓，拼力将强弓拉开。《汉书·申屠嘉传》注："今之弩，以手张者曰弩张，以足踏者曰蹶张"①。此人可能是神话传说中能射害禳灾的天神——"宗布"。《淮南子·泛论训》云："羿除天下之害，死而为宗布。"高诱注："羿，古之诸侯。河伯溺杀人，羿射其左目；风伯坏人居屋，羿射中其膝；又诛九婴、窫窳之属，有功于天下，故死托祀于宗布。"②刘文典《淮南鸿烈集解》引孙诒让云："宗布，疑即《周礼·党正》之祭宗《族师》之祭酺。"又引郑注云："宗酺并禳除灾害之祭：嘤能除害，故托食于彼，义亦相应也。"③在墓中绘宗布之像，应为守护天国之神，具有"禳除灾害"之功力。宗布四周并有"四灵"相配合。

（4）蚩尤。

蚩尤，见于山东沂南汉墓前室北壁中柱画像，为虎首人身，头上插着三箭的弩弓，手持短矛、短戟，足趾挟刀、剑，胯下立置一盾。《史记·五帝本纪》云："蚩尤最为暴，莫能伐。"④《龙鱼河图》云："黄帝摄政，有蚩尤兄弟八十一人，并兽身人语，铜头铁额，食沙石子，造立兵仗刀戟大弩，威震天下，诛杀无道，不慈仁。万民欲令黄帝行天子事，黄帝以仁义不能禁止蚩尤，乃仰天而叹。天遣玄女下授黄帝兵信神符，制伏蚩尤，帝因使之主兵，以制八方。蚩尤没后，天下复扰乱，黄帝遂画蚩尤形像以威天下，天下咸谓蚩尤，不死，八方万邦皆为弭服。"⑤《管子》云："蚩尤受而制之，以为剑、铠、矛戟。"⑥从文献可知，蚩尤为凶暴形象，喜好兵器（作五兵），即使死去，其画影图形，还足以威震天下。将蚩尤图像收罗至四神图像系统之中，装点于门户与出入通道，其辟邪驱恶作用不言而明。

（5）独角兽。

四神图像系统中的独角兽可分为两类，一是麒麟，表祥瑞；二是在陕北四神图像系统中多见的独角兽，形状如牛，极其凶猛，低头，疾驰抵触状，将之称为獬豸（犀牛、兕）较为恰当。《尔雅·释地》云："南方之美者，有梁山之犀象焉。"⑦《尔雅·释兽》云："兕似牛。"郭璞注曰："一角，青色，重千斤。"⑧《神异经》云："东北

---

① ［清］王先谦.汉书补注［M］.北京:书目文献出版社,1995:998
② ［汉］刘安.淮南子［M］.诸子集成·七.北京:中华书局,1954:233
③ ［汉］刘安,冯逸,乔华店校.淮南鸿烈集解［M］.北京:中华书局,1989:461
④,⑤ ［汉］司马迁.史记［M］.［宋］裴骃集解；［唐］司马贞索隐；［唐］张守节正义.北京:中华书局,1972:3,4
⑥ ［唐］房玄龄；［明］刘绩增注.管子［M］.上海:上海古籍出版社,1989:213
⑦,⑧ 叶青注.尔雅//侯光复主编:儒家道本经典全释.大连:大连出版社,1998:162,285

荒中有兽,如牛,毛青,四足……。名曰獬豸。一名任法兽。"①《说文》也云:"廌,獬廌,似山牛,一角,古者诀讼,令触不直。"②《论衡》云:"觟□,一角之羊也,性知有罪。"③独角兽多出现于墓门下方。墓门作为阴宅的门户,则是供墓主人鬼魂进出的通道,将其刻于此,显然将其视为墓室的守护神。此类图像更进一步证明了独角神兽的驱鬼神性。而这种神性应源于獬豸的"神判"功能。至于獬豸的神性,据神话传说,它具有"知有罪"、辨忠奸、识别好坏人的奇异功能。人们将獬豸(独角兽)的形象刻画在墓葬入口处,用以区分善恶之鬼,防止恶鬼入侵墓室扰乱墓主人的平安生活。

(6) 灵芝(仙草)。

一种类似蘑菇状的有根的植物,通常被认为是延年长寿的仙药。东汉王充《论衡·验符篇》写道:"芝草延年,仙者所食。"④汉代芝草,或曰金芝,是汉符瑞现象之一。武帝元封二年,"甘泉宫内中产芝,九茎连叶。作芝房之歌"⑤。宣帝神爵元年,"金芝九茎产于涵德殿铜池中",朕遂赦天下。所以汉人对芝草十分崇拜。同时芝草为神草,有延年益寿之效,用于墓室有吉祥长生的功能。

(7) 璧。

璧在四神图像系统中较为常见,有青龙、白虎对立衔璧的形式,在边框常饰有穿璧纹,还常与天门放置在一起。《周礼·春官·大宗伯》云:"玉作六器以礼天地四方,以苍璧礼天,以黄琮礼地。"⑥《尚书·金滕》记载:"周公筑祭坛与天通话,求上天与先祖为武王延寿:'今我即命于元龟,尔之许我,我其以璧与珪归俟尔命;尔不许我,我乃屏璧与珪。'"⑦可见璧是用来报谢上天的礼物。《白虎通》云:"方中圆外曰璧,璧之为言积也,内方象地,外圆象天。"⑧在先民心中,璧与天相似,是天圆地方宇宙观念的物化表现。璧不仅起到连接天人的作用,并成为天门的标志。把玉璧绘入四神图像系统,寓意灵魂在四神佑护之下平安升入天界,以期重生,保佑子孙繁衍昌盛。这样就可以理解汉画中二龙穿璧图像繁多原因了。

(8) 嘉禾。

嘉禾,多出现在陕北四神图像系统中青龙、白虎元素的周边,起到装饰美化

---

① [宋]李昉等撰.太平御览[M].北京:中华书局,1960:3953
② [汉]许慎.说文解字·鹿部[M].北京:中华书局,1963:202
③ [汉]王充.论衡[M].上海:上海人民出版社,1974:270
④ 北京大学历史系《论衡》注释小组.论衡注释[M].北京:中华书局,1979:1144
⑤ [清]王先谦.汉书补注[M].北京:书目文献出版社,1995:71
⑥ [汉]郑玄注;[唐]贾公彦疏.周礼[M].上海:上海古籍出版社,1990:280
⑦ 屈万里.尚书今注今译[M].台北:商务印书馆,1969:85
⑧ [清]陈立撰.白虎通疏证[M].北京:中华书局,1994:351

画面和丰富引申祥瑞功能含义的效果。《宋书·符瑞志》云:"嘉禾,五谷之长,王者德盛,则二苗共秀。于周德,三苗共穗;于商德,同本异穟;于夏德,异本同秀。"①《艺文类聚·百谷部》云:"德下至地,则嘉禾生。"②《白虎通》曰:"嘉禾者,大禾也。成王之时,有三苗贯桑而生,同为一穗,大几充箱,民有得而上之者。成王召周公而问之,曰:'三苗为一穗,意天下其和为一乎?'后果有越裳氏重译而来矣。"③

(9)麒麟。

麒麟作为四神之外多出的一兽(最初显然就是北宫的象征,后来只是由于北宫为玄武所代,于是才以麒麟转配中央),与四神其他元素配合较多,其中以新莽东汉的五灵镜为代表。《宋书·符瑞志》云:"麒麟者,仁兽也。牡曰麒,牝曰麟。不刳胎剖卵则至。麕身而牛尾,狼项而一角,黄色而马足。含仁而戴义,音中钟吕,步中规矩,不践生虫,不折生草,不食不义,不饮洿池,不入坑阱,不行罗网。明王动静有仪则见。牡鸣曰'逝圣',牝鸣曰'归和',春鸣曰'扶幼',夏鸣曰'养绥'。"④《艺文类聚》引《孔氏瑞应图》云:"一角兽者,六合同归则至。一本曰,天下太平则至。"⑤《说文·鹿部》云:"麟,仁兽也。麕身,牛尾,一角。"又云:"麢,牝麒也。"⑥从上文可知麒麟为祥瑞之兽。

3. 神仙题材类

从内容看,大约可分为奇禽异兽、神仙人物两大类,四神常与之结合,表现仙境天界。

(1)西王母。

西王母是在汉画中地位最高的神话人物。初始只见西王母,后期才出现对立的东王公与之相配。西王母经常坐于青龙、白虎组成的龙虎座上。如陕北四神图像系统中,在多格的表现形态上,西王母往往端坐于画面最上方的常青树上,而最下格为玄武。

文献中记载西王母形貌古怪,长相狰狞。《汉书·司马相如传》注引张揖曰:"西王母,其状如人,豹尾,虎首,蓬发篸然自首,石城金室,穴居其中。"⑦《山海经·西山经》云:"玉山,是西王母所居也。西王母其状如人,豹尾、虎齿而善啸,

---

① [梁]沈约. 宋书[M]. 北京:中华书局,1974:827
② [唐]欧阳询. 艺文类聚[M]. 上海:上海古籍出版社,1982:1447
③ [清]陈立撰. 白虎通疏证[M]. 北京:中华书局,1994:287
④ [梁]沈约. 宋书[M]. 北京:中华书局,1974:791
⑤ [唐]欧阳询. 艺文类聚[M]. 上海:上海古籍出版社,1982:1705
⑥ [汉]许慎. 说文解字·鹿部[M]. 北京:中华书局,1963:202
⑦ [清]王先谦. 汉书补注[M]. 北京:书目文献出版社,1995:1183

蓬发戴胜,是司天之厉及五残。"①《山海经·海内北经》云:"西王母梯几而戴胜仗,其南有三青鸟,为西王母取食,在昆仑墟北。"②《山海经·大荒西经》云:"有大山,名曰昆仑之丘。……有人戴胜,虎齿豹尾,穴处,名曰西王母。此山万物尽有。"③

文献还有西王母居住之处的明确记载。《汉书·地理志》云:"(临羌县下注)西北至塞外,有西王母石室。"④《晋书·张骏传》云:"凉州刺史、酒泉太守马岌上言:酒泉南山,即昆仑之体也,周穆王见西王母,乐而志归,即谓此山。"⑤北魏郦道元《水经注·河水二》云:"南有河水出塞外,东迳西王母石室。"⑥

汉画中的西王母图像极多,这不仅因为她是仙灵之最高位者,受到普遍崇拜,而且她掌握有不死之药,吃了可以飞升成仙。如《淮南子·览冥训》云:"羿请不死之药于西王母,姐娥窃以奔月。"⑦

(2) 东王公。

东王公是汉代为了与西王母产生阴阳和谐而创造出的形象,多与西王母对立而生,组成一个图像系统。《神异经·中荒经》云:"昆仑之山……有大鸟,名曰希有、南向,张左翼复东王公,右翼复西王母。""西王母岁登翼上之东王公也。"傅玄《正都赋》云:"东父翳青盖而遐望,西母使三足之灵禽。"⑧

(3) 伏羲。

伏羲、女娲常出现在青龙、白虎图像之旁,借助东西,表现阴阳、日月等。两者具有阴阳和谐、交融,重生等含义,多为蛇尾人身。伏羲为神话传说中的三皇之一。《周易·系辞》云:"古者庖牺氏之王天下也。仰则观象于天,俯则观法于地,观鸟兽之文,与地之宜,近取诸身,远取诸物,于是始作八卦,以通神明之德,以类万物之情,作结绳而为网罟,以佃以渔,盖取诸《离》。"⑨《帝王世纪》云:"太昊帝庖牺氏,风姓也……蛇身人首有圣德。"⑩为何叫伏羲?《白虎通德论·号》云:"古之时,未有三纲六纪,民人但知其母,不知其父,能覆前而不能覆后。卧之法法,行之吁吁;饥即求食,饱则弃余,茹毛饮血而衣皮苇。于是,伏牺仰观象于天,俯察法于地,因夫妇,正五行,始定人道,画八卦以治下。下伏而化之,故谓之伏

---

① ~ ③ [晋]郭璞注. 山海经[M]. 上海:上海古籍出版社,1989:28,94,112
④ [清]王先谦. 汉书补注[M]. 北京:书目文献出版社,1995:778
⑤ [唐]房玄龄等撰. 晋书[M]. 北京:中华书局,1974:2240
⑥ [北魏]郦道元. 水经注[M]. 长春:时代文艺出版社,2001:14
⑦ [汉]刘安. 淮南子[M]. 诸子集成·七. 北京:中华书局,1954:98
⑧ [清]严可均校辑. 全上古三代秦汉三国六朝文[M]. 北京:中华书局,1958:1715
⑨ 黄寿祺,张善文. 周易译注[M]. 上海:上海古籍出版社,1989:572
⑩ [晋]皇甫谧;[清]宋祥凤,钱宝塘辑. 帝王世纪[M]. 沈阳:辽宁教育出版社,1997:2

牺也。"①《风俗通义》引《礼含嘉文》云:"伏者,别也,变也。戏者,献也,法也;伏羲始别八卦,以变化天下,天下法则咸伏贡献。故曰伏羲也。"②伏戏亦作庖牺。司马贞补《史记·三皇本纪》云:"养牺牲以充庖厨,故曰庖牺。"

(4) 女娲。

应劭《风俗通义》引《春秋运斗枢》云:"伏戏、女娲、神农,是三皇也。"③《淮南子·览冥训》云:"于是女娲炼五色石以补苍天,断鳌足以立四极,杀黑龙以济冀州,积芦灰以止淫水,苍天补,四极正,滔水涸,冀州平,狡虫死。……乘雷车,服驾应龙,骖青虬。"④高诱注释《淮南子》时云:"女娲,阴帝,佐伏羲治者也。"⑤

关于女娲,文献中出现她是伏羲妻子和妹妹两种说法。《风俗通义》曰:"女娲,伏希(牺)之妹。"⑥李冗《独异志》记载:"若宇宙初开之时,只有女娲兄妹二人在昆仑山;而天下未有人民,议以为夫妇,又自羞耻。兄即与妹上昆仑山,呪曰'天若遣我兄妹二人为夫妇,而烟悉合;若不使,烟散。'于是烟即合,其妹即来就兄,乃结草为扇以障其面。今时人取妇执扇,象其事也。"⑦但李冗为唐人,已远在汉后。《风俗通义》为汉人应劭作,前者应可视为汉人之见。

女娲的形象也是人首蛇身,与伏牺相同。《帝王世纪》云:"女娲亦风姓也,承庖牺制度,作笙簧,亦蛇身人首,一号女帝,是为女皇。"⑧王延寿《鲁灵光殿赋》云:"伏牺鳞身,女娲蛇躯。"⑨《楚辞·天问》云:"女娲有体,孰制匠之?"王逸注:"传言女娲人头蛇身,一日七十化,其体如此,谁所制匠而图之乎?"⑩

伏羲、女娲是天神的代表,是"天界"的象征符号。"天界"象征着墓主人升仙的方向、目标与归宿。伏羲、女娲所具有的阴阳、天地的象征,表示墓主人向着生命彼岸和神仙世界的回归。

(5) 金乌。

金乌,或称三足乌,是汉画中经常出现的图像,其意义视图像环境不同而不同。其一为太阳之中的金乌;其二是西王母的使者三青鸟。在四神图像系统中主要是太阳中的金乌,多在日轮之中。

---

① [清]陈立撰. 白虎通疏证[M]. 北京:中华书局,1994:50
②,③ [汉]应劭. 风俗通义[M]. 上海:上海古籍出版社,1990:8,58
④ [汉]刘安. 淮南子[M]. 诸子集成·七. 北京:中华书局,1954:95
⑤ [汉]刘安等编著;高诱注. 淮南子·览冥训[M]. 上海:上海古籍出版社,1989:65
⑥ [汉]应劭. 风俗通义[M]. 上海:上海古籍出版社,1990:8
⑦ [唐]李冗. 独异志[M]. 北京:中华书局,1983:79
⑧ [晋]皇甫谧;[清]宋祥凤,钱宝塘辑. 帝王世纪[M]. 沈阳:辽宁教育出版社,1997:3
⑨ [梁]萧统编;[唐]李善注. 文选[M]. 长沙:岳麓书社,2002:346
⑩ [宋]洪兴祖撰. 楚辞补注[M]. 北京:中华书局,1983:104

金乌的起源,与太阳的黑子有关。《汉书·五行志》云:"元帝永光元年四月……日黑居仄,大如弹丸。"①且日运行于空,鸟可飞翔于空,两者在先民心中产生某种联系。《山海经·大荒东经》云:"汤谷上有扶木。一日方至,一日方出,皆载于乌。"②张衡《灵宪》云:"日者,阳精之宗,积而成乌。"③《淮南子·精神训》说:"日中有踆乌"。高诱注:"踆,犹蹲也。谓三足乌。"④金乌除了是日、阳的象征,同时也是一种祥瑞。《宋书·符瑞志》云:"三足乌,王者慈孝天地则至。"⑤《艺文类聚》引《孙氏瑞应图》云:"三足乌,王者慈孝,被于百姓,不好杀生则来。"⑥

(6) 玉兔。

玉兔多数情况下是位于月轮之内,与星宿配合出现在四神图像系统中。傅咸《拟天问》云:"月中何有?玉兔捣药。"⑦从图像资料来看,在马王堆一号汉墓帛画上的月轮中已出现兔和蟾蜍⑧。将兔画于月亮中,以代表月亮和阴,常作奔跑状。兔代表月亮,月亮的阴晴圆缺和周而复始现象代表生生不息的循环,代表天界的永恒。在四神图像系统中一般与阳的象征日、三足乌、朱雀等对立而生,有阴阳和谐之意。

(7) 蟾蜍。

蟾蜍,为月精,同于玉兔,多出现于月轮之内,与星宿配合出现在四神图像系统中。蟾蜍与月亮相关联,可能与两者的周而复始现象有关,同月亮盈亏相似。蟾蜍在每年深秋冬眠,待来年春暖花开重现于地面,似重新获得生命,在先民眼中成为一个不死的典范,加上蟾蜍肚腹可鼓可瘪,也如同于月圆月缺。《淮南子·精神训》云:"而月中有蟾蜍。"⑨东汉张衡《灵宪》云:"日者,阳精之宗。积而成鸟,象乌而有三趾。阳之类,其数奇。月者,阴精之宗。积而成兽,象兔。阴之类,其数偶。其后有冯焉者。羿请无死之药于西王母,姮娥窃之以奔月。将往,枚筮之于有黄,有黄占之曰:'吉。翩翩归妹,独将西行,逢天晦芒,毋惊毋恐,后其大昌。'姮娥遂托身于月,是为蟾蜍。"⑩可见,兔,来源于对月球表面山之阴影图形的想象,蟾蜍则来自嫦娥的神话,其主题是对永生的表达与渴望,表明蟾蜍

---

① [清]王先谦.汉书补注[M].北京:书目文献出版社,1995:632
② [晋]郭璞注.山海经[M].上海:上海古籍出版社,1989:106
③,⑩ [清]严可均校辑.全上古三代秦汉三国六朝文[M].北京:中华书局,1958:777
④ [汉]刘安撰;高诱注.二十二子·淮南子[M].上海:上海古籍出版社,1986:1234
⑤ [梁]沈约.宋书[M].北京:中华书局,1974:841
⑥,⑦ [唐]欧阳询.艺文类聚[M].上海:上海古籍出版社,1982:1710-1711,8
⑧ 商志𩾃.马王堆一号汉墓"非衣"试释[J].文物,1972(9):彩色图版,黑白图版4,45
⑨ [汉]刘安.淮南子[M].诸子集成·七.北京:中华书局,1954:100

第三章 汉画四神图像的艺术分析

作为月精的代表,同时也是不死之药存在的证据。

(8) 羽人。

羽人,也称仙人、真人,在四神图像系统中与四神元素搭配较多。《山海经·海外南经》言有羽民国云:"其为人长头,身生羽。"①《楚辞·远游》云:"仍羽人于丹丘兮,留不死之旧乡。"王逸注:"《山海经》言有羽人之国,不死之民。或曰人得道,身生毛羽也。"洪兴祖补注:"羽人,飞仙也。"同书还写道:"贵真人之休德兮,美往世之登仙。与化去而不见兮,名声著而日延。"②《论衡·无形篇》云:"图仙人之形,体生毛,臂变为翼,行于云,则年增矣,千岁不死,此虚图也。"③羽人在汉代神仙谱系中具有两重象征意义。作为天堂仙界的神灵,其自身具有长生不朽的功能,这种功能象征着生命的永恒;与此同时,羽人又具有升天降凡的本领,且拥有不死之药,所以它又充当着天堂仙界的使者,成为人类生命的拯救者和魂的引导者。羽人手中之节即为天帝之信物。《周礼·地官·掌节》云:"掌守邦节而辨其用,以辅王命。"④《汉书·高帝纪》颜师古注:"节以毛为之,上下相重,取象竹节,因以为名。将命者持之以为信。"⑤

(9) 天门。

天门,多以双阙为象征,且四川地区四神图像系统中出现得最多。一般是四神围绕其边,天门位居其中,下面是西王母、东王公、蹶张等。天门与四神图像的结合,表明四川丧葬图像中存在一个明显的天国图像系统,其中天门是这个系统的象征和开端,起着连接天国与地界的作用,四神则起着引导、护卫之意,以期墓主进入天国这一永恒世界。

4. 日常生活类

日常生活类多出现表拟生活场景的四神图像之中,以喻比身份或情景。

(1) 门吏。

门吏与四神元素组合,多出现在门扉之上。一般是朱雀立于其上,门吏站于其下,手执棨、戟、盾等武器。

《汉书·周勃传》云:"皇帝入未央宫,有谒者十人持戟卫端门。"⑥棨戟,有缯衣之戟,官吏出行时作为前导的一种仪仗。《后汉书·舆服志上》云:"公以下至二千石,骑吏四人,千石以下至三百石,县长二人,皆带剑持棨戟为前列。"⑦崔豹

---

① [晋]郭璞注. 山海经[M]. 上海:上海古籍出版社,1989:80
② [宋]洪兴祖撰. 楚辞补注[M]. 北京:中华书局,1983:164
③ 北京大学历史系《论衡》注释小组. 论衡注释[M]. 北京:中华书局,1979:101
④ [汉]郑玄注;[唐]贾公彦疏. 周礼[M]. 上海:上海古籍出版社,1990:229
⑤⑥ [清]王先谦. 汉书补注[M]. 北京:书目文献出版社,1995:10,982
⑦ [南朝宋]范晔撰;[唐]李贤等注. 后汉书[M]. 北京:中华书局,1965:3652

《古今注》曰:"棨戟、殳之遗像也。以木为之,后世滋伪,无复典型,以赤油韬之,亦谓之油戟,亦谓之棨戟,三公以下通用之以前驱。"①盾,对立于矛之防御武器。有革盾和木盾之分。《后汉书·蓬萌传》云:"萌侯迎拜谒,即而掷盾。"李贤注曰:"亭长主捕盗贼,故执盾也。"②

执棨、戟、盾者可守门户,又寓意墓主官员身份,有驱邪守卫和期盼标榜之意。

(2) 持帚者。

也多见于墓门之上,扶着扫帚站立,常与朱雀、玄武等元素配合。《汉书·高帝纪》云:"太公拥彗,迎门却行。"李奇曰:"如今卒持帚也。"颜师古曰:"彗者,所以埽地也。却,退而行也。"③这里是表示洒扫清洁、恭请光临的意思。《史记·孟轲传》云:"昭王拥彗先驱,请列弟子之座而受业。"注曰:"彗,帚也。谓为之扫地,以衣袂拥彗而却行,恐尘矣之及长者,所以为敬也。"④

(3) 马。

马在汉画像中最常见,多与青龙、白虎、朱雀以及其他瑞兽一起出现,表示天界祥瑞。由于车骑行列是用来表示墓主身份的,在画像中亦十分普遍,而车骑行列中当然总是不会没有马。出于武力的需要,汉代养马成风。据《汉书·食货志》记载,文帝时"今令民有车骑马一匹者,复卒三人。车骑者,天下之武备也,故为复卒"。师古曰:"当为卒者,免其三人;不为卒者,复其钱耳。"⑤景帝时"始造苑马以广用"⑥。武帝时,《汉书·食货志》云:"众庶街巷有马,阡陌之间成群,乘牸牝者摈而不得会聚。"⑦汉代人认为好马为天马,为龙,有祥瑞之意,与四神结合寓意在此。

表 3-7 四神图像构成中的背饰元素出现一览表(二)

符号装饰类	四神元素	时间	出 处
卷云纹	俱全	西汉晚期	江苏盱眙东阳汉墓铜镜
	缺玄武	西汉晚期	河南洛阳汉墓禽兽简化博局镜
	俱全	新莽时期	河南南阳牛王庙1号汉墓四神博局镜
	俱全	东汉中期	河南洛阳尚方四神博局镜

---

① 崔豹. 古今注[M]. 四库全书·子部156·850册. 上海:上海古籍出版社,1987:100
② [南朝宋]范晔撰、[唐]李贤等注. 后汉书[M]. 北京:中华书局,1965:2759
③、⑤~⑦ [清]王先谦. 汉书补注[M]. 北京:书目文献出版社,1995:20,493,494,494
④ [汉]司马迁. 史记[M]. 北京:中华书局,1972:2345

第三章 汉画四神图像的艺术分析

(续表)

符号装饰类	四神元素	时间	出　处
卷云纹	俱全	东汉晚期	广东广州四神禽兽简化博局镜
	俱全	东汉晚期	山东沂南汉墓画像石
弦纹	俱全	西汉时期	陕西周至长杨宫瓦当
	缺玄武	西汉晚期	河南洛阳汉墓禽兽简化博局镜
	缺玄武	新莽时期	湖南善铜六乳禽兽镜
博局纹	缺玄武	西汉晚期	河南洛阳汉墓禽兽简化博局镜
	俱全	新莽时期	中国历史博物馆收藏的善铜四神博局镜拓本
	俱全	新莽时期	河南洛阳五女冢267号新莽墓四神规矩镜
	缺玄武	新莽时期	河南洛阳多圈带禽兽博局镜
	俱全	东汉早期	湖南资兴四神博局镜
	俱全	东汉早期	广东广州二组四神博局镜
	俱全	东汉早期	河南洛阳福意四神博局镜
	俱全	东汉中期	河南洛阳尚方四神博局镜
	俱全	东汉晚期	广东广州四神禽兽简化博局镜
	缺玄武	东汉晚期	广东广州忝言禽兽博局镜
双线波折纹	缺玄武	西汉晚期	河南洛阳汉墓禽兽简化博局镜
	缺玄武	新莽时期	河南洛阳多圈带禽兽博局镜
	俱全	东汉早期	河南洛阳福禄四神博局镜
	俱全	东汉早期	湖南资兴四神博局镜
	俱全	东汉中期	湖南尚方七乳四神镜
	缺玄武	东汉晚期	广东广州忝言禽兽博局镜
几何形云纹	俱全	新莽时期	湖南零陵善铜四神博局镜
	俱全	东汉早期	广东广州二组四神博局镜
花蕾纹	俱全	新莽时期	河南洛阳七乳四神禽兽镜
	俱全	新莽时期	河南洛阳七乳四神镜
S形云纹	俱全	新莽时期	河南洛阳七乳四神禽兽镜
	缺玄武	新莽时期	湖南善铜六乳禽兽镜
钱纹	俱全	新莽时期	河南洛阳七乳四神禽兽镜

(续表)

符号装饰类	四神元素	时间	出　处
钱纹	俱全	东汉时期	河南洛阳陈氏六乳禽兽镜
锯齿纹	俱全	新莽时期	河南南阳牛王庙1号汉墓四神博局镜
	俱全	东汉早期	河南洛阳福禄四神博局镜
	俱全	东汉早期	湖南资兴四神博局镜
	俱全	东汉中期	河南洛阳尚方四神博局镜
	俱全	东汉晚期	山东沂南汉墓画像石
	缺玄武	东汉晚期	广东广州秦言禽兽博局镜
	缺玄武	东汉晚期	山东青州冢子庄汉画像石墓墓门门楣
火焰纹	缺玄武	新莽时期	河南洛阳多圈带禽兽博局镜
交叉菱形纹	缺玄武	新莽时期	河南洛阳多圈带禽兽博局镜
短斜线纹	缺玄武	新莽时期	河南洛阳多圈带禽兽博局镜
	缺玄武	新莽时期	湖南善铜六乳禽兽镜
圆点纹	缺玄武	新莽时期	河南洛阳多圈带禽兽博局镜
鱼形纹	俱全	东汉早期	河南洛阳福意四神博局镜
	缺玄武	东汉时期	浙江绍兴漓渚禽兽画像镜
连弧纹	俱全	东汉中期	河南洛阳尚方四神博局镜
	缺玄武	东汉晚期	山东青州冢子庄汉画像石墓墓门门楣
	缺朱雀、玄武	东汉晚期	山东苍山画像石墓西主室室顶
山形纹	俱全	东汉中期	湖南尚方七乳四神镜
垂帐纹	俱全	东汉晚期	山东沂南汉墓画像石
波浪纹	俱全	东汉晚期	山东沂南汉墓画像石
斜方格纹	俱全	东汉时期	四川昭觉县汉画像砖
卷草纹	俱全	东汉晚期	山东沂南汉墓画像石
	俱全	东汉晚期	河南洛阳四神禽兽博局镜
宽带纹	缺玄武	东汉晚期	山东青州冢子庄汉画像石墓墓门门楣
云藻纹	俱全	东汉晚期	河南洛阳四神禽兽博局镜
连珠纹	俱全	东汉晚期	河南洛阳陈氏六乳禽兽镜
蛇缠鱼纹	缺玄武	东汉时期	湖南长沙善铜禽兽博局镜

(续表)

符号装饰类	四神元素	时间	出处
四虺（双钩云纹）	俱全	汉代	上海博物馆收藏的四乳四虺镜

5. 符号装饰类

符号装饰类主要是指图式构成中一些具有装饰、美化含义的添加元素。

（1）交尾纹。

以河南南阳唐河电厂汉画像石墓出土的交尾纹为代表。画面中左刻二龙，交尾，呈穿环图案。其左刻狩猎射虎图；其右刻贵妇人出行、拔剑、骑马、肩戟、肩弩人物图。如前所述，刘邦系"交龙"所生，故汉人对龙十分崇拜。汉画像石墓中有关龙的画像很多，同时出现了以"形象"的二龙交尾图演变成为抽象的穿环图案的"形式"图或"意象"图。此图介于形象与形式之间，故可作为一种代表性图案。

（2）云气纹（卷云纹、云藻纹、双勾云纹、S形云纹、几何形云纹）。

云气纹在四神图像体系中最为多见，且多刻珍禽瑞兽（四神）以充实其间。汉代望气极盛。《史记·高祖本纪》云："秦始皇帝尝曰：'东南有天子气。'于是东游以厌当之。高祖隐于芒砀山泽间，吕后与人俱求，常得之。高祖怪，问之，吕后曰：'季所居上常有云气，故从往常得季。'"[1]《史记·项羽本纪》载，范增十分注意刘邦的行动，"吾令人望其气，皆成龙虎，成五彩，此天子气也，急击勿失"[2]。云气纹是汉代贵族的墓葬装饰纹样，在当时极为盛行。

（3）星辰纹（圆点纹、连珠纹、乳钉纹）。

以铜镜的乳钉纹为例。乳钉最初出现也许并不是表示天象，只是起到分割镜背以配置花纹的作用，使得图案单元更加合理、清晰。但最终出现四乳、六乳、七乳等装饰后，人们就赋予其与星相同的天文含义，以象征星宿，并发展扩大，最终成为四神铜镜中最为常见的装饰元素。

（3）卷草纹。

汉代芝草，或曰金芝，是汉符瑞现象之一。武帝元封二年，"甘泉宫内中产芝，九茎连叶。作芝房之歌"。宣帝神爵元年，"金芝九茎产于涵德殿铜池中"[3]，遂赦天下。所以汉人对芝草十分崇拜。同时芝草为神草，有延年益寿之效，用于墓室有吉祥长生之功能。生活中的灵芝以及符瑞中的芝草是卷草纹图案形成的

---

[1],[2] ［汉］司马迁.史记[M].［宋］裴骃集解；［唐］司马贞索隐；［唐］张守节正义.北京：中华书局，1972：348,311

[3] ［清］王先谦.汉书补注[M].北京：书目文献出版社，1995：71

基础。

(5) 钱币纹。

又名菱形穿环纹。以河南原南阳县出土的钱币纹画像石为代表。《史记·平淮书》载,武帝时"京师之钱累巨万,贯朽而不可校"①。由此说明钱币巨万时,必缀穿成串。《古诗为焦仲卿妻作》有"赍钱三百万,皆用青丝穿"②之句。贯钱之绳名缀。《汉书·食货志》孟康曰:"缗,钱贯也。"③河南陕县、湖北长阳等地汉墓中曾发现用麻绳、棕绳穿成串的汉代钱币。由于汉币为流通货币,所以人故去时,不能在冥间没有钱花。汉画像石墓中除了随葬大批半两、五铢钱外,画像石的边框多刻成菱形穿环图案,这当是"形象"的钱串子演变成"形式"、"意象"的菱形穿环图案的结果。

(6) 几何纹。

内容有菱形纹、方格纹、三角纹、垂幛纹、雷纹、齿形纹、S纹、连弧纹、直条纹、横条纹、斜纹、水波纹、剁斧纹、弦纹、绚纹、绳纹、其他变形纹等。

(7) 博局纹。

多出现在铜镜上,是学术界对一类镜背纹饰"T"、"┒"、"L"形纹饰的习惯性称谓。这类镜子的纽座外一般都有一方栏,"T"、"┒"、"L"型纹饰于方栏四边及方栏外的四边、四隅,其外一周为凸弦纹,博局纹间配饰四神、乳钉纹等。有人将这种符号纹饰称为规矩纹,也有人称之为博局纹。

以"四神"题材为纹饰的铜镜是汉代王莽统治时期出现的一个新镜种。在谶纬学说、神仙思想及阴阳五行盛行的时期,这种图案就是一种宇宙图式,表达着天圆地方的传统宇宙观念,铜镜上以中间方框象征大地,外面的圆表示天,中间位置是天象与四海的叠合,以四神为主体,配以天上的星辰、飞翔的鸟禽及一些水中、天上遨游的神奇动物。"T"、"L"为木作工具的规矩,也是伏羲女娲手中天地象征工具。至于"┒"形,则无实际意义,主要使画面分割合理、完整划一。

二、构成的方式

构成的"构",在古汉语中有"架屋"之意,也可指房屋;现代汉语则有构造、构筑的意思。"构成"一词泛指形成和造成,也就是艺术形象的结构与配置方法。

---

① [汉]司马迁.史记[M].[宋]裴骃集解;[唐]司马贞索隐;[唐]张守节正义.北京:中华书局,1972:1420
② 季镇淮等.历代诗歌选[M].北京:中国青年出版社,1980:134
③ [汉]班固.汉书[M].北京:中华书局,1999:966

在四神图像体系中,构成的方式主要是指四神图像元素的配置方法,从本质上是指一种组合方式,主要可以分为"十"字形构成和非"十"字形构成两大类,其中又有平面或者立体等的细分。平面的单一画面,是指青龙、白虎、朱雀、玄武四种核心元素全都出现,或只出现三种、两种乃至一种;还有就是立体的、自由的组合方式,它是由两个或两个以上的平面的单一画面组合成的四神图像体系,分布于物体的不同位置,体现出不同的内涵与功能。

(一)"十"字形构成

"十"字型的构成,是四神图像最为典型的构成方式。即根据四方的观念,对宇宙空间划分的象征表现。

1. 立体

中国人古宇宙观中认为,"地方"并不是指地是一个方形的平面,而是将所有对宇宙的观察都基于一个个体观测的中心点上。由于太阳的升起与落下而生二元对立的东方与西方;有了东西就意味着有了南北。有了东南西北,就意味着有了四个方向的中央。实际上每个个体都处在"中央"的地位,或立于环形之轴心。所以"地方"的观念,并不是指大地是正方形的,而是指每个人的脚下,都可以分成四个方向。这不仅是一个物理的事实,同时也是一个心理的镜像。因此,"中央"是最显著的神圣地带,是绝对存在物的地带,通过这一中心点可以接近神灵,最终与神灵世界达到和谐。如中国人称自己国家为"中央之国",便有这种神圣的意义[1]。

根据资料可知,殷人已把大地划为"四方",东、南、西、北都是"禘"祭的对象和风的住所[2]。殷人心目中的土地是"十"字形的,通过"十"将宇宙划分为天地、上界和下界。在宗庙建筑中,殷代流行"亚"形建筑,从流传下来的始祖徽号中常常可以看到这种"亚"字形结构的祖庙。在汉代,这种建筑模式依然盛行,其中四神瓦当的普及,应该是这种观念的产物。《三辅黄图·未央宫》云:"苍龙、白虎、朱雀、玄武,天之四灵,以正四方,王者制宫阙殿阁取法焉。"[3]《史记·高祖本纪》载:"萧丞相营作未央宫,立东阙、北阙、前殿、武库、太仓。"[4]注解《关中记》曰:"东有苍龙阙,北有玄武阙,玄武所谓北阙。"[5]埃利亚德说:"传统的中国房屋也同样是一种宇宙符号表现出来的。其房顶部的开口,称为'天窗',保证了人与天之间的联系。……换言之,在日常住宅的特定结构中都可以看到宇宙的象征符号,房

---

[1] 朱存明.汉画像的象征世界[M].北京:人民文学出版社,2005:106
[2] 丁山.中国古代宗教与神话考[M].上海:上海文艺出版社,1988(据龙门联合书局1961年版影印):78
[3] 何清谷.三辅黄图校释[M].北京:中华书局,2005:160
[4],[5] [汉]司马迁.史记[M].北京:中华书局,1959:385,386

屋就是世界的成像。"①四神瓦当各具一方,应该就是想得到神圣中心的直观表达。

除了地面建筑,在墓葬中的四神图像也体现了这一规律。如山东东安汉里画像石椁,四神各具方位一面,东南西北围绕在棺四周。《汉书·佞幸传》云:"乃复以沙画棺,四时之色,左苍龙,右白虎。……至尊无以加。"②可见四神图像出现在棺椁之上,是一种尊贵的象征,同时也是地面建筑的象征与模拟。西汉初年沿袭战国旧制,多用竖穴式土坑墓,较讲究的墓则在坑内设木椁。习惯上是把棺、椁连称,似乎椁亦属棺类。其实从严格意义上来说并非如此,椁应为墓室的一部分,与敛尸之棺性质不同;椁是用木板在墓圹中搭成的,棺则是预先制作的有盖之木匣。小型木椁墓椁内狭小,仅足容棺。大型者则在椁内设隔墙,将椁室分割成头箱、边箱、足箱和棺室。江陵、广州一带的这类墓葬,有的还在棺室周围的隔墙上做出门窗,表明木椁本为地上居室的象征物。这种构成形制,可以追溯到远古时代。如河南濮阳西水坡 45 号墓,墓作盖天图式,墓主骨架两侧还有用蚌壳精心摆塑的龙虎图案。冯时写道:"这种奇特的墓穴形制,正是古老的盖天宇宙学说的完整体现。"③苍龙、白虎象征天象,同时龙虎又有沟通天地的功能,墓象征人死后升天的原始信仰。可见汉画四神图像以及升天观念,是有着悠久的历史文化背景的。中国古代的宇宙论不只是一个纯自然科学的概念,还是人文科学的一个对象。对于天地的认识是直接与人生紧密联系在一起的。人死后的世界是人生前宇宙的模拟,人的灵魂借灵物而升天,生前人靠天权的独享获得政治地位,死后也要居住于宇宙的中央。

这种构成方式在一些器具上也可以看出,如四神铜炉、四神柱基、陶器盖等都是如此,按照东南西北的排列次序呈"十"字形在物体上形成一条装饰带。

2. 平面

这是指四神元素严格地按照东南西北的"十"字形排列,但他们却位于同一个平面之上。此类四神图像集中出现在墓室的顶部。如河南永城梁王汉墓的四神云气图像、河南洛阳卜千秋墓的伏羲女娲四神图像、陕西西安交通大学壁画墓拱顶的彩绘四神图像、河南唐河针织厂画像石墓北主室顶四神图像、陕西定边县郝滩东汉壁画墓四神二十八宿图、河南南阳麒麟岗汉画像石墓前室顶的四神图

---

① [法]米尔希·埃利亚德:"他们的神圣棚屋,即要在那里举行入会仪式的地方,就是代表着宇宙的。屋顶象征着天盖,地极象征着陆地,四壁象征宇宙空间四方。其神圣场所的仪式建筑是用三重象征符号突出体现出来;四扇门,四扇窗户以及四种颜色都表示着东西南北四方。其神圣棚室的结构就这样重现出了宇宙起源论,因为它们那间圣棚所代表的是整个世界。"见[法]米尔希·埃利亚德. 神秘主义、巫术与文化风尚[M]. 宋立道译. 北京:光明日报社,1990:32-33
② [汉]班固. 汉书·佞幸传[M]. 北京:中华书局,1962:3740
③ 冯时. 中国天文考古学[M]. 北京:中国社会科学出版社,2007:390

像等,都与云气、星宿、西王母、女娲、伏羲、太乙、天门等图像相配合,以表现宇宙星空、天界仙境的情景。

冯时在《中国天文考古学》中论述到中国古代的天文学与丧葬制度的联系时说:"中国古代的埋葬制度孕育着这样一种传统,死者再现生者世界的做法在墓葬中得到了特别的运用,其中最显著的就是使墓穴呈现出宇宙的模式并布列星图。"[1]具体讲汉代墓室建筑及其画像则是汉代人生死观和宇宙观的体现,这里的宇宙观主要是指汉代人建立在"天圆地方"基础上对宇宙层次的不同划分。

在中国文化中,存在着一种葬仪起源的宇宙象征主义,人的死亡是精神和肉体的一次分离,伴随着的是一次整个宇宙结构的变化。人被创造出来时,上天赋予了他灵魂,而大地给了他肉体,死亡的时候,这两种要素便回到各自的本源那里,肉体回到大地,灵魂回到上天。埋葬是一个仪式的过程,是引导其到新的居所,并仪式性地与冥界成员的灵魂结合在一起。《礼记·郊特牲》云:"魂气归于天,形魄归于地。"[2]按这种说法,人具有魂魄,人死后,魂会升入天界,而魄则归于大地。从四神图像集中出现在墓室顶端便可以看出,这种信仰已经演化为一种普通的风俗。墓顶中再现圆天,或在上面刻画出四神、星官以及天上的神灵世界,就是灵魂升天的一个象征性表现。

这一类的另一主要表现形式则是四神铜镜。铜镜上的四神元素多数按照方位意义排列,结合内在的象征大地的方框、四方指向的柿蒂纹、十天干、十二地支、十二生肖等,如同式盘一般,模拟象征宇宙形态,以便使铜镜的使用者随时都可以和宇宙保持一种正确的关系。

3. 隐性

除了上述两种之外,经常出现的还有按方位排列的青龙、白虎、朱雀组合图像,唯独缺少玄武。如四川渠县沈府君阙、天津鲜于璜汉画像石碑、四川成都曾家包汉墓、重庆江北汉墓以及陕北诸多门扉。为何会缺少玄武图像呢?玄武在汉画中的象征性,表现在它代表了北方,或者总刻在图像的下方,象征阴森的地下和寒冷的冬季,其色为玄,玄即黑暗,是代表冥界的,所以"玄武"象征了"武力"的征伐,武力的征伐总是死亡的标志。为了避免对死亡、冥界的描述,将其省略。还有一个解释是,四神图像将包括人类自身在内的空间划分为上、中、下三个层次,并用这三个层次代表天上、人间、地下三个世界。朱雀为南,同火,同日,高悬于顶,在图像上朱雀也绘制于上方,玄武与其对立,同水、同冥,为地下世界,一般出现在图像的下方。龙虎为左右,象征人间。值得注意的是,四神图像的作者创造这样一个构图形式,显然不是简单地将上述三个世界展现给人们,而是在向人

---

[1] 冯时.中国天文考古学[M].北京:中国社会科学出版社,2007:399
[2] [清]孙希旦.礼记集解[M].北京:中华书局,1989:714

们叙述和展示上述三个世界的同时,更通过上述三个层次的上下左右这个立体的构图形式,表达一种思想和行为上的渴望和由这种渴望而产生的行为趋向意识。事实上,四神图像不同层次间结构的安排和不同层次内不同形象的塑造与添加,确实隐含和体现出了这样一种由某种思想意识所支配的表现在行为上的趋向意识。

具体来说,四神图像无论是立于东南西北四方或出现在墓室顶部,都表示着一种集中与向上的情感要求和趋向意识。就是具体画面来说,这种集中或向上的情感要求和趋向意识的出发点是中间的层次,即人间。因此,画面构图所表示的集中或向上的情感要求和趋向意识,即清楚地再现了从"人间"到"天上"的趋向过程。这种构成特点得以形成的思想基础,应该是秦汉时期盛行的神仙崇拜以及喻示生命可以回归永恒生命彼岸的思想。两汉时期神仙思想大行其道,羽化成仙的理想和愿望深入人心。

基于上面的认识,似可得出这样的结论:在两汉时期人们的思想意识和宗教情感中,对"天上世界(神仙世界)"的向往和渴望,要远远超过对"地下世界"的关注和构想。人们迫切希望向上"飞升",而不是向下"坠落"。四神图像的"十"字形构成方式,既包含着人们对包括人类自身在内的空间世界的理性认识,又是人们对自身生命形式在上述空间世界存在方式所作的感性思考的艺术再现。

(二) 非"十"字形构成

这种构成主要有两大类,一类是白虎铺首衔环图像与朱雀铺首衔环图像,主要出现在墓门门扉之上,起到辟邪驱鬼的功用;另一类则是青龙白虎图像,青龙白虎主要体现阴阳互生含义,也有辟邪祥瑞的功能。

1. 白虎铺首衔环、朱雀铺首衔环

这两种构成方式都出现在门扉之上,常为单一四神元素的特定模式。墓室的门是阴阳的交界处,是生的世界与死的世界的交叉点,是现实世界与另一个不可知世界的隔离带,生死在此相分,死者被葬入墓室,就是进入了另一个世界的隔离带,也就踏上了升仙路。狰狞的铺首吓唬鬼魅不可近前作祟,朱雀、白虎引导人的灵魂飞升,既满足驱邪辟鬼的作用,又达到了升入天界的目的。

2. 青龙、白虎与西王母

青龙白虎图像中以与西王母的结合最具代表性。西汉焦延寿《焦氏易林》云:"驾龙骑虎,周遍天下,为人所使,西见王母,不忧危殆。"[1]显示出龙虎可以为人所使的交通工具,而西王母下方身侧大量出现的龙虎,也确有可能为主神的骑

---

[1] [汉]焦延寿.焦氏易林[M].四库全书·子部一一四·八〇八册.上海:上海古籍出版社,1987:317

第三章 汉画四神图像的艺术分析

驾。《史记·项羽本纪》云:"吾令人望其气,皆为龙虎,成五采,此天子气也。"①因此,龙、虎与人(神)相联系时,是比喻气派和身份的象征物,而不是东与西两个方向。所以严格说来龙和虎并不是座,而是西王母左右的组成部分,即构成完整西王母的有机体。龙与虎并不是方位(东与西),而是九五之尊的表征,神性的体现。三位一体才构成完整的偶像:帝王之像!②

3. 零散出现的祥瑞含义的四神图像

一般来说,天上世界包括天象、神灵和祥瑞图像。祥瑞是图像艺术中出现的特定寓意的物象,一般为当时所鲜见的动植物或宝器的形象。祥瑞观念是天人感应理论的产物,认为帝王德行纯正,天地就会阴阳调和,万物有序,天地就会出现符瑞。祥瑞图像表达着一种良好的政治愿望,是经世致用的儒家礼教精神的体现,出现在墓室有吹嘘自己德行的目的。四神应该来说是祥瑞图像中较有代表性的群体,各个元素都具有不同含义的祥瑞观念。在图像构成中经常零散、分裂式地出现在一群祥瑞图像之中,其方位的概念无从谈起,只是寓意祥瑞。有时只出现一个元素,在确认上有着极大的难度。

总体来说,四神图像体系是按照汉代儒家礼制和宇宙观念创造出的一个图像系统。对其图像的性质研究和构成方式的分类,关系到对汉代人们宇宙观念的考察。四神图像无论"十"字形构成或者是其他的构成方式,也反映出四神图像系统"功能"与"形式"的发展过程。由方位、时间、星宿、天界、王权含义的重心和内涵逐渐增加和扩展导引出升仙、辟邪、驱鬼、祥瑞等内涵,其政治和宗教功能逐步加大,其形式也自然随着功能的变迁而变迁。

根据四神图像的认定特征(必须具备有至少一种四神图像元素),可以对四神图像的构成方式有一个确切的判断,即青龙、白虎、朱雀、玄武四神元素是这一构成的艺术要素,而不同艺术要素的"加入",势必导致其艺术表现形式的"变化",其多种艺术表现形式的出现,证明这一构图形式的"本体"与"变体"的存在。"本体"与"变体"的存在,表明这是一种能够在多种艺术表现"场合"出现,并能够满足多种情感需求的艺术构成形式和艺术符号体系,由此也决定了其在内涵的储藏与意义的表达上形成不断"叠加"的特点,而不同艺术要素"加入"越多,其在内涵的储藏与意义的表达上也就越来越深厚和丰富。

因此,四神图像体系所表现的内容是复杂的,其构成方式也是多样的,既有传统的神话传说和神仙故事,也有人们对神异世界的想象和幻想,这中间还包含着人们对生命永恒世界的向往与渴望等。四神图像作为一个成熟的艺术体系,

---

① [汉]司马迁.史记[M].[宋]裴骃集解;[唐]司马贞索隐;[唐]张守节正义.北京:中华书局,1972:311

② 李淞.论汉代艺术中的西王母图像[M].长沙:湖南教育出版社,2000:214

在构成表现上述内容时,不可能是杂乱无章和随意而为的,画面的安排、画面与画面的组合、体系的构成等都应该体现着汉代的艺术思想、艺术构思以及四神的内涵、功能与意义,可以把四神图像的构成方式视为四神图像的叙事方式。

探究四神图像构成的方式,至少包含着这样几个方面的意义:一方面,四神图像构成的方式的"背面"可能隐藏着四神图像创作的艺术规律,探究四神图像的构成方式,对研究四神图像的艺术形象创作的艺术规律,有着重要意义;另一方面,四神图像构成方式的艺术规范的存在,说明四神图像所表现的可能是一个已趋于统一和固定的内容,表达着一种被不同区域的人们所共同认同的思想、情感和愿望。

三、构成的特点

罗杰·弗莱说:"人类积累和继承下来的艺术珍品,几乎全是那些形式结构为主要因素的作品。"①构成是一种造型概念,它的含义就是将不同形态的几个以上的单元重新组合成一个新的单元,并赋予视觉化的、力学的观念,实际上就是组成一个有意味的形式。所谓有意味的形式就是美的形式,它是积淀了社会内容的自然形式,包括观念和想象的成分。

构成的特点就是形式美,是人们在从事造型艺术活动中,单独抽出构成形式作为审美对象,是美学关注人类实践活动的产物。四神图像在构成上不仅遵循了形式美感的要求,在理念传达上又有进一步的创新,表现汉代人们对形式美的深刻理解,同时也是四神观念的图像化艺术的天才表现。但是,形式美与美的外在形式也有不同:形式美是独立的审美对象,而美的外在形式不是独立的审美对象;形式美包含的意义、意味,总是概括的、普泛的,而美的外在形式所体现的意义、意味,总是与特定的内容相联系的。具体来说,形式美是单纯就形式本身来看,而美的外在形式是必须结合美的对象内容来看的。

四神图像"作为人类精神的客观化形式,这些符号不是对外在世界的单纯摹写,而具有一种构形的力量,它们不是被动地表示某种单纯的事实,而包含有独立的精神力量,表象因此获得了特殊的意义,即观念化的内容"②。古希腊亚里士多德就从美学观念中提出:"美的主要形式——秩序、匀称与明确。一个美的事物它的各部分应有一定的安排,而且它的体积也应有一定的大小,因为美要依靠体积与安排,美必须具有特定的感性形式,并努力在客观事物中去发现它们。"四神图像在汉代社会生活中的广泛应用,标志着古已有之的四神图像的成熟与完善。丰富多样、形式繁复的四神图像,有的饱满,有的优雅,有的雄强,有的简约,

---

① 朱立元. 现代西方美学史[M]. 上海:上海文艺出版社,1996:341
② 吴风. 艺术符号美学[M]. 北京:北京广播学院出版社,2002:39

虽然是同一类元素的展现,却由于构成的不同,给予观者的视觉感受也多种多样。

汉画四神图像布局安排有序,构成组织得当,具有鲜明的特点,主要体现在变化统一、饱满均衡、对称呼应、装饰美化等方面。

(一)变化统一

汉画四神图像巧妙而恰当地运用了变化统一的形式美规律。画面构成元素千姿百态,但富于变化的局部又服从于整体统一的结构。虽然形态繁缛多变,内容丰富,但每组图像都始终以四神为主题,或从上到下,或从左到右,布置在突出显要的位置上,刻画得唯美而精致,把次要的布置在虚处、画面的边缘处,主次分明,详略得当。这样,在欣赏时便不会感到视觉的吃力,在审美愉悦的同时也能清楚明了地理解画面所表达的观念与意义。

艺术实践证明,一个固定的元素要想形成风格各异的艺术形式,离不开多样性变化与统一的法则。可以说艺术的魅力在于变化,也只有变化才能称其为艺术。汉代是一个崇尚创新变更的时代,四神图像的变化也是这种审美理念下的产物。但只有变化,而无统一,四神图像的主题就会失去;只有统一,而无变化,四神图像必然会变得模式化。要使构成不出现上述两个方面的问题,多样统一的艺术的基本规律是必须遵循的。汉代的创作者在表现四神图像的过程中未必已知多样统一的理论,但从创作实践看,汉代的艺术家是十分注重这一艺术的基本规律的。

一般的观点认为,构成的主要目的是将生动的形象"适当"地表现在画面中,这种构成思想是极单纯的,必然导致堆砌与排列,形同于二方、四方连续,这样的图像构成必然减弱图像形式上的美感,艺术感染力也会大为减弱。因此,四神图像在汉代艺术家们的创造中不单是为了达到和体现主题思想来呈现四神的物化形象而处理空间构成,而是在造就形象的同时,将空间组织得很周密,促使整个图像趋向完美。我们不能狭隘地理解四神图像的构成处理只是为了使空间产生一种形状,更重要的是为了将四神元素或辅助添加元素在空间内产生相互影响,要把它们所引起的相似或对比的、静态或动态的、特殊或一般的印象在空间显示出来。这也要求四神图像不是单纯的几个元素或者几组元素在空间画面上的组合,仅仅将元素放入空间画面是不够的,还要求将四神元素的形象结构同空间结构组织得十分恰当与巧妙,使四神的形象既美好又能独立存在,整体上通体连贯,使四神图像产生感受上的趣味和形式上的完美。

(二)饱满均衡

饱满是指造型元素周围的空间要适当,不过大或过小;均衡是指各局部的组合整体上视觉感受要有平衡的感觉,不是量的对等。均衡有对称均衡与非对称性均衡。

汉画四神图像的构成特点总体来说是满的,也可以说成是"密"或者"繁",不仅运用多层次分层分格法,就是在一个层次内,画面也是满的,运用飞动的云气纹穿插,或者是飞翔的小鸟等来牵连,或者就空白处再填补一些动物或瑞草,以装饰图像补白,打破了画面的宁静,空间变得运动起来,使动与静、物与物巧妙地结合起来,画面虽然又"满"又"多",但满而不乱,多而不散,在视觉上富有条理化与冲击力。

前文我们已述,四神图像的造型风格是以动态为主。一般来说,对称均齐的处理所产生的动感,被画面上几个匀称分布的空间所限定,它的动感也由于围绕着中心,以及受到几个相同面积的空间所产生的相同的力量感相互制约而相应制约而相应减弱;均衡处理则由于形象产生的倾向,而形成动感加剧。所以均衡是一种艺术审美观和视觉心理概念。均衡区别于对称,因为这种形式构成的画面不是左右两边形状、数量、大小、排列的一一对应,而是相等或相近形状、数量、大小的不同排列,给人以视觉上的稳定感,是一种异形、异量的呼应均衡,是利用心理、文化和视觉习惯的艺术均衡,当然均衡也包括对称式的均衡。

(三)对称呼应

呼应属于均衡的形式美,是各种艺术常用的手法,呼应也有"相对对称"、"相应对称"之说,一般运用形象对应、虚实气势等手法来求得呼应的艺术效果。对称是形式美的传统技法,是人类最早掌握的形式美法则。对称可采用绝对对称和相对对称。上下、左右对称,同形、同色、同质对称被称为绝对对称;而在四神图像体系中采用的是相对对称(客观上更接近于均衡),对称给人的感受是秩序、庄重、整齐,即和谐之美。对称意味着某种规则,四神从二元到四元,从本质上就含有这种对称的规则实质。

中国的造型艺术强调对称均齐和综合统一,这种观念至今仍反映在中国人生活的方方面面,四神图像就是这种观念反映的典型例子。东西南北,四面八方,前后左右,相互对称,对称而呼应。

四神图像的典型构成方式为"十"字形,往往还呈现为上下左右"十"字形对称,显示出向心的走向,力量内聚,形成向画面中汇集之势态,给人以聚拢感、放射感、博大感。汉画中四神元素具备的图像往往采用这种构成方式,四神各居画面一方,围绕画面中心展开,正中图像的构成特点符合其自然形态的意义,上下左右呼应,形成完整的图像体系与观念结构。

另外,左青龙,右白虎,似乎是一种固定对称的思维模式。在汉画中,新兴的四神图像的一些构成方式基本上遵循了这一特点,如朱雀铺首衔环、白虎铺首衔环多为两两相对。由于四神观念系统的特殊性,单独出现的四神元素在确认上具有极大难度,意义上也较难确定,因此,对立而生、对称而成是确认其身份与意义的一条标准。

(四)装饰美化

装饰,所谓"装"也作"妆",意为"装点";"饰"者,意为美化打扮之意。装饰美化这一构成特点不仅反映了人们的审美需要和真实感受,而且折射出图像构成的特定标准。

汉画四神图像不同于普通的艺术作品,它具有强烈的文化涵义和宗教崇拜色彩。附属元素的添加,相关形态的美化,都必然要对主题具有影响。四神图像的装饰化处理反映在构图、形象处理的各个方面,如画面空间的平面化、轮廓的清晰化、附加元素的复杂化等。装饰的趣味常常伴随着对视觉上的唯美追求,这种追求通过对形式的强调,体现为情感化、理想化、秩序化、程式化的造型特征。在处理元素构成时,可以完全不受客观因素的影响,而对画面进行纯然主观的营构。例如,为了突出视觉对象,除了在造型上予以夸张变形以外,还可以拉大图、底关系的对比度,以使它更加鲜明、清晰;同时为了满足视觉上的审美愉悦,还可以按照作者的心理需求与画面自律,对画面中的各种要素(包括点、线、面、色彩、肌理等等)进行自由的安排,强调其视觉秩序等。东汉后期,一些四神图像出现"位"的错乱,以及功能上的转换,都与这种构成特点有关。四神图像的指向涵义在逐步弱化,相关功能在进一步强化。这使得四神图像具备真正的艺术图像功能,即使在丧失其内在涵义之后,依然展现出独特的艺术魅力,值得我们去关注和研究。

第三节　四神图像的表现手法

汉画四神图像是对先秦以来四神形象的升华和再创造。四神形象是古代先民虚构和臆想出来的理想化的形象,具有主观性、超现实性和象征性,而且,具有程式化和造型形式感。造型艺术为了强化其主观表现性,或者寄托某种特定的思想观念,就必须对客观形象(或参照物)进行高度的提炼概括,造型形式感要求单纯、简化、条理、抽象化、符号化。汉画四神图像就是在这样一种背景和基础上创作出来的,其表现不以"真实或肖似"为目的,同时也不完全背离自然物象,而是充分利用有限的"象"去表达无穷无尽的"意"。概而言之,四神图像的表现手法保持和发扬了先秦以来的造型艺术风格和特征,强调以线塑形。这是华夏民族的造型传统,即使是在雕刻造像的表现中也是运用"线刻"的手法。另一方面,由于材料的特殊性,画像石、画像砖、石阙等则是采取了雕刻、描绘相结合的表现手法。从某种程度上说,彩绘丰富和细化了造型的局部,但是年代久远以及退色、风化、人为破坏等因素的影响,即使是壁画上的色彩也已经难显当初风貌。

一、以线塑形

汉画四神图像的艺术神韵,主要是通过线条来充分表现的。线条,亦简称线,是造型艺术中人们认识和反映自然形态时最概括、最简明的表现形式。早在原始社会,先民们就开始运用兽毛制的准毛笔、石块等,大量运用线条来绘制岩画。可以说,线条是最古老的造型语言,同时也是最主要的造型手段。从彩陶图案到夏商周青铜器上的图案,均是用各种线条制成,生动而流畅,已经具备较强的表现力。到了汉代,线条更是成为极其重要的艺术表现形式。无论是壁画、帛画、木版画、漆画等纯粹的二维造型艺术,还是画像石、画像砖、瓦当纹、铜镜纹等汉代盛行的艺术形式(由于特有风格,画面主体突出,主要线条又凸出画面,很有立体感),线条不仅表现出物象的形状,而且表现出了物象的态势,使所有的形象都处于变化的瞬间。特别是四神图像的塑造,不追求光影和凹凸等立体造型的效果,而是通过线条旺盛的表现力和丰富内涵来传神达意,尽管受到材料与工具的限制,却能寓雄强威猛于流畅奔放之间,充分表达出东方造型艺术的特征与灵魂。

四神图像中的线条丰富多彩,已经形成多种风格。有的流畅自如、舒展豪放、文质轻曼、游刃有余,匀劲而富有弹性;有的如千岁枯藤,浑厚古朴、苍劲古拙、硬朗豪放,呈现出一种阳刚之美;还有的积点成线,或者如虫蚀木、如锥画沙,给人以一种端庄、厚重、自如、质朴、飘逸、遒劲等美感。笔者将其归纳为古拙浑朴型、简练遒劲型、细致绵密型、婉转流畅型四类。

其一,古拙浑朴型的线条(力量感)。老子云:"大直若屈,大巧若拙,大辩若讷。"①其中"大巧若拙"点明了巧与拙的辩证关系。"拙"指的是"熟而后生",是"大巧"之后的"反璞归真",是一种自觉的艺术追求和艺术升华,体现在线条上则显示出一种遒劲、苍老、生涩、浑朴,使线条避免产生浮、滑、飘、流、轻等毛病,以求充分表达出线条的内在美。以古拙浑朴型的线条来塑造的四神图像,多为汉画中的石刻种类。在以石为地、以刀代笔的创作中,由于材料的特殊性,容易产生"拙"的线条。当然这也与汉代追求"生拙"、"浑朴"的社会风气有关。这种古拙浑朴型的线条,使得图像的艺术效果简洁大方、明快统一。如东汉晚期四川简阳县鬼头山崖墓②3号石棺上的四神图像,青龙、白虎、朱雀、玄武等的线条刻画拙劲似涩,却力道感十足;造型虽然简约,但形神兼备,极好地体现出力度、质感和立体感,使线条富有生命力,四神图像的艺术表现性得以强化与体现。再如新

---

① 崔仲平. 老子道德经译注[M]. 哈尔滨:黑龙江人民出版社,2002:50
② 内江市文管所,简阳县文化馆. 四川简阳县鬼头山东汉崖墓[J]. 文物,1991(3):20-25

第三章 汉画四神图像的艺术分析

莽时期河南唐河郁平大尹冯君孺人画像石墓①南主室南、北门扉,朱雀、白虎以及铺首衔环图像均用古拙浑朴的线条表现,雄浑、壮美之感扑面而至,增强了画面的力度感,使三者的表现内涵得以很好地表达。

其二,简练遒劲型的线条。中国传统美学中一直提倡"少少许胜多多许"。线作为独特的造型艺术语言,讲究简约精炼,线的"简"包含有内容、造型、创意等方面。线条通过意象表现个性,表现特征,表现自然。老子云:"少则得,多则惑。"②孔子也云:"大乐必易、大礼必简。"③事实上,线条的"简练",就是要求由繁而简,要求千锤百炼,要求具有对客观事物本质体貌形态的抽象概括能力。追求线条的简练,去粗取精,以一当十,集中概括地表现事物,必须加强线条的质感、力量感、立体感、节奏感,使之遒劲有力,富有生命力和表现力。"简练遒劲"的线条是创作者知识学养、艺术趣味等的客观展现,具有内在的审美价值。汉画线条尚简有其客观因素,即材料等因素的制约,但主动追求线条"简练遒劲"也是不争的事实。例如,西汉晚期江苏盱眙东阳汉墓 1 号墓④的青龙星象图,画面主体为两条带翼的飞龙,左右还有圆饼形的星宿,画面线条简练遒劲,以长的曲线来表现青龙的躯干、双翼等,甚为简单,没有细部的描绘,但线条富有节奏感与力度,使青龙飞行于空、极速向前的感觉表露无遗,充分体现了汉代制作者高超的艺术表现能力。再如新莽时期始建国天凤二年四神博局镜的四神图像⑤(由于铜镜的特殊制作工艺,铜镜上的形象一般较为简约概括,生动逼真,而且遒劲有力),四神都是以线造型,线条表现力极强,虽甚为简单,但四神形象生动,极为传神。

其三,细致绵密型的线条。运用这一类线条刻绘的作品多集中在东汉时期,制作者别具匠心,通过绵密的线条,使画面显得铺天盖地,少有空隙,图像的内容主次分明,补白及辅助图案都与主题相呼应,所有景物都互为联系,表现出缠绕、扭动、顾盼、呼应、攀结、对抗等。这里线条不只局限于塑造形象,同时还起着连接情节、营造画面氛围的作用。画面中紧劲绵延、抑扬顿挫、充满活力的线条前后呼应、上下关照,往往把孤立、分散的物像有机地联系和统一在了一起,同时也使整个画面产生出整体合一,层次分明、赏心悦目之感。以东汉时期河南南阳麒麟岗汉墓⑥的天象图为例,画面中四神、伏羲、女娲、太一以及云气等都刻绘得细

---

① 南阳地区文物队等.唐河汉郁平大尹冯君孺人画像石墓[J].考古学报,1980(2):239-262
② 崔仲平.老子道德经译注[M].哈尔滨:黑龙江人民出版社,2002:24
③ 杨天宇撰.礼记译注[M].上海:上海古籍出版社,2004:474
④ 南京博物院.江苏盱眙东阳汉墓[J].考古,1979(5):412-426
⑤ 孔祥星.中国铜镜图典[M].北京:文物出版社,1992:265
⑥ 中国画像石全集编辑委员会.中国美术分类全集·中国画像石全集 6·河南汉画像石[G].河南美术出版社、山东美术出版社,2000:44

致绵密,画面饱满充实,极具装饰性。再如东汉时期四川巫山淀粉厂汉墓①方形鎏金铜牌,采取阴线刻画并将衬地镂空的办法,刻绘力士和四神图像。画面上的各个事物都描绘得十分清晰细致,力士身上的盔甲、青龙的鳞片、龟背上的花纹、朱雀的翅羽、白虎的斑纹,以及背景的云气等,都是穿插有致,细密而不繁琐,富有层次,显示出制作者对线条的熟悉、控制和表现能力。

其四,婉转流畅型的线条。一般说来,汉代帛画、壁画类的线条大多生动流畅,这虽然与所用材料有关,但也与创作主体有关。绘画线条是发自画家内心的一种"情感线",它体现出的情感最能感染人、打动人,如作书法,字字相连,笔笔意贯。唐张怀瓘说:"一笔而成,偶有不连,而血脉不断,及其连者,气候通其隔行。"②传统的绘画美学要求"意存笔先,画尽意在"③。中国画通过线条的顿挫、提按、转折、盘旋、往复、聚散、疏密、轻重、浓淡,产生圆润、流畅、生动、深沉的意味,产生节奏、韵律的形式感。汉画中四神图像的线条的自然生动、流畅变化,体现了艺术表现形式的提高,也体现了创作主体的画家自觉性。如西汉中期河南洛阳卜千秋墓④壁画四神图像,全以线条刻画,自然流畅,婉转圆润,一气呵成,并通过一些细小处线条的粗细、转折、顿挫,把四神的动态、神情刻画得惟妙惟肖,使物象变得更加自然真实、生动传神。

总体而言,汉画四神图像在线条运用上形式多样,丰富多彩,以上四种类型较具代表性。由于各种不同质感的线条的交错使用,增强了个体物象本身的塑造力度,使物象具有强烈的真实感和生命活力。

二、雕、塑与彩绘

(一) 雕

宗白华说:"中国雕刻也像画,不重视立体性,而在意流动的线条。"⑤最能体现这一精神的,当属画像石无疑。汉画四神图像以画像石上的最多,下文即针对画像石的特殊表现技法略作论述。汉画像石的第一步制作工序就是在打制成形的石料上以线描构图,用线条的曲直、粗细等变化勾勒出物象的形体和态势;然后进行雕刻;最后是上颜色。汉代画像石应是一种绘画与雕刻相结合的艺术作品,是在线描的基础上,采用阴线刻、凹面线刻、凸面线刻、浅浮雕、高浮雕、透雕六种雕刻技法。以下就六种技法一一阐述。

---

① 刘弘.四川汉墓中的四神功能新探——兼谈巫山铜牌上饰上人物的身份[J].四川文物,1994(2):3-7
② 王伯敏,任道斌,胡小伟.书学集成[M].石家庄:河北美术出版社,2002:152
③ 王伯敏,任道斌.画学集成[M].石家庄:河北美术出版社,2002:111
④ 洛阳博物馆.洛阳卜千秋墓发掘简报[J].文物,1977(6)
⑤ 宗白华.美学散步[M].上海:上海人民出版社,1981:41

其一,阴线刻。是指图像全部用阴线条表现,包括凿纹地阴线刻、平面阴线刻,出现时间较早。如西汉中期河南南阳赵寨①出土的羽人升仙图,主要采用了阴线刻的雕刻技法,即在磨光的石材平面上,用阴线刻的技法刻出青龙、白虎、朱雀、方相氏、羽人、怪兽、云气等物象,由于物象的地较平,因此物象的线条显得十分清晰、流畅,造型生动,与汉壁画、帛画的线条颇为相似。

其二,凹面线刻。是指把物像轮廓内剔成凹入的平面,再以阴线刻画细部,有凿纹地凹面刻、平地凹面刻。如新莽时期山东金乡鱼山发现的两座汉墓中的2号墓②南室左、右门扇石和北室左、右门扇石,皆以凹面阴线刻画出青龙、白虎、朱雀、门吏等。可以看到,这种技法的运用,使画面物象的体积消失在剪影式的凹面造型中,轮廓线明显,轮廓之内的线条增添了物象的细部效果。应该说线条对物象形体与动态的表达发挥了重要的作用,但是,雕刻技法的原始性也是显而易见的。

其三,凸面线刻。即减地平面阴刻,是指在磨制平滑的石面上,将物象轮廓外减地,使物像呈平面凸起,有深剔地平面线刻、浅剔地平面线刻、凿纹减地平面线刻、剔地平面阳刻。如东汉时期山东省临沂市白庄汉墓③的青龙、白虎铺首衔环图像,即运用减地平面线刻,物象如同剪影一般,细节处用阴线刻出,较为简洁抽象。

其四,浅浮雕。是一种物象轮廓外减地,物象呈弧状凸起,细部以阴线刻出,有剔地浅浮雕、凿纹减地线浮雕。浅浮雕技法是画像石中最为多见的,浅浮雕加线刻的技法在汉代广为流传,并且出现了以墨线或彩绘代替物象细部的描写手法,可谓繁复多样。如东汉晚期山东苍山元嘉元年画像石墓④西主室室顶的青龙、白虎图像,雕刻技法为剔地浅浮雕,即先凿平或磨平石面,刻出物象单体轮廓,起平外缘空间,使其凸起,略带弧面或磨平。物象内用双阴线刻出细部,用密集的阴阳线表现兽毛、鳞片等,并以数条平行线分界,界外剔成斜面,使得层次清楚分明。

其五,高浮雕。方法同浅浮雕,但物象浮出很高,细部层次起伏明显,有较强的立体感。如东汉中期四川渠县沈府君阙⑤左右阙所刻的青龙、白虎衔璧图像,青龙、白虎形象接近于圆雕,身体与地距离很高,形象生动,给人以脱阙而出之感。

其六,透雕。接近于圆雕,是在高浮雕的基础上,把物象的基本部位刻造镂

---

① 王建中.南阳市赵(周)寨"羽人升仙"画像石考[J].中原文物,1996(增刊)

② 顾承银,卓先胜,李登科.山东金乡鱼山发现两座汉墓[J].考古,1995(5):385-389

③ 中国画像石全集编辑委员会.中国美术分类全集·中国画像石全集3·山东汉画像石[G].河南美术出版社、山东美术出版社,2000:1

④ 山东省博物馆等.山东苍山元嘉元年画像石墓[J].考古,1975(2):124-134;方鹏钧、张勋燎.山东苍山元嘉元年画像石题记的时代和有关问题的讨论[J].考古,1980(3):271-278

⑤ 高文.中国汉阙[M].北京:文物出版社,1994

空。此种类型的四神图像截至目前笔者尚未发现,一般多出现于物象的局部,多见于石梁的龙头。

阴线刻、凹面线刻、凸面线刻、浅浮雕、高浮雕、透雕技法部分促进了画像石的大貌,使画像石寓巧于拙、寓美于朴之中。由于雕刻技法的不同,各地的画像明显表现出风格的不同。如南阳画像:因其浅浮雕、高浮雕、透雕技法而闻名,即滕固所说的"拟浮雕的";山东画像,因其线刻、凹面线刻、凸面线刻技法而闻名,即滕固所说的"拟绘画的"。其实南阳与山东都有如上所述拟浮雕的三种技法与拟绘画的三种技法。江苏、安徽、湖北、陕西、山西、四川、重庆、浙江等地的画像石多将上述技法混合使用,熔为一炉,使画像的造型、构图更加符合艺术家的构思与创意①。

(二) 塑

铜镜、瓦当等材料上的四神图像,主要是通过塑来表现的。塑是指模范的制作,就是先制作一件欲铸铜镜(瓦当等)的模型,以此用泥翻成范。以铜镜为例,刻制四神图像的那面是一道艺术性与技术性很强的工序,是制作者技艺水平及社会风俗习惯、心理特征的综合体现。然后烧铸铜汁,浇入范,冷却,取下泥范,一枚新的铜镜便铸成了。当然还需要打磨开光等后期工艺。

(三) 彩绘

虽然汉画四神图像是以线为造型的主要表现手法,线条在画面中占据着主导地位,但是作为辅助手段的色彩同样有着不容忽视的作用。一方面色彩本身具有造型的功能;另一方面色彩在很大程度上又弥补了线条造型的不足之处,对提高造型能力起着非常重要的作用;再就是色彩在营造画面的环境、烘托情节的气氛上也有着其他绘画要素不可替代的重要性。因此,以壁画为例,四神图像往往是线条与色彩紧密联系、相辅相成的,单纯的勾勒、白描和墨绘极其少见。壁画的敷色方法主要有三种。

第一种是在线条勾勒成形的物象轮廓内填施不同色彩。如东汉中期陕西神木大保当11号画像石墓②的左门柱图像,首先将左门柱石磨成光洁的平面;其次在平面上勾勒出月神、白虎、执戟立虎画像,用墨线勾勒出月神的人面、人身、鸟足以及左手执规、右手捧月的细部。月神的唇施以红色,粉面,右衽内衣及月轮中的蟾蜍施以白色,羽裙施以红色。同时,用墨线勾勒出白虎和立虎的斑纹;再次将月神、白虎、立虎轮廓外部剔去。剔地呈麻点纹,使人物、动物画像呈剪影式浮雕。实际上相当一部分画像石、画像砖都饰有色彩,但由于材料和时间久远的

---

① 王建中.汉代画像石通论[M].北京:紫禁城出版社,2001:493
② 陕西考古研究所等.陕西神木大保当第11号、第23号汉画像石墓发掘简报[J].文物,1997(9):26-35

第三章 汉画四神图像的艺术分析

原因,现在所看到的画像只能是部分色痕或墨迹。再如西汉晚期洛阳出土的一批汉代壁画空心砖①中的白虎图,白虎昂首长啸,露出白齿与红舌,虎须飘动,虎身绘有黑白相间的条纹。

第二种是先用色彩大笔涂刷出物象的大貌,然后再以线条勾勒、描绘细部。这种方法与上一种均为平涂施色法,是汉墓壁画中使用最广泛、也是最常见的敷色方法。如西汉后期陕西西安交通大学附小壁画墓②中的天象图,壁画分布于券顶及东、西、北三壁,中间的朱红色菱格宽带把整个壁画分成上、下两部分,上部包括券顶和后壁上方,下部包括后壁下面和东、西两壁,表现的都是天堂仙界的景象。券顶上绘有两个大小不等的同心圆,内圆里的南、北分别绘有日、月,日中居乌,月中藏蟾、兔。两同心圆之间以青龙、白虎、朱雀、蛇四方神灵定位,绘出各种星宿,并用人物和多种动物填充其间,表现的是二十八宿天象图。券顶圆圈内外绘满彩云和飞翔的仙鹤。后壁上部正中的云间画一手持灵芝引导墓主之魂升天的羽人,其下中间为一卧鹿,两边有两只展翅飞翔的仙鹤。菱格宽带以下三壁绘装饰性较强的勾连云纹,其间点缀仙鹤、天鹅、雉鸡、鹿、虎等多种奇禽异兽。这座墓的壁画绘制方法是在砖面上直接刷一层白粉,在白粉上再涂一层赭石,然后以墨线勾画物象,并施填石青、石绿、朱红、青莲、白、黑等颜色。画面未见起稿痕迹,笔势洒脱自如,线条粗放有力,构图饱满和谐,色彩丰富艳丽。

第三种是晕染法,主要用于描绘四神面部等细节上。如西汉中期河南洛阳卜千秋墓③主室脊顶图像,青龙、白虎、朱雀、伏羲、女娲、羽人、云气等在细节上都用晕染之法来突出。

从整体来讲,大多数四神图像的色彩都非常丰富、热烈,经常使用的色彩有黑、白、朱、赭、紫、蓝、黄、绿等色以及由这些颜色调配而成的中间色,还特别注意到了色彩的冷暖浓淡和虚实的变化。中国的色彩理论,同时也是哲学的理论,根据阴阳五行的原则,青龙、白虎、朱雀、玄武各占青、白、赤、黑四色,象征着自然界和社会人类的各个方面,从整体的有色的四神图像来看早期(西汉)的四神图像的颜色,虽然已经萌发固定的颜色概念,但还是比较不规则,常根据画面的需要来设色,如永城梁王汉墓④四神云气图(青龙泛灰调、朱雀白羽、白虎白色褐斑)、

---

① 沈天鹰.洛阳出土一批汉代壁画空心砖[J].文物,2005(3):76-80
② 陕西考古研究所,西安交通大学.西安交通大学西汉壁画墓发掘简报[J].考古与文物,1990(4):57-63
③ 洛阳博物馆.洛阳卜千秋墓发掘简报[J].文物,1977(6)
④ 阎道衡.永城芒山柿园发现梁国国王壁画墓[J].中原文物,1990(1);河南省文物考古研究所.永城西汉梁国王陵与寝园[R].郑州:中州古籍出版社,1996;河南省商丘市文物管理委员会,河南省文物考古研究所,河南省永城市文物管理委员会.芒砀山西汉梁国王陵[R].北京:文物出版社,2001

洛阳卜千秋墓①四神图等,到东汉以后开始逐步肯定其所属颜色概念,从上文的陕西神木大保当汉墓②的四神画像石上可见一二。

可以看出,四神图像的制作者对色彩的运用显得极其纯熟自如,并且基本掌握了色彩的对比和协调原则。其色彩的使用通常都很巧妙和谐,或浓重沉稳,或清新明亮,或热烈奔放,处理得非常自然得体。通过四神图像的彩绘这一表现手法,可以得知色彩在汉画中已经开始具有重要地位,并被广泛运用,对后代绘画色彩的影响巨大而深远。

综上所述,汉代艺术家们通过线条的粗细、交错、转折、变化,完成了四神的轮廓与体积的造型;又通过雕刻、塑制、彩绘等表现手法,为四神图像烙上了汉代、汉民族、汉文化、汉艺术家的思想观念与审美意识等内在特性的外部印证,从而形成了自我独特的艺术风格。

小　结

通过对四神造型的具体分析以及与同期其他物象的比较,可以发现,四神图像不仅表现出夸张与变形的造型风格,还多处于运动当中,视觉形象极富动态感。青龙有走兽型、牛型、马型、蜥蜴型、蛇型、蛇兽复合型等众多形态,呈现出时间性和地域性的规律,在头上有角、长身这一主体形式特征不变的前提下发展与演变出各种绘画性表现。白虎造型比较写实,且多为侧面形象,呈张口咆哮之势,只是在翅翼添加上略有区别。朱雀这一艺术造型在汉代仍旧处于发展阶段,并未完全定型,因而其细节的变化繁多且琐碎,没有出现特定的规律性。龟蛇合体是玄武的主导样式,但同时也出现了有龟而无蛇的造型。玄武在汉代是一个颇为庞杂的体系,人们对玄武本相的诠释有三种:龟、龟蛇以及龟蛇相交。玄武不仅代表北方、水位、黑色、颛顼、玄冥等,还具有一项极为重要的功能,即起始、孕育,这也是其为"玄"的涵义。龟蛇合体,象征阴阳交合,孕化事物,使得玄武的内涵与功能得到了充分展演,故而最终成为玄武的流行和主导图像。

四神图像的图式构成也呈现出丰富多样的变化性。一方面,根据青龙、白虎、朱雀、玄武在画面上的出现与组合,形成了四神图像系统的典型特征,即四神元素并非总是同时出现,并且也并非总是出现在同一幅画面上,有时是在同一幅画面上,我们称之为单一画面;有时是由四个独立的画面组合而成,我们称之为组合画面。另一方面,四神图像具有丰富的背饰元素,即四神图像中出现频率较

---

① 洛阳博物馆.洛阳卜千秋墓发掘简报[J].文物,1977(6)
② 陕西考古研究所等.陕西神木大保当第11号、第23号汉画像石墓发掘简报[J].文物,1997(9):26-35

高并且对四神的观念、功能、意义起到直接或间接影响的元素,主要包括天文星象类、辟邪祥瑞类、神仙题材类、日常生活类、符号装饰类。

　　四神图像元素的配置方法不同,其图像构成方式也会有所差别。主要有"十"字形构成和非"十"字形构成。"十"字形构成为典型,其中又有平面、立体和隐性等的细分。非"十"字形构成包括白虎(朱雀)铺首衔环图像与青龙白虎图像两大类。四神图像的构成特点主要体现在变化统一、饱满均衡、对称呼应、装饰美化等方面,其表现手法则强调以线塑形,又通过雕刻、塑制、彩绘等方式,形成了独特的艺术风格。

第四章　汉画四神图像的内涵

四神图像中的青龙、白虎、朱雀、玄武这四个动物形象,有的来源于现实,有的则出于人们的幻想。它们本来互不关联,但在古代多种文化艺术场合中却成为具备神的品格的固定组合。而这种有定向、有秩序、有互属共同的整体含义的方阵结构,更是成为汉画中随处可见的现象。这背后会隐藏着怎样的真相呢?四神图像的内涵到底又是什么呢?潘诺夫斯基认为:"……从属的或约定俗成的含义是概念性的,而不是可感觉的,而且,它是被人们有意识地赋予那些表达了这种含义的实际动作的。……这种含义是通过弄清那些反映一个民族、一个时期、一个阶级、一种宗教或这些信仰之基本态度的根本原则而领悟的。"① 在潘诺夫斯基的描述中,图像被赋予了历史文化内涵。为了解释得准确、生动,符合原始的面貌,必须参考各种文献。但同时我们也要认识到,图像绝不只是文献的视觉化,图像的内涵也不是文献的意义可以包容的,图像本身便构成了一个完整的世界。因此,一方面,我们要借助于文献记载。利用文献来研究四神图像只是一种表象,其本质在于利用文献中以文字方式存在的历史事实和观念来研究四神图像。另一方面,我们要依靠视觉图像的直观性,根据四神图像的不同样式以及其自身的发展演变来进行分析。四神图像被制作出来后,其内涵在时间的长河中会产生融合和嬗变。我们不能满足于从中挖掘出四神图像与现实的对应关系,更要达到对其隐蔽的深层世界的理悟。

第一节　物象化的方位观念

古人思维的形式是直接用物象来进行的,四神图像的方位含义便是这一特征的最好体现。青龙、白虎、朱雀、玄武这四个动物,分别代表东、西、南、北四方。本来,四神的原始范畴要相对简单一些,但是到了汉代,却与阴阳、五行、八卦等逐步完成了融合,并构成汉代人的基本知识体系。这一融合主要是通过方位关系得以实现,从而使汉画四神图像的方位观念要远比当初更为复杂。

一、绝对方位与相对方位

一般来说,方位包括两类:一类是绝对方位,如东、南、西、北、中;还有一类是

---

① 潘诺夫斯基.肖像学与圣像学·视觉艺术的含义[M].傅志强,译.沈阳:辽宁人民出版社,1987:36

第四章 汉画四神图像的内涵

两个或两个以上事物的相对方位,如前、后、左、右、上、下。四神的方位定向并非由民间随意制定,而是具有严格的经典定制的。《礼记·曲礼上》云:"行,前朱雀而后玄武,左青龙而右白虎。"①《尚书正义》云:"东方成龙形,西方成虎形,皆首南而北尾;南方成鸟形,北方成龟形,皆首西而东尾。"②四神的方位定向为:前朱雀南、后玄武北、左青龙东、右白虎西。当它们共同位于一个平面时,则是:上朱雀南、下玄武北、左青龙东、右白虎西。参看其他诸种被世人奉为圭臬的经典古图,其向、位、序是如此排列的。先天八卦图:上乾南、下坤北、左离东、右坎西。后天八卦图:上离南、下坎北、左震东、右兑西。河图:上二七南、下一六北、左三八东、右四九西。洛书:上九南、下一北、左三东、右七西。可以看出,四神图像与先天八卦图、后天八卦图、河图、洛书等经典古图的向、位、序大体一致,不同图的不同之处,主要是在相同的向、位、序的结构中,所取的象天应地言事的对应符号系列有所不同。董仲舒《五行之义》云:"木居左、金居右、火居前、水居后。"③《白虎通义·五行篇》云:"水位在北方。……木在东方。……火在南方。……金在西方。"④实际上,不仅五行,还有五帝、五德、五音、八卦、十二支等等各种符号系统,都被分别配以这种恒定的向、位、序的结构,构成了一个庞大的、有机的、动态的、应用范围十分广泛的中国式的数学模式。并且,在这个模式的构思初期和演进过程中摈弃了虚拟理法,其格局具有空洞的学术性,却也因此一下子就形成了天地人完整统一、包罗万象、应于万事、不因时废的大系统。但是,无论方位和其他要素如何对应匹配,都是建立在四神的方位观念的基础之上的,是对四神内涵的拓展与延伸。

"前(上)朱雀南、后(下)玄武北、左青龙东、右白虎西"成为四神图像的固定方位模式,在汉代艺术中被广泛应用。也就是说,朱雀的出现代表绝对方位中的南方、相对方位中的前(上)方;玄武的出现代表绝对方位中的北方、相对方位中的后(下)方;青龙的出现代表绝对方位中的东方、相对方位中的左方;白虎的出现代表绝对方位中的西方、相对方位中的右方。例如,位于山东省曲阜市城东八宝山附近的东安汉里画像石椁墓⑤,年代约西汉末至东汉初,在石椁的内外都刻有画像。东壁图像(图 4-1)纵 84 厘米,横 276 厘米,刻两组穿璧纹,中间是一条青龙,左向行,四爪伸展。西壁图像(图 4-2)纵 84 厘米,横 276 厘米,两组穿璧纹中间则是一只白虎,右向行,昂首翘尾。南壁图像(图 4-3)纵 84 厘米,横 212 厘

---

① [清]孙希旦.礼记集解[M].北京:中华书局,1989:74
② 屈万里.尚书今注今译[M].台北:商务印书馆,1969:4
③ [汉]董仲舒著;[清]凌曙注.春秋繁露[M].北京:中华书局,1976:391
④ [清]陈立撰.白虎通疏证[M].北京:中华书局,1994:167-168
⑤ 中国画像石全集编辑委员会.中国美术分类全集·中国画像石全集 1·山东汉画像石[G].山东美术出版社、河南美术出版社,2000:35-36

米,画面分为左右两格,各刻一只朱雀,相对展翅而立。北壁图像(图 4-4)纵 84 厘米,横 212 厘米,左格刻一玄武右向行,昂首向后,背上驮一异兽;右格刻一玄武左向行,昂首向后,背上立一仙人,手持三珠果。石椁上出现的青龙、白虎、朱雀、玄武的方位恰好对应了左青龙东、右白虎西、前朱雀南、后玄武北的格局。

图 4-1　山东东安汉里汉墓
　　　　　石椁东壁青龙图像

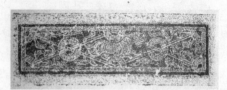

图 4-2　山东东安汉里汉墓
　　　　　石椁西壁白虎图像

图 4-3　山东东安汉里汉墓
　　　　　石椁南壁朱雀图像

图 4-4　山东东安汉里汉墓
　　　　　石椁北壁玄武图像

除了画像棺等地下墓葬,在汉代石阙及石阙构件上,四神图像的方位意义也很明显[①]。石阙一般是由两座一模一样的石柱组成,左右成对地竖立在建筑群出入口的两侧,中间为出入口,石柱是建筑群出入口的标志。关于汉代石阙的记载很早就出现,北朝的地理名著《水经注》已对当时遗存的汉代石阙进行了详细记录。全国现存完好的汉代石阙遗址约 30 处,除了河南中岳登封的太室阙、少室阙、启母阙和山东嘉祥的武氏阙等少数是祠庙阙外,其余的都是墓阙,当中三分之二是在四川境内发现的[②]。《后汉书·光武十王列传》云:"墓前开道,建石柱为标,谓之神道。"细察这些汉代石阙的四神图像及题记,便会发现,四神和神道之间有着密切关系。典型神道的出入口位于南面,两旁是相对而立的动物雕像,沿神道向前便是一对石阙。汉代石阙上的四神图像可以四川地区的为

[①] 黄佩贤.汉代石阙上的四灵图像//郑先兴执行主编:中国汉画学会第十届年会论文集.武汉:湖北人民出版社,2006:24-29

[②] 陈明达 60 年代初发表《汉代的石阙》[文物,1961(12)]一文,记载他亲自调查过的汉阙遗迹 23 处。到了 90 年代徐文彬在《四川汉代石阙》(北京:文物出版社,1992)中指出四川梓潼的"李业阙"不是汉阙,完好的汉阙共计有 29 处。高文的《中国汉阙》(北京:文物出版社,1994)把"李业阙"计算在内,共 30 处。据信立祥《汉代画像石综合研究·第六章:石阙画像》)的统计,现存汉阙 28 处,其中四川省有 19 处、河南 4 处、山东 4 处、北京 1 处。

第四章 汉画四神图像的内涵

代表。四川汉阙的东西两阙正面上方各刻有一只朱雀,组成一双,互相对望,有时正面下方会出现玄武或其它动物,如有题记则置于正面中央的朱雀图像之下;两座石阙的内侧分别刻着青龙和白虎。虽然有时一对石阙只遗存了其一,但图像的排列始终依据特定的模式。Ann Paludan 1991年曾指出,当神道沿东—西轴线而修建时,石阙上的装饰则呈南—北轴向,如此便形成了神道的完整格局,这个布置方法一直沿用至后代。四神图像所具有的方位性由此更是一目了然。

但需要注意的是,在汉代,并没有对绝对方位和相对方位进行非常严格的区分。原因在于,汉代人经常把总星图的方位和日常经验中的方位混在一起。比如说,"北极"既表示绝对的北方,又表示天图的中央;"中央"既可以表示东南西北之"中",也可以表示"北"。《春秋命历序》云:"东方为左,西方为右。"① 也就是说,在一般情况下,左方等于东方,右方等于西方。可有时候,"东方"和"西方"未必是地理方位上的东、西方,它们同时也表示一种纯粹概念,即东方星宿(苍龙)、西方星宿(白虎)。众所周知,星宿是循环往复、变动不居的,只有在春分时,苍龙星宿才在东方,白虎星宿在西方,它们并不是始终对应地理上的东方和西方。因此,必须非常仔细地辨认,而不可以简单地等同。

汉代的"左右"观念使用得非常广泛。如东汉时期的四川省成都市曾家包汉墓②,墓门两侧的枋高169厘米,宽20厘米,青龙刻在右枋,白虎则刻在左枋(图4-5)。又如重庆江北县龙溪乡石券墓出土的门枋③,也是右雕青龙,左刻白虎(图4-6)。色伽兰指出,在四川墓葬建筑的柱子上,相对于走向墓葬的观察者而言,青龙、白虎的方位总是一右一左(也即相对于墓的位置而言是一左一右)相对布置。而且,即使在墓道中轴线不是南北走向而是东西走向时,仍然是青龙、白虎一右一左④。可见"左右"观念在汉代人的头脑中是非常强烈的。在棺椁中,他们一般倾向于以墓主人而不是面对他的观者的左右方位为标准。

四神图像在汉画中非常普遍,这也带来了一个问题,就是人们会很轻易地把所有龙、虎、鸟和龟(蛇)的形象都当作四神。其中龟(蛇)有些例外,因为它出现得比较晚,并且形象特殊,所以几乎一开始就被锁定在四神的语境中。而其他三种动物则历史悠久,在不同的语境中衍生出很多其他含义,对四神图像的确定带

---

① [日]安居香山,中村璋八. 纬书集成[M]. 石家庄:河北人民出版社,1994:814

②,③ 中国画像石全集编辑委员会. 中国美术分类全集·中国画像石全集7·四川汉画像石[G]. 河南美术出版社、山东美术出版社,2000:15,18

④ V Selagen, Gilbert de Voisins, Jean Lartigue. Mission Archéologique en Chine (1914) I L'art Funéraire: :A L'Eepoque des Han, ff:220-221

来了某种程度上的困扰和复杂性。但是,四神图像的方位意义却因此而变得尤为突显。方位观念的物象化成为辨析汉画四神图像的基本的、同时也是最为重要的要素之一。

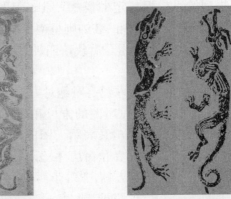

图4-5 四川成都曾家包汉墓门枋青龙、白虎图像

图4-6 四川江北汉墓门枋青龙、白虎图像

二、青龙、白虎位置的逆反现象

根据"前(上)朱雀南、后(下)玄武北、左青龙东、右白虎西"的模式,我们发现,从方位来看,四神依次排列为:青龙→朱雀→白虎→玄武,也就是:东→南→西→北,呈顺时针方向旋转(图4-7)。

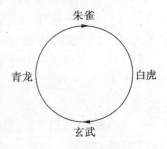

图4-7 四神排列图示

但是,在南阳地区出土的汉墓墓顶画像石中,我们发现了一个奇怪的现象:有的四神图像(如唐河针织厂汉墓)是呈顺时针方向旋转(图4-8),有的四神图像(如麒麟岗汉墓)则是呈逆时针方向旋转(图4-9),两者的主要区别在于:青龙、白虎位置互为逆反。为什么会出现这种情况呢?

图4-8 河南唐河针织厂汉墓北室墓顶四神图像

曾布川宽在研究汉画像的升仙谱系时,特别注意结合方位来考察。他说:"在本书对画像石进行考察时,重视了这些画像石所安置的位置和场所。画像石墓、祠堂、画像石棺都是用众多画像石构成的整体,在此安置

— 178 —

场所中,这些画像石承担了各自的机能,这些机能是解释画像意味所必需的。"①可以说,探索方位是了解图像内涵的一个必要的步骤。而对于四神图像来说,其本身便是方位观念的物象化代表,位置关系就变得尤为重要。汉画中动物的形象和姿态大多非常模糊,我们无法从形态上区分一只鸟是"雀"还是"雁"。但如果一只鸟居于南方,我们就可以比较有把握地认为它是四神中的朱雀。在四神图像中,即使简单的空间关系,如中心还是边缘,或者在前还是在后,都是意味深长的,甚至可能表明主次或者带有一种社会或伦理的暗示。难道说,是因为四神图像在汉画中过于司空见惯故而遭到随意对待了吗?

图 4-9　河南麒麟岗汉墓前室墓顶四神图像

我们来仔细了解一下青龙、白虎位置互为逆反的这两个例子。呈顺时针方向旋转的四神图像出土于唐河针织厂汉画像石墓②,该墓属于西汉晚期③,为一夫妇合葬墓,纯石结构,坐西向东,由墓门、前室、南北两主室、南北两侧室及后室七部分组成。在南北两主室的顶部均刻有天象图,各由六块画像石组成,四神图像位于北室墓顶。画面中只出现了青龙、白虎、朱雀、玄武的形象,朱雀展翅欲飞,青龙、白虎皆生有双翼,龟蛇相望,十分生动。呈逆时针方向旋转的四神图像出土于麒麟岗汉画像石墓④,该墓由南阳市博物馆 1988 年发掘,在前室盖顶石上发现了一幅巨型天文画像。整幅画像长 3.8 米,宽 1.3 米,中部是青龙、白虎、朱雀、玄武四神及中央天帝;左端是女娲及南斗六星;右端是伏羲及北斗七星。唐河针织厂汉墓的四神图像没有其他附属元素,四神的方位结构为:上朱雀、下玄武、左青龙、右白虎。而麒麟岗汉墓的四神图像中则有较多的附属元素,最为主

---

① [日]曾布川宽.漢代畫像石における昇仙圖の系譜[J].东方学报,1993,65:26
② 周到,李京华.唐河针织厂汉画像石墓的发掘[J].文物,1973(6)
③ 周到,吕品.南阳汉画像石墓简论[J].中原文物,1982(2):42
④ 韩玉祥,牛天伟.麒麟岗汉画像石墓前室墓顶画像考释//韩玉祥主编:南阳汉代天文画像石研究.北京:民族出版社,1995:23.麒麟岗汉画像石墓由南阳市博物馆1988年发掘,资料未发表,见李陈广,韩玉祥.南阳汉画像石的发现与研究[J].中原文物,1995(3):3

要的是出现了中央天帝,四神的方位结构为:上朱雀、下玄武、左白虎、右青龙,并环绕中央天帝作逆时针旋转,这和战国时期曾侯乙墓漆箱上的星象图(图1-7)的旋转顺序是一致的,只不过后者居于中央位置的是北斗,而前者居于中央位置的是天帝。那么,我们是否可以认为,当四神环绕北斗或天帝或其他元素时,就会呈逆时针方向旋转呢?而古人又是如何观测星象的呢?

　　古人进行恒星观测,首先需要解决的问题是确定天体在天球上的位置。这种要求导致了一系列坐标体系的产生,主要有地平坐标、黄道坐标、赤道坐标和银道坐标①。其中地平坐标系统产生最早同时也最为直观。地平方位的概念在地平坐标系统建立的初期便占有重要地位。地平方位也就是地平方向,可以在地平经圈上加以标示。方位概念产生于东、西、南、北四个正方向,通过测量日影的方法直接取得。由于人的世界对太阳的依赖性最大,太阳对人间的作用力最强,故先民们以朝向太阳为定向基准。《皇极经世书·以运经世观物理》云:"天之阳在南,而阴在北。"②此中所谓天之阳者,自然是以中原广大地区为基准。中国的中原地区处于地球北纬30至36度,距离太阳夏至最北端北回归线尚北偏两千公里。冬至太阳垂直于南回归线时,正午太阳对中原地区的角度南偏达60度左右;夏至时太阳到达最北端,正午太阳对中原地区仍南偏5度左右。所以一年四季,太阳总是在中原地区的南天作远近的位移。因此,古人把南定为前方、上位,把北方定为后方、下位。与今天不同的是,早期的方位概念指的并非某一个点,而是一个区域。

　　我们知道,古人把天空二十八宿划分为四大区域,即四宫,用四神命名。也就是说,东方青龙、西方白虎、南方朱雀、北方玄武,不仅代表地理上的东、西、南、北方位,同时又代表天上的东方苍龙星宿、西方白虎星宿、南方朱雀星宿、北方玄武星宿。不仅如此,人们也采用"前后左右"的方式来描述星宿方位。《尚书考灵曜》云:"二十八宿,天元气,万物之精也。故东方角、亢、氐、房、心、尾、箕七宿,其形如龙,曰左青龙。南方井、鬼、柳、星、张、翼、轸七宿,其形如鹑鸟,曰前朱雀。西方奎、娄、胃、昴、毕、觜、参七宿,其形如虎,曰右白虎。北方斗、牛、女、虚、危、室、壁七宿,其形如龟蛇,曰后玄武。二十八宿,皆有龙虎鸟龟之形,随天左旋。"③需要注意的是,这里的左旋之"左"和东方之"左"并非同一概念。左旋之"左"是人们所观测到的恒星围绕北极星呈顺时针旋转的运动方向,东方之"左"是面南

---

① 中国天文学史整理研究小组.中国天文学史[M].北京:科学出版社,1981:46
② 皇极经世书·以运经世观物理[M].四库全书·子部一〇九·八〇三册.上海:上海古籍出版社,1987:1078
③ [日]安居香山,中村璋八.纬书集成[M].石家庄:河北人民出版社,1994:366

第四章 汉画四神图像的内涵

背北时的方位系统与人体对应的相对位置关系①。一般来说,青龙在左,白虎在右,朱雀在前,玄武在后。如果转换为旋转顺序,就是"左→前→右→后",呈顺时针方向。这恰好就是当北半球的观察者面南背北而立仰望南中天时所观测到的恒星周日视运动的方向:太阳从左边的东方升起,转向南方前上方,再落向右边的西方,与唐河针织厂汉画像石墓北室墓顶的四神图像所反映的情形如出一辙。而当北半球的观察者面北背南而立朝向北极星时,所观测到的恒星周日视运动的方向则为:太阳从右边的东方升起,转向南方前上方,再落向左边的西方,呈逆时针方向旋转。那么,北极星在星象图上的位置就不是绝对北而是永远居于中央。这就是麒麟岗汉画像石墓前室墓顶四神图像的方位体系的来源。

由此可以看出,青龙、白虎位置的逆反现象实际上反映了观察者面对不同的方向所观测到的不同星象。察看星象图,如同观测实际星象一样,面向南,左东右西,面向北,左西右东,皆以观察者的左右为准。观测南中天的星象,采用的方位是面南背北;观测北极星,采用的方位是面北背南。由于古人尊南为上为前,以北为后为下,因此,当古人观测南中天的星象时,在星象图上表现出左青龙东、上(前)朱雀南、右白虎西、下(后)玄武北呈顺时针方向旋转;当古人观测北极星时,在星象图上表现出右青龙东、上(前)朱雀南、左白虎西、下(后)玄武北环绕北极星呈逆时针方向旋转。这种方位描述是基于实际观测经验做出的。而后一种模式同样可以通过四神图像在墓门区域的方位表现反映出来。

图4-10 山东嘉祥武梁祠北斗帝车石刻画像

需要说明的是,在中国古代天文学史上,北极星是标示天极位置的重要星官,故而被奉为神话故事中的天帝,位及至尊。由于数千年前北斗距离当时的天极太近,曾被古人认为是当时天帝所居之地。《史记·天官书》云:"斗为帝车,运于中央,临制四乡。"②四乡,即指四大天区,东方天区为东宫苍龙,表示东陆春

---

① 之所以采取面南背北的方位,主要是因为古人尊南为上为前,以北为后为下,其中不仅有地理因素,还有哲学和神秘学等诸种因素。
② [汉]司马迁.史记[M].[宋]裴骃集解;[唐]司马贞索隐;[唐]张守节正义.北京:中华书局,1972:1291

分;南方天区为南宫朱雀,表示南陆夏至;西方天区为西宫白虎,表示西陆秋分;北方天区为北宫玄武,表示北陆冬至①。古人相信,天帝居于天之中央,为东宫苍龙、南宫朱雀、西宫白虎、北宫玄武所环绕。《尔雅·释天》:"北极谓之北辰。"郭璞《注》:"北极,天之中,以正四时。"②汉代人以斗为帝车,正是这种思想的遗留。东汉时期山东嘉祥武梁祠北斗帝车石刻画像(图 4-10)则对这一观念进行了形象描绘。只不过北斗形象发展到汉代,在拟人化的基础上更进一步彻底人格化了。

三、四神图像在墓门区域的方位表现

墓门在墓室中具有举足轻重的作用:首先,可以保护死者的遗体,从而达到镇墓辟邪的效果;其次,有助于调节生者与死者的交通;第三,是迎接神灵下降的入口。尤其最外一扇墓门,是祭祀者沿着墓葬中轴线行进的过程中所遇到的第一个墓室结构,门的形式、功能和装饰蕴含了对汉代墓祭观众而言十分清晰明了的信息。因此,墓门成为墓室结构、装饰程序和转换生死关系所必需的祭祀仪式的有机、关键部分。墓门一般包括两个部分:一是位于墓门中心部位的门扉区域,由左、右门扇构成;一是外部区域,由墓门左竖框、右竖框以及横楣组成。四神图像在墓门区域出现较多,方位表现具有典型性和恒定性,其中陕北地区尤为明显。

陕北地区是目前汉代画像石墓出土较为集中的地域之一。该地区画像石艺术中有一个十分突出的特点,即画像石建筑雕绘构件的精华部分多集中于墓门区域(只有少量墓室在各壁面或耳室门布置有画像石),而在此部位上镌刻的诸多图像(题材)也具备较高的考古学、历史学与美术学的研究价值。因此,墓门区域的图像在陕北地区汉画像石墓葬中的特殊意义与重要地位不言而喻。

在陕北地区汉画像石墓的墓门区域绘有非常复杂的图像,但其布置遵循了一定的格式,李凇将之划分为十大部分(图 4-11)③。这十个部分基本都有相对稳定的图像母题。一般的安排是:第 1 区为流云纹边饰(两顶角或有日、月);第 2 区为墓主出巡或瑞兽;第 3 区、第 4 区为西王母(及东王公);第 5 区、第 6 区为门吏;第 7 区、第 8 区为朱雀、铺首衔环和青龙、白虎;第 9 区、第 10 区为玄武。这种布置和搭配,贯穿于陕北地区汉画像石的主要阶段并基本稳定。朱雀常被雕绘于门扉区域的上半部,与铺首衔环图像、青龙、白虎呈上中下配置。如果将 7、8

---

① 陆思贤,李迪. 天文考古通论[M]. 北京:紫禁城出版社,2005:1
② [晋]郭璞;[宋]刑昺疏. 尔雅注疏[M]. 上海:上海古籍出版社,1990:97
③ 李凇. 论汉代艺术中的西王母图像[M]. 长沙:湖南教育出版社,2000:136

第四章 汉画四神图像的内涵

两区沿着铺首衔环图像的水平线上下作进一步的划分,同时提取9、10两区①,那么,这样构成的区域之和就是四神图像在墓门区域的方位表现(图4-12)。如果再将两侧(玄武)的区域合并到下方,则与麒麟岗汉画像石墓前室墓顶四神图像的方位基本吻合,表现为上朱雀、下玄武、左白虎、右青龙,呈逆时针方向旋转。

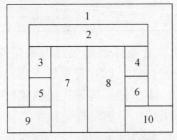

图4-11 墓门图像分区图

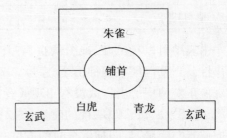

图4-12 墓门区域四神图像分布图

但是,有时候四神的形象出现得并不齐全。根据笔者统计,玄武所在区域常常出现博山炉,也有树、马或者其他动物,甚至没有任何图像。同时,还会出现青龙、白虎位置互换的例子。只有朱雀始终存在并且位置恒定不变。详细情况见下表。

表4-1 陕北地区汉画像石墓墓门区域四神出现情况

序号	四神图像出现的地点	四神出现特征				取代玄武位置的物象
		朱雀	青龙	白虎	玄武	
1	米脂党家沟墓门	有	右	左	无	博山炉、仙草
2	绥德后思家沟M1墓门	有	右	左	无	博山炉、仙草
3	绥德后思家沟出土墓门	有	左	右	有	
4	绥德出土墓门	有	左	右	无	
5	绥德四十里铺出土墓门	有	右	左	无	连理树[左]、马[右]
6	绥德四十里铺墓门	有	右	左	无	生命树、家畜
7	绥德寨山墓门	有	右	左	有	
8	绥德张家砭墓门	有	右	左	无	鱼
9	绥德延家岔M2墓门	有	右	左	有	
10	神木大保当M16墓门	有	右	左	有[左]	马[右]

---

① 施杰.意义、解释与再解释——谶纬语境与汉画形相//朱青生主编:中国汉画研究.桂林:广西师范大学出版社,2006:104

(续表)

序号	四神图像出现的地点	四神出现特征				取代玄武位置的物象
		朱雀	青龙	白虎	玄武	
11	神木大保当 M20 墓门	有	右	左	无	博山炉、仙草
12	清涧墓门	有	右	左	无	博山炉

由表中可以看出，四神图像在墓门区域的位置分布体现出很强的典型性和规律性。当墓门区域四神俱全（序号3、7、9）的时候（图4-13），青龙位于右门扉，白虎位于左门扉。当玄武没有出现或者被博山炉、仙草、树、马等其他物象（序号1、2、5、6、8、10、11、12）取代的时候（图4-14、图4-15），仍然是青龙位于右门扉，白虎位于左门扉，与四神俱全时的方位一致。只有绥德出土的墓门一例相反，青龙位于左门扉，白虎位于右门扉，但这种情况没有出现玄武以及博山炉、仙草、树、马等其他物象（图4-16）。可以说，上朱雀、下玄武、左白虎、右青龙，是四神图像在墓门区域的主要方位表现。它们环绕位于图示中心的铺首衔环图像呈逆时针方向旋转，与麒麟岗汉画像石墓前室墓顶四神图像的方位结构极为相似，所不同的是，墓门四神图像的中心为铺首衔环图像，而麒麟岗汉墓四神图像的中心是

图4-13　陕西绥德寨山墓门四神图像

图4-14　陕西清涧墓门四神图像

图4-15　陕西绥德四十里铺出土墓门四神图像

图4-16　陕西绥德出土墓门四神图像

第四章 汉画四神图像的内涵

天帝形象。能够看出,铺首衔环图像明显对应了天帝的位置。那么,铺首衔环与天帝之间会不会有某种联系呢?

天帝,是中国古代传说中最为尊贵的天神,又称太一、泰一①,位居天的中央。汉画中的铺首,形制划一,皆为威严的兽面形象,与流行于殷周时期的青铜器主纹——饕餮十分相像。饕餮一词最早见于《左传·文公十八年》,是一种怪兽,并被用作对贪婪之人的称呼。注云:"贪财为饕,贪食为餮。"②又记:"缙云氏有不才之子,不思施惠于人,而专事贪饮食,夺财货,人因称之为"饕餮",并将其与浑敦、穷奇、涛杌等三凶合称'四凶'。"③"饕餮"这种物象,刚开始可能是作为一种令人恐怖而畏惧以至憎恶的神灵出现的。追溯其渊源,有的学者认为当出于夏代,或者更远的新石器时代晚期(以山东龙山文化的遗层中出土的"鬼脸式"陶制鼎型器为其滥觞)④。后来则演变为一种兽面纹,纹样主要以鼻棱为中心的眼、耳、角、牙、口和左右伸展的双胴以及肢足而构成⑤,并广泛出现于商周各个历史时期的青铜器面上,成为世俗权力的象征物,服务于祭祀的宗教神权活动。春秋时期,随着原有的一系列的巫、祝式神灵祭祀观念⑥和礼教传统的统治秩序的崩溃,饕餮纹赖以存在的这种宗教与祭祀语境也日趋消解,其雕绘部位逐步转移到一般器物、门环或金属底座之上。进入秦汉时期,则成为大门(或墓门)上衔门环的底座,而这种物象便可称之为铺首;又由于有些铺首纹样往往同门环交叠在一起,因此它在门上出现时便被称为"铺首衔环"。可以说,铺首衔环图像是商周时期饕餮纹的延续与变异。俞伟超认为,商周时期的饕餮纹是一种人格化的"天帝"图像⑦,林巳奈夫则认为是当时最高的神——"帝"的图像⑧。虽然二人指称的对象有所差异,但本质上却是相同的。那么,作为春秋战国以后的饕餮纹的衍生

---

① 《史记·孝武本纪》:"神君最贵者太一。"《史记正义》:"泰一,天帝之别名也。"
② 李淞.远古至先秦绘画史·器物纹饰[M].北京:人民美术出版社,2000:161
③ 王守谦、金秀珍、王凤春译注.左传全译·左传·文公十八年[M].贵阳:贵州人民出版社,1990:472.关于对此文的解析亦可见[日]中野徹.中国纹样史·一.张远帆译.美术译丛,1988(1):14
④ 黄专.饕餮与楚族[J].新美术,1989(1):65
⑤ [日]中野徹.中国纹样史·一.张远帆译.美术译丛,1988(1):15
⑥ 巫,是先秦社会中专门掌管宗教与祭祀的大臣,大概是由中国古代丧葬观念的"尸"演化而来。巫的职责有很多种,大体分为降神、解梦、预言、祈雨、医病、星占六种,此外,他还应当着沟通人界与神界的特殊职能,即"通灵"。而所谓的"祝",则是殷商以后从巫中分化出来的用以专门从事典礼的官员。在其后,又从"祝"中分化出另一种礼官——"宗"。详细可参见许地山.道教史·第七章:"巫觋道与杂术"[M].刘仲宇导读.上海:上海古籍出版社,1999:124-140.也可参见任继愈主编.中国道教史(上)·第一章:道教的孕育与产生[M].北京:中国社会科学出版社,2001:9-10
⑦ 俞伟超."神面卣"上的人格化"天帝"图像[J].保利藏金.岭南美术出版社,1999:349-352
⑧ 林巳奈夫.所謂饕餮文は何を表はしたものか—同時代資料による論證[J].东方学报,1984:56;林巳奈夫.獸環·鋪首の若干種をめぐつて[J].东方学报,1985:57;林巳奈夫.中國の古代神がみ[M].东京:吉川弘文館,2003:123-135."饕餮"=帝。

物——铺首衔环图像,便具有同样的类似意义①。

铺首衔环图像普遍出现在两汉时期各地的画像石墓群之中,陕北地区的铺首衔环图像则主要被雕绘于墓门门扉区域的中部,位于朱雀之下、青龙和白虎之上,取衔环之定制,始终处于视觉构成的中心区域,象征着天帝位居中央、唯我独尊。一般说来,某类艺术图示的形成,大都包容了一段时期内人们共同认可的视觉形式和认知方式,图像的流传也是建立在这样一个基础之上的。那么,四神图像在墓门区域方位的恒定与流行,一方面反映了当时人们对天空星象的认知程度;另一方面,则是把整个墓室对应着天上的位置,明确表达出四神环卫天帝的意图。

至于青龙位于左门扉、白虎位于右门扉的个案,我们不能简单地认为是由于工匠雕错而导致的。贾谊《惜誓》云:"飞雀使先驱,驾太一之象舆,苍龙蚴蚴于左骖兮,白虎骋而右騑。"②其所言与青龙在左、白虎居右、朱雀踏于铺首衔环之上的图像如出一辙。由此可以断定,这是一种象征着护灵升天的独特方位图式。

第二节 神秘的天文星象

在我国天文发展史上,汉代是一个非常重要的历史阶段,取得了很多卓越的成就,特别是对日、月和恒星的观测方面尤为突出。汉画中的那些表现天象的四神图像,正反映了这一历史事实,并为研究我国古代天文学提供了一部分图像资料。一般说来,汉画中所表现的"天象图",其目的主要不是作为当时天文学成就的记录,而是一种被视为带有象征意义的图像。《汉书·天文志》云:"凡天文在图籍昭昭可知者,经星常宿中外官凡百一十八名,积数七百八十三星,皆有州国官宫物类之象。其伏见蚤晚,邪正存亡,虚实阔狭,及五星所行,合散犯守,陵历斗食,彗孛飞流,日月薄食,晕适背穴,抱珥虹蜺,迅雷风祅,怪云变气:此皆阴阳之精,其本在地,而上发于天者也。政失于此,则变见于彼,犹景之象形,乡之应声。是以明君睹之而寤,饬身正事,思其咎谢,则祸除而福至,自然之符也。"③由于事关政体,汉代统治者敬天而求顺天意,极其认真地对天象进行精细入微地观测记录,以探寻"天"的奥秘和行动轨迹。四神图像便是很形象的图注之一。

---

① 关于饕餮纹的含义问题,历来众说纷纭。段勇.商周青铜器上的幻想动物纹研究[博士学位论文].北京:北京大学历史系,2001
② [宋]洪兴祖撰.楚辞补注[M].北京:中华书局,1983:228
③ [清]王先谦.汉书补注[M].北京:书目文献出版社,1995:544

第四章 汉画四神图像的内涵

一、四神星象图

在汉画中,表现天象的图像很多,从日月星辰到具体的星座。其中一部分是通过四神物象来表现的,即在星象图绘上结合神话传说,加以形象化与具体化,我们可以称之为四神星象图。

我国传统的星象名位是以二十八宿为基础的。古人为制定历法,把天体赤道附近分为二十八宿,是为了比较月亮的运动。《吕氏春秋》云"月缠二十八宿"①,意为月亮每天"住"一个地方,也就是一宿。月亮每二十七天多一些可以在天上运行一周,为一恒星月。这样月亮每一个月要换行二十八个地方,即为二十八宿。古人又把周天的二十八宿划分为四个区域,称为"四宫"、"四官"与"四神"。采用二十八宿划分天区,早在公元前12世纪的殷末周初之时已经开始,战国时期的曾侯乙墓中亦可见到完整的二十八宿图像表述。到了两汉时期,天文学知识较为完备,形成了一定的体系,《史记》中的《天官书》是一篇最早详细记载天象的官方典籍著作,其重要性不言而喻。在这一时期,已采用农事二十四节气,并且编写出《太阳历》,载有节气、朔望、月食及五星的精确会合周期;制造出测量天体的"浑天仪";最早记录太阳黑子。这些天文学上的成就与当时"世运"相结合,必然影响于社会生活,尤其是与"瑞应"附会,成为造型艺术所乐于表现的题材。四神星象图即是如此,为我们了解汉代天象提供了良好的图解。

星象图大多以日、月、星为主体,以物象为辅。但在四神星象图中,多数并没有星象的出现,如河南南阳唐河针织厂汉墓②北室墓顶的四神图像,这种是以纯粹的动物形象来表示四象。还有一种是通过物象与星宿的联合方式来表现,其中以壁画中的一些四神星象图,较好地反映出四神二十八宿的结合,甚至具有一定的科学性。如陕西西安交通大学附小壁画墓③,在主室券顶上绘有两个大小不等的同心圆,内圆里南北分绘日、月,日中居乌,月中藏蟾、兔。两同心圆之间以青龙、白虎、朱雀、蛇四方神灵定位,绘出各种星宿,并用人物和多种动物填充其间,表现的是二十八宿天象图。星象内容大体可与《史记·天官书》中描述的相互参照,仅绘有二十八宿和日月。图中东方是一条巨大的苍龙;西方是只很小的白虎;北方是条小黑蛇,蛇的四周为以星联线组成的龟背;南方彩绘有凤鸟,形象飘逸。

---

① [秦]吕不韦撰;[汉]高诱注.吕氏春秋[M].诸子集成·六.北京:中华书局,1954:31
② 周到,李京华.唐河针织厂汉画像石墓的发掘[J].文物,1973(6)
③ 陕西考古研究所,西安交通大学.西安交通大学西汉壁画墓发掘简报[J].考古与文物,1990(4):57-63

再如东汉陕西定边县郝滩壁画墓①的墓室顶部，绘有月亮、二十八宿等星辰和仙人游天图及冯伯、雷公、雨师等图案（图4-17）。星宿图从左而右，以青龙、白虎、朱雀、玄武定方位，每个星宿的星与星之间用红线连接，并且给每个星宿配一人物或动物。在星宿间还绘有云气纹和白、紫、红色星辰，以示星空。经初步考证，在该墓的四神星象图中的二十八宿，与《史记·天官书》中记载的二十八宿基本相符。另外，除二十八宿外，还有十一个星宿，虽然尚未确定为何星，但在西汉壁画墓的星图上发现

图4-17 陕西定边县郝滩壁画墓星象图

近40颗星却属首次。这不仅反映了东汉时期的天文学水平，同时也为研究我国古代天文学的发展增添了新资料。

在上述两幅壁画的四神星象图中，我们可以明显看到白虎星座的演变发展轨迹。从星象演变角度来考察，青龙大而白虎小，这在《史记·天官书》中写得很清楚，陕西西安交通大学附小壁画墓的星象图上也表现得很明显。此时青龙为东宫，西宫为咸池，而白虎作为参星的象征，只是一宿，形象较小也就顺理成章了。到了东汉时期，在陕西定边县郝滩东汉壁画墓的星象图中，白虎的形态大小已经接近青龙，但还没有如同青龙一般在其形象各处安置星宿，说明四象各有七宿的等分区划是后人逐渐加以完善的。

在一些其他图像上也能说明这一问题。如东汉河南南阳阮堂汉墓②中的东宫苍龙星象图（图4-18），图像左上方为一月轮，内有玉兔、蟾蜍；下刻一苍龙，从头到尾有十九颗星。图像以物象苍龙为主，星象为辅，标示出东宫整体。在这幅星象图上，龙头前后有二星为角宿，《史记·天官书》注云："角间天门，谓月行入角与天门。"③龙腹下四星连线成弧形，形成亢宿，或者是房宿。龙躯后部有两两相连的四颗星，当是为氐宿。龙尾上有八星连线成椭圆形为尾宿，尾宿为九星，第九颗较小，而且与第八颗重叠近

图4-18 河南南阳阮堂汉墓苍龙星象图

---

① 陕西省考古研究所，榆林市文物管理委员会.陕西定边县郝滩发现东汉壁画墓[J].考古与文物，2004(5):20-21.
② 中国画像石全集编辑委员会.中国美术分类全集·中国画像石全集6·河南汉画像石[G].河南美术出版社、山东美术出版社，2000:38.
③ [汉]司马迁.史记[M].[宋]裴骃集解；[唐]司马贞索隐；[唐]张守节正义.北京：中华书局，1972:1332.

半。上有明月,中有蟾蜍、玉兔。说明月亮运行到苍龙星座的附近,也许行将进入角宿,表示月亮的运行将从二十八宿的第一宿角宿开始。"月缠二十八宿"的说法在这幅石刻画中被形象化了①。

西宫白虎所辖奎、娄、胃、昴、毕、觜、参七宿的完整形式是东汉以后形成的②。《史记·天官书》云:"参为白虎。三星直者,是为衡石。下有三星,兑,曰罚,为斩艾事。其外四星,左右肩股也。小三星隅置,曰觜觿,为虎首,主葆旅事。"③张守节《正义》云:"觜三星,参三星,外四星为实沈,于辰在申,魏之分野,为白虎形也。"④东汉时期河南南阳县汉墓⑤出土的白虎星象图(图 4-19),可见这种观念。白虎奔跃向前,腹下有三颗大星,应该表示左、右肩股中的两星。虎首的前上方有三颗横连星是参宿中心的"三星直者"的"衡石"。而竖三连星则是参宿的辅星,被称为"罚星"。中国古人以觜与参为白虎星象,至少到东汉时还没有发生根本的改变,也说明参宿是白虎星座中的主要星宿。

图 4-19　河南南阳县汉墓白虎星象图

但在东汉晚期河南唐河湖阳镇罐山汉墓⑥的白虎星象图(图 4-20)中,白虎面右,昂首张口,在头、颈、身躯绘有圆形星宿,躯分布七星,应是拟比奎、娄、胃、昴、毕、觜、参七宿。另外在白虎七宿的上部,有一颗引人注目的大星,拖一长尾,一眼即知为彗星。彗星的出现和人世间灾疫与福祸等相连。魏仁华和韩玉祥在《试论罐山汉墓中的彗星图》一文中认为这是表现了东汉建武十五年(公元 39 年)春季出现的一次彗星。《后汉书·天文志》云:"建武十五年正月丁未,彗星见昴,稍西北行入营室,犯离宫。"又云:"营室,天子之常宫;离宫,妃后之所居。彗星入营室,犯离宫,是除宫室也。是时郭皇后已疏,至十七年十月,遂废为中山太

---

① 吴曾德.汉代画像石[M].北京:文物出版社,1984:55-56
② 朱存明.汉画像的象征世界[M].北京:人民文学出版社,2005:226
③,④ [汉]司马迁.史记[M].[宋]裴骃集解;[唐]司马贞索隐;[唐]张守节正义.北京:中华书局,1972:1307
⑤ 常任侠.中国美术全集·卷18[G].上海:上海人民美术出版社,1988:图1173
⑥ 魏仁华,韩玉祥.试论罐山汉墓中的彗星图//韩玉祥主编.南阳汉代天文画像石研究.北京:民族出版社,1995:57-60

后,立阴贵人为皇后,除宫之象也。"①可见这次彗星在当时被看做是与除旧布新之象相连,加上白虎属阴,从某种程度上说又与立后相为关联②。而此时白虎身躯含有七星,说明白虎为西宫之象在东汉晚期已经出现并已完备。

图 4-20　河南唐河湖阳镇罐山汉墓白虎星象图

　　还有一些表现其他意义的白虎星象图。如东汉时期河南南阳白滩汉墓③的白虎星象图(图 4-21),左上有七星相连呈圆形,内雕玉兔。其下四星相连成梯形,内有一高髻女子拱手跪坐。中部刻白虎星座。右上三星为牵牛星,亦名河鼓二。其下刻牛郎牵牛图。画间饰以云气。吴曾德认为此图可作两种解释:一为"牛郎织女";一为"牛宿、女宿与牛郎"④。陈江风解释为南宫朱雀中的鬼宿(《史记正义》云:"舆鬼四星,主祠事。"⑤)、西宫白虎(表示驱鬼辟邪)、北宫玄武中的牛宿(表示牺牲),以及月亮(祈求灵魂不死)⑥。其中白虎已被确认,背上三颗直连的星宿当为衡石。七星围成一圈,内中一兔当为毕宿。《诗经·小雅·大东》云:"有捄天毕,载施之行。"朱注曰:"天毕,毕星也,状如掩兔之毕。言其无实用,但施之行列而已。"⑦河南洛阳西汉壁画墓中的第三幅星象图,也是七个星围成一个圆圈,当是毕宿星⑧。这里星宿的形态皆同,当为毕宿,而不能因为出现了兔形,就认为是月亮。在汉画中,虽常见月中绘制有兔形,但都为有光圈的月亮,未见星宿组成圆形代表月亮,依此为例,易成孤证,而孤证往往具有较大的难以确立性。

---

① [南朝宋]范晔撰;[唐]李贤等注.后汉书[M].北京:中华书局,1965:3222
② 魏仁华,韩玉祥.试论罐山汉墓中的彗星图//韩玉祥主编:南阳汉代天文画像石研究.北京:民族出版社,1995:57-60
③ 中国画像石全集编辑委员会编.中国美术分类全集·中国画像石全集 6·河南汉画像石[G].河南美术出版社、山东美术出版社,2000:40
④ 吴曾德.汉代画像石[M].北京:文物出版社,1984:58
⑤ [汉]司马迁.史记[M].[宋]裴骃集解;[唐]司马贞索隐;[唐]张守节正义.北京:中华书局,1972:1302
⑥ 陈江风.南阳天文画像石考释//韩玉祥主编:南阳汉代天文画像石研究.北京:民族出版社,1995:19-21
⑦ 程俊英.诗经译注[M].上海:上海古籍出版社,1985:410
⑧ 夏鼐.洛阳西汉壁画墓中的星象图[J].考古,1965(2):80-90

第四章 汉画四神图像的内涵

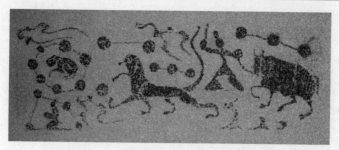

图 4-21　河南南阳白滩汉墓白虎星象图

在画面右上方出现三星,为河鼓。《尔雅》云:"河鼓谓之牵牛。"①《史记·天官书》云:"牵牛为牺牲。其北河鼓。"②《史记正义》云:"牵牛为牺牲,亦为关梁……占,明大关梁通。"③可见河鼓临近牵牛,汉代可能还有把河鼓作为牵牛理解之俗。牵牛者自当为牛郎无疑,那么与之对立的左下角也自为织女,但如果仔细观察,就会发现在星宿形态上有一定差异。一般织女星为等边三角的三颗星,而此处却为梯形四星。《晋书·天文志》云:"须女四星,天之少府也。须,贱妾之称,妇职之卑者也。主布帛制裁嫁娶。"④也就是说,此图中出现的可能并非是牛郎、织女星,而是北宫牛、女二宿。

我们可以将之与龙虎衔璧图(图 4-22)中的牛郎、织女相比较。该图位于东汉晚期四川郫县新胜 2、3 号砖墓室 1 号石棺盖顶⑤,占棺盖的幅面大部。龙虎均有翼,作奔腾状,中为一璧,两根绶带穿璧。左边龙用口衔住绶带,并用双爪抓拉住绶带。绶带在中国古代为一种身份等级的标志,在这里用绶带系璧可能是表示璧的贵重。在右边虎的上方相反方向,为牛郎织女图。牛郎头戴一山形冠,身着长袍,正牵一水牛欲向织女奔去。织女在画面一端,双髻长裙,一手传梭,一手举起,眺望牛郎方向。《诗经·小雅·大东》云:"维天有汉,监亦有光。跂彼织女,终日七襄;虽则七襄,不成报章。睆彼牵牛,不以服箱。"⑥可见先秦时期已经出现了牛郎、织女,但它们之间似乎还没有实质性的关联。班固《西都赋》云:"集乎豫章之宇,临乎昆明之池,左牵牛而右织女,似云汉之无涯。"⑦仍然是对天上星宿的描写。但在东汉的《古诗十九首》有云:"迢迢牵牛星,皎皎河汉女。纤纤擢素手,札札弄机杼。终日不成章,泣涕零如雨。河汉清且浅,相去复几许?盈盈

---

① 徐朝华.尔雅今注[M].天津:南开大学出版社,1987:210
②、③ [汉]司马迁.史记[M].[宋]裴骃集解;[唐]司马贞索隐;[唐]张守节正义.北京:中华书局,1972:1310,1311
④ [唐]房玄龄等撰.晋书[M].北京:中华书局,1974:301
⑤ 四川省博物馆,郫县文化馆.四川郫县东汉砖墓的石棺画像[J].考古,1978(6):495-503
⑥ 叶大兵,乌丙安.中国风俗辞典[Z].上海:上海辞书出版社,1990:5
⑦ [梁]萧统编;[唐]李善注.文选[M].长沙:岳麓书社,2002:6

一水间,脉脉不得语。"①从中可以看出牛郎织女已经被人格化,添加了爱情的因素,关于牛郎织女的爱情传说应该在此时已经开始成形、流传。

图 4-22　四川郫县新胜 2、3 号砖墓室 1 号石棺盖顶龙虎衔璧图

龙虎衔璧图中的牛郎、织女对应着青龙、白虎,可以看成是阴阳观念化的图像表现。但是,在河南南阳白滩汉墓星象图中,只出现了白虎与毕宿,"牛郎织女"形态并没有鲜明的阴阳对立含义。虽然汉画中的星象图对此没有非常严格的规范,但将其理解为牵牛、织女,有一定的差距与矛盾,何况还有西宫参、毕二宿。《史记·天官书》云:"毕曰罕车,为边兵,主弋猎……远夷来服。正义:毕八星曰罕车,为边兵,主弋猎。其大星曰天高,一曰边将"②牵牛与毕宿之占十分一致,"远夷来服"则"关梁通"。《五行大义》引《尚书刑德放》曰:"东方,春,苍龙,其智仁;南方,夏,朱鸟好礼;西方,秋,白虎执义;北方,冬,元龟主信。"③白虎为义兽,"主斩刈","有杀伐之威",与毕宿之占一致,而且毕、参属于西宫。"牵牛为牺牲",祭祀鬼神在于诚信;婺女主布帛,跪坐奉物,亦有敬谨之态、诚信之意,且均属北宫。所以整个星象图表现出信义立、远夷服、民殷实、国富强的深刻内涵④。

东汉时期河南南阳丁凤店汉墓⑤的星象图(图 4-23)中也标示出参宿。该图左为背负日轮之金乌,表示日在东方,时为晨。金乌左一星为太白,尾三连者为参宿。连成菱形的四星似为鬼宿。《隋书·天文志》云:"鬼星明大,谷成。"⑥右端,连成勺形的为北斗七星。北斗柄下星为相,柄上三星为天枪。《晋书·天文志》云:"天枪三星在北斗杓东,一曰天钺,天之武备也。"⑦参宿在中,可推知日在角,时为

---

① 杨效知.古诗十九首鉴赏[M].兰州:兰州大学出版社,1992:118
② [汉]司马迁.史记[M].[宋]裴骃集解;[唐]司马贞索隐;[唐]张守节正义.北京:中华书局,1972:1305
③ 陈久金.天干十日考[J].自然科学史研究,1998(2):119-127
④ 韩连武.星图探微//韩玉祥主编:南阳汉代天文画像石研究.北京:民族出版社,1995:47
⑤ 中国画像石全集编辑委员会.中国美术分类全集·中国画像石全集 6·河南汉画像石[G].河南美术出版社,山东美术出版社,2000:39
⑥ [唐]魏征等撰.隋书[M].北京:中华书局,1973:535
⑦ [唐]房玄龄等撰.晋书[M].北京:中华书局,1974:294

中秋八月。《吕氏春秋·仲秋纪》云:"仲秋之月,日在角,昏牵牛中,旦觜觿中。"①仲秋八月为谷熟收获季节,与鬼宿之占"谷成",太白的"金"属性相合,表示收获。

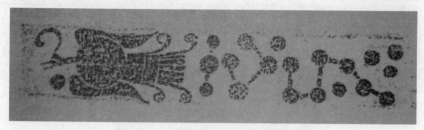

图 4-23 河南南阳丁凤店汉墓星象图

由此可以看出,四神星象图并非只是单纯反映当时人们对天文星象的观测与描绘,或者是作为装饰性的图像,而是按照一定内容设置,布局得当合理,有其独特的内涵。

再如东汉晚期河南南阳宛城区汉墓②日月合璧图(图 4-24),下组右为苍龙星座,左为毕宿,内刻玉兔。上组右刻阳乌,左为日月合璧,刻一金乌,背负内有蟾蜍之月轮。日月重叠,表示日蚀现象。我国是世界上古代天文学资料保存最丰富的国家之一,商周甲骨文已有关于日蚀、月蚀的记录。《诗经·小雅·十月之交》载:"十月之交,朔日辛卯,日有食之。"③汉代观测记录包括日蚀的方位、亏起方向、初亏、复圆时刻等。这幅日月合璧图,是研究我国古代天文科学的珍贵资料。日月交食,或称日月交璧,是祥瑞的象征。《后汉书·天文志》云:"三皇迈化,协神醇朴,谓五星如连珠,日月若合璧。"④是"和阴阳而二仪交泰"⑤,充分体现了阴阳五行思想。

图 4-24 河南南阳宛城区汉墓日月合璧图

---

① [秦]吕不韦撰;[汉]高诱注.吕氏春秋[M].诸子集成·六.北京:中华书局,1954:75
② 南阳地区文物工作队等.河南南阳县十里铺画像石墓[J].文物,1986(4)
③ 程俊英.诗经译注[M].上海:上海古籍出版社,1985:372
④ [南朝宋]范晔撰;[唐]李贤等注.后汉书[M].北京:中华书局,1965:3214
⑤ 周绍良.全唐文新编[M].长春:吉林文史出版社,2000:5378

二、星象图与占星术

上文中的四神星象图,日月运行方向分别用金乌、蟾蜍的头向来表示;星象整体用阳线或阴线相连;星宿用圆点加以提示。这些均表现出实际天象与神话迷信相结合的痕迹。并且,汉画中的四神星象图几乎都出于墓室,不可能只是为了直观反映天文现象,更主要的是为了使死者在冥界享受快乐,步入仙界,同时使生者得到庇护,保佑子孙平安昌盛。这是受到当时丧俗的影响,建立在认为人死后会进入冥界和来世的"人死辄为鬼神而有知"的观念的基础之上。而东汉河南南阳阮堂汉墓东宫苍龙星象图和河南南阳宛城区汉墓日月合璧图中所示苍龙形象的头向朝东,跟实际天象相反,这当是《遁甲》中的"青龙返首"格局。因此,我们断定这些星象图是占星图①。其目的主要不是作为当时天文学成就的记录,而是被视为带有神话占卜象征意义的图形,在内容和形式上只能是模糊的天象知识和主观臆想的人文因素的融合体。

《易·系辞上》云:"河出图,洛出书,圣人则之。"②郑樵《图谱略》云:"天文地理,无图有书,不可用也。"③可见"图"和"书"在古代并重,而且由来已远。不仅如此,天官有天文之书,又有天文图谱,占星家亦当有占星图谱,或许天文图谱就是占星图谱。占星之术本于实际天象,只是它的解释具有宗教迷信色彩。《简明不列颠百科全书》释占星术为"通过观测和解释日、月、星辰的位置及其变化来预卜人世间事物的一种方术。"④这样占星术之具有巫术性质毋庸赘言。关于巫术,首先不能不谈祭祀,作为一项最基本或最重要的制度,它位于国家生活的底层,并且直接承担着通天仪式的职能。如顾颉刚在谈到古代统治者的职责时说:"古代的国王和诸侯都兼有教主的职务,负着以己身替民众向天神祈免灾患的责任。"⑤从濮阳西水坡遗址我们可以清晰见到这种传统。但对于中国古代的统治者来说,光有通天的仪式是不够的,他还必须掌握通天的知识。因为掌握了通天的知识,也就意味着掌握了通天的秘诀。那么这种通天的知识究竟是什么呢?它就是占星术。《史记·天官书》云:"太史公曰:自初生民以来,世主曷尝不历日月星辰?"⑥

我国自进入氏族社会以后,氏族领袖都要观测日月星辰以授农时。这个传

---

① 韩连武. 星图探微//韩玉祥主编:南阳汉代天文画像石研究. 北京:民族出版社,1995:40
② 曹增儒. 易经易解[M]. 上海:复旦大学出版社,2005:134
③ [宋]郑樵. 通志[M]. 杭州:浙江古籍出版社,1988:838
④ 简明不列颠百科全书·第9卷. 北京:中国大百科全书出版社,1986:360
⑤ 顾颉刚. 秦汉的方士与儒生[M]. 上海:上海古籍出版社,1978:24
⑥ [汉]司马迁. 史记[M]. [宋]裴骃集解;[唐]司马贞索隐;[唐]张守节正义. 北京:中华书局,1972:1342

第四章 汉画四神图像的内涵

统的继承与发展，就是历代帝王都以组织制定历法并颁布历法作为皇权象征。制定历法就要考察太阳和月亮在天空中的运行规律，特别是认识和测量背景上的恒星后，才能更准确地研究日、月和五大行星的运动规律。事关政体，星官入史成图也就不足为奇了。

中国文化发源于农耕文明，由于农业与天象气候的重大关系，很早就产生了东方特色的天文学观念与知识，但是，由于商周之际祭祀文化的发达以及强大的政治威慑力，天文学除历法之外几乎同时又成了宗教神学的附庸，日月星辰、风雨雷电与征伐、祭祀乃至衣食住行都有了神秘的对应关系。《易·系辞》云："天垂象，见吉凶，圣人象之。"[①]表明已产生天象与人间吉凶有关联的观念。《左传·昭公十七年》云："日有食之，天子不举，伐鼓于社。"[②]可见，至少在春秋时期，就已出现了占星术。而汉代继承了这种商周以来关于天象灾异现象的理解模式，只不过在逻辑上更为系统和严密。如成书于西汉的《史记·天官书》，星占学说是其主要内容。司马迁以星象占验人间治乱祸福，将星象变化视为上天对人间政治的预警，如"月食岁星，其宿地，饥若亡"[③]；"太白也，疆国以战败，辰星也女乱"[④]；"烛星，状如太白，其出也不行，见则灭，所烛者，城邑乱"[⑤]；天狗星所坠之地，"千里破军杀将"[⑥]。这样，星象的变化时刻预示着人间，神秘玄妙，令人悚然。司马迁还完全按照天人神应汉学思想以星象变化去验证春秋至秦汉的重大历史事件：

盖略以春秋二百四十二年之间，日蚀三十六，彗星三见，宋襄公时星贺如雨，天子微，诸侯力政，五伯代兴，更为主命[⑦]。

秦始皇之时，十五年彗星四见，久者八十日，长或竟天。其后秦遂以兵灭六王，并中国。……[⑧]

汉之兴，五星聚于东井。平城之围，月晕参、毕七重。诸吕作乱，虫蚀，昼晦。吴楚七国叛逆，彗星数丈，天狗过梁野；及兵起，遂伏尸流血其下。元光、元狩，蚩尤之旗再见。越之亡，荧惑守斗。朝鲜之拔，星茀于河戍；征兵大宛，星茀招摇，此其荦荦大者[⑨]。之类的记载。

从上述材料可以看出，司马迁总是将日食、月食、彗星、月晕、流星等自然现象与春秋以来一系列重大事件神秘地结合起来。不过，《史记》将星象与人事对应关系仅限于国家兴衰、社会治乱和帝王将相范围。根据司马迁的占星理论，星象只预示国运社稷治乱兴衰，占星术也只适用于皇帝后妃、公卿大夫的福祸吉

---

① 黄寿祺,张善文.周易译注[M].上海:上海古籍出版社,1989:536
② [晋]杜预集解.春秋经传集解[M].上海:上海古籍出版社,1978:1418
③~⑨ [汉]司马迁.史记[M].[宋]裴骃集解;[唐]司马贞索隐;[唐]张守节正义.北京:中华书局,1972:1332,1332,1334,1335,1344,1348,1348-1349

凶、前程命运方面，不像其他占卜术也可用于市井乡野。这一占星"资格"理论一直被后世封建史学所承袭。因此，占星术在古代中国一直地位特殊，不仅牢牢掌握在政府手中，而且历代对私藏、私习天学加以厉禁。到了西汉后期，天人感应思潮更加流行，董仲舒将儒学神学化，将自然的"天"赋予人格神的含义，提出"天者，百神之大君也"①，即天为宇宙的最高主宰。这样，与天同域的日月星辰随之转化为神之显示物，天文学成了利用观察星相变化来占验人事吉凶的一种术数。

值得一提的是，汉代谶纬学说的盛行，导致了符瑞说，于是大量祥瑞天象图像出现。虽然由于担心为不轨者利用，谶纬在东汉后屡遭禁绝，但谶语仍在历代广泛流传，这是因为它们已经完全融入先民的集体无意识之中。

实际上，随着地球的自转和公转，在地球上的固定地点仰观天象，确实能发现星辰之间多少会有不同变化。在汉代人眼中，这些原本正常的变化却成为人事吉凶的预兆，因此，将天上的星辰排列出一个系统，并与人世间的人事系统相互对应，还具体而微地指出星宿变化对于人世间的特定意义。如《淮南子·天文训》云："何谓九野？中央曰钧天，其星角、亢、氐；东方曰苍天，其星房、心、尾；东北曰变天，其星箕、斗、牵牛；北方曰玄天，其星须女、虚、危、营室；西北方曰幽天，其星东壁、奎、娄；西方曰颢天，其星胃、昴、毕；西南方曰朱天，其星觜嶲、参、东井；南方曰炎天，其星舆鬼、柳、七星；东南方曰阳天，其星张、翼、轸。""何谓五星？东方，木也，其帝太皞，其佐句芒，执规而治春；其神为岁星，其兽苍龙，其音角，其日甲乙。南方，火也，其帝炎帝，其佐朱明，执衡而治夏；其神为荧惑，其兽朱鸟，其音徵，其日丙丁。中央，土也，其帝黄帝，其佐后土，执绳而制四方；其神为镇星，其兽黄龙，其音宫，其日戊己。西方，金也，其帝少昊，其佐蓐收，执矩而治秋；其神为太白，其兽白虎，其音商，其日庚辛。北方，水也，其帝颛顼，其佐玄冥，执权而治冬；其神为辰星，其兽玄武，其音羽，其日壬癸。"②

如果说古代天象研究仅仅是对天象观察的经验积累，那么中国天文学的发展也许终会跳出"天人合一"观念的圈子。但是，随着"阴阳五行"观念的泛滥，特别是它把包括天象的一切事物皆用"五行"的观念编织起来以后，这些"天象"偏离了自然科学正常发展的轨道，而乃入传统的宗法观念的范畴。

因此，我们有必要认识到，汉画中的四神星象图并非完全科学意义上的天文图，其准确性和实用性不能与后世的唐敦煌、宋苏州石刻天文图相比。一方面，四神星象图出于民间艺人之手，而非专职司天人员，所采用的象征手法导致星象图的不准确性是可以理解的。但也正是如此，足以证明当时人们能够在艺术品中大量运用天文知识，是天文知识广泛普及的结果。另一方面，四神星象图又是

---

① [汉]董仲舒著；[清]凌曙注.春秋繁露[M].北京：中华书局，1976：507
② [汉]刘安.淮南子[M].诸子集成·七.北京：中华书局，1954：36-37

汉代占星术盛行的产物,集中反映了天人感应思想。

三、天人感应

从四神星象图可以看出,人们根据天上星宿幻想出四神形象,并与在生活中所见到或所想到的图像相联属,然后在命名的过程中赋予其特定内涵,并且上升为一种人文的知识体系,形成一种文化的传统,以及在民俗信仰中不断巩固这种传统。日、月、星辰、风、雨、雷、电本是自然现象,但由于汉代人不了解它们的自然本质,便将之神灵化,于是都转化为"天象",并通过图像的符号来加以象征地表现。这种象征表现是形象的、符号性的,因此也是艺术的、审美的。人把自然力加以形象化,以便了解自然力,掌握自然力。把自然力人化的过程中,在形象和符号中又渗透了人的社会力量与心理情感。社会中的权力力量和监禁与惩罚的权力运作行为,都通过所建构的天界神灵的幻想图式来得到传达。四神图像在汉代的流行普及便与盛行于汉代的"天人感应"学说有着极大关联。

在汉代,信奉"天人感应"的神学理论,喜欢用天文来附会人事。如董仲舒云:"受命之君,天意之所予也。"①就是为天子受命于天而下牧万民寻找理论依据。"天人感应"学说是把阴阳五行说纳入儒学的轨道,把自然界的一切现象都看成是上天有意识、有目的的安排,把天视为至高无上的人格神,赋予其道德的属性。如《春秋繁露·阴阳义》云:"天亦有喜怒之气、哀乐之心,与人相副。以类合之,天人一也。"②把自然界的变更视为天意的表现,且封建社会的各种等级名分和隶属关系也是天意的安排,一切自然现象都是上天对人类和君王的暗示。《春秋繁露·天地阴阳》云:"世治而民和,志平而气正,则天地之化精,而万物之美起。"反之则"世乱而民乖,志僻而气逆,则天地之化伤,气生灾害起"③。《汉书·天文志》也云:"政失于此,则变见于彼……是以明君睹之而寤,饬身正事,思其咎谢,则祸除而福至,自然之符也。"④于是天上的神权和地上的皇权密切地联系融通为一。

因此可知,汉代人往往把"天象"的变化归纳到"人事"方面,从中再衍化出各种"禳解"的方式方法。汉画中出现的四神星象符号便充分表明了"天象"在汉代人的社会意识中有着不同寻常的地位,四神也因其作为星象符号的代表而丰富了其图像的内涵。

首先,表达了汉代"天人合一"的审美观念。

汉代人坚信,人世间的万事万物都是由上天主宰的,而上天的意志是通过

---

①～③ [汉]董仲舒著;[清]凌曙注.春秋繁露[M].北京:中华书局,1976:355,418,598
④ [清]王先谦.汉书补注[M].北京:书目文献出版社,1995:544

日、月、星辰的位置变动以及光亮强弱的程度来谕示给人间的,因此只有仔细观察天象才能知道人事上的吉凶福祸。为了顺应上天的旨意,人世间的归葬制度也要按照天象的格局来加以安排和制定。《史记·天官书》云:"天文有五官。官者,星官也。星座有尊卑,若人之官曹列位,故曰天官。"①张衡云:"文曜丽乎天,其动者有七,日月五辰是也。日者,阳精之宗;月者,阴精之宗;五星,五行之精。众星列布,体生于地,精成于天,列居错峙,各有所属,在野成物,在朝像官,在人像事。其以神著有五列焉,是有三十五名;一居中央,谓之北斗;日布于方各七,为二十八舍;日月运行,历示吉凶也。"②《史记·天官书》又云:"天则有日月,地则有阴阳;天有五星,地有五行;天则有列宿,地则有州域。"③而且还构建了一个等级森严的星官系统,俨然是一个天上王国,"中宫天极星,其一明者,太一常居也;旁三星,三公;或曰子属,后句四星,末大星,正妃;余三星,后宫之属也。环之匡卫十二星,藩臣。皆曰紫宫"④。在星官系统中,天极星(北斗)显然是天国帝王,高居中心,周围还有公卿、后妃、藩将环卫,完全是天国皇宫建制。这说明汉代人眼中的"天象"并不是自然景观,而是与"人事"相联的天意的表露形式,是"天人合一"的。

《太史公自序》说三十世家写作宗旨时有形象比喻:"二十八宿环北辰,三十辐共一毂,运行无穷,辅拂股肱之臣配焉,忠信行道,以奉主上,作三十世家。"⑤汉画中之所以会出现许多四神星象图,也是因为汉代人认为四宫二十八宿与北辰(北极帝星)所在的紫薇星的关系可以附会到人间君臣关系,汉光武帝刘秀称帝后,便将跟随自己争战天下的二十八位将领封侯拜将为"二十八宿"。同时又因为二十八宿的排列"循黄道,日之所行一期,当者止二十八宿星而已"⑥。因此,汉代人形象地表现日、月运行时总是与二十八宿发生联系。

其次,展现了汉代人天显祥瑞的祯祥观念。

汉代的天象观念实质上是当时宗法观念的一部分,而四神星象图以及其他众多天象画面也都是当时丧葬意识的一个组成部分。所以,四神星象图至少可以从两个方面来理解:一是丧葬在汉代人宗法意识中的现实意义;二是天象图在丧葬中的象征意义。汉代人看重丧葬,除了众所周知的中国传统家庭的"孝道"要求"生,事之以襟;丧,葬之以礼"之外,还有就是汉代推行举孝廉的郎官制度也在客观上助长了厚葬之风。所谓"举孝廉",即只有通过大办丧事取得"孝"名,才有被举荐做官的可能,所以当时的丧事总是办得极尽奢华之能事。从这方面看,

---

①,③~⑤ [汉]司马迁.史记[M].[宋]裴骃集解;[唐]司马贞索隐;[唐]张守节正义.北京:中华书局,1972:1289,1342,1289,3319

② [清]严可均校辑.全上古三代秦汉三国六朝文[M].北京:中华书局,1958:777

⑥ [宋]沈括.梦溪笔谈[M].长沙:岳麓书社,1998:60

第四章 汉画四神图像的内涵

似乎汉代人办丧事另外裹挟着活人的目的,不能算作纯然的"孝"。但是,汉代人又真的相信灵魂不死的说法,相信人世间的种种设置在上天都有相应的机构,相信地下有一个阴间的世界,这种观念在丧葬器物上可以看得非常清楚。既然天象是可以预示吉凶的,那么,出于祯祥的趋善心理的要求,他们便选择四神一类表示祥瑞的图像符号来装饰墓室、祠堂和棺椁。

随着两汉的思想发展,由崇道而逐渐走上尊儒,并渐渐形成儒家的谶纬思想,在人们日常生活中占有极大的地位,这也是"图讳"的象征符号盛行于墓葬艺术之中的根本原因①。汉代统治者利用神话时代形成的宗教神学观念来制造"天命",为自己获取权力大造舆论。这样,图像中的天象图,就成了显示祥瑞的符号。不仅统治者制造天降祥瑞的事件,而且有能力为自己或家人造墓穴,包括墓穴建造者,也为自己刻下祥瑞的图像。作为逝者固然无所知,但决定那些天象图的生者却必然要在有限的画面中选取种种含有"天下清宁"、"子嗣翻生"、"无疾无疫"、"宜财宜官"意义的"天象"来表示"天人合一"观念制约下的心理需求。宇宙不仅呈现出一种天圆地方的形态图式,还要呈现出阴阳交感、化生万物的创造图式,也要呈现出天降祥瑞、趋吉避凶的理想图式,四神图像正好具备这些元素,这也是其在汉代盛行的原因之一。

第三,反映了汉代人阴阳两分的天象观念。

在这里需要注意的是,汉画中的四神星象图毕竟不是汉代史官、天文官从每日观察中得出的形象记录,而民间画师刻工也不可能具备"仰观天象"的必备知识,所以他们创作的天象图中也混杂着许多当时社会流行的"阴阳五行"观念。汉代人还不能真正认识天文科学的意义,神话的天象观仍然占据着较大比重,因此,源于原始文化的"二分观念"在人的思想意识中根深蒂固。

"阴阳"思想观念的起源甚早,《春秋繁露·阴阳义》云:"天道大数,相反之物也,不得俱出,阴阳是也。""天地之常,一阴一阳;阳者天之德也,阴者天之刑也。"②春夏秋冬的转换被认为是依从了"阴阳"的变化之道,昼夜的更替也是出于"阴阳"的规律。《淮南子·天文训》云:"阴阳之专精为四时,四时之散精为万物,秋阳之热气生火,火气之精者为日;积阴之寒气为水,水气之精者为月。"③"阴阳"和"五行"是紧密相连的。董仲舒云:"天有五行,一曰木,二曰火,三曰土,四曰金,五曰水。木,五行之始也;水,五行之终也;土五行之中也。此其天次之序也。木生火,火生土,土生金,金生水,水生木。"④四神图像中充斥着这些观念的反映。如在对立的"二元"结构的图式中,青龙、白虎可以说是最早的二分观念下的

---

① 朱存明.汉画像的象征世界[M].北京:人民文学出版社,2005:238
②,④ [汉]董仲舒著;[清]凌曙注.春秋繁露[M].北京:中华书局,1976:419,389-390
③ [汉]刘安.淮南子[M].诸子集成·七.北京:中华书局,1954:35

天象象征图像。另外,如牛郎、织女也是阴阳相倚、阴阳互生的图像表现。再如日月合璧等。而河南麒麟岗汉墓的四神天象图中四神与太一的同时出现,则是对五行观念的最佳诠释。

第三节 象征的祈禳追求

潘诺夫斯基的图像学理论在阐述寻找内在含义或内容的时候说:"这样,认识到纯形式、母题、形象和寓言是那些根本原则的显现,我们也等于把这些因素解释成恩斯特·卡西尔的'符号性'价值了。"[①]四神图像演述了汉代大一统的社会结构,应用在城市、房屋、墓穴等各个方面,在天地人鬼之间产生一种象征性的互文性结构,把自然、社会历史和人伦放到这一宇宙的结构图式中来,把现实的世界、死亡的世界和成仙的境界组织到一个画面上。可以想见,我们面对的四神图像不仅是一个自然的世界的表述,更是一个文化的世界的传达。文化的世界不是自然世界的对等物或模仿物,而是人创造的符号象征物。虽然有些四神图像的内容是来源于汉代的现实生活,但所反映的绝不仅仅是图像与现实的对应关系。应该说,四神图像创造的是一个符号象征的世界,有必要挖掘出其深层的、隐蔽的符号内涵。

一、升天成仙

汉代人不厌其烦地将四神图像安置在墓室、祠堂、宫殿上,意欲为何?他们刻画这样的图像目的为何?对于特别讲求实用功能的汉代人来说,四神图像的选择与当时人们的理想追求密不可分,与汉代社会流行长生不死(即使死了也要想法起死回生或者蝉蜕再生的神仙思想)的主流思想也密不可分。

许地山在《道教史》中云:"求长生,求享乐,是人类自然的要求,而中国民族便依着这种迷信来产生神仙道和求神仙底方术。"[②]汉代的先民对神仙思想一直情有独钟,从帝王将相、王公贵族到平民布衣,乃至贩夫走卒,莫不视得道成仙为人生的最高理想境界,并由此衍化出以重今世享乐为特点,以长生不老为主题的本土信仰。人们渴望的是精神与肉体兼得,不仅要使灵魂能够千秋永存,同时还要用更大的努力寻求不死之方,以便让肉体能够超越生老病死,摆脱时空的限制,从而达到长生不死的目的。"神"和"仙"并非同一关系的概念。"神"的观念产生于远古时期,其心理依据为先民对大自然以及人类自身发生无法解释之现象的敬畏和恐惧;而"仙"的观念出现在战国时期,其心理依据是出于对"长寿"的

---

① [美]E 潘诺夫斯基. 视觉艺术的含义[M]. 傅志强,译. 沈阳:辽宁人民出版社,1987:37
② 许地山. 道教史[M]. 上海:上海古籍出版社,1999:4

第四章 汉画四神图像的内涵

渴望①。从语义学角度来说，两者也是有区别的。东汉许慎《说文解字》云："神是天神，是'引出万物者也'，从示，申声。"②又解释"示"云："天垂象，见吉凶，所以示人也。从二、三垂，日月星也。观乎天文以察时变，示神事也。"③对"仙"的解释则是："仚，人在山上皃，从人山。"④"仙"又作"僊"，解"僊"曰："僊，长生僊去。"⑤《释名·释长幼》解"仙"曰："老而不死曰仙，仙，迁也，迁入山也。故制其字，人旁作山也。"⑥对比两字，一从"示"，一从"人"，其分别是相当明显的。即前者属于自然，非人力可及；后者则属于人事，是人经过追求而可达到的境界。至汉代，"神"与"仙"的界限日趋模糊。《史记·封禅书》云"公孙卿曰：'仙人可见，而上往常遽，以故不见。今陛下可为观，如缑城，置脯枣，神人宜可致也。'"⑦"乃作通天茎台，置祠具其下，将招来仙神人之属。"⑧可见，在西汉武帝时期，"神"、"仙"已混用为一。

按照汉代人的理解，长生不死有三种方式：一是直接去找神仙；二是寻找和服食仙药；三是辟谷修炼，遁迹山林。随着秦始皇、汉武帝轰轰烈烈地寻仙找药活动的失败，人们渴望长生不老的信念受到极大打击，一度发生动摇，但很快就投身到另一种信仰之中，即人活着不能成仙，死后却有可能升入天堂。灵魂的羽化升仙同样能消减人们对死亡的恐惧心理，于是在汉代的墓室中出现了大量表现升仙思想的升仙图。扬雄在《法言》中云："有生者必有死，有始者必有终，自然之道也。"⑨《列子·天瑞篇》云："死亡与生，一往一反。故死于是者，安知不生于彼？"⑩根据"两元对立"的观点，人们相信死后也有一个世界，生界与死界构成一个完整的宇宙。但死后的世界只是一个幻想的境界，是人对生存的现实世界的一个摹本。文化人类学家马林诺夫斯基说："死亡是通于另一世界的大门，这不只是字面的意义。""人类不能不在死底阴影之下去生活，凡与生活很亲而且圆满享受生活的人，更不能不怕生活底尽头。于是同死打了照面的人，仍设法去寻求生命底期许，死与永生，那就是不死的欲求，像现在一样，永远都是人类预言底最动听闻的题目。"由此可见，"死"至少和"生"同等重要，因为生不过百岁，而死后葬进砖石墓室，从而进入天上、地下、仙界或人间以及人神鬼魅共存世界，却是天

---

① 关于仙的起源，学者看法有分歧。一种认为产生于本土，见顾炎武《天下郡国利病书》、许地山《道教史》；另一种认为是外来观念影响，见陈寅恪《天师道与滨海地域之关系》、闻一多《神仙考》。
② [汉]许慎.说文解字[M].北京：中华书局，1963：7
③～⑤ [清]段玉裁.说文解字注[M].上海：上海古籍出版社，1988：2，383，383
⑥ [汉]刘熙.释名[M].上海：上海古籍出版社，1984：150
⑦ [汉]司马迁.史记[M].[宋]裴駰集解；[唐]司马贞索隐；[唐]张守节正义.北京：中华书局，1972：1400
⑧ [汉]司马迁.史记[M].北京：中华书局，1999：336
⑨ 汪荣宝撰；陈仲夫点校.法言义疏[M].北京：中华书局，1987：521
⑩ 杨伯峻.列子集释[M].北京：中华书局，1979：25

长地久的亘古事情。因此,墓室在汉代也被称为"千万岁室"①。因为"汉代的人就是生活在一种神圣化的宇宙之中",给世界一个基本的结构,同时在生活的实践中再造一个类似的结构,并把它作为安身立命的根本。

汉代人心目中的宇宙形态是"天圆地方",体现在墓穴的建构上则是做成上圆下方,这是汉代墓穴的典型形状,复杂一些的大型墓室往往造成拱形的穹隆顶,更是"天圆地方"宇宙论的再现。四神图像是四方概念的抽象形态,又是天界仙界的象征,出现在棺椁、墓壁、穹隆顶、祠堂建筑、石阙、墓碑上,都是"天圆地方"宇宙观念的符号体现。

四神图像作为一种宇宙象征主义的信仰,所具有的中心象征说也是其在升仙图中出现的原因之一,中心是"最显著的神圣地带,是绝对存在物的地带"。通过这一中心点可以接近神灵,最终与神灵世界达到和谐。从汉代的墓室象征符号中,我们可以看到这种信仰已经演化为一种普通的民俗。无论是墓室或者棺椁四周都会绘制四神图像,四神的四方象征恰好烘托出死者的中心地位。人即使死去仍旧占据着宇宙的中心点,就像生前每个人都把自己的立足点看成宇宙的中心点一样。墓穴和棺椁是活人为死人建造的栖身之所,活人只能根据自己生时的体验和对死所建立起来的一套观念进行建造。宇宙中心点的突出在某种意义上就是灵魂升天的一个象征性表现,同时通过四神图像的存在来象征模拟,如同地面的宗教礼仪建筑一般,使生者获得了心理上的满足和观念上的平衡。

汉代人的宇宙观促使墓室中的装饰大都模仿了这一图式;又根据宇宙生存论的"元气"说,往往在图像中绘制有"云气画"。但人们对宇宙以及宇宙生成的认识,都不是人认识世界的目的。宇宙只有成为人类生存的环境,并根据天地的自然之道而为人所利用时,宇宙论对人生才有意义。对升仙图中四神图像的符号内涵的考察,只有放在这个宇宙论的图式中,才能显示其巨大的价值。

《礼记·郊特牲》云:"魂气归于天,形魄归于地。"②也就是说,人生在世有魄附于形体之上,人死之后,附魄之尸体埋葬于地,而魂则化气升天。汉代这种观念十分盛行。《后汉书》云:"邓晨初娶光武姊元,后没于乱兵,光武即位,追封为新野节义长公主,及晨卒,诏遣中谒者,备公主官属礼仪,招新野主魂,与晨和葬。"③鲁唯一云:"一般地说,当魄、魂两者分离时,魂如果幸运和得到适当的帮助,将努力进入被想象成各种形式的极乐世界。"④升仙必须要借助各种祥禽瑞兽作为接引工具,如龙、虎、朱雀、鹿、鹤、麒麟等。之所以出现这些祥禽瑞兽为接引

---

① 陕西省博物馆,陕西省文管会.米脂东汉画像石墓发掘简报[J].文物,1972(3):16
② [清]孙希旦.礼记集解[M].北京:中华书局,1989:714
③ [南朝宋]范晔撰;[唐]李贤等注.后汉书[M].北京:中华书局,1965:582-584
④ [英]崔瑞德·鲁唯一.剑桥中国秦汉史[M].北京:中国社会科学出版社,1992:767

第四章 汉画四神图像的内涵

工具,与它们作为仙人的坐骑有很大的联系,仙人乘坐它们周游宇宙,普通人乘坐自然也可如同仙人一般。作为四神形象的青龙、白虎、朱雀、玄武,因为渊源有自,于是顺理成章地被人们当成接引使者而受到膜顶崇拜。屈原《离骚》谈及升天时云:"为余驾飞龙兮,杂瑶象以为车。"①又云:"驾八龙之蜿蜒兮,载云旗之委蛇。"②贾谊《楚辞·惜誓》云:"飞朱鸟使先驱兮,驾太一之象舆。苍龙蚴虬於左骖兮,白虎骋而为右騑。"③王逸《楚辞·惜誓》中注曰:"朱雀神鸟,为我先导。"④宋玉《九辩》云:"左朱雀之茇茇兮,右苍龙之躣躣。"⑤汉代焦延寿《易林》云:"朱鸟道引,灵龟载庄;遂抵天门,见我贞君。"⑥玄武也是死者魂魄升天时的伴随之物。《楚辞·远游》讲升天时"召玄武而奔属"。王逸注曰:"呼太阴神,使承卫也。"⑦《庄子·大宗师》注曰:"北海之神,名曰禺强,灵龟为之使。"⑧《龟策列传》曰:"龟甚神,灵,降于天上。"⑨玄武来自天上,又能知吉凶祸福,成为护送人们升仙的神物便很自然。还有《离骚》中的"为余驾飞龙兮,杂瑶象以为车"的描述,以及《汉书·郊祀志》中的详细记载,曰:"黄帝采首山铜,铸鼎于荆山下。鼎既成,有龙垂胡髯下迎黄帝。黄帝上骑,群臣后宫从上龙七十余人,龙乃上去。余小臣不得上,乃悉持龙髯,龙髯拔堕,堕黄帝之弓。百姓卬望黄帝既上天,乃抱其弓与龙髯号。"⑩

考察汉代墓室、祠堂、棺椁后,我们可以看到,四神是作为升仙工具出现最多的图像。在天门的四周有四神围绕作为接应,天门往往用"双阙"表示。在仙界主宰生死的西王母、东王公身边,四神常与三青鸟、玉兔、羽人、蟾蜍一起出现,作为天界之间往来的使者。有时四神也会与"太仓"、摇钱树、不死药、玉璧、车骑等一起出现,都是比拟四神作为仙界的灵物,具有沟通往来的作用。

按汉代人天地观念,天上是诸神的世界,是魂的理想归属地。《楚辞·远游》云:"贵真人之沐德兮,美往世之登仙。"⑪《论衡·道虚篇》云:"好道之人,恐其或若等之类,故谓人能生毛羽,毛羽具备,能升天也。"⑫西晋葛洪《抱朴子·内篇·论仙》中引《仙经》云:"上士举形升虚,谓之天仙;中士游于名山,谓之地仙;下士先死后蜕,谓之尸解仙。"⑬据此,也可知升仙的路又是不同的。在这些升仙的路数中,数尸解仙最为接近大众,也最受推崇。所谓尸解成仙,就是要待人死

---

① ~ ⑤,⑦,⑪ [宋]洪兴祖撰. 楚辞补注[M]. 北京:中华书局,1983. 42,46,228,228,196,171,71
⑥ [汉]焦延寿. 白话易林[M]. 西安:三秦出版社,1990. 75
⑧ [晋]郭璞. 庄子集解[M]. 扬州:江苏广陵古籍刻印社,1991 影印:50
⑨ [汉]司马迁. 史记[M].[宋]裴骃集解;[唐]司马贞索隐;[唐]张守节正义. 北京:中华书局,1972:3231
⑩ [清]王先谦. 汉书补注[M]. 北京:书目文献出版社,1995:527
⑫ 北京大学历史系《论衡》注释小组. 论衡注释[M]. 北京:中华书局,1979:411
⑬ [晋]葛洪. 抱朴子[M]. 上海:上海古籍出版社,1990:11

后,再从尸体中蜕解出来以成仙。由此可见,当时的人们认为保护好死者的尸体与升仙有着直接关系。因此,保护尸体不受魑魅魍魉的伤害,是一件重要的事情。

二、驱邪辟凶

由于古人相信鬼神的存在,因而随之就产生了对鬼神的敬畏和辟邪的观念。早在先秦时代,人们就企图用巫术支配自己的命运,这导致了巫术、祀神、驱鬼和镇魔的衍生发展。汉代人认为人的疾病和灾难是鬼蜮作祟的结果。《论衡·辨祟》云:"世俗信祸祟,以为人之疾病死亡,及更患被罪,戮辱欢笑,皆有所犯。"①人们唯恐在日常生活中"触鬼逢神,忌时相害",为了消除疾病、灾异,就要驱逐邪恶,并想出各种办法来驱魔逐疫。《盐铁论·散不足》中说:"世俗饰伪行诈,为民巫祝……是以街巷有巫,闾里有祝。"②《潜夫论·浮侈篇》中说:"今多不修中馈,休其蚕织,而起学巫祝,鼓舞事神。"③《史记·孝武本纪》云:"天子初即位,尤敬鬼神之祀。"④《汉书·郊祀志》对汉武帝恢复两粤鬼神祭祀的原因有明确记载:"是时既灭两粤,粤人勇之乃言:'粤人俗鬼,而其祠皆见鬼,数有效。昔东瓯王敬鬼,寿百六十岁后世怠嫚,故衰耗。'乃命粤巫立粤祝祠,安台无坛,亦祠天神帝百鬼,而以鸡卜。上信之,粤祠鸡卜自此始用。"⑤

由前述可知,汉代人以鬼神称述死后的存在,或曰鬼,或曰神,或鬼神并称。《礼记·祭义》云:"宰我曰:'吾闻鬼神之名,不知其所谓?'子曰:'气也者,神之盛也;魄也者,鬼之盛也。合鬼与神,教之至也。众生必死,死必归土,此之谓鬼。骨肉毙于下,阴为野土;其气发于上,为昭明。焄蒿凄怆,此百物之精也,神之著也。……'"⑥《礼记·祭法》云:"大凡生于天地之间者,皆曰命。其万物死,皆曰折;人死曰鬼。"⑦《列子·天瑞篇》云:"精神者天之有也,形骸者地之有也。精神离形,各归其真,故谓之鬼。鬼之为言归也。"⑧《说文》云:"鬼,人所归为鬼。"段玉裁注:"鬼、归二字以叠韵为训,鬼之为言归也。"⑨郭璞注《尔雅》引《尸子》云:"古者谓死人为归人。"⑩这说明古人曾把鬼看做是人死后最终的归宿,换而言之,人

---

① 北京大学历史系《论衡》注释小组.论衡注释[M].北京:中华书局,1979:1384
② 王利器.盐铁论校注[M].北京:中华书局,1992:352
③ [汉]王符撰;[清]汪继培笺.潜夫论[M].上海:上海古籍出版社,1978:143
④ [汉]司马迁.史记[M].[宋]裴骃集解;[唐]司马贞索隐;[唐]张守节正义.北京:中华书局,1972:451
⑤ [清]王先谦.汉书补注[M].北京:书目文献出版社,1995:532
⑥,⑦ [清]孙希旦.礼记集解[M].北京:中华书局,1989:1210-1219,1197
⑧ [晋]张湛注.列子[M].上海:上海书店,1986:5
⑨ [清]段玉裁.说文解字注[M].成都:成都古籍书店,1981:460
⑩ [晋]郭璞;[宋]邢昺疏.尔雅注疏[M].上海:上海古籍出版社,1990:60

鬼之间,是由人转化为鬼。人死后灵魂不灭,飘忽祖先坟地与已死亲族一起过生活,这就是原始社会公共墓地生成的基础,也是封建社会里家族墓地持续不断出现的潜在原因。钱钟书曾对先秦两汉典籍及有关资料中关于鬼神二者的关系进行过研究,得出"天欤、神欤、鬼欤、怪欤,皆非人非物,亦显亦幽之异属,初民视此等为同质一体,悚惧戒避之未遑。积时递变,由浑之画,于是渐分位之尊卑焉,判性之善恶焉,神别于鬼,天神别于地祇,人之鬼别于物之妖,恶鬼邪鬼尤沟而外之于善神正神"①。这是关于"鬼神"分合流变程途的中肯的分析。《淮南子·泰族训》云:"夫鬼神,视之无形,听之无声,然而郊天,望山川,祷祠而求福,雩兑而请雨,卜筮而决事。"②从汉代发展来看,鬼、灵、妖、怪并未区分,鬼可化为动物,动物也可成精变为人形,反映了汉代人们对鬼魂有形的认知,鬼的形态并没有固定为一种模式,与其他灵异体可以相互变化。

　　鬼文化是原始先民对自然界及自身的鲜血从困惑到恐慌进而产生的畏惧心理,并逐渐演变、积淀为一种全社会的文化传统。在我国各民族的观念世界中,鬼魂总是于冥冥之中对活人降灾降福,人们只能任由鬼魂摆布。汉代人认为,人死后各种厉鬼是妨害灵魂升仙的最大障碍,因此,在死后入葬就必须"先柩、及墓、入圹、以戈击四隅殴方良"③进行打鬼。打鬼是手段,是为升仙扫清道路,升仙是目的,打鬼和升仙是因果关系。《史记·秦始皇本纪》载:"卢生说始皇曰:'臣等求芝奇药仙者常弗遇,类物有害之者,方中,人主时为微行以辟恶鬼,恶鬼辟,真人至。'"④这样,那些不尊重死者尸体(同样也意味着不尊重死者灵魂)的做法,就不可能继续下去,否则将招致鬼魂的报复惩罚⑤。

　　西汉时期的《天历包元太平经》云:"葬者,本先人之丘居处也,名为初置根种。宅,地也,魂神复当还养其子孙,善地则鬼神还养也,恶地则鬼神还为害也。"⑥因而为死者造墓并构建一个美丽而完整的世界就显得尤为必要和重要。这不仅仅是出于逢年过节进行祭祀的需要,更是一种长久的祈愿、祷告和庇护。作为模拟宇宙的形态,四神图像在墓葬中的大量出现,就与构建和美化死者(魂灵)的环境有关,这使得地下的墓穴产生如同天界仙界的幻境,让魂神获得生人心理感受上的平衡。《汉书·佞幸传》云:"贤自杀伏辜,死后父恭等不悔过,乃复

---

① 钱钟书.管锥篇[M].北京:中华书局,1986:183-184
② [汉]刘安.淮南子[M].诸子集成·七.北京:中华书局,1954:348
③ [汉]郑玄注;[唐]贾公彦疏.周礼[M].上海:上海古籍出版社,1990:474
④ [汉]司马迁.史记[M].[宋]裴骃集解;[唐]司马贞索隐;[唐]张守节正义.北京:中华书局,1972:257
⑤ 赖亚生.神秘的鬼魂世界[M].北京:人民文学出版社,1983:49-51
⑥ 王明.太平经合校[M].北京:中华书局,1980:182

以沙画棺,四时之色,左苍龙,右白虎。"①另外,作为丧葬礼仪重要的组成部分,四神图像除了标志身份地位的功能之外,更与灵魂观念密切相关。《淮南子·泰族训》曰:"故大人者,与天地合德,日月合明,鬼神合灵,与四时合信。"②这表明一个有德行的人要与天地、阴阳、五行、四时相顺和,方能够昌盛顺达,这已成为中国古代社会生活之中普遍存在的观念。

汉代人认为,"墓者,鬼神所在,祭祀之处"③,是人间世界和鬼魂世界相互联系的纽带。在当时的观念中,死后的灵魂虽然到了地下世界,但并没有割断与人世的联系,灵魂与生人一样有感情,在地下世界依然留恋着人间的一切,要经常到宗庙或墓地的祠堂去接受子孙的祭祀,以重温人间的天伦之乐。对于鬼神的祭祀活动,其意义就是在现实的世界中创造出一个非现实的场景,并用这个场景连接神的世界,以上下传达人间之愿和鬼神指令。而创造出这一氛围的最主要手段,就是描绘出神灵的形象,营造出非现实的神灵出现的氛围。

不过同时也可以看到,汉代人面对鬼神的作祟并非一味消极惧怕,而是有所作为,通过奉祀以取悦鬼神,此外还采用一些巫术对恶鬼加以镇制。例如,"傩"本是中国古代驱除瘟神的巫术,汉代人在年底都要举行隆重的大傩仪式,以驱鬼辟邪。驱鬼辟邪仪式是人们向难以认识的天灾人祸进行抗争的方式,并以此来得到心灵上的宽慰和精神上的寄托。李宏在《原始宗教的遗绪——试析汉代画像中的巫术、神话观念》中说:"从汉代丧葬中画像砖石的内容来看,多着重祈福禳灾,着重于死之归宿(升仙)和生之安宁(打鬼),依照孙作云先生之论点,汉代画像石的宗法内容可以一言以蔽之,就是打鬼升仙。对疫鬼的祛祓和对天界神祇的向往,几乎囊括了当时民间信仰的全部。"④可以说,汉画四神图像便集中体现了这一点。

四神在汉代往往被人们画在门户上,用以驱邪避鬼。青龙、白虎在汉代便被列为宅中主神有十二一,用来保卫住宅。《论衡·解除篇》曰:"宅中主神有十二焉,青龙白虎列十二位,龙虎猛神,天之正鬼也,飞尸流凶安敢妄集,犹主人猛勇,奸客不敢窥也。"⑤铜镜上也常常会出现"左龙右虎辟不祥"的铭文⑥。《后汉书·礼仪志》注曰:"画虎于门,当食鬼也。"⑦汉《风俗通义》云:"虎者,阳物,百兽之长

---

① [汉]班固.汉书[M].北京:中华书局,1962:3740
② [汉]刘安.淮南子[M].诸子集成·七.北京:中华书局,1954:348
③ [汉]王充.论衡[M].上海:上海人民出版社,1974:357
④ 李宏.原始宗教的遗绪——试析汉代画像中的巫术、神话观念[J].中原文物,1991(3):80-85
⑤ 北京大学历史系《论衡》注释小组.论衡注释[M].北京:中华书局,1979:1436
⑥ 昭明,洪海编著.古代铜镜[M].北京:中国书店,1997:53
⑦ [南朝宋]范晔撰;[唐]李贤等注.后汉书[M].北京:中华书局,1965:3129

也,能执搏挫锐,噬食鬼魅。"①"画虎于门,皆追效前事,冀以御凶也"②。《太平御览》引《风俗通》云:"墓上树柏,路头白虎……魉者畏虎与柏。"③不仅如此,朱雀、玄武也能抵御魑魅侵害,守卫门户,驱邪保安。《拾遗记》云:"重明之鸟……能搏逐猛兽虎狼,使妖灾群恶不能为害……其未至之时,国人或刻木,或铸金,为此鸟状,置于门户之间,则魑魅丑类自然退伏。"④洪兴祖《楚辞补注》引云:"玄武,谓龟蛇,位在北方,故曰玄;身有鳞甲,故曰武。"⑤

在汉代人的心目中,青龙、白虎、朱雀、玄武守护天之一方,故而也能驱逐邪恶,辟除不祥,这与四神蕴含升仙的功能也有一定的关联。在"二元对立"的情况下,神与鬼不可避免地处于水火不容的位置上,四神作为导引升仙的工具、天界神灵的象征,自然可以驱凶辟邪。由于四神既有动物的凶猛形态,又具备人类自身或缺的特定功能,因此成为汉代驱邪避凶的主力形象。当四神驱邪辟凶的内涵日益凸显之后,其在方位、时间等方面反而相对模糊起来,并自然而然地形成了许多特有的四神构成形式。例如,在陕西、河南等地发掘的画像石墓中,大多数墓门的门扉都刻有铺首衔环。这些铺首衔环或与白虎组合在一起,或与朱雀组合在一起。白虎、朱雀刻于门扉上部,铺首衔环刻于下部。在陕北,有时在铺首衔环下还会增添青龙(左或右)、白虎(左或右)、独角兽等的形象。四神图像早期所具有的中心象征开始被拆散打破。

三、吉祥符瑞

两汉时期,祥瑞思想得到了空前绝后的发展。从朝廷到民间,对祥瑞都非常重视和迷信。普天之下,不论贫富贵贱,老幼尊卑,都有自己对祥瑞的追求和企盼,几乎达到控制社会心理的程度,形成一种占据主导地位的思想意识。在这种思想的导引下,变化莫测的自然现象和自然界众多的动植物都被罩上吉祥的光环,或者被涂抹上神秘的色彩,纷纷变成了祥瑞的象征。整个国家上至宫廷皇帝,下至平民百姓,他们的观念意识、社会生活、生产活动,无不打上祥瑞文化的烙印,对祥瑞的信仰普遍、强烈而又虔诚。

祥瑞思想实际上是天人感应思想的一种,即认为天人相通,祥瑞就是天对帝王治理天下德政的一种褒奖。《说文》云:"祥,福也。"段玉裁注:"凡统言则灾亦谓之祥,析言则善谓之祥。"⑥"瑞,以玉为信也。"段玉裁注:"典瑞,掌王瑞、王器之

---

① ,② [汉]应劭.风俗通义[M].上海:上海古籍出版社,1990:58
③ [宋]李昉等撰.太平御览[M].北京:中华书局,1960:4235
④ [晋]王嘉撰;[梁]萧绮录.拾遗记[M].北京:中华书局,1981:24
⑤ [宋]洪兴祖.楚辞补注[M].北京:中华书局,1983:171
⑥ [清]段玉裁.说文解字注[M].成都:成都古籍书店,1981:3

藏。"①祥瑞即吉祥符瑞②,亦称为"符瑞"、"瑞应"、"祯祥"、"嘉瑞"、"福应"等,是国祚兴盛、天下太平的征验与吉兆。一般来说,祥瑞是指罕见而美好的东西与现象。《白虎通义·封禅篇》云:"王者承天统理,调和阴阳,阴阳和,万物序,休气充塞,故符瑞并臻,皆应德而至。"③当然有好就有坏,与祥瑞对立的是灾异。灾异通常是指"自然灾害和反常的自然现象"④。《白虎通·封禅》举的主要祥瑞类型有:德至天、德至地、德至八表、德至草木、德至鸟兽、德至山陵、德至渊泉、德至八方、孝道至等等;主要灾异类型有:灾、异、变、妖、孽、日食、月食等等。祥瑞和灾异是物占被用于国家政治时的吉凶两类征兆。在汉代的社会生活中,祥瑞灾异占有重要的特殊地位。它们虽然以甘露、嘉禾或木连理等自然生物以及日食、地震和水灾等自然变化的形态出现,但是却往往被统治者和各级官僚有意或无意地赋予了神秘的色彩,认为它们是天命的象征、上天的旨意,是上天对人君施政的肯定或谴告,具有特殊的重要意义。四神图像作为"天人感应"思潮的产物,能够成为吉祥符瑞的代表也是顺理成章的。

  细究起来,这种以天人感应为基础的祥瑞灾异思想,有着悠远的文化脉络,从根本上来说是起源于占卜。原始社会中的先民在日常生活中经常面对来自自然界和社会的各种压力,如无法控制的风、雨、雷、雪等自然现象,还有虎、狼、熊、豹等凶猛野兽也时刻威胁着他们的生存。出于趋利避害的本能,先民需要对日常事务的吉凶做出预测。在客观规律尚不能认识把握的情况下,他们往往把自然界和社会生活中的某些特殊现象作为吉凶的征兆,用以指导日常的事务。有些现象具有规律性,所以约定俗成地被规定为吉兆或凶兆,如风调雨顺为吉兆,阴雨狂风为凶兆。这种依据自然现象预测吉凶的现象是古代祥瑞思想的滥觞。随着历史的发展,尤其是国家产生以后,最初依据自然现象预测吉凶的思想逐渐被赋予天和神道的色彩。到了两汉时期,祥瑞灾异思想完成了系统化的理论建构,逐渐发展成为一套预测国家兴衰的完整的国家政治哲学⑤。

  完成这一系统的是西汉著名学者董仲舒。他将先秦祥瑞灾异思想进行了系统的总结与提高,并将之纳入了"天人感应"的宇宙图式中,云:"帝王之将兴也,其美祥亦先见。"⑥并将这种祥瑞之象称作"受命符"⑦,是"非力之所能致而自至者"⑧。而"灾异之本,尽生于国家之失。国家之失乃始萌芽,而天出灾害以谴告

---

① [清]段玉裁.说文解字注[M].成都:成都古籍书店,1981:14
② 《辞源》,北京:商务印书馆,1988年,第236页。
③ [清]陈立撰.白虎通疏证[M].北京:中华书局,1994:283
④ 《辞源》,商务印书馆,1988年,第1037页。
⑤ 金霞.中国古代政治文化视野中的祥瑞灾异[J].青岛大学师范学院学报,2005.22(4):5-9
⑥~⑧ [汉]董仲舒著;[清]凌曙注.春秋繁露[M].北京:中华书局,1976:445,196,196

第四章　汉画四神图像的内涵

之;谴告之而不知变,乃见怪异以惊骇之;惊骇之尚不知畏恐,其殃咎乃至"①。可见董仲舒的祥瑞灾异学说既是为君主的统治权威寻找理论依据,又试图通过灾异等上天的谴告对君主的失政和不德加以制约。从汉武帝开始,两汉时期历代皇帝都借祥瑞以歌功颂德,粉饰太平,把大量祥瑞的出现当做渲染政绩和维护帝王权威的天然工具。所以说"两汉多凤凰"②,"光武信谶书"③,这也是汉代政治的一个重要特点。渲染政绩只是祥瑞支持皇权的一种表现,不仅如此,祥瑞在皇位嬗替中,尤其在对以非合法性继位的皇帝形象的塑造中,更是发挥着重要的政治功能。

在这种思想背景之下,王室的正统性基于两点:一是开国皇帝与古代圣贤帝王的关系;二是每个汉代皇帝与上天之间的直接联系。二者都需要祥瑞作为证明。其结果是两种并行的发展倾向:一是变本加厉地将汉高祖神话化;二是越来越频繁地制造祥瑞征兆并繁衍其代表神物④。《汉书·高帝纪》曰:"母媪尝息大泽之陂,梦与神遇。是时雷电晦冥,父太公往视,则见交龙于上。已而有娠,遂产高祖。""隆准而龙颜,美须髯,左股有七十二黑子。""白帝子也,化为蛇当道,今者赤帝子斩之。"⑤所有这些都被解释成高祖受天命创大业的证据。再如在王莽篡汉的过程中,符命、祥瑞就起到了推波助澜的作用。《汉书·王莽传》云:"是月,前辉光谢嚣奏武功长孟通浚井得白石,上圆下方,有丹书著石,文曰:'告安汉公莽为皇帝。'符命之起,自此始矣。"⑥又云:"梓潼人哀章,学问长安,素无行,好为大言。见莽居摄,即作铜匮,为两检,置其一曰'天帝行玺金匮图',其一署曰'赤帝行玺某传予黄帝金策书'。某者,高皇帝名也。书言王莽为真天子,皇太后如天命。"⑦隗嚣曾针对此事云:"矫作天命,伪作符书,欺惑众庶。"⑧东汉光武帝刘秀能就天子之位,符瑞也发挥了配合作用。《后汉书·光武帝纪》云:"行至鄗,光武先在长安时同舍生强华,自关中奉赤伏符,曰'刘秀发兵捕不道,四夷云集龙斗野,四七之际火为主'。群臣因复奏曰:'受命之符,人应为大,万里合信,不议同情,周之白鱼,曷足比焉? 今上无天子,海内淆乱,符瑞之应,昭然著闻,宜答天神,以塞群望。'光武于是命有司设坛场于鄗南千秋亭五成陌。"⑨可见符瑞已经成为王者受命于天且受上天庇护、代代相传的有力证据。

龙虎从远古即为王权的象征,青龙、白虎自然也具有这种含义,西王母坐龙虎座就是这种王权形象的继承。玄武作为灵龟形态,也是先古占卜的重要器具,

---

① [汉]董仲舒著;[清]凌曙注.春秋繁露[M].北京:中华书局,1976:54
②~③　赵翼.廿二史札记[M].北京:中华书局,1963:56,76
④　[美]巫鸿.武梁祠——中国古代画像艺术的思想性[M].杨柳,岑河.北京:生活·读书·新知三联书店,2006:108
⑤~⑦　[清]王先谦.汉书补注[M].北京:书目文献出版社,1995:1,1679,1072
⑧~⑨　[南朝宋]范晔撰;[唐]李贤等注.后汉书[M].北京:中华书局,1965.515,21-22

自然祥瑞的内涵非同一般。朱雀与周朝的兴起有着关联,与王权也有联系,加之与凤凰、三青鸟、金乌等都有雷同复合之处,也自然成为祥瑞的表现对象。《春秋左传》杜序:"麟凤五灵,王者之嘉瑞也。"①加之四神图像是"天人感应"理论中的重要宇宙图式元素,不仅作为天、星宿、四方、四时、珍禽异兽的代表,同时也成为吉祥符瑞的代表,在汉代的祥瑞记载中屡见不鲜。《孔氏瑞应图》云:"龟,神异之介虫也。玄采五色,上隆象天,下平象地,生三百岁。游于蕖叶之上,三千岁尚在蓍丛之下,明吉凶,不偏不党,唯义是从,王者无偏无党,尊重耆老,不失故旧,则出。"②《宋书·符瑞志》云:"灵龟者,神龟也,王者德泽湛清,渔猎山川从时,则出。五色鲜明,三百岁游于蕖叶之上,三千岁常于卷耳之上,知存亡,明于吉凶。禹卑宫室,灵龟见。""玄龟者,天符也,王者德至渊泉,则雒出龟书。"③《宋书·符瑞志》云:"夏道将兴,草木畅茂,青龙止于郊。""青龙临坛,衔玄甲之图,吐之而去。礼于洛,亦如之。玄龟青龙苍兕止于坛,背甲刻书,赤文成字。"④又云:"白虎,王者不暴虐,则白虎仁,不害物。"⑤《艺文类聚》引《瑞应图》曰:"白虎者,仁而不害。王者不暴虐,思及竹苇则见。"⑥《宋书·符瑞志》云:"赤雀,周文王时衔丹书来至。"⑦《艺文类聚》引《孝经援神契》:"德至鸟兽,白虎见。"⑧《艺文类聚》引《瑞应图》:"赤雀者。王者动作应天时,则衔书来。"⑨《遁甲》说:"赤雀不见,则国无贤。"⑩此处赤雀,即为朱雀。

四神图像作为祥瑞图像的普及,其组合形式产生进一步变化,单一的四神元素开始频繁出现,如山东武氏祠出现的单一白虎;有时又与一群祥禽异兽出现在一个画面上,在东汉晚期这类画面较为多见。四神的天界、星宿、四方、时空等概念内涵都无从体现,形成与常识概念下的四神图像相异的另一类四神图像表现系统。此外,祥瑞灾异所富含的隐语暗示与象征意义对人们的思想和心理都产生了潜移默化的渗透,而这种影响不仅没有随着时间的推移逐渐消退,反而经过历史的积淀,持续而深刻地影响着整个四神图像体系及其文化内涵。

综上所述,汉画四神图像作为一种观念存在,其意义不是预先给定的,它们存在于历史之中并随着时代和文化的迁替而变化,体现了汉代各个时期不同阶层的文化认知方式。四神作为时空合一、宇宙模式的形态,虽然全都导源于最初的宗教结构中,但它们一旦获得自己的叙述方式,便立即脱离宗教母体而形成独立的观念品质。所以,当人们重新审视这段历史和历史背后的观念形态时,就必然要在全新的宗教和历史语境中实施自己的文化解读,由此导致特定观念形态有限度的变动。事实上,汉人建构四神图像的各种相关要素都可以在这之前找

---

① [晋]杜预等注. 春秋三传[M]. 上海:上海古籍出版社,1987:2
②、⑥、⑧~⑩ [唐]欧阳询. 艺文类聚[M]. 上海:上海古籍出版社,1982:1718,1716,1712,1712
③~⑤,⑦ [梁]沈约. 宋书[M]. 北京:中华书局,1974:800,763,807,812

到历史的原型,所不同的只是要素和要素之间的组合关系。这种新结构的形成,其基本动因就在于建构主体及其理解的变化,其中还可能掺合着有意、无意的文化误读。至于汉人之所以将四神的意义切换,可能是为了迁就阴阳五行主题的关联,以达到弥合两者之间所存在的裂痕。我们从中也可见出四神图像在汉代的普及,乃是汉人杂糅天文、历史、图像而进行的观念表达,充分体现了汉人的历史观和文化认知模式。

小 结

"前(上)朱雀南、后(下)玄武北、左青龙东、右白虎西"作为四神图像的固定方位模式,在汉代艺术中被广泛应用。与此同时,四神图像也大量存在着青龙与白虎位置互为逆反的现象,即"右青龙、左白虎"。这两个不同的四神图像体系,实际上代表了观察者面对不同的方向所观测到的不同星象。观测南中天的星象,采用的方位是面南背北;观测北极星,采用的方位是面北背南。古人尊南为上为前,以北为后为下,因此,当古人观测南中天的星象时,在星象图上表现出左青龙东、上(前)朱雀南、右白虎西、下(后)玄武北呈顺时针方向旋转;当古人观测北极星时,在星象图上表现出右青龙东、上(前)朱雀南、左白虎西、下(后)玄武北环绕北极星呈逆时针方向旋转。这种方位描述是基于实际观测经验作出的。而后一种模式同样可以通过四神图像在墓门区域的方位表现反映出来。铺首衔环图像一般位于墓门门扉区域的中部,在朱雀之下、青龙和白虎之上,取衔环之定制,始终处于视觉构成的中心区域,具有天帝(北极)位居中央、唯我独尊的象征意义。

四神星象图几乎都出于墓室,其在汉代的流行普及,并非只是为了直观反映天文现象,更主要的是为了使死者在冥界享受快乐、步入仙界,同时使生者得到庇护,保佑子孙平安昌盛。这与汉代推崇"天人感应"学说有着极大关联,同时又是汉代占星术盛行的产物。因此,至少可以从三个方面来理解四神星象图:第一,丧葬在汉代人宗法意识中的现实意义;第二,天象图在丧葬中的象征意义;第三,反映了汉代人阴阳两分的天象观念。

对于特别讲求实用功能的汉代人来说,四神图像的选择与当时人们的理想追求密不可分,与汉代社会流行长生不死的主流思想也密不可分。四神图像作为一种宇宙象征主义的信仰,所具有的中心象征说也是其在升仙图中频繁出现的原因之一;同时升仙必须要借助各种祥禽瑞兽作为接引工具,而青龙、白虎、朱雀、玄武,因为渊源有自,于是顺理成章地被人们当成接引使者并受到膜顶崇拜。不仅如此,由于四神既有动物的凶猛形态,又具备人类自身或缺的特定功能,因而也成为汉代驱邪避凶的主力形象,被人们画在门户之上,用以驱邪避鬼,保卫住宅。

两汉时期,祥瑞思想也得到了空前绝后的发展。四神图像被作为祥瑞图像得到普及,其组合形式因此产生进一步变化,单一的四神元素开始频繁出现,形成与常识概念下的四神图像相异的另一类四神图像表现系统。此外,祥瑞灾异所富含的隐语暗示与象征意义对人们的思想和心理都产生了潜移默化的渗透,而这种影响不仅没有随着时间的推移逐渐消退,反而经过历史的积淀,持续而深刻地影响着整个四神图像体系及其文化内涵。

第五章　汉画四神图像的影响与演化

正如汉文化在中国历史上占据重要地位一样，四神图像也可谓影响深远。四神图像出现的初衷可能具有超现实的神秘意义和巫术功能，如与神沟通或者是祈求魂魄的升仙安息等。但这一切最终都是为了解决现实中人的问题，附上了很强的现实功利色彩，所以能够得到发展是必然的。研究表明，中国人与天沟通的愿望和对占据宇宙中心的追求由来已久，至汉代追求天地人一体的"天人感应"思想已经成为主流，汉画四神图像正是这一思想的物态表现形式之一，并以极大的丰富性、成熟性、普及性而成为汉代以后各个封建王朝四神图像的临写摹本。随着时代的发展，四神观念与功能发生了转变，四神图像本身具有的天文学含义逐步被淡化。由于魏晋以后开始引入与相地有关的风水理论；道教将其吸收进神仙系统，进行了人格化的变更，再加上其自身组合形式的分散；甚至后期出现了对四神元素含义的谬传，这些都使得后代的四神图像难现当时在汉画中的兴盛与风采。尽管如此，四神图像仍因其浓厚的民族文化特色而融入国人的血脉之中，其中以汉画四神图像作为成功的观念符号的典型，形成国人心理上的文化同构，至今影响着我们的生活。

第一节　汉画四神图像的艺术成就及影响

汉画四神图像绘制的是汉人心目中的天宇灵物，是天地宇宙的象征，体现着汉代艺术的审美表现与追求，可谓是汉代大气磅礴、奇特神秘的艺术风格典范之一。尤其是四神图像"十"字型的图式，一经创制便已具有了神秘乃至神圣的意义，对后世艺术的发展产生了深远的影响。

一、汉画四神图像的艺术成就

汉画四神图像，表现出的灵动飞扬或朴拙厚重的审美视野、原始神秘的无限宇宙意识、超越模拟的象征意象造型和神秘虚幻的感观生命追求，无不是以大汉王朝博大精深的思想背景为前提，反映了汉代儒、道、巫三家的精神要旨。而其在壁画、帛画、画像石、画像砖、铜镜、瓦当、陶器、漆器等方面的全面兴盛与发展，又无不展现出汉代艺术的丰富多彩，也一定程度上代表了汉代的艺术水平和成就。

首先,汉画四神图像具有极强的象征意义,虽然有时呈现出现实的"人"与幻想的"灵"的杂糅,但青龙、白虎、朱雀、玄武的动物形象始终是图像的主题。这种象征思维表现为一种建立在"相似律"之上的巫术效应,把四方、四季、四神、四灵、四色等本来不相类的事物放在一个人文建构的图式中加以整体的、混沌性的把握,使本来无秩序的宇宙有序化。汉画四神图像从题材到表现手法上都较为接近,题材就是龙、虎、鸟、龟、蛇以及附属的相关祥禽瑞兽、神仙人物等,表现手法都是夸张、变形与写实、写意并举,力求沟通人神,守护四方,融现实与虚幻为一体,实现升仙和居于宇宙中心的理想追求。

其次,汉画四神图像是一种具有鲜明绘制目的和创作意识的图像体系。四神图像本是星宿崇拜、图腾崇拜、鬼神崇拜的产物,以动物形象为欣赏主体,但其描绘的内容却涉及了神话传说、神灵异兽、山川自然、日月星云等图像,为观者组成了一个物态形象化的天地,开辟创造出另一个神奇的世界,升华为天人合一的、神灵护佑的、可以驱灾辟邪的、能羽化升仙的、有吉祥寓意的以及充满安乐生活享受的天地人境界,从祭祀和禳灾祈祥的角度来说足以使人得到满足与慰藉。这种汉代特有的审美表现与追求,将现实的事物(组合夸张的动物形态)和幻想虚构的神仙世界浪漫交织在一起,透露出当时社会所弥漫的神秘、浓烈的宗教气息。可以说,四神图像吸纳了日月星辰、飞禽走兽等自然之美,不仅如此,无论是单体化的融入,还是系统化的构建,常常有意识地将谶纬学说、阴阳五行、天圆地方等社会思想的内容融合进它的逻辑结构,从而使四神图像的形式美中又蕴含了汉代社会认可追求的理想道德成分。

第三,汉画四神图像在表现形态上采用形象的图形化和符号化,虚构出一个真实的流转不息的宇宙时空形态,从而达到识别所描绘物象名称的用意,同时又暗示性地传达出作品的精神内涵与品质。这种内涵与品质是通过整体概括的视觉感受来实现的。它要求物象整体富有特色且鲜明生动以达到神似,给人一种真切感,表现物象的内容又要求合乎事物的本质,给人以合理性。汉画四神图像的形象正是靠这种似真、幻真传达出特定情景。从直接表象层面来看,主要表现为形象之大、姿态之夸张、动作之张扬、力度之强劲等,均达到无所不用其极的程度,无拘无束且又自由奔放,巧妙地创造出四神元素最具典型特征的姿态、动作。各种艺术形象的塑造,都不是追求精雕细饰,而是以概括、简约的整体动态形象见长,在写实的基础上充分运用艺术的想象,大胆提炼、夸张,赋"神"于粗犷的外形之中,通过总体的"形似"来求得"神似"。这种表现技法,为中国画的发展积累了经验。我国运用线条描绘物象的历史可上溯到新石器时代,但在直到三代的漫长岁月中,绘制最多的都是装饰纹样、动物纹样和超自然形象。从考古资料来看,四神图像继承了这种表现传统,主要形象都以线塑形,手法简洁大方,率真明

第五章　汉画四神图像的影响与演化

快。其勾线作用有三：一是表现物象轮廓，将物象从画面的背景空间里划分出来；二是表达物象本身的体积和特点，通过勾线的纯艺术语言，形成物体的穿插与组合；三是构造物象自身的骨架与质体，显现物象的本质特点。通过四神图像可以看出，汉代的画工已经能够娴熟掌握线的表现手法，均匀勾勒，粗犷朴拙，变通运转，通过运笔勾线的轻重、疾缓、转折、顿挫，表现出物象的形态特点，并构成画面的节奏、旋律，增加画面的气氛，丰富了艺术的情趣，出色地表达出艺术主题。

第四，汉画四神图像基本采用了"十"字形的构图方式，与以四神围绕的"神圣的中心点"相符。从考古发掘来看，商代已经建立了一个符号象征主义的宇宙观。殷王要通过占卜和祭祀来确保他们逝去祖先的福佑，同时把大地、宗庙、墓穴建成宇宙象征的图式。如将大地划成"四方"，东、南、西、北都是"禘"祭的对象和风的住所[①]，并由此推断出殷人心目中的土地是"十"字形的，由"十"来划分天地、上界与下界（五方与六方）。埃利亚德认为中心是"最显著的神圣地带，是绝对存在物的地带"，通过这一中心点可以接近神灵，最终与神灵世界达到和谐。中国人称自己的国家是"中央之国"，便有这种神圣的意义。从汉画四神图像可以明确看到这一象征形式的面貌。后期随着祥瑞、辟邪功能的兴盛，一些四神图像逐渐模糊了这种固定的方位观念模式，甚至开始采用单一、分散的构图方式。总体来说，汉画四神图像的这种超越时空的组合不仅不会让人产生生拼硬凑的感觉，反而会体验到一种奇异的和谐之美，因而感受到一种动静相宜、壮美与秀雅、庄严与活力共存的、天人合一的流动的美感，使得四神图像更加接近人生命的本质和宇宙的形态，其物象把语言无法描述清楚的事物通过图像呈现出来。

第五，汉画四神图像还以色彩的灵活运用来营造视觉上的美感形式。其用色首先突出的是大色块的构成关系，其次是微妙的色彩变化，在着色上强调固有色对比，设色以黑色、石青、石绿或朱砂为主，间施以赭、黄、紫、红、白色等色，在沿用春秋战国以来绘色"尚朱黑"的传统基础上，从单纯的原色扩大为复杂的间色配置，整体色调明亮而又富于变化，带有鲜明的时代性。无论从色调构成还是色相对比、纯度对比等方面看，都表现出相当娴熟的驾驭色彩的水平与能力。

在充分体悟四神图像的艺术特征与成就之时，我们也感受到汉画四神图像发轫于人和宇宙的关系，是人对外在世界关系反思的结果，根子却在人的社会关系上，宇宙的秩序只是人的社会秩序的象征表现。换而言之，都是汉代人们对生存环境、生命永驻追求的"作为"。四神图像在汉代的盛行实际上是社会中不可解决的愿望的一种想象性的解决办法，有利于缓解人们的精神张力和敌对情绪。

---

① 丁山.中国古代宗教与神话考[M].上海：上海文艺出版社，1988（据龙门联合书局 1961 年版影印）：78

通过对四神图像的艺术创造,可以表现为一种蕴涵深邃的意义空间的仪式化行动,使个人愿望得到象征性的满足,折射出汉代人强烈而久远的生存期望。

二、汉画四神图像的影响

贡布里希在《等级观念》一书中曾经指出:"没有什么出自于虚无。伟大的装饰风格不再是某一个人的发明。……去修饰、丰富或精简一个既定的复杂结构,比在一片空白中构造一个结构容易得多了。"[①]作为盛行于汉代的图像符号,汉画四神图像流传至今,必然会对后世艺术产生影响,为后世的艺术家们所采纳、吸收与运用。

1. 对吉祥纹样的影响。

吉祥纹样,作为群体生命生存情感的象征,亦是一部充满生命色彩和吉祥美好祈愿的生存艺术史。吉祥纹样无论从发生、发展、艺术形态、艺术功能以及艺术符号和艺术内涵等方面,始终与群体的生存生活休戚相关。在中国漫长而稳定的农耕文化生存形态中,吉祥纹样的生命价值远远超越了艺术本身,它成为群体重要的生存感情基础;成为生存者约定俗成的习俗生活方式,成为生存者祈求生存、繁衍、吉祥兴盛的重要心理手段,成为民众向神灵、自然同时也向自身的鸣礼祝福。四神图像正是在汉代以后逐步融入"吉祥纹样"而渗透于习俗生活的各个层面(在汉代的民俗生活中已经普及)。

生存与繁衍是整个吉祥纹样的生命主题;信仰与民俗是吉祥纹样发展的核心与载体。吉祥纹样依附于民俗文化,信仰是民俗形成的主导,吉祥文化观也正是信仰习俗的产物;辟邪、纳福、求吉是吉祥艺术观主要的文化内涵。围绕着这些内涵,我们可以看到与之相对应的四神图像象征体系。原始文化中的神灵观及图腾崇拜的产生已奠定和确立了吉祥文化意识的初始文化原型,之后所有的民间形象都是在图腾的基础上发展演变而来的,这也使得其中最为普及兴盛的四神图像的地位尤为突出。

自汉代开始,四神作为谶纬之言的载体,是象征君德国运的瑞应之兽以及封建时期政治思想——德治的工具。汉代人认为,之所以出现珍禽瑞兽,是因为人世间的帝王将相或者有德行的高士、孝子感动了上天,上天即降下这些表示祯祥福祉的东西以应。汉代以后,四神图像所具有的"天人合一"、"沟通阴阳"、"驱邪辟凶"等的象征隐喻,都与民族传统文化惯用的思维方式和想象逻辑相为符合。以天、地、人三才为生存模式的传统思维方式使得四神图像在民族习俗文化生活中形成多变、务实、功利的文化特征,并完整融入民族吉祥艺术体系。汉画四神

[①] 转引自罗森著;孙心菲等译;范毓周等校.晚周青铜器设计的意义和目的[J].中国古代的艺术与文化.北京:北京大学出版社,2002

图像的组成元素丰富繁杂,且都成为后世吉祥纹样直接借鉴的素材,逐步成为"典型样式"。

四神图像从初期对质朴生命功利价值的追求,逐渐趋向社会化世俗功利价值的选择,这也反映出封建社会从初期到没落的社会伦理人生价值观的变化。但由于封建农耕社会文化形态延绵不断的发展,四神图像仍蕴涵着大量古老的文化原型和生命内涵,成为我们研究民族吉祥纹样,认识民族心理情感的重要文化参照。如果说四神图像作为非艺术目的的艺术创造,为我们提供了多重的文化价值,那么,我们的文明的确犯了一个不应有的错误,在赞颂艺术伟大的奇迹之时,却忽略了人类的另一种创造——那些文化积淀深厚、渗透在民众生存观念和习俗生活中司空见惯的艺术行为与方式,忽略了人类心灵与艺术存在着的深厚、古老而又普遍的生命联系,因而也忽视了艺术潜在的对人类生存广阔而又深远的生命意义与价值。从这一意义上讲,四神图像注重人与自然的和谐共存、艺术与人类生存生活精神互补的文化传统,为我们提供了非常有益的启示。

2. 对道教神灵图像的影响。

道教自东汉正式创立以后,就吸收了中国古代四方神灵的崇拜,四神成为道教的护卫神。《抱朴子》中描述老子(太上老君)形象时称:"左有十二青龙,右有二十六白虎,前有二十四朱雀,后有七十二玄武。"①《云笈七签》卷二十五《北极七元紫庭秘诀》云:"左有青龙名孟章,右有白虎名监兵,前有朱雀名陵光,后有玄武名执明,建节持幢,负背钟鼓,在吾前后左右,周匝数千万重。"②只不过此时的四灵只是道教中的护卫神,在道教神系中地位并不重要。

汉晋以后,四灵中的青龙、白虎被神格化,成为道教守护神。青龙称"孟章神君",白虎称"监兵神君"。道教宫观常将青龙、白虎作为守卫山门的神将。朱雀作为道教护卫神虽然没有什么新的发展,但是它的变化却较为神秘,常以一种神鸟的身份出现,即为后来的凤凰(陵光神),被道教奉为神灵而广泛信仰。《梦溪笔谈》卷七云:"四方取象,苍龙、白虎、朱雀、龟蛇。唯朱雀莫知何物,但谓鸟而朱者,羽族赤而翔上,集必附木,此火之象也。或谓之长离……或云,鸟即凤也。"③玄武神则吸收了汉代纬书中"北方黑帝,体为玄武"的说法,加以人格化,成为道教的大神。宋真宗时,为避尊祖赵玄朗之讳,将玄武改名为"真武"。《元始天尊说北方真武妙经》称,真武神君原为净乐国太子,长而勇猛,誓愿除尽天下妖魔,不统王位,并将太和山改名为武当山,意思是"非玄武不足以当之"④。宋天禧

---

① [晋]葛洪.抱朴子[M].上海:上海古籍出版社,1990:116
② 蒋力生校注.云笈七签[M].北京:华夏出版社,1996:142
③ [宋]沈括.梦溪笔谈[M].长沙:岳麓书社,1998:66
④ 吕景琳点校.广志绎[M].北京:中华书局,1981:88

(1017—1021年)中,诏封为"真武灵应真君"。元朝大德七年(1303年)又加封为"元圣仁威玄天上帝",成为北方最高的神。明初,燕王朱棣发动"靖难之变",夺取王位。据说在整个行动中真武曾经屡次显灵相助,因此,朱棣称帝后特加封真武为"北极镇天真武玄天上帝",并大规模修建武当山的宫观庙堂,在天柱峰顶修建"金殿",奉祀真武神像。为了塑造真武神的庄严形象,原来的龟蛇之形也逐渐衍变为他降服的两位神将。《太上玄门元始天尊说北方真武妙真》描述说:"北方玄武真神,披发黑衣,金甲玉带,仗剑怒目,足踏龟蛇,顶罩圆光,形象十分威猛。"由于帝王的提倡,真武神的信仰在明朝达到鼎盛阶段,宫廷和民间普遍建立真武庙。现在道观中供奉的真武神像,旁边常塑龟、蛇二将,戴盔贯甲,十分威武庄严。

道教对四灵的崇拜在斋醮科仪中也有所反映,最明显的是《进表》科仪和《玄帝灯仪》。在《进表》科仪中,道士将书写信众祈愿的表文,通过步罡踏斗,飞送天庭,祈告上苍,众神光临醮坛,赐福延寿,先灵受度。其中的"罡单"即以道教崇拜的四神、二十八宿和九宫八卦组成。随着四灵科仪的不断完善和发展,大约在宋代时就形成了以四神为内容的醮仪符。《灵宝领教济镀金书》卷262即收有青龙、白虎、朱雀、玄武等四神真符,卷275还收有四灵符拾文。这些都是道教开度祈禳仪式的重要内容,四灵崇拜在道教科仪中有了一定的地位。宋代以后,"四神"已成为道教的尊神,受到广泛奉祀,有关"四神"的经书文诰也相继产生,大大丰富了四神科仪的内容。明《正统道藏》中就收有近二十种之多。其中有关"真武"的经文和忏悔文就近十种,反映了道教对真武大帝的特别崇拜①。

3. 对民俗生活的影响。

汉代以后,四神图像出现在民众的风俗生活中,以在风水学说中的应用最为突出。风水,又称"堪舆",是先民对生存及死后"栖息"环境条件的选择。风水文化就是关于生存环境选择的文化②。郭璞《葬书》云:"葬者,乘生气也。经曰气乘风则散,界水则止,古人聚之使不散,行之使有止,故谓之风水。"③又云:"故葬者以左为青龙,右为白虎,前为朱雀,后为玄武。"④传世的《阳宅十书》"论宅形第一"说:"凡宅,左有流水谓之青龙,右有大道谓之白虎,前有污池谓之朱雀,后有丘陵谓之玄武,为最贵地。"⑤《三国志·魏书》卷二十九《方技传》载管辂评价毋丘俭墓时说:"玄武藏头,苍龙无足,白虎衔尸,朱雀悲哭,四危以备,法当灭族。"⑥说

---

① 丁常云.道教与四灵崇拜[J].中国道教,1994(4):28-31
② 周鸿.文明的生态学透视——绿色文化[M].合肥:安徽科学技术出版社,1997:62-71
③,④ [晋]郭璞、[元]吴澄删定.葬书[M].四库全书·子部114·808册.上海:上海古籍出版社,1987:14,29
⑤ [明]王君荣.阳宅十书//顾颉主编:堪舆集成.重庆:重庆出版社,1994:191
⑥ [晋]陈寿撰;[宋]裴松之注.三国志[M].北京:中华书局,1959:825

明管辂正是用天象中四神来占断吉凶的。可见用四神来判断吉凶的理论由来已久。古人为何如此重视宅居或墓穴四周的四神呢？我想其深层原因应是隐藏在秦汉时期人们心中的天人合一理念。从相宅卜葬的实践上看，其目的是想飞升成仙，其最佳地点就是四神围绕的"神圣中心"，以求与"天"的快速通达。汉画四神图像在建筑与墓葬中的兴盛都与此有一定关联，是为了寻觅"神圣的空间"。汉代以后，四神形态扩充为中国风水理论的一条重要原则，不论选择阳宅、城址还是墓葬之地，都遵循这条原则。

从考古发掘的实物来看，汉魏时期的六壬式盘可以说是象征天地的微缩作品。式盘上面可旋转的圆盘是天盘，下面固定的方盘是地盘，象征天圆地方。天盘中心是北斗，围绕北斗有六壬十二将；周边是二十八宿（四神），地盘标示二十四向，并有二十八宿（四神）。汉魏时期的六壬式盘上天盘（天上四神）、地盘（地面八方二十四向）俱全，是勘天舆地的工具，也是六壬方术士占卜吉凶的工具，当时的方术士就是以天地盘以及六壬十二将来占断人间吉凶的。汉魏时期的六壬式盘也是后来风水术士的工具，后来风水术士所用的罗盘就是从这种六壬式盘脱胎而来。

总体来说，风水学说就是为阴宅、阳宅寻找一个舒适的环境，它要求这些场所"依山靠水、阴阳协调，静谧祥和"。其实是对秦汉时期四神围绕的通天达地的神圣中心点的继承与发展，都是想得到一个区别他处的理想环境，以获得对墓主或其后人的驱邪辟凶、吉祥如意的祝愿。

第二节　汉后四神图像的演化

四神图像在汉代的设计倾向于以青龙、白虎、朱雀、玄武呈"十"字形。布列，试图营构一种宇宙时空循环景象，同时又与先秦两汉盛行的灵魂观念和神仙思想密切地相互融合，具有显著的神巫性质。但是汉代以后，四神图像无论是形式还是观念或者内涵在原有的基础之上发生了一些转变。

一、从核心走向陪衬

自汉代开始，四神观念分为两个系统：一是被汉代视为谶纬之言的载体，由吉兽升格为象征君德国运的瑞应之兽；二是作为民俗、宗教系统的定位，四方、四季、四色、星空区域等物化形态的宇宙形态和驱邪辟凶的四方守卫神。东汉晚期及以后，四神图像在符命系统中仍旧保持相对稳定的神性，而在民俗宗教观念中却发生了系列变化。比较突出的是四神被道教融入其信仰系统，成为人们宗教幻想的神灵，其中以玄武的"人形化"转变最为瞩目。

真武,古称玄武,民间又称为北帝、黑帝、玄帝、荡魔天尊、真武大帝、喧天上帝等,是道教尊奉的大神之一。玄武从早期的星宿神衍变为战国秦汉时期的四神之一,魏晋南北朝时期则成为太上老君的侍卫神,唐代是北极紫薇大帝的神将,北宋是"真武灵应真君",元代是"元盛认为玄天上帝",明代是护国神。宋、元、明三代是玄武神格地位上升的关键时期,逐渐从武神变为文神,从地域神变为全国神。伴随着玄武地位的提升,玄武图像也随之发生了变化。宋代是玄武完全走向人格化的时期,其形象被形容为如《太上玄门元始天尊说北方真武妙真》云:"北方玄武真神,披发黑衣,金甲玉带,仗剑怒目,足踏龟蛇,顶罩圆光,形象十分威猛。"在此处,原本组成玄武主体的龟、蛇变成被降伏的对象,有时也作为附属神出现。

那么,以长生成仙为宗旨的神仙道教对玄武的嬗变到底产生了什么样的影响呢?魏晋神仙道教极力鼓吹"人"在万物世界的中心地位,使得"人化"成为万物变化的趋向。最初的神仙形象大多带有原始宗教崇拜的遗迹,呈现半人半兽形,就像《山海经》中描绘的"豹尾虎齿"的西王母。在古人的观念中,神仙是异种异类,神仙世界是与人间完全隔绝的。尽管很多神仙还呈"羽人"形态,"体生毛,臂变为翼,行于云"[①],但由于道教的宣扬,神仙的兽形特征已经消减不少。随着老子、姜太公、东方朔等具有血肉之躯的人物被列入仙谱,更大大弱化了神仙的异类色彩。再加上刘安带着鸡犬升天之类的传说,神仙世界也染上了浓厚的人间风情。这一切迅速推动了神仙"人化"、仙境"人间化"的趋势。葛洪明确指出,"古之得仙者,或身生羽翼,变化飞行,失人之本,更受异性",是不可取的,"非人道也"。而符合人道的神仙是什么样呢?"人道当食甘旨,服轻暖,通阴阳,处官秩……若委弃妻子,独处山泽,邈然断绝人理,块然与木石为邻,不足多也"[②]。"天生万物,惟人为贵。"[③]需要指出的是,六朝以来开始传播的佛教六道轮回之说认为,人身难得,动物要想修炼成仙,必须先修得"人形",将"人性化"的潮流纳入冥冥轮回之中。

其实,不仅是玄武,其他四神也都存在着人形主神与兽形主神的两套体系。《淮南子·天文训》云:"何谓五星?东方,木也,其帝太皞,其佐句芒,执规而治春;其神为岁星,其兽苍龙,其音角,其日甲乙。南方,火也,其帝炎帝,其佐朱明,执衡而治夏;其神为荧惑,其兽朱鸟,其音徵,其日丙丁。中央,土也,其帝黄帝,其佐后土,执绳而制四方;其神为镇星,其兽黄龙,其音宫,其日戊己。西方,金也,其帝少昊,其佐蓐收,执矩而治秋;其神为太白,其兽白虎,其音商,其日庚辛。

---

① 北京大学历史系《论衡》注释小组.论衡注释[M].北京:中华书局,1979:101
② [晋]葛洪.抱朴子[M].上海:上海古籍出版社,1990:18
③ [清]严可均校辑.全上古三代秦汉三国六朝文[M].北京:中华书局,1958:1346

第五章 汉画四神图像的影响与演化

北方,水也,其帝颛顼,其佐玄冥,执权而治冬;其神为辰星,其兽玄武,其音羽,其日壬癸。"①在上述一段文字中,我们已经可知四神在拥有动物形象的同时还存在着人形的图像,其功能与动物形的四神应该雷同。

以河南洛阳金谷园新莽壁画墓为例。在脊顶平棋凹入处嵌有四幅画面,绘有日、月、神祇等。近月一砖的画面上下左右绘有四壁,其间穿梭、缠绕着青龙、朱雀、白虎、蛇及怪兽,右边浮雕彩绘一人躯蛇尾的神灵手操青龙。根据画面所在日、月间的特殊位置来看,居中的神祇当为中央大神,近日画面中的两尾巨龙应是黄龙,近月画面中手握青龙之神应为后土,四壁则代表天地四方。也就是说,日月间的图像象征着中央黄帝及其佐臣后土对天地四方的治辖,与《淮南子·天文训》所载的"中央土也,其帝黄帝,其佐后土,执绳而制四方,其神为镇星,其兽黄龙"相为对应。后土制四方具有平土治水、五谷丰登的寓意。而在东、西、北三壁壁眼处又各嵌四块壁画砖,共12块,其图像均为四方神灵。东壁南端两砖,分别绘句芒、蓐收,两神隔柱相对。句芒人面鸟身,戴冠,昂首展翅,立于云中,形象以墨线勾绘,然后施朱、绿两主色。蓐收人面虎身,戴冠,蓄须,浓眉朱唇,面似老者,身生双翼,四肢粗壮,长尾上扬,疾行于彩云间。其形象也是以墨线勾体,背、尾、翼填朱彩,并点黑色斑纹。东壁北段两砖各绘一朱雀,两朱雀隔柱相望。北(后)壁东端砖上绘祝融。祝融人面虎身,肩生双翼,回首、甩尾、举翼,作奔走状。祝融面目已模糊不清,翼、背、尾涂朱,腹、足部绘黑斑红点。祝融,一作朱明,炎帝之佐,南方主夏火神。《礼记·月令》云:"孟夏之月⋯⋯其帝炎帝,其神祝融。"郑玄注:"此赤精之君,火官之臣⋯⋯祝融,颛顼氏之子,曰黎,为火官。"②《吕氏春秋·孟夏》也载:"孟夏之月⋯⋯其帝炎帝,其神祝融。"高诱注云:"祝融,颛顼氏后,老童之子吴回也,为高辛氏火正,死为火官之神。"③《左传·昭公二十九年》云:"火正曰祝融。"杜预集解:"祝融,明貌,其祀犁焉。"④《淮南子·天文训》云:"南方火也,其帝炎帝,其佐朱明,执衡而治夏。"⑤《淮南子·时则训》又云:"南方之极,自北户孙之外,贯颛顼之国,南至委火炎风之野,赤帝、祝融之所司者,万二千里。"⑥《白虎通·五行》:"时为夏,言大也。位在南方,其色赤⋯⋯其帝炎帝,炎帝者,太阳也。其神祝融,属续也,其精朱鸟,离为鸾故。"⑦《山海经·海外南经》曰:"南方祝融,兽身人面。"郭璞注:"火神也。"⑧图像与文献记载完全吻合。北壁中部两砖分别绘北方神灵玄冥和玄武。玄冥人面、兽身、鸟

---

① ⑤ ⑥ [汉]刘安. 淮南子[M]. 诸子集成·七. 北京:中华书局,1954:37,37,84
② [清]孙希旦. 礼记集解[M]. 北京:中华书局,1989:439-440
③ [秦]吕不韦撰;[汉]高诱注. 吕氏春秋[M]. 诸子集成·六. 北京:中华书局,1954:34
④ [晋]杜预集解;[唐]孔颖达注. 春秋左传正义[M]. 北京:中华书局,1957影印本:2148
⑦ [清]陈立撰. 白虎通疏证[M]. 北京:中华书局,1994:177
⑧ [晋]郭璞注. 山海经[M]. 上海:上海古籍出版社,1989:82

翼,举翅翘尾,作飞奔状。其面似老者,乌发、朱唇、长颈。颈背、翼、胸局部涂朱、点墨,腹部为黑底白斑,后腿部则绘墨绿色斑纹,足爪部描出黑毛。玄冥,颛顼之佐,为北方主冬之水神。《礼记·月令》云:"孟冬之月……其帝颛顼,其神玄冥。"郑玄注:"此黑精之君,水官之臣……玄冥,少昊氏之子,曰修,曰熙,为水官。"①《吕氏春秋·孟冬》也说:"孟冬之月……其帝颛顼,其神玄冥。"高诱注:"玄冥,官也,少昊氏之子,曰循,为玄冥师,死祀为水神。"②《左传·昭公二十九年》云:"水正曰玄冥。"杜预集解曰:"水阴而幽冥,其祀修及熙焉。"③《淮南子·天文训》云:"北方水也,其帝颛顼,其佐玄冥,执权而治冬。"④《淮南子·时则训》还说:"北方之极,自九泽穷夏晦之极,北至令正之谷,有冻寒积冰、雪雹霜霰、漂润群水之野,颛顼、玄冥之所司者,万二千里。"⑤

  这座壁画墓的图像是以日、月标识阴、阳,以后土、句芒、祝融、蓐收、玄冥五方之佐和黄龙、青龙、朱雀、白虎、玄武五方之兽来体现五行,并配以仙人驾虎、仙人御龙、仙人戏天马等图像来象征升天和祥瑞。其图像系统非常完善、清晰,集中而鲜明地体现了流行于汉代的阴阳五行、天人相应思想以及引魂升天的观念。值得关注的是,该图像系统将动物形象的四神和人形化的四神交织描绘,这实际上是四神人形化的主神逐渐占据主角的开端,随着人为宗教的控制力的逐步强大,汉画四神图像中四神元素已经从核心走向陪衬,这从玄武大帝的发展历程可以清楚看到。

  另一方面,我们也看到汉画四神图像仍承载了某些特定的文化信息,积淀在华夏民族的精神文化史上。

二、从信仰走向理性

  三国、魏晋南北朝时期的四神图像虽然在一定程度上仍保留汉代遗风,但由于受到佛教图像的影响,开始以圆点星辰取代了星座之象,以及四神组合的规范化和十二生肖、二十八宿图像(或陶俑)的介入,在整体上使四神图像系统的神巫性质有所减弱,科学理性的因素开始增加。三国时期东吴天文学家陈卓总结前人的天文观测成果,绘出比较精确的星图,并且被官方认可,广泛流行于世,影响甚大。此后的星图逐渐排除神话形象,用圆圈或圆点标星的做法愈来愈普遍,这对天象图(四神图像)的绘制也产生了影响。北魏元义墓⑥的天象图反映出这种

---

① 张双棣等译注.礼记集解[M].北京:北京大学出版社,2000:484
② [秦]吕不韦撰;[汉]高诱注.吕氏春秋[M].诸子集成·六.北京:中华书局,1954:94
③ [晋]杜预集解;[唐]孔颖达注.春秋左传正义[M].北京:中华书局,1957影印本:2149
④、⑤ [汉]刘安.淮南子[M].诸子集成·七.北京:中华书局,1954:37,85
⑥ 洛阳博物馆.河南北魏元义墓调查[J].文物,1974(12):53-55

第五章 汉画四神图像的影响与演化

情况,以红、白、黄三色绘出巫咸、甘德、石申三家星图,有些星宿用直线相连,还画有银河从中横贯而过。西汉时期定型的四神图像在这里作为一套完整的周天四宫之象绘于星图的四周,排除了其他星座之象以及减少了神瑞形象。星图与四神相互匹配成为这一时期宇宙模式的一种规范性形式。尽管四神呈现出神化的动物之形,但其所具有的天文学含义和严格的方位次序却使天象图散发出理性的气息。

隋唐时期的四神图像系统则直接承传北朝的传统,并且进一步强调四神作为四宫之象的作用,使其成为天象图中的主角。中国古代最重要的两部星占秘籍《乙巳占》和《开元占经》是在初、盛唐时期完成的,其中《开元占经》记载的二十八宿星度被认为是开元年间的观测结果[①]。也就是说,开元以后,唐人已经完全可以绘出具有科学性的星图。

实际上早在隋代,天文学家庚季才等人就奉旨对南北朝时期官方和私家旧式星图进行了校订,绘制出一种圆式星图,其中包括上规(内规或恒显圈)、下规(外规或恒隐圈)、黄道、赤道、银河及二十八宿距星经度线,已具备了圆式全天星图的基本框架,尽管星官组织尚欠成熟。而唐代的星图则基于更新的、更大规模的天文观测,其精确度和科学性业已有了较大幅度的提高。另外,唐代王希明于开元年间撰写的《步天歌》[②]首创以三垣(紫微垣、太微垣、天市垣)和二十八宿为主体的划分天区的方法,将全天星官划为31个大区,并且从东宫七宿开始,逐一叙述各星官的形状、星数和方位,还配有星象图。《步天歌》流行广泛,具有很大的影响,遂成为古代的观星、识星指南。可见,唐代在开元以后已具有相当完备的天文学知识体系,其中当然包括科学性的圆式全天星图的绘制方法。这里四神虽然还是四宫之象,却也只是仅仅局限在墓葬的天象图的表达上,而且逐步让位于以二十八宿表达天界星空的图像系统。

但是这类科学性的星图绘制并未对隋唐时期的天象图发生直接的作用,类似五代吴越国钱氏王室墓中那种科学性的天象图并没有出现在已知的关中盛唐以后的壁画墓中。从隋唐墓葬图像系统来看,天象图、四神和十二生肖、三十六禽等均为组构宇宙模式的元素,但是由于时代和区域的不同以及墓葬规格等级的不同,在大多数情况下组合形态也大不一致。在唐人心目中,知识性的星图与墓葬中的天象图虽然有某种联系,但并不是一码事,它们之间存在着观念和性质上的差别。前者用于星占、历法,是一种严密的知识系统。后者用于葬仪,在墓室中为墓主人灵魂虚拟一个宇宙空间,使其有所安顿,表示一种精神上的祈愿。

五代式的天象图在唐代已见端倪,钱宽墓天象图则直接是吴越国钱氏王室

---

① 胡维佳. 唐籍所载二十八宿星度及"石氏"星表研究[J]. 自然科学史研究,1998(2):139-157
② 刘韶军. 古代占星术注评[M]. 北京师范大学出版社,广西师范大学出版社,1992:245-252

墓中那种具有较高天文学价值的圆式星图的先声。实际上，五代时期的天文观测并没有多大的发展，从钱氏王室墓天象图中二十八宿的位置推测，其所依据的星图的观测地域大约在北纬37度左右，与开元年间僧一行等人在中原一带的大规模的天文观测活动相吻合，所以五代墓室中的星图中的二十八宿和拱极星的位置和精确度应该基本上保持唐代开元年间的观测水平。将五代吴越国钱氏王族墓室中的天象图与唐墓天象图相比，我们会发现，尽管处于大致相同的天文学知识背景之中，唐代和五代的绘制者却使用了两种不同的形式来处理天象图，显示出在墓室中模拟宇宙模式的观念上的差异。

与汉代和南北朝相比，唐代天象图已经开始摆脱了星座之象和神瑞形象，用日月、圆点状星辰以及银河来表示视觉印象的苍穹，这无疑是一种革命性的变化，是一种现实化、直觉化的表现。而五代钱氏王室墓天象图则准确地画出二十八宿星座和拱极星（包括北极、北斗、华盖和勾陈）的位置和内规（恒显圈）、外规（恒隐圈）甚至赤道和重规，直接将一种科学性的星图刻绘在墓室顶部，不再满足于视觉上的真实，试图精确地表现对宇宙星空几何结构的认识，其严肃的理性作风确实给我们一种耳目一新的感觉。

四神图像作为模拟宇宙模式的主要图像，从两汉、南北朝，经隋唐到五代，其形式和内容在各时期均有不同的文化品格。整体而言，一方面随着天文观测的不断进步，四神图像不断地被注入理性因素，使其逐渐摆脱神幻色彩，趋近科学性的星图；另一方面其性质始终与先秦两汉形成的灵魂观念、阴阳五行、天人合一思想密切相关，并未发生根本性的改变，因此在理性化的过程中仍然有可能出现神瑞图像与宇宙图像相伴而生的现象，并且各个时期的宗教观念也会在一定程度上渗透进来。

值得一提的是，四神图像的消退，不仅仅是天文观测技术的发展，同时与思想、宗教、文化上的变化也有很大关联，如"鬼魂观念"的变化对四神喻比升仙、通天达地功能的弱化。在中国哲学史的分期中，魏晋南北朝隋唐是一个比较特殊的阶段，是思想史上的一个变化较大时期，也是一个文化艺术交汇、碰撞、融合的时期。在这一阶段中存在着几个不同的特点：首先是传统儒学与佛道的兴盛相比，显得比较低落，但儒家思想并没有消失；其次是老庄思想的抬头，这体现在魏晋玄学的兴盛上；再次是印度佛教思想的大量输入，充实了中国思想史的内涵；此外还有道教在葛洪、寇谦之等人的改造后，逐渐被统治阶级所接受，出现复兴的趋势。

中国思想史的变化在鬼魂观念变化上的表现更为突出。道教完善了其鬼神信仰系统，而佛教六道轮回思想成为后世鬼魂观念的主要思想，尤以佛教鬼魂观念的影响最为深远。道教以为，人死为鬼，鬼而有灵为神，故道教崇拜鬼神。产

第五章 汉画四神图像的影响与演化

生于公元前 6 世纪的佛教,属于反对正统婆罗门思想的思想流派之一,一方面批判婆罗门的种姓制度等教义,另一方面也反对非婆罗门教的其他流派。但这些教派的思想都存在着渊源,佛教吸收了其中一些思想,而根据"缘起"、"业"的理论给与另一种解释,形成了诸如"三世因果"①、"六道轮回"②、"四大和合"③等观点。其地狱思想最早出现在释迦(公元前 560—公元前 480 年?)的说法集《法句经》和《经集》中,而且在佛教"几乎所有的宗派中都存在"④。四圣是已脱离生死轮回之苦的超凡入圣者,而六道则在"秽土"中轮回往复,受尽折磨。虽然从后世的经文中看不到释迦对地狱积极的宣讲,但他断定人生是苦,所有苦产生于人类各种的欲望中,因而主张消灭欲望。所谓轮回,是指上下浮沉的生死流转。轮回的范围共有六大流类,佛教称为六道,就是由上而下的:天道、人道、阿修罗(神)道、傍声道、鬼道、地狱道,作善业,生于上三道,作恶业生于下三道。在每一类别中的福报享尽或罪报受完,便是一期生死的终结,同时又是另一期生死的开始,就这样在六道之中,生来死去,死去生来,这称为轮回生死。

佛教的地狱观念成为后世鬼魂观念的主体。在佛教传入后,其教地狱思想与中国传统鬼魂互相影响,使中国的鬼魂思想发生了急剧变化。首先,鬼与神在佛教中是分不开的,它合称为"鬼神",神有时是鬼,鬼有时也就是神。这种鬼神互为一体的观点也体现在唐代的佛教变相中。佛教的鬼与神都在六道轮回之中,所以佛教的神与一般宗教所讲的神全然不同。对此杜斗城已有相关论述。他认为,自两汉佛教传入中国以来,传统的中国"鬼魂思想"发生了显著的变化。例如,原来中国的"鬼魂"是归天或入地,并不会转生的,而此时也吸收了印度佛教中轮回转生思想:传统中国的鬼魂虽归入"黄泉",属于地下世界,但不入"地狱",之后明显接受了佛教教义中罪人死后要进入地狱之说。中国对先祖的祭祀等活动,更多的表现为尊敬和祈求,得到祖先灵魂的护佑,而佛教的"祭祀",往往以"法会"的形式出现,更多的倾向于拔除亡人之罪使祖先免遭地狱之苦。在儒家学说"事死如事生"观念主导下,之前的中国更为重视对鬼魂"后世"的安排,厚葬成风;而印度佛教则认为今生是苦,把更多的希望寄托于"来世";中国"鬼神"观念中的"鬼",一般指普通民众,而神指"英雄"或"大人物",生前地位决定了死后的地位,而印度教生前即便是皇帝,死后也可能成为牛马,其"等级观念"不是那么森严⑤。

---

① 前世造因,今世受果,今世造因,来世受果。
② 佛教将世界分为"十界":佛、菩萨、缘觉、声闻、天、人、阿修罗、畜牲、饿鬼、地狱。前四者称为"四圣",后六者称为"六凡"、"六道"。
③ 地水火风四大元素。
④ [日]梅原猛.地狱思想[M].成都:四川人民出版社,2005:6
⑤ 杜斗城.敦煌本佛说十王经校录研究[M].兰州:甘肃教育出版社,1989:160

另一方面,源自印度的佛教思想中并不是一成不变、单方面影响中国本土鬼魂观念的,其自身也在悄然发生着一些变化。佛教在进入中国传播过程中,就开始吸收和借鉴本土思想的影响。如《佛说盂兰盆经》的出现即是吸收了儒家重孝道的因素而产生的。印度佛教则要抛弃世俗中的任何人、任何事物和现象,而不尽孝一说①。

总体来说,佛教的传入使来源于印度的阎王和地狱观念与本土信仰体系中的泰山治鬼等观念结合,融入佛教"六道轮回"和因果说,形成了一套完整的鬼魂观念。徐华龙在《中国鬼文化》中提出,鬼魂观念的本质是中国古代善恶相报道德观的体现②。

综上所述,五代以后,随着观念的转变,功能的衰退,四神在本身意义上产生了极大的变异。宋代虽然还有零星的四神图像出现,但随着玄武神的神格变化,已经逐步难以寻觅如同汉唐一般完整的四神图像系统,最终只成为一种崇拜的典籍符号。元、明、清的四神图像多继承宋代模式,逐步定型,成为一种信仰的"典型式样"。随着封建王朝的崩溃,科学知识的普及,如今的四神图像已经转为民族文化的一部分,特别是吉祥文化的符号之一。

汉民族以四神为吉祥之守护神,此信仰广为流传,已有数千年。基于此,民间常常将之作为建筑、瓦当、铜镜的装饰,故称四神纹,这是古代常用的一种寓意纹样。在当今机器大生产的工业时代,一方面,是粗糙的毫无艺术价值的艺术品被作为商品大批量生产,另一方面,一些艺术家为显示与众不同而日复一日创作着无法为人所理解的艺术品,与其说是在与前者抗衡,毋宁说是走入了另一个极端。其实,人们在纷扰喧嚣的现代、后现代环境视野中更渴望一种真性情的回归,期待在全球化吞没、同化一切的背景中看到文化和艺术的相异性,看到不同文化背景与艺术禀赋的族群创作出涵盖不同意义的艺术作品。而这正是吉祥图像带给我们的感受——质朴率真、蕴藉绵长。吉祥图像是特定文化观念与特定艺术形式相结合的产物。构筑在中华文化基础上的吉祥观念带有浓厚的族群色彩,是独特的对生命和生活的感悟。这种观念在代代传承中深深植根于每一个民众的心灵,形成了独特的民族文化认同感。但这些艺术形式最初多是依赖于农业社会的生产、生活习俗,附着于传统的岁时节日人生礼仪和农业生产技艺之上。时至今日,一些艺术形式不得不随农业社会的远去以及随之淡薄的传统观念而渐渐无法挽留,很多吉祥图像的载体已经濒危甚至灭绝。

---

① [美]太史文(Stepher F. Teiser).幽灵的节日——中国中世纪的信仰与生活[M].侯旭东译.杭州:浙江人民出版社,1999

② 徐华龙.中国鬼文化[M].上海:上海文艺出版社,1991:6

第五章　汉画四神图像的影响与演化

我们认为，一个民族文化的发展应当基于对传统文化进行批判继承的精神之上，选择民族文化中具有人类普遍意义和价值的部分发扬光大。我们古老的民族确实有一种超乎寻常的凝聚力，这种凝聚力是来自民族肌体中顽强、旺盛、博大的生命冲动和包容力量，还是长期超稳定封闭式封建农耕文化心态上的墨守成规、务实求利以及惰性循环的结果，这很难用逻辑推理来给我们饱经历史磨难、又充满着人伦温情的古老民族进行论断。此时重新审视我们民族古老的民间文化，更深刻完整地理解我们民族由来已久的生存行为和感情基础，对民族文化的发展无疑是一件十分重要的事情。"人类的经验告诉我们，最宝贵、最持久的艺术品并不是某些人称之为最纯粹的东西，而是最充分地体现出人的精神中的种种愿望、喜悦以及烦恼的艺术品。"①四神图像即是如此。生存求吉的心理，是普遍存在的人类共通情感。生存的吉祥，不仅是一种物质的选择，更大成分是生命意识和心理情感的选择。

中国漫长的封建社会使得四神图像得到一代又一代的传递，也在祖辈的头脑深处刻下深深的烙印，成为我们思想深处的文化因子。四神图像作为民族艺术的重要组成部分，是民族传统中自生自灭的潜流文化，它们像大河里的潜流一样，无论是被承认还是被漠视，都始终默默承负着自己的历史作用。人类永恒的东西，终究会永恒地存在着，这是任何文明与物质都无法抗拒的。

21世纪的今天，科学的发展促使东西方文明交相融汇，世界忽然变得狭小起来。我们不可能永远固守着农耕文化封闭的乡村生活，眷恋着淳朴的怀旧之梦。古老的文化模式必将被新的文化模式替代。但人类的发展，不能以挫伤或失却人类纯朴美好的东西为代价，虽然这些并不以我们的文明的意志为转移，人类仍应用心灵去深思。一些古老质朴的民族艺术如四神图像一样终究有一天会消失，但民族几千年来积淀形成的吉祥文化心理会具有永恒的存在意义，而具有典型意义的四神图像，仍会在未来的民族生存情感中发挥其持久的文化作用。英国著名的社会人类学家 R. R. 马雷特在其《心理学与民俗学》中的一段话，点明的正是这个道理："一个民族的象征物不能一下子替换掉，就像参天大树不能一下子由小树苗替换一样。……那么，让我们也小心温柔地对待包含在我们民族民俗中的古老的主题。在这里，尽管有一层枯木，然而也有着一颗同样古老的但仍然充满着生命活力的心——这种活力在最冷寂季节里隐藏起来，并表现为纯粹的忍耐力；但一旦春天的到来，它便以勃发的新鲜花朵和繁茂来展示自己。"②

---

① L 比基恩. 亚洲艺术中人的精神[M]. 沈阳：辽宁人民出版社，1988：141
② R R 马雷特. 心理学与民俗学[M]. 济南：山东人民出版社，1988：101

小 结

　　汉画四神图像体现了中国人与天沟通的愿望和对占据宇宙中心的追求,并以其丰富性、成熟性、普及性而成为汉后各个封建王朝四神图像的临写摹本。其在壁画、帛画、画像石、画像砖、铜镜、瓦当、陶器、漆器等方面的全面兴盛与发展,展现出汉代艺术的丰富多彩,在一定程度上代表了汉代艺术的水平和成就。

　　不仅如此,汉画四神图像还是后世吉祥纹样的典型样式、道教四方神灵图像的直接来源,并作为风水学说环境条件的直观形态,流行普及于民众的风俗生活之中,以致后世不论选择阳宅、城址还是墓葬之地,都遵循这一原则。

　　汉代以后,四神图像在符命系统中仍旧保持着相对稳定的神性,而在民俗宗教观念中却发生了系列变化。比较突出的是四神被道教融入其信仰系统,成为人们宗教幻想的神灵,但其动物形态却逐渐沦为附属。三国、魏晋南北朝、隋唐时期的四神图像虽然在一定程度上仍保留有汉代遗风,但由于受到佛教图像的影响,以及四神组合的规范化和十二生肖、二十八宿图像(或陶俑)的介入,在整体上使四神图像系统的神巫性质有所减弱,科学理性的因素开始增加。四神图像的消退,不仅仅是天文观测技术的发展,同时与思想、宗教、文化上的变化也有很大关联,例如"鬼魂观念"的变化对四神喻比升仙、通天达地功能的弱化。在宋代虽然还有零星的四神图像出现,但随着玄武神的神格变化,已经逐步难以寻觅如同汉唐一般完整的四神图像系统,最终只是作为一种崇拜的典籍符号。元、明、清的四神图像多继承宋代模式,逐步定型,成为一种信仰的"典型式样"。

结 语

　　四神图像是古人将对天上星宿的幻想,与所见或所感的图像相比附,通过命名赋予其特定内涵,进而形成一种文化的传统,并积淀为民俗的信仰。长久以来,中国人从未间断过对天与人的关系的思考。四神图像作为宇宙的象征图式,不仅表现现实世界的空间分布,同时还表现为人对死后世界的理想建构;既是由神话、巫术、宗教走向审美的幻像,同时也是具有民间崇拜性质的神物图像。出土文物表明,汉代是四神图像的成熟与繁盛期。

　　直到目前为止,学术界认可的早期四神图像(汉代以前),当属河南濮阳西水坡仰韶文化(约公元前4500年)墓葬遗址出土的蚌塑龙虎图、河南上村岭虢国贵族墓地出土的虎、鹿、鸟等图形,以及湖北随县曾侯乙墓出土的彩绘龙虎图纹。四神图像在西汉完整组合出现以前,是以龙虎图像为发展主线,这与先民观测辰、参二主星进行授时的文献记载相吻合,同时也与中国东水西山的地域标示一致。通过对四神图像流变过程的讨论和归纳,可以发现,四神乃由"二生四",《尚书》中对四仲星的记载是其理论依据。与此同时,四神作为星象图的重要组成部分,已经开始与北斗、二十八宿形成一个完整的"星图"组合。四神图像(主要指龙、虎)的标示,展现出观念中的时间与空间的合而为一。这种象征思维表现为一种建立在"相似律"之上的巫术观念,四方、四季、四神、四灵、四色等本不相类的事物被放在一个图式中加以整体的、混沌性的把握。

　　根据目前已发现的考古资料,可以看出,汉画四神图像极其兴盛,在较大范围内和较长时间里十分流行,被不断重复使用。今天我们能见到那么多的四神图像,虽说是得益于汉代厚葬之风,但其兴盛的动因绝不止于此,更深一层的要义则是取决于汉代统治者的政治需要,以及当时人们的知识背景、风俗信仰等普遍表现出的"天人合一"观。根据汉画四神图像的特色和思想背景,可以将之分为三个发展时期:一、西汉景帝至武帝的初始期,虽然这一时期出土的四神图像实物较少,但却十分重要,因为此时四神图像已经逐渐形成自身独特的象征符号,开始运用于风俗生活;二、新莽时期到东汉前期,这是四神图像的成熟期,这一时期的四神图像已经形成规范和完整的系统,布局灵活而富于变化,象征寓意更为突显,四神星象图开始减少,其本来所具有的天文学含义在一定程度上被淡化;三、东汉中后期,这是四神图像的稳定期,虽然由于社会动荡不安,经济、文化处于一个相对缓慢发展的阶段,但这一时期的四神图像,在经过西汉一朝与东汉前期的奠立与稳定发展之后,已经形成一整套固定的图像体系和表现模式,并作为一种能够充分表达当时安生求吉观念和引导升仙信仰的艺术形式,被人们普遍接受。

　　四神图像结构复杂、造型多样。不同的材质、位置、元素、图式、技法,导致四神图像千姿百态。由视觉形象要素——点、线、面等综合构成的四神图像的艺术造型,并非简单地模仿和"再现"现实中各种动物原型,而是突出了造型语言的表现因素和观念因素。汉画四神图像中的青龙有走兽型、牛型、马型、蜥蜴型、蛇型、蛇兽复合型等众多形态,呈现出时间性和地域性的规律。头上有角、长身的主体特征是亘古不变的,汉画中的青龙造型正是在这一形式下发展与演变出的。在汉代,龙并没有成为统治者的专属,也正因为如此,我们今天才能看到繁复多姿、意态奔放、气势雄强的青龙造型。尽管白虎姿态各异,但在天然舒展的艺术思想指导下,还是形成了其自身一定的独特性和规律性。第一,多为侧面造型。一方面,这是由于受到墓室砖、石材料的限制,另一方面,也是由于汉代绘画注重平面展示,缺乏透视表现的效果影响,更重要的一点是,汉人注重对完整、完美意念的追求,强调造型的全面刻画。通过侧面,白虎的头、尾、四肢都能展现出来,使其起伏流畅的躯体线条得到完美表达,即使在一些竖起的石柱、方砖中,制作者也绝不肯把虎的躯体的任何一个细微部分省略,或是被别的物体遮挡。第二,张口咆哮之势。所有的白虎都是无所顾忌地咆哮怒吼,显得个性张扬,具有压倒一切的雄力与气势。白虎的嘴巴、舌头、眼睛与头部的比例关系并不十分讲究,时常打破现实中的形象真实,这不仅没有影响画面的整体效果,反而更加增添了艺术感染力。朱雀这一艺术造型在汉代仍旧处于发展阶段,并未完全定型,因而其细节的变化繁多且琐碎,没有出现特定的规律性。朱雀多为借鉴现实生活中的鸟类形象并发挥想象而创作出来的艺术造型。整体而言,展翼的朱雀与孔雀较为接近,收翼的朱雀则类似燕雀,从中也不难发现其他如丹顶鹤、鸿鹄、天鹅等一系列鸟类的形象特点。因此,汉画中的朱雀,或展翅翱翔,或亭亭玉立,或引颈作鸣,或收翼凝神,千姿百态,争奇斗艳。玄武造型是四神中最为独特的,龟、蛇两种动物形象比较容易辨认,可以分为龟蛇相缠型、有龟而无蛇型、龟蛇不相缠型以及一龟二蛇型四类。龟蛇合体是玄武的主导样式,而龟蛇相缠型又是其中最为多见的,堪称为玄武的典型形象。蛇的身体往往相交如环,或覆盖于龟背,或在龟的身上缠绕,圈数不等,有一圈、两圈甚至三圈。龟的造型中吸纳了兽足的元素,相较于蛇要更加复杂,形象更十分夸张且不尽雷同,充分显示出制作者丰富的想象力与创造力。龟甲与蛇身基本都有富丽的花纹。至于视图的方向,通常都是龟、蛇头部在左、尾部在右的左侧视图,也有个别龟、蛇头部在右、尾部在左的右侧视图的出现,而在汉代玄武瓦当中以俯视角度塑造龟、蛇者居多。玄

结 语

武在汉代是一个颇为庞杂的体系,人们对玄武本象的诠释有三种:龟、龟蛇以及龟蛇相交。玄武不仅代表北方、水位、黑色、颛顼、玄冥等,还具有一项极为重要的功能,即起始、孕育,这也是其为"玄"的涵义。龟蛇合体,象征阴阳交合,孕化事物,使得玄武的内涵与功能得到了充分展演,故而最终成为玄武的流行和主导图像。四神图像繁多且普及,不仅形成了自身较为成熟与稳定的造型模式,同时也说明两汉之际人们对四神表现为龙、虎、鸟、龟蛇形象的观念上的认同。汉代四神图像的流传区域十分广泛,但在对四神形象的塑造模式上却并不是一味保持"刻板"与"规范",而是在遵循一般规律的基础之上,根据创作者自己的感悟与需要来发挥、演绎,充分体现出汉代艺术家们的创造能力,从而使得四神图像的艺术造型千变万化,各具典范。与此同时,四神图像不仅表现出夸张与变形的典型风格,其视觉形象极富动感,能把稍纵即逝的节奏韵律和力量爆发的瞬间永恒地记载下来。

汉画四神图像具有完整的艺术语汇和多种形式美规律,反映出汉代大气磅礴、勇于创新以及民风昌盛、思想活跃的精神风貌。其图示构成并非固定化和模式化,而是呈现出丰富性和变化性。四神图像虽然在出现的范围、时间、形式上各异,但它们都是一个文化理念的产物,有着大致相似的功能和目的。尽管如此,由于四神不是孤立出现的,其本身存在着元素的组合问题与不完全性问题,它的意义存在于图像环境关系中,完全相同的个体通常在不同的图像系统中会具有不同的意义,因此必须将图像放置在图式构成中讨论。四神图像的图式构成在元素组合上可以分为两个层面:

其一,四神自身的图像系统与特征,即青龙、白虎、朱雀、玄武在画面上的出现与组合。但它们并非总是同时出现,并且也并非总是出现在同一幅画面上,在同一幅画面上,我们称之为单一画面;由四个独立的画面组合而成,我们称之为组合画面。按照文献记载,四神在画面上的位置是遵循一定的规制的,但从实物上来看,却并非完全如此。根据四神元素出现和位置排列的不同,四神图像的形态和图式构成主要有四种元素俱全的单一与组合画面;具有三种元素的单一与组合画面;具有两种元素的单一与组合画面;单一元素的画面。

其二,四神图像的背饰元素,即出现频率较高并且对四神的观念、功能、意义起到直接或间接影响的元素,主要包括:天文星象类、辟邪祥瑞类、神仙题材类、日常生活类、符号装饰类等。

汉画四神图像体系,以"十"字形构成为典型,其中又有平面、立体和隐性等的细分。同时也存在非"十"字形构成,主要包括白虎(朱雀)铺首衔环图像与青龙白虎图像两大类。四神图像的布局安排有序,构成组织得当,具有鲜明的特点,主要体现在变化统一、饱满均衡、对称呼应、装饰美化等方面。其表现手法强调以线塑形。由于材料的特殊性,画像石、画像砖、石阙等上的四神图像多以雕刻与描绘相结合;铜镜、瓦当等上的四神图像则主要通过塑造来表现。此外线条与色彩紧密联系、相辅相成。

"前(上)朱雀南、后(下)玄武北、左青龙东、右白虎西"作为四神图像的固定方位模式,在汉代艺术中被广泛应用。与此同时,四神图像也大量存在着青龙与白虎位置互为逆反的现象,即"右青龙、左白虎"。这两个不同的四神图像体系,实际上是观测者根据不同参照物(北极星、日、南天星空)得出的直观图像表现。在逆反的图像中,一般会出现北辰(北斗)或铺首衔环(太一、北辰象征)。在汉画中,还有部分与日月星辰相结合的四神星象图,其绘制的目的主要不是作为当时天文学成就的记录,而是带有神话占卜的象征意义,在内容和形式上只能是模糊的天象知识和主观臆想的人文因素的融合体。作为汉代"天人感应"学说的物化图像,四神图像成为表达汉代"天人合一"的审美观念、展现汉代天显祥瑞的祯祥观念、反映汉代人阴阳两分观的艺术图式,四神成为盛行于汉代的升天成仙的接引使者、驱邪辟凶的保护神、吉祥符瑞的代表。

汉画四神图像以大汉王朝博大精深的思想背景为前提,反映了汉代儒、道、巫三家的精神要旨,而其在壁画、帛画、画像石、画像砖、铜镜、瓦当、陶器、漆器等领域的应用,又无不展现出汉代艺术的丰富多彩,在一定程度上代表了汉代的艺术成就。其特征可作如下概括:首先,具有极强的象征主义;其次,具有鲜明的绘制目的和创作意识;第三,表现形态上采用形象的图形化和符号化;第四,基本采用"十"字形的构图方式;第五,以色彩的灵活运用来营造视觉上的美感形式。

正如汉文化在中国历史上占据重要地位一样,汉画四神图像也可谓影响深远。不仅成为后世吉祥纹样的典型样式,而且成为道教四方神灵图像的直接来源,更成为普及于民众风俗之中的风水学说,应用于选择阳宅、城址和墓葬之地的原则。

自汉代开始,四神观念分为两个系统:一是被视为谶纬之言的载体,由吉兽升格为象征君德国运的瑞应之兽;二是作为四方、四季、四色、星空区域等物化形态和驱邪辟凶的四方守卫神。汉代以后,四神图像在符命系统中仍旧保持相对稳定的神性,而在民俗宗教观念中却发生了系列变化。比较突出的是四神被道教融入其信仰系统,成为宗教幻想的神灵,其动物形态逐渐沦为附属。同时由于受到佛教图像的影响,以及四神组合的规范化和十二生肖、二十八宿图像(或陶俑)的介入,在整体上使四神图像系统的神巫性质有所减弱,理性的因素开始增加。三国、魏晋南北朝、隋唐时期的四神图像虽然在一定程度上仍保留有汉代遗风,但已逐步消退,这不仅有天文观测技术的发展原因,同时与思想、宗教、文化上的变化也有很大关联。在宋代虽然还有零星的四神图像出现,但随着玄武神的神格变化，已经难以寻觅如同汉唐一般完整的四神图像系统，最终只成为一种崇拜的符号。元、明、清的四神图像多继承宋代模式，逐步定型，成为一种信仰的"典型式样"。随着封建王朝的崩溃，科学知识的普及，如今的四神图像已经成为民族文化的一部分，特别是吉祥文化的符号之一。

必须承认，本书还有许多研究未逮的遗憾，需要继续努力探求。首先，对于论述过程中许多图像资料的归集未尽完善，一些资料的发现与运用，还停留在二手资料；其次，本书论述四神图像在汉代以后的发展与存在，以及有关四神图像应用方面未能充分展开。不过本书关于汉画四神图像研究，为以后继续深化讨论打下了基础，可以成为探究四神图像的新的起点。

附录 汉画四神图像分布一览表

地区	出处	发掘清理时间	四神图像位置及内容	四神元素	资料来源
西汉中期（公元前140—前49年）					
陕西	汉茂陵		四神瓦当；朱雀、玄武空心砖	青龙、白虎、朱雀、玄武	笔者拍摄
河北	满城刘胜夫妇崖墓（刘胜死于公元前113年）		铜熏炉	青龙、白虎、朱雀、玄武	中国社会科学院考古研究所等：《满城汉墓发掘报告》，文物出版社，1980年
河南	永城芒砀山柿园壁画崖墓（晚于公元前144年，相对时间为西汉景帝后期，西汉武帝前期）		墓室主室顶部绘有青龙、白虎、朱雀、玄武（鱼妇）等	青龙、白虎、朱雀、玄武	阎道衡：《永城芒山柿园发现梁国国王壁画墓》，《中原文物》1990年第1期；河南省文物考古研究所：《永城西汉梁国王陵与寝园》，中州古籍出版社，1996年；河南省商丘市文物管理委员会、河南省文物考古研究所、河南省永城市文物管理委员会：《芒砀山西汉梁国王陵》，文物出版社，2001年
河南	洛阳邙山卜千秋空心砖壁画墓	1976年发掘、清理	西壁上绘青龙、白虎；后壁上绘朱雀、玄武；墓顶绘有青龙、白虎、朱雀、玄武（黄蛇或鱼妇）等	青龙、白虎、朱雀、玄武	洛阳博物馆：《洛阳卜千秋墓发掘简报》，《文物》1977年第6期

附录　汉画四神图像分布一览表

(续表)

地区	出处	发掘清理时间	四神图像位置及内容	四神元素	资料来源
河南	南阳市赵寨画像石墓(西汉昭帝、宣帝时期)	1976年出土	门楣左右各刻有一朱雀、青龙、白虎	青龙、白虎、朱雀	王建中:《南阳市赵(周)寨"羽人升仙"画像石考》,《汉代画像石砖研究》,《中原文物》1996年增刊
河南	南阳辛店熊营乡画像石墓(上限为西汉宣帝,下限为东汉早期)	1988年发现,1989年清理	墓东门东门扉刻白虎铺首衔环双犬图,墓东门西门扉刻训猴白虎铺首衔环树、熊图;墓西门东门扉刻白虎铺首衔环树、熊图,墓西门西门扉刻白虎铺首衔环一犬图	白虎	南阳市文物研究所:《河南省南阳县辛店乡熊营画像石墓》,《中原文物》1996年第3期
河南	洛阳宜阳牌窑西汉画像砖墓	1982年发现、清理	墓室东、西两壁有虎,遍体白色饰黑色斑纹;墓室南、北脊砖上均为青龙,右侧龙身上有一仙人;门楣砖内向为三只朱雀	青龙、白虎、朱雀	洛阳地区文管会:《宜阳县牌窑西汉画像砖墓清理简报》,《中原文物》1985年第4期
河南	郑州市南关外汉代画像空心砖墓		布厂街:骑射斗虎纹砖上有朱雀图;北二街5号:白虎座图,青龙图,边有同心圆	青龙、白虎、朱雀	郑州市文物考古研究所:《郑州市南关外汉代画像空心砖墓》,《中原文物》1997年第3期
山东	诸城县西汉木椁墓	1985年发现、清理	西棺底下侧绘有两条带双翼飞龙,一青一褐,两侧有三只黑色乌龟,间饰红、白、黑三色流云	青龙、玄武	诸城县博物馆:《山东诸城县西汉木椁墓》,《考古》1987年第9期
山东	平阴新屯画像石椁墓(中期偏晚)		西椁室西侧板内右刻青龙穿壁图	青龙	济南市文化局文物处等:《山东平阴新屯汉画像石墓》,《考古》1988年第11期

汉画四神图像

(续表)

地区	出处	发掘清理时间	四神图像位置及内容	四神元素	资料来源
西汉晚期(公元前48—公元8年)					
山东	曲阜东安汉里画像石椁墓(为西汉末期,亦可晚至东汉初年)	1937年发现	石椁东壁刻一青龙;西壁刻一白虎;南壁两格各刻一朱雀;北壁两格各刻一玄武	青龙、白虎、朱雀、玄武	中国画像石全集编辑委员会编:《中国美术分类全集·中国画像石全集1·山东汉画像石》,河南美术出版社、山东美术出版社,2000年
山东	平阴新屯1号画像石墓	1986年发掘	西主室棺床刻苍龙、菱形穿环图案	青龙	济南市文化局文物队等:《山东平阴新屯汉画像石墓》,《考古》1988年第11期
山东	沂水县岜山汉墓	1981年出土	朱雀连壁图	朱雀	中国画像石全集编辑委员会编:《中国美术分类全集·中国画像石全集3·山东汉画像石》,河南美术出版社、山东美术出版社,2000年
江苏	沛县栖山画像石椁墓	1977年出土	中椁东侧板内壁刻一白虎	白虎	徐州市博物馆等:《江苏沛县栖山汉画像石墓清理简报》,《考古学集刊》第2集,1982年12月
江苏	盱眙东阳汉墓	1974年发现、清理	1号墓有青龙,后有星辰;神兽镜有青龙、双凤、白虎、羊等;规矩镜有青龙、白虎、朱雀、玄武	青龙、白虎、朱雀、玄武	南京博物院:《江苏盱眙东阳汉墓》,《考古》1979年第5期
河南	南阳唐河针织厂画像石墓	1971年发现,1972年发掘	四扇门扉分别刻有白虎、朱雀铺首衔环画像;北主室顶刻白虎、太阳三足乌、青龙、白虎、朱雀、玄武画像	青龙、白虎、朱雀、玄武	周到、李京华:《唐河针织厂汉画像石墓的发掘》,《文物》1973年第6期

附录　汉画四神图像分布一览表

(续表)

地区	出处	发掘清理时间	四神图像位置及内容	四神元素	资料来源
河南	新野樊集汉画像砖墓	1985年发现	23号墓：南柱画像为朱雀执盾吏带角虎，北柱为朱雀执戟吏犬；24号墓：四门柱有白虎铺首衔环	白虎、朱雀	河南省南阳地区文物研究所：《新野樊集汉画像砖墓》，《考古学报》1990年第4期
河南	洛阳西汉61号壁画墓	1957年发掘	顶部有十二幅星象；隔梁支柱正面头上尾下朱雀；隔墙前额上部右上角，绘一直立白虎，左上角有青龙，上位中间为朱雀	青龙、白虎、朱雀	河南省文化局文物工作队：《洛阳西汉壁画墓发掘报告》，《考古学报》1964年第2期
河南	洛阳出土的一批汉代壁画空心砖	2000年发现	白虎图，身绘黑白相间条纹	白虎	沈天鹰：《洛阳出土一批汉代壁画空心砖》，《文物》2005年第3期
河南	洛阳又发现一批西汉空心画像砖		第9砖二排两白虎，一砖为两青龙；第10砖中间铺首两侧有头朝上、背向右的两只白虎；第11砖为门吏、青龙、青龙白虎铺首衔环；第13砖背面，一层青龙，二层白虎	青龙、白虎	李献奇、杨海钦：《洛阳又发现一批西汉空心画像砖》，《文物》1993年第5期
河南	洛阳浅井头西汉壁画墓	1992年发现、发掘	墓顶脊壁画有朱雀、白虎	白虎、朱雀	洛阳市第二文物工作队：《洛阳浅井头西汉壁画墓发掘简报》，《文物》1993年第5期
河南	洛阳道北石油化工厂家属院西汉墓	1983年出土	博局镜上有四神图像、十二生肖铭文及长铭文	青龙、白虎、朱雀、玄武	刁淑琴：《洛阳道北出土二件博局纹铜镜》，《文物》1999年第9期；刁淑琴、郑卫：《洛阳西汉五灵博局纹铜镜》，《中原文物》2002年第4期

汉画四神图像

(续表)

地区	出处	发掘清理时间	四神图像位置及内容	四神元素	资料来源
河南	长葛新发现的汉画像砖	2002年征集	正面画像有朱雀、龙、龟；背面有玄武	朱雀、玄武	朱京葛：《长葛新发现的汉画像砖》，《华夏考古》2004年第3期
陕西	西安交通大学西汉壁画墓	1987年发现、发掘	墓顶有青龙、白虎、朱雀、玄武四神与星辰相配，绘制在两个大的同心圆内	青龙、白虎、朱雀、玄武	陕西考古研究所、西安交通大学：《西安交通大学西汉壁画墓发掘简报》，《考古与文物》1990年第4期
新朝时期（公元9—24年）					
江苏	泗洪重岗画像石椁墓		西室墓门内上刻朱雀铺首衔环	朱雀	南京博物馆等：《江苏泗洪重岗汉画像石墓》，《考古》1986年第7期
河南	淅川汉画像砖1号墓	1986年清理	陶器盖侧面依次是青龙、朱雀、白虎、玄武，顶部为一蟾蜍，头向朱雀	青龙、白虎、朱雀、玄武	南阳地区文物研究所：《淅川汉画像砖墓发掘报告》，《华夏考古》1994年第4期
河南	南阳唐河冯君孺人画像石墓	1978年3月发掘	墓大门：南门扉刻白虎铺首衔环，北门扉刻朱雀铺首衔环；南阁室：东门扉刻白虎铺首衔环，西门扉刻朱雀铺首衔环；北阁室：门楣左上角刻"北方"两字，两门扉分别刻白虎铺首衔环	白虎、朱雀	南阳地区文物队等：《唐河汉郁平大尹冯君孺人画像石墓》，《考古学报》1980年第2期
河南	南阳唐河电厂画像石墓		东门两扇门扉刻相向朱雀铺首衔环；西门两扇门扉刻相向白虎铺首衔环	白虎、朱雀	南阳汉画像石编委会：《唐河电厂汉画像石墓》，《中原文物》1982年第1期
河南	南阳唐河白庄汉画像石墓	1995年发现，1996年发掘	墓门左右门扉正面刻白虎铺首衔环	白虎	南阳市文物研究所、唐河县文化馆：《河南唐河白庄汉画像石墓》，《中原文物》1997年第4期

附录　汉画四神图像分布一览表

（续表）

地区	出处	发掘清理时间	四神图像位置及内容	四神元素	资料来源
河南	南阳蒲山2号汉画像石墓	1992年发现、清理	墓东门二门扉正面刻白虎铺首衔环；墓西门二门扉正面刻朱雀铺首衔环	白虎、朱雀	南阳市文物研究所：《河南南阳蒲山二号汉画像石墓》，《中原文物》1997年第4期
河南	洛阳五女冢267号新莽墓		四神规矩纹镜上间饰青龙、白虎、朱雀、玄武	青龙、白虎、朱雀、玄武	史家珍、王遵义、周立：《洛阳五女冢267号新莽墓发掘简报》，《文物》1996年第7期
河南	洛阳尹屯新莽壁画墓	2003年发现、清理	东坡上层右侧壁画有青龙腾空上引，周围有21颗星；西坡左侧有虎，涂青、黑斑，口衔一星，尾上二星	青龙、白虎	洛阳市第二文物工作队：《洛阳新莽壁画墓》，《考古学报》2005年第1期
河南	洛阳偃师县新莽壁画墓	1991年发现、清理	东侧砖柱上模制浅浮雕青龙，西侧柱为白虎；后室横额两侧为三角形，对立两朱雀	青龙、白虎、朱雀	洛阳市第二文物工作队：《洛阳偃师县新莽壁画墓清理简报》，《文物》1992年第12期
河南	洛阳金谷园新莽壁画墓		脊顶青龙、白虎、朱雀、蛇等穿梭于四壁之间；西壁南段相对两砖有骑虎仙人与骑龙仙人；东壁北段有二朱雀；北壁中部绘玄冥与玄武	青龙、白虎、朱雀、玄武	洛阳博物馆：《洛阳金谷园新莽时期壁画墓》，《文物参考资料丛刊》九，1985年

(续表)

地区	出处	发掘清理时间	四神图像位置及内容	四神元素	资料来源
河南	南阳牛王庙村1号汉墓	2000年发掘	四神博局镜上有篆书十二生肖铭文中圈铭文夌言之纪,从镜,苍龙右左白虎,甫局君宜官,长宝二亲大子子,竟。主纹外铭文:汉有善铜出丹阳,和用锡清且明,左龙右虎主四彭,八子九孙治中央,朱爵武顺阴阳,千万岁长乐未央,夌言之纪	青龙、白虎、朱雀、玄武	南阳市文物考古研究所:《河南南阳牛王庙村1号汉墓》,《文物》2005年第12期
山东	金乡鱼山2号画像石墓	1980年发现、调查	南室左门扉:左刻朱雀铺首衔环,上刻青龙,下右刻门吏;南室右门扉:右刻白虎铺首衔环,左刻执戟门吏;北室墓门左右亦是	青龙、白虎、朱雀	顾承银、卓先胜、李登科:《山东金乡鱼山发现两座汉墓》,《考古》1995年第5期
东汉早期(公元25—88年)					
山东	平邑皇圣卿画像石阙(东汉元和三年建,公元86年)	1932年迁至平邑县小学	东阙南面五层画像,第一层为高禖朱雀、玄武图	朱雀、玄武	中国画像石全集编辑委员会编:《中国美术分类全集·中国画像石全集1·山东汉画像石》,河南美术出版社、山东美术出版社,2000年
山东	邹城卧虎山ZGM2画像石椁墓	ZGM2发现于1995年	ZGM2南椁板东端立面白虎图,北椁板东端里面青龙图;南石椁的东椁板外侧刻二白虎铺首衔环	青龙、白虎	邹城市文物管理局:《山东邹城市卧虎山汉画像石墓》,《考古》1999年第6期

附录　汉画四神图像分布一览表

（续表）

地区	出处	发掘清理时间	四神图像位置及内容	四神元素	资料来源
山东	微山县微山乡沟北村 M6 画像石墓		南壁西侧刻白虎图	白虎	微山县文物管理所：《山东微山县汉画像石墓的清理》，《考古》1998 年第 3 期
河南	南阳市英庄画像石墓	1982 年发现，1983 年清理	东二门扉刻白虎铺首衔环；西二门扉刻朱雀铺首衔环	白虎、朱雀	南阳地区文物工作队、南阳县文化馆：《河南南阳县英庄汉画像石墓》，《文物》1984 年第 3 期
河南	南阳卧龙区草店画像石墓	1931 年发现，1932 年清理	门扉正面刻白虎铺首衔环	白虎	南阳汉画馆：《南阳汉代画像石墓》，河南美术出版社，1998 年
河南	南阳县王寨汉画像石墓	1973 年发现、发掘	墓门门扉：残三，皆白虎铺首衔环图；门室隔壁门楣：北面刻白虎图，南面刻青龙图	青龙、白虎	南阳市博物馆：《南阳县王寨汉画像石墓》，《中原文物》1982 年第 1 期
河南	南阳市卧龙区刘洼村画像石墓	1986 年发现	墓门北门柱正面刻朱雀执棨戟门吏图；南门正门柱亦刻朱雀执棨戟门吏图	朱雀	南阳市文物队：《南阳市刘洼村汉画像石墓》，《中原文物》1991 年第 3 期
河南	南阳市卧龙区石桥画像石墓	1972 年发现、发掘	四门扉各刻一对白虎铺首衔环；前室石梁南面刻白虎图，北面刻青龙图	青龙、白虎	南阳博物馆：《河南南阳石桥汉画像石墓》，《考古与文物》1982 年第 1 期
河南	南阳县蒲山汉墓	1985 年发现，1986 年发掘	墓门东西两侧柱正面朱雀、执棨戟门吏；墓门中门柱正面朱雀、执盾门吏图；东西两墓门左右门扉皆刻白虎铺首衔环；前室墓顶刻有升仙白虎图、苍龙星座	青龙、白虎、朱雀	南阳地区文物研究所：《河南南阳县蒲山汉墓的发掘》，《华夏考古》，1991 年第 4 期

汉画四神图像

(续表)

地区	出处	发掘清理时间	四神图像位置及内容	四神元素	资料来源
河南	南阳市方城县东关画像石墓	1976年发现	南门南扉刻朱雀神豹,南门北扉刻朱雀铺首衔环白虎;北门南扉刻朱雀铺首衔环武士,北门北扉刻朱雀铺首衔环白虎;左上门楣上层刻青龙、白虎斗	青龙、白虎、朱雀	南阳市博物馆、方城县文化馆:《河南方城东关汉画像石墓》,《文物》1980年第3期
河南	新安铁塔山壁画墓		券顶:正中绘日月星象,右侧绘四神	青龙、白虎、朱雀、玄武	黄明兰、郭引强:《洛阳汉墓壁画》,文物出版社,1996年
河南	邓州梁寨画像石墓	1989年发现、发掘	南主室门楣刻黄(青)龙图;北主室门楣刻白虎图	青龙、白虎	南阳市文物研究所:《河南省邓州市梁寨汉画像石墓》,《中原文物》1996年第3期
河南	永城固上村1号画像石墓	1961年发现	东门分别刻朱雀铺首衔环;西门分别刻白虎、朱雀铺首衔环	白虎、朱雀	河南省博物馆:《河南永城固上村汉画像石墓》,《河南文博通讯》1980年第1期
河南	永城固上村2号画像石墓	1961年发现	门扉刻朱雀铺首衔环;前室:北壁上部刻苍龙、飞廉画像,南壁上部刻白虎、飞廉画像	青龙、白虎、朱雀	河南省博物馆:《河南永城固上村汉画像石墓》,《河南文博通讯》1980年第1期
河南	南阳杨官寺汉画像石墓	1962年发现、发掘	墓门南侧柱石北侧面雕两朱雀(凤)	朱雀	河南省文化局文物工作队:《河南南阳杨官寺汉画像石墓发掘报告》,《考古学报》1963年第1期
安徽	淮北市汉墓		朱雀铺首衔环图,榜题建初四年	朱雀	中国画像石全集编辑委员会编:《中国美术分类全集·中国画像石全集4·江苏、安徽、浙江汉画像石》,河南美术出版社、山东美术出版社,2000年

附录 汉画四神图像分布一览表

(续表)

地区	出处	发掘清理时间	四神图像位置及内容	四神元素	资料来源
东汉中期（公元89—146年）					
北京	北京幽州书佐秦君石阙	1964年发现	方石柱顶刻一朱雀；神道石二，各浮雕两虎托矩形柱额	白虎、朱雀	北京市文物工作队：《北京西郊发现汉代石阙清理报告》，《文物》1964年第11期
四川	渠县冯焕画像石阙		拱眼壁：正面刻青龙图，背面刻玄武图	青龙、玄武	高文：《中国汉阙》，文物出版社，1994年
四川	渠县沈府君画像石阙		二阙阙身正面上皆刻朱雀图；东阙内侧刻青龙图，口衔玉环之绶带；西侧内侧刻白虎图，亦口衔绶带	青龙、白虎、朱雀	高文：《中国汉阙》，文物出版社，1994年
四川	王孝画像石碑	1966年发现	上刻朱雀；背面雕朱雀、玄武；两侧分别刻龙、虎图	青龙、白虎、朱雀、玄武	谢雁翔：《四川郫县犀浦出土的东汉残碑》，《文物》1974年第4期
四川	乐山麻浩Ⅲ区（阳嘉三年）99号画像崖墓		刻龙虎衔璧	青龙、白虎	唐长寿：《乐山崖墓与彭山崖墓》，电子科技大学出版社，1993年
四川	乐山市鞍山崖墓石棺		青龙、白虎、鱼、鸟	青龙、白虎	唐长寿：《乐山崖墓与彭山崖墓》，电子科技大学出版社，1994年
四川	泸州市洞宾亭崖墓1号石棺	20世纪40年代出土	青龙、白虎、朱雀、玄武	青龙、白虎、朱雀、玄武	罗二虎：《汉代画像石棺》，巴蜀书社，2002年，第113页

(续表)

地区	出处	发掘清理时间	四神图像位置及内容	四神元素	资料来源
四川	泸州市二中1号崖墓2号石棺	20世纪50年代出土	青龙、白虎、圆璧	青龙、白虎	罗二虎:《汉代画像石棺》,巴蜀书社,2002年,第115页
四川	合江县张家沟崖墓石棺	1984年出土	龙虎衔璧	青龙、白虎	罗二虎:《汉代画像石棺》,巴蜀书社,2002年,第127页;罗二虎:《汉代画像棺研究》,《考古学报》2000年第1期
河南	太室阙(元初五年,即公元118年建)		东阙:南面有朱雀大象图,北面有龙、玄武图	朱雀、玄武	吕品:《中岳汉三阙》,文物出版社,1990年
河南	邓县长冢店汉画像石墓		二主室四扇门扉刻白虎铺首衔环图;南北二侧室门扉均刻白虎铺首衔环图;二主室、南二侧室、北二侧室的前截过梁上皆一侧刻龙,一侧刻虎	青龙、白虎	南阳汉画像石编委会:《邓县长冢店汉画像石墓》,《中原文物》1982年第1期
河南	南阳县高庙画像石墓		北室二门扉刻朱雀铺首衔环图;墓顶石中为双首朱雀星云图	朱雀	南阳汉画像馆:《南阳汉代画像石墓》,河南美术出版社,1998年
河南	洛阳涧河西画像石墓		第一道门扉刻朱雀铺首衔环;第二道门扉正面刻朱雀铺首衔环白虎图;前堂主室空心砖制隔墙上部镂刻青龙飞廉图	青龙、白虎、朱雀	洛阳古墓博物馆:《洛阳古墓博物馆》,朝华出版社,1987年
河南	南阳方城县城关镇汉画像石墓	1982年发现、发掘	四神陶盖;西门门扉:左青龙铺首熊图、右白虎铺首衔环牛图;东门门扉:左朱雀铺首衔环武士图,右朱雀铺首衔环虎图	青龙、白虎、朱雀、玄武	南阳地区文物工作队、方城县文化馆:《河南方城县城关镇汉画像石墓》,《文物》1984年第3期

附录　汉画四神图像分布一览表

(续表)

地区	出处	发掘清理时间	四神图像位置及内容	四神元素	资料来源
江苏	徐州韩山汉画像石墓	1985年发现	铜镜上有白虎、朱雀、玄武、青龙，有"宜子孙"三隶字	青龙、白虎、朱雀、玄武	徐州博物馆：《徐州市韩山东汉墓发掘简报》，《文物》1990年第9期
山东	泗水南陈汉画像石墓（汉安元年，即公元142年）	1984年发现、清理	东耳室门楣二层下层刻二朱雀图；西耳室二层下层刻白虎图	白虎、朱雀	泗水县文管所：《山东泗水南陈东汉画像石墓》，《考古》1995年第5期
山东	微山县出土的汉画像石	1996年发现	夏镇：第9石白虎	白虎	微山县文物管理所：《山东微山县出土的汉画像石》，《文物》2000年第10期
山东	邹城市看庄乡柳下邑汉墓		四神画像	青龙、白虎、朱雀、玄武	中国画像石全集编辑委员会编：《中国美术分类全集·中国画像石全集2·山东汉画像石》，河南美术出版社、山东美术出版社，2000年
山东	邹城市高庄乡金斗山汉墓		月轮，交龙，朱雀，白虎，青龙，虎蛇相缠	青龙、白虎、朱雀	中国画像石全集编辑委员会编：《中国美术分类全集·中国画像石全集2·山东汉画像石》，河南美术出版社、山东美术出版社，2000年
陕西	绥德县四十里铺画像石墓	1997年发现	左右门扇石：左刻朱雀铺首衔环白虎，右刻朱雀铺首衔环青龙	青龙、白虎、朱雀	榆林地区文管会、绥德县博物馆：《陕西绥德县四十里铺画像石墓调查报告》，《考古与文物》2002年第3期
陕西	绥德杨孟元汉画像石墓	1982年绥德县苏家坞征集	门扉：朱雀铺首衔环	朱雀	绥德县博物馆：《陕西绥德汉画像石墓》，《文物》1983年第5期
陕西	米脂官庄四号汉画像石墓（即牛文明墓）	1971年发掘	2、3、4门扉均刻朱雀、龙、虎、玄武、独角兽、铺首衔环	青龙、白虎、朱雀、玄武	陕西省博物馆等：《米脂东汉画像石墓发掘简报》，《文物》1972年第3期

245

(续表)

地区	出处	发掘清理时间	四神图像位置及内容	四神元素	资料来源
陕西	神木大保当第23号彩绘画像石墓	1996年发掘	门枢上刻朱雀铺首衔环	朱雀	陕西考古研究所等:《陕西神木大保当第11号、第23号汉画像石墓发掘简报》,《文物》1997年第9期
陕西	神木大保当第11号彩绘画像石墓	1996年发掘	左门柱:上刻一月神,下刻一虎,其左侧刻一虎执荣载图,右日神下青龙图,右侧升龙图	青龙、白虎	陕西考古研究所等:《陕西神木大保当第11号、第23号汉画像石墓发掘简报》,《文物》1997年第9期
陕西	神木柳巷村汉画像石墓	1982年发现	门扉朱雀铺首衔环	朱雀	吴兰、帮福、康兰英:《陕西神木柳巷村汉画像石墓》,《中原文物》1986年第1期
陕西	绥德黄家塔6号汉画像石墓(永元十六年,即公元104年)	1984年发掘	门扉各刻朱雀铺首衔环独角兽;门框下部为玄武	朱雀、玄武	戴应新、魏遂志:《陕西绥德黄家塔东汉画像石墓群发掘简报》,《考古与文物》1988年第5、6期
陕西	绥德黄家塔9号汉画像石墓(永元十六年,即公元104年)	1984年发掘	门扉各刻朱雀铺首衔环独角兽,背衬流云、嘉禾;门框下部刻玄武;南壁门洞立柱有朱雀、青龙、白虎等	青龙、白虎、朱雀、玄武	戴应新、魏遂志:《陕西绥德黄家塔东汉画像石墓群发掘简报》,《考古与文物》1988年第5、6期
陕西	绥德黄家塔11号汉画像石墓	1984年发掘	左门扉刻朱雀铺首衔环白虎图,右刻朱雀铺首衔环青龙图	青龙、白虎、朱雀	戴应新、魏遂志:《陕西绥德黄家塔东汉画像石墓群发掘简报》,《考古与文物》1988年第5、6期
陕西	绥德发现汉画像石墓	1983年发现、发掘	左右竖框下端为玄武;两门楣为朱雀铺首衔环、独角兽	朱雀、玄武	绥德县博物馆:《陕西绥德发现汉画像石墓》,《考古》1986年第1期

附录　汉画四神图像分布一览表

(续表)

地区	出处	发掘清理时间	四神图像位置及内容	四神元素	资料来源
陕西	绥德延家岔汉画像石墓	1972年发现,1975年发掘、清理	门扉刻朱雀铺首衔环;右门框为龙虎人,左为虎龙人,方向相背	青龙、白虎、朱雀	戴应新、李仲煊:《陕西绥德县延家岔东汉画像石墓》,《考古》1983年第3期
陕西	绥德延家岔2号汉画像石墓		门楣刻青龙、朱雀;门柱最下层刻玄武;门扉分别刻朱雀铺首衔环白虎图、朱雀铺首衔环青龙图;南耳室左右门柱刻人物玉兔捣药羽人门吏白虎图;主室门楣内格刻羽人、青龙、朱雀、飞廉、白虎等	青龙、白虎、朱雀、玄武	李林:《陕西绥德县延家岔二号画像石墓》,《考古》1990年第2期
陕西	米脂官庄2号汉画像石墓		左门柱内格自上而下刻射鸟、人物、白虎图;右门柱自上而下刻射鸟、人物、青龙图;门扉刻相向朱雀铺首衔环图	青龙、白虎、朱雀	陕西省博物馆等:《米脂东汉画像石墓发掘简报》,《文物》1972年第3期;李林等编著:《陕北汉代画像石》,陕西人民出版社,1995年
陕西	米脂官庄汉画像石墓	1980年发现,1981年清理	两门扉刻朱雀铺首衔环、独角兽、嘉禾;左右竖框下为玄武;前室左右门柱右格刻自上而下朱雀、轺车、轺车、饮马图	朱雀、玄武	吴兰、学勇:《陕西米脂县官庄东汉画像石墓》,《考古》1987年第11期
陕西	绥德辛店发现的两座画像石墓	裴家峁村1987年发现;鸣咽泉1986年发现,1988年发掘	裴家峁村墓:墓门左扇为朱雀铺首衔环、青龙,右扇为朱雀铺首衔环、白虎;鸣咽泉墓墓门为两扇朱雀铺首衔环独角兽,门竖框下为玄武	青龙、白虎、朱雀、玄武	吴兰、志安、春宁:《绥德辛店发现的两座画像石墓》,《考古与文物》1993年第1期

(续表)

地区	出处	发掘清理时间	四神图像位置及内容	四神元素	资料来源
陕西	子洲出土东汉画像石	1968、1975年发现	2号墓门扇为朱雀铺首、白虎图;3号墓门额为青龙、白虎,间有嘉禾,竖框下为玄武,门扇为朱雀铺首、独角兽	青龙、白虎、朱雀、玄武	吴兰、张元、康兰英:《陕西子洲出土东汉画像石》,《考古与文物》1985年第3期
陕西	绥德王得元墓(永元十二年,即公元101年)	1951年出土	墓门为左右对称的朱雀铺首衔环、独角兽图;门楣刻朱雀、麒麟等;墓室横额刻朱雀、鹿等(残)	朱雀	中国画像石全集编辑委员会编:《中国美术分类全集·中国画像石全集5·陕西、山西画像石》,河南美术出版社、山东美术出版社,2000年
东汉晚期(公元147—220年)					
山东	武氏画像石阙(公元147年)		母阙北面下刻白虎铺首衔环图;西阙子阙栌斗南面刻玄武、朱雀图	白虎、朱雀、玄武	中国画像石全集编辑委员会编:《中国美术分类全集·中国画像石全集1·山东汉画像石》,河南美术出版社、山东美术出版社,2000年
山东	嘉祥武氏画像石祠(公元147年)		石室室顶前坡东段画像有白虎图	白虎	中国画像石全集编辑委员会编:《中国美术分类全集·中国画像石全集·山东汉画像石1》,河南美术出版社、山东美术出版社,2000年
山东	苍山城前村元嘉元年(公元151年)画像石墓	1973年发掘	中柱刻白虎图,题记"中行白虎";西主室上刻龙虎相搏;主室后壁上格刻青龙、白虎、朱雀、玄武	青龙、白虎、朱雀、玄武	山东省博物馆等:《山东苍山元嘉元年画像石墓》,《考古》1975年第2期;方鹏钧、张勋燎:《山东苍山元嘉元年画像石题记的时代和有关问题的讨论》,《考古》1980年第3期
山东	济南青龙山画像石壁画墓		门楣中刻朱雀	朱雀	济南市文化局文物处:《山东济南青龙山汉画像石壁画墓》,《考古》1989年第11期

附录　汉画四神图像分布一览表

(续表)

地区	出处	发掘清理时间	四神图像位置及内容	四神元素	资料来源
山东	淄博张庄画像石墓	1984年发现、发掘	左门柱刻白虎逐兽图；右门柱刻双龙图；两门扉刻朱雀铺首衔环双鱼图	青龙、白虎、朱雀	淄博市博物馆:《山东淄博张庄东汉画像石墓》,《考古》1986年第8期
山东	诸城前凉台画像石墓	1967年发现	门扉正背面均刻朱雀铺首衔环；门额为朱雀对鹿	朱雀	诸城县博物馆任日新:《山东诸城汉墓画像石》,《文物》1981年第10期
山东	沂南北寨画像石墓		前室北壁门楣刻青龙、白虎、朱雀、羽人等；前室北壁正中刻朱雀怪兽图	青龙、白虎、朱雀	曾昭燏等:《沂南古画像石墓发掘报告》,文化部文物管理局出版,1956年
山东	济宁普育小学画像石墓		室顶有星象图		济宁市博物馆:《山东济宁发现一座东汉墓》,《考古》1994年第2期
山东	泰安市大汶口镇东门外汉墓	1960年出土	前室中立柱有朱雀；前室北壁中柱有青龙、白虎	青龙、白虎、朱雀	中国画像石全集编辑委员会编:《中国美术分类全集·中国画像石全集1·山东汉画像石》,河南美术出版社、山东美术出版社,2000年
山东	济宁市喻屯镇城南张汉墓	1970年出土	玄武上二仙人,仙人骑鹿,仙人骑虎,仙人骑龙	青龙、白虎、朱雀、玄武	中国画像石全集编辑委员会编:《中国美术分类全集·中国画像石全集2·山东汉画像石》,河南美术出版社、山东美术出版社,2000年
山东	梁山县梁山镇后集村汉墓	1976年出土	青龙羽人门吏骑士图；白虎羽人门吏骑士图	青龙、白虎	中国画像石全集编辑委员会编:《中国美术分类全集·中国画像石全集2·山东汉画像石》,河南美术出版社、山东美术出版社,2000年

汉画四神图像

(续表)

地区	出处	发掘清理时间	四神图像位置及内容	四神元素	资料来源
山东	安丘汉画像石墓	1959年发现,1960年清理	各位置上朱雀刻出十几对	朱雀	山东省博物馆:《山东安丘汉画像石墓发掘简报》,《文物》1964年第4期
山东	章丘市黄土崖东汉画像石墓	1992年发现、清理	墓门东西门扉正面刻朱雀铺首衔环,附有瑞鸟及朵云	朱雀	章丘市博物馆:《山东章丘市黄土崖东汉画像石墓》,《考古》1996年第10期
山东	青州市冢子庄汉画像石墓	1988年发现、调查	门楣上方画像石有羊头、鱼、朱雀;下方有羊头、立鹤、鱼、白虎、青龙	青龙、白虎、朱雀	姜建成、庄明军:《山东青州市冢子庄汉画像石墓》,《考古》1993年第8期
山东	临沂金雀山画像砖墓	1988年发现、清理	青龙、白虎、朱雀、玄武画像砖	青龙、白虎、朱雀、玄武	临沂市博物馆:《山东金雀山画像砖墓》,《文物》1995年第6期
山东	嘉祥县满硐乡宋山汉墓	1980年出土	朱雀、东王公等	朱雀	中国画像石全集编辑委员会编:《中国美术分类全集·中国画像石全集2·山东汉画像石》,河南美术出版社、山东美术出版社,2000年
山东	枣庄市台儿庄区侯孟乡泉源汉墓	1987年出土	朱雀、二人物画像	朱雀	中国画像石全集编辑委员会编:《中国美术分类全集·中国画像石全集2·山东汉画像石》,河南美术出版社、山东美术出版社,2000年
山东	滕州市龙阳店镇汉墓		虎、朱雀、龙、物画像	青龙、白虎、朱雀	中国画像石全集编辑委员会编:《中国美术分类全集·中国画像石全集2·山东汉画像石》,河南美术出版社、山东美术出版社,2000年

附录　汉画四神图像分布一览表

(续表)

地区	出处	发掘清理时间	四神图像位置及内容	四神元素	资料来源
山东	滕州市官桥镇后掌大汉墓	1982年出土	龙、羽人、龟画像	青龙、玄武	中国画像石全集编辑委员会编:《中国美术分类全集·中国画像石全集2·山东汉画像石》,河南美术出版社、山东美术出版社,2000年
四川	绵阳平阳府君画像石阙		阙盖四角刻青龙、白虎、朱雀、玄武画像	青龙、白虎、朱雀、玄武	高文:《中国汉阙》,文物出版社,1994年
四川	雅安高颐画像石阙		木枋和斗拱间刻有朱雀	朱雀	高文:《中国汉阙》,文物出版社,1994年
四川	成都曾家包1号画像石墓		东门扉背面刻朱雀、执戟门吏;西门扉背面刻朱雀、执镜夫人、持剑门吏图	朱雀	成都市文物管理处:《四川成都曾家包东汉画像石墓》,《文物》1981年第10期
四川	成都曾家包2号画像石墓		墓门门楣刻朱雀图;西门扉背面刻朱雀、拥篲、持刀门吏图;东后室门额刻青龙衔璧;西后室门额刻白虎衔璧	青龙、白虎、朱雀	成都市文物管理处:《四川成都曾家包东汉画像石墓》,《文物》1981年第10期
四川	长宁七个洞崖墓群汉画像	1981年发现	5号墓左侧崖壁画像有青龙、白虎;右侧也有青龙、白虎	青龙、白虎	罗二虎:《长宁七个洞崖墓群汉画像研究》,《考古学报》2005年第3期
四川	乐山麻浩1号画像崖墓		前室东壁门楣刻朱雀图	朱雀	乐山市文化局:《四川乐山麻浩一号崖墓》,《考古》1990年第2期
四川	成都天迴山崖墓画像石棺		3号一具石棺左侧板刻朱雀等	朱雀	刘志远:《成都天迴山崖墓清理记》,《考古学报》1958年第1期

(续表)

地区	出处	发掘清理时间	四神图像位置及内容	四神元素	资料来源
四川	宜宾公子山崖墓画像石棺	1973年发现、清理	大棺后刻青龙、白虎戏璧图和升鼎图	青龙、白虎	宜宾市文化馆兰峰:《四川宜宾县崖墓画像石棺》,《文物》1982年第7期
四川	郫县砖室墓画像石棺	1972年发现	石棺一盖刻青龙、白虎戏璧;石棺三头板刻青龙、白虎戏璧	青龙、白虎	四川省博物馆李复华等:《郫县出土东汉画像石棺图像略说》,《文物》1975年第8期
四川	简阳县鬼头山东汉崖墓	1986年发现、清理	3号后挡伏羲女娲间玄武,榜题"兹武";左壁青龙,右壁白虎,榜题"白帝",前端有朱雀,仅存一"鸟"字;4号棺前挡左青龙,后挡左为鹿;5号棺前挡朱雀	青龙、白虎、朱雀、玄武	内江市文管所、简阳县文化馆:《四川简阳县鬼头山东汉崖墓》,《文物》1991年第3期
四川	新津县城南砖室墓1、2号石棺	1994年发现	1号棺有玄武;2号棺有玄武,左侧有龙虎衔璧	青龙、白虎、玄武	郑伟:《汉代画像石棺墓清理记》,《成都文物》1994年第2期,第62页
四川	芦山王晖砖室墓石棺	1941年发现	青龙、白虎、玄武	青龙、白虎、玄武	任乃强:《芦山新出土汉石图考》,《康导月刊》第四卷,1942年第6、7期,第13页;罗二虎:《汉代画像石棺》,巴蜀书社,2002年,第65页
四川	富顺县邓井关1号崖墓	1985年出土	墓棺有青龙、白虎、玄武	青龙、白虎、玄武	高文、高成英:《四川出土的十一具汉代画像石棺图释》,《四川文物》1988年第3期
四川	富顺县邓井关2号崖墓	1993年发现	1、2号棺均有龙虎衔璧	青龙、白虎	高文、高成英:《四川出土的十一具汉代画像石棺图释》,《四川文物》1988年第3期

附录 汉画四神图像分布一览表

(续表)

地区	出处	发掘清理时间	四神图像位置及内容	四神元素	资料来源
四川	宜宾翠屏村砖室墓1、2号墓		青龙、白虎	青龙、白虎	匡远滢：《四川宜宾市翠屏村汉墓清理简报》，《考古通讯》1957年第3期
四川	宜宾翠屏村7号石室墓石棺		青龙、白虎	青龙、白虎	匡远滢：《四川宜宾市翠屏村汉墓清理简报》，《考古通讯》1957年第3期
天津	武清鲜于璜画像石碑	1973年发现	额旁阴刻青龙、白虎画像；碑阴额部阴刻朱雀图	青龙、白虎、朱雀	天津市文物管理处等：《武清县发现东汉鲜于璜墓碑》，《文物》1974年第8期
河南	新野前高庙画像石墓	1983年发现	门扉刻白虎铺首衔环	白虎	南阳地区文物工作队等：《新野县前高庙村汉画像石墓》，《中原文物》1985年第3期
河南	永城太丘1号画像石墓		北中室西壁刻白虎、凤鸟图	白虎	永城县文管会等：《永城太丘一号汉画像石墓》，《中原文物》1990年第1期
河南	夏邑胡桥程庄画像石墓		南二门扉刻朱雀铺首衔环	朱雀	刘兆云：《夏邑发现画像石墓》，《中国文物报》1998年4月15日
河南	永城僖山画像石墓		门扉刻朱雀铺首衔环，对门扉残存铺首衔环	朱雀	李俊山：《永城僖山汉画像石墓》，《中原文物》1990年第1期
河南	密县打虎亭3号画像石壁画墓		中室：西门柱云纹白虎图，东门柱云纹青龙图；门扉边框：上刻朱雀、玄武，下刻青龙、白虎并有云纹组成图案	青龙、白虎、朱雀、玄武	河南文物研究所：《密县打虎亭汉墓》，文物出版社，1993年
河南	密县后土郭1号汉画像石墓		门额背面彩绘青龙图，壁画中有白虎图	青龙、白虎	河南省文物研究所：《密县后土郭汉画像石墓发掘报告》，《华夏考古》1987年第2期

(续表)

地区	出处	发掘清理时间	四神图像位置及内容	四神元素	资料来源
河南	南乐宋耿洛1号画像石墓		门楣刻二朱雀图，朱雀身涂红彩	朱雀	安阳地区文管会等：《南乐宋耿洛一号汉墓发掘简报》，《中原文物》1981年第2期
河南	南阳宛城区十里铺画像石墓（再建）		中室：南门扉正面刻白虎铺首衔环，北门扉正面刻朱雀铺首衔环，南盖顶刻玄武等，北盖顶刻月轮蟾蜍、青龙、白虎、朱雀；后室中柱北侧刻青龙，南侧白虎；后壁上部内侧刻白虎图，最西一石的下方刻阳乌载日、北斗七星图	青龙、白虎、朱雀、玄武	南阳地区文物工作队等：《河南南阳县十里铺画像石墓》，《文物》1986年第4期
河南	南阳市十里铺2号画像石墓	1995年发掘、清理	后室门楣：正面刻青龙，背面刻白虎	青龙、白虎	南阳市文物研究所：《河南省南阳市十里铺二号画像石墓》，《中原文物》1996年第3期
河南	许昌张潘乡盆李村汉魏许都宫殿遗址	1985年出土	四神柱基	青龙、白虎、朱雀、玄武	张淑霞：《许昌汉魏画像砖、石特点及艺术价值》，《华夏考古》1998年第3期
河南	浚县贾胡庄东汉画像石墓	1999年发掘	后室中立柱：左伏羲，左有两青龙交尾，右女娲，右白虎	青龙、白虎	鹤壁市文物工作队、浚县文物旅游局：《浚县贾胡庄东汉画像石墓》，《中原文物》2000年第4期
河南	浚县东汉画像石	1973年发掘	姚厂墓：门楣从左起鹿、青龙、白虎、朱雀，门楣两侧各一朱雀，正中有索穿壁间隔上下，上玄武，下为立羊；郑厂墓：门楣正面左青龙、右白虎，中间为双鱼碰头，另一为中索穿两壁，下飞鸟，左为玄武，右为朱雀	青龙、白虎、朱雀、玄武	高同根：《简述浚县东汉画像石的雕刻艺术》，《中原文物》1986年第1期

附录　汉画四神图像分布一览表

(续表)

地区	出处	发掘清理时间	四神图像位置及内容	四神元素	资料来源
河南	南阳市第二化工厂21号画像石墓	1991年发现、清理	墓室两门扉刻白虎铺首衔环	白虎	南阳市文物工作队:《南阳市第二化工厂21号画像石墓发掘简报》,《中原文物》1993年第1期
河南	汤阴县东汉画像石墓门		门楣正面雕青龙、白虎,其间为两只水鸟,两侧下角各雕一小鱼;左墓门雕玄武铺首衔环,右墓门雕朱雀铺首衔环,环中各套两鱼	青龙、白虎、朱雀、玄武	《河南汤阴县发现东汉画像石墓门》,《考古》1994年第4期
河南	襄城县发现汉画像石	1985年征集	第6石上刻朱雀铺首衔环,下白虎;第9石正反均朱雀铺首衔环;第10石朱雀铺首衔环,右卧一鸱鸮;第12石朱雀抓鱼铺首衔环;第13石白虎青龙对立;第15石朱雀铺首衔环,环中一四叶纹	青龙、白虎、朱雀	黄留春、张照:《河南襄城县发现汉画像石》,《文物》1988年第5期
河南	新野出土的汉代画像砖	1962年发现	青龙白虎砖,两块,皆残,中玉璧,右青龙,左白虎	青龙、白虎	王褒祥:《河南新野出土的汉代画像砖》,《考古》1964年第2期

(续表)

地区	出处	发掘清理时间	四神图像位置及内容	四神元素	资料来源
河南	舞阳发现汉代画像石	1969年挖掘	马村乡姚庄：第1石、门楣刻青龙、白虎，第3石右上方刻玄武，第7石刻朱雀、扶桑、牛图，第8石刻朱雀4只，第9石右刻白虎；潘园汉墓：第10石刻朱雀铺首衔环，第17石背面刻朱雀、长青树、芦雁，第18石刻白虎奇兽图；马岗村汉墓：第24石刻朱雀铺首衔环	青龙、白虎、朱雀、玄武	朱帜、朱振甫：《河南舞阳发现汉代画像石》，《考古》1993年第5期
湖北	当阳刘家冢子画像石墓	1972年发掘	门扉为朱雀铺首衔环	朱雀	沈宜扬：《湖北当阳刘家冢子东汉画像石墓发掘简报》，《文物资料丛刊》，文物出版社，1977年第1期
江苏	邳县青龙山彭城相缪宇画像石墓		前室东壁南侧左立石：麒麟图、朱鸟图、玄武图，均有题记；后室门口左侧刻青龙、白虎图，下持戟门吏	青龙、白虎、朱雀、玄武	南京博物院等：《东汉彭城相缪宇墓》，《文物》1984年第8期
江苏	徐州十里铺画像石墓	1964年发现、发掘	第13幅龙虎相对，间有一马；第14幅东侧室门楣刻二龙交尾、朱雀、白虎图	青龙、白虎、朱雀	江苏省文管会等：《江苏徐州十里铺汉画像石墓》，《考古》1966年第2期
江苏	徐州青山泉白集画像石祠、画像石墓		中室门楣石背面柱基之柱的柱两侧刻凤鸟、青龙、鱼、鹿、白虎、马图；东壁南刻有朱雀；东耳室门楣刻青龙、瑞鸟图	青龙、白虎、朱雀	南京博物院：《徐州青山泉白集东汉画像石墓》，《考古》1981年第2期

附录　汉画四神图像分布一览表

(续表)

地区	出处	发掘清理时间	四神图像位置及内容	四神元素	资料来源
江苏	泗阳打鼓墩樊氏画像石墓	1976年清理	第17石正面右刻青龙一，腹下一鱼一兔，左刻白虎，虎前一凤一鹿；第22石：最上为朱雀，下白虎与兽斗	青龙、白虎、朱雀	淮阴市博物馆、泗阳县图书馆：《江苏泗阳打鼓墩樊氏画像石墓》，《考古》1992年第9期
江苏	邳县白山故子1号画像石墓（再建）		耳室盖顶刻朱雀铺首衔环图	朱雀	南京博物院等：《江苏邳县白山故子两座东汉画像石墓》，《文物》1986年第5期
江苏	高淳东汉画像砖墓	1974年发现、清理	白虎画像砖，青龙画像砖	青龙、白虎	镇江博物馆：《江苏省高淳东汉画像砖墓》，《文物》1983年第4期
江苏	高淳固城东汉M2画像砖墓	1986年发现、清理	画像端面白虎，侧面东仙人戏白虎，西青龙	青龙、白虎	南京市博物馆：《江苏高淳固城东汉画像砖墓》，《考古》1989年第5期
安徽	宿县褚兰汉画像石墓	1956年发掘	1号11石前室西壁正中下格竖刻龙虎；13、14石耳室：西侧下格为龙，东侧下格为虎；2号26石前室西壁，墓门北侧刻朱雀门吏鸟羊图；27石前室南壁西侧刻朱雀、门吏、松树、羊图；28石朱雀、门吏、松树、羊图	青龙、白虎、朱雀、玄武	王步毅：《安徽宿县褚兰汉画像石墓》，《考古学报》1993年第4期。（朱雀嘴中连珠形不同）
安徽	濉溪县古城汉墓	1992年出土	朱雀铺首衔环图；玄武、鱼、鸟图；麒麟、野猪、狐图	朱雀	中国画像石全集编辑委员会编：《中国美术分类全集·中国画像石全集4·江苏、安徽、浙江汉画像石》，山东美术出版社、河南美术出版社，2000年

257

(续表)

地区	出处	发掘清理时间	四神图像位置及内容	四神元素	资料来源
浙江	海宁长安镇画像石墓	1973年发现、清理	前室门扉：东刻朱雀铺首衔环，西刻朱雀盘蛇图；前室西耳室壁门额刻玄武、朱雀等；后室门额与门楣一石二层上刻朱雀、青龙、白虎等	青龙、白虎、朱雀、玄武	嘉兴地区文管会等：《浙江海宁东汉画像石墓发掘简报》，《文物》1983年第5期
山西	离石马茂庄14号画像石墓	1992年发掘	左右门扉刻朱雀铺首衔环（墨书题记：熹平四年六月）	朱雀	山西省考古研究所、吕梁地区文物管理处、离石县文物管理所：《山西离石再次发现东汉画像石墓》，《文物》1996年第4期
山西	离石马茂庄19号画像石墓	1992年发掘	左右门扉刻朱雀铺首衔环	朱雀	山西省考古研究所等：《山西离石再次发现东汉画像石墓》，《文物》1996年第4期
山西	离石马茂庄4号画像石墓	1990年发掘、清理	左右门扉刻朱雀铺首衔环	朱雀	山西省考古研究所等：《山西离石马茂庄东汉画像石墓》，《文物》1992年第4期
山西	离石马茂庄3号画像石墓	1990年发掘、清理	左右门扉刻朱雀铺首衔环、神兽图；前室：左边框刻青龙、白虎、朱雀等，右边框刻青龙、白虎等	青龙、白虎、朱雀	山西省考古研究所等：《山西离石马茂庄东汉画像石墓》，《文物》1992年第4期
山西	离石马茂庄2号画像石墓	1990年发掘、清理	左右门扉刻朱雀铺首衔环；东壁27石刻有龟	朱雀、玄武	山西省考古研究所等：《山西离石马茂庄东汉画像石墓》，《文物》1992年第4期
山西	离石县石盘村汉墓	1987年征集	墓门左右门扉为朱雀铺首衔环	朱雀、	中国画像石全集编辑委员会编：《中国美术分类全集·中国画像石全集5·陕西、山西汉画像石》，河南美术出版社、山东美术出版社，2000年

附录 汉画四神图像分布一览表

(续表)

地区	出处	发掘清理时间	四神图像位置及内容	四神元素	资料来源
山西	柳林县杨家坪村汉墓	1920年出土	墓门左右门扉为朱雀铺首衔环、独角兽	朱雀	中国画像石全集编辑委员会编：《中国美术分类全集·中国画像石全集5·陕西、山西汉画像石》,河南美术出版社、山东美术出版社,2000年
河北	滦县出土东汉画像石棺	1991年发掘	右侧壁刻有白虎、羽人、青龙、羽人	青龙、白虎	李子春、赵立国：《河北滦县出土东汉画像石棺》,《文物》2002年第7期
重庆	合川沙坪濮湖画像石墓		中室：门楣刻青龙、白虎争璧图；东西门柱刻朱雀铺首衔环,中室左右柱侧面刻青龙、白虎图；后室：东门柱侧面刻白虎图,西门柱侧面刻青龙图	青龙、白虎、朱雀	重庆市博物馆等：《合川东汉画像石墓》,《文物》1977年第2期
重庆	重庆江北画像石墓		门楣上层刻朱雀、玉兔、神兽图,下层刻朱雀、青龙、白虎图；两门柱刻青龙、白虎图	青龙、白虎、朱雀	陈丽琼：《四川江北发现汉墓石刻》,《考古通讯》1958年第8期
东汉时期					
江苏	徐州九女墩画像石墓		后室正中支柱上刻青龙；后室门额二层,上刻青龙、玄龟等；墓门西扉刻朱雀铺首衔环	青龙、朱雀、龟	武利华：《徐州汉画像石精选》,线装书局,2001年,第35、36、40页
江苏	铜山县散存		只一门扉,有朱雀、青龙、伏羲	青龙、朱雀	武利华：《徐州汉画像石精选》,线装书局,2001年,第73页
江苏	铜山县散存		只一门扉,有朱雀、青龙(身上站一鸟：朱雀)、女娲	青龙、朱雀	武利华：《徐州汉画像石精选》,线装书局,2001年,第96页

(续表)

地区	出处	发掘清理时间	四神图像位置及内容	四神元素	资料来源
江苏	睢宁县双沟散存		只一门扉,有朱雀铺首衔环	朱雀	武利华:《徐州汉画像石精选》,线装书局,2001年,第107页
江苏	徐州市铜山县黄山汉墓		白虎穿璧图	白虎	中国画像石全集编辑委员会编:《中国美术分类全集·中国画像石全集4·江苏、安徽、浙江汉画像石》,河南美术出版社、山东美术出版社,2000年
江苏	徐州市睢宁县张圩汉墓		青龙、白虎,羽人戏鹿龙虎图;仙人、朱雀、白虎图	青龙、白虎、朱雀	中国画像石全集编辑委员会编:《中国美术分类全集·中国画像石全集4·江苏、安徽、浙江汉画像石》,河南美术出版社、山东美术出版社,2000年
江苏	徐州市睢宁县汉墓		青龙双阙图;青龙凤阙图	青龙、朱雀	中国画像石全集编辑委员会编:《中国美术分类全集·中国画像石全集4·江苏、安徽、浙江汉画像石》,河南美术出版社、山东美术出版社,2000年
安徽	宿县符离集汉墓		玄武抚琴讲学图	玄武	中国画像石全集编辑委员会编:《中国美术分类全集·中国画像石全集4·江苏、安徽、浙江汉画像石》,河南美术出版社、山东美术出版社,2000年
安徽	定远县靠山乡汉墓		朱雀铺首衔环图	朱雀	中国画像石全集编辑委员会编:《中国美术分类全集·中国画像石全集4·江苏、安徽、浙江汉画像石》,河南美术出版社、山东美术出版社,2000年

附录 汉画四神图像分布一览表

(续表)

地区	出处	发掘清理时间	四神图像位置及内容	四神元素	资料来源
安徽	霍山县洛阳河乡油坊村汉墓		朱雀白虎图;朱雀羽人戏虎铺首衔环图	白虎、朱雀	中国画像石全集编辑委员会编:《中国美术分类全集·中国画像石全集4·江苏、安徽、浙江汉画像石》,河南美术出版社、山东美术出版社,2000年
浙江	安吉出土东汉四乳四神镜	2001年出土	3号墓出土四神铜镜	青龙、白虎、朱雀、玄武	邱宏亮:《浙江安吉出土东汉四乳四神镜》,《文物》2005年第2期
陕西	定边县郝滩发现东汉壁画墓	2003年发现	墓室顶部以青龙、白虎、朱雀、玄武定方位,绘制二十八星宿	青龙、白虎、朱雀、玄武	陕西省考古研究所、榆林市文物管理委员会:《陕西定边县郝滩发现东汉壁画墓》,《考古与文物》2004年第5期
陕西	榆林市牛家梁乡古城滩村汉墓	1995年出土	左右门扉为朱雀铺首衔环;右立柱下为玄武	朱雀、玄武	中国画像石全集编辑委员会编:《中国美术分类全集·中国画像石全集5·陕西、山西汉画像石》,河南美术出版社、山东美术出版社,2000年
陕西	榆林市上监湾乡陈兴庄汉墓	1992年出土	左右门扉为朱雀铺首衔环	朱雀	中国画像石全集编辑委员会编:《中国美术分类全集·中国画像石全集5·陕西、山西汉画像石》,河南美术出版社、山东美术出版社,2000年
陕西	榆林市麻黄梁乡段家湾汉墓	1994年出土	左右门扉为朱雀铺首衔环、独角兽等(残)	朱雀	中国画像石全集编辑委员会编:《中国美术分类全集·中国画像石全集5·陕西、山西汉画像石》,河南美术出版社、山东美术出版社,2000年

汉画四神图像

(续表)

地区	出处	发掘清理时间	四神图像位置及内容	四神元素	资料来源
陕西	米脂县尚庄汉墓	1971年出土	左右门扉为朱雀铺首衔环	朱雀	中国画像石全集编辑委员会编:《中国美术分类全集·中国画像石全集5·陕西、山西汉画像石》,河南美术出版社、山东美术出版社,2000年
陕西	米脂县党家沟汉墓	1981年出土	左门扉为朱雀铺首衔环、青龙;右门扉为朱雀铺首衔环、白虎;左右立柱下方为玄武	青龙、白虎、朱雀、玄武	中国画像石全集编辑委员会编:《中国美术分类全集·中国画像石全集5·陕西、山西汉画像石》,河南美术出版社、山东美术出版社,2000年
陕西	米脂县汉墓	1981年征集	墓门右立柱为朱雀立羊图	朱雀	中国画像石全集编辑委员会编:《中国美术分类全集·中国画像石全集5·陕西、山西汉画像石》,河南美术出版社、山东美术出版社,2000年
陕西	米脂县汉墓	1981年出土	墓门右立柱为朱雀、东王公、羊、鹿等图	朱雀	中国画像石全集编辑委员会编:《中国美术分类全集·中国画像石全集5·陕西、山西汉画像石》,河南美术出版社、山东美术出版社,2000年
陕西	米脂县汉墓	1981年征集	墓门右立柱为朱雀西王母羽人等图	朱雀	中国画像石全集编辑委员会编:《中国美术分类全集·中国画像石全集5·陕西、山西汉画像石》,河南美术出版社、山东美术出版社,2000年
陕西	米脂县汉墓	1986年出土	墓门门额为白虎、朱雀、玄武、铺首衔环图	白虎、朱雀、玄武	中国画像石全集编辑委员会编:《中国美术分类全集·中国画像石全集5·陕西、山西汉画像石》,河南美术出版社、山东美术出版社,2000年

附录　汉画四神图像分布一览表

(续表)

地区	出处	发掘清理时间	四神图像位置及内容	四神元素	资料来源
陕西	绥德汉墓	1976年出土	右门扉为朱雀铺首衔环、白虎	白虎、朱雀	中国画像石全集编辑委员会编：《中国美术分类全集·中国画像石全集5·陕西、山西汉画像石》，河南美术出版社、山东美术出版社，2000年
陕西	绥德汉墓	1981年出土	左门扉为朱雀铺首衔环、青龙；右门扉为朱雀铺首衔环、白虎	青龙、白虎、朱雀	中国画像石全集编辑委员会编：《中国美术分类全集·中国画像石全集5·陕西、山西汉画像石》，河南美术出版社、山东美术出版社，2000年
陕西	绥德汉墓	1975年出土	墓门左立柱下方为玄武	玄武	中国画像石全集编辑委员会编：《中国美术分类全集·中国画像石全集5·陕西、山西汉画像石》，河南美术出版社、山东美术出版社，2000年
陕西	绥德汉墓	1974年出土	墓门左右立柱下方为玄武	玄武	中国画像石全集编辑委员会编：《中国美术分类全集·中国画像石全集5·陕西、山西汉画像石》，河南美术出版社、山东美术出版社，2000年
陕西	绥德汉墓	1975年出土	墓门左右立柱为青龙、白虎、玄武等	青龙、白虎、玄武	中国画像石全集编辑委员会编：《中国美术分类全集·中国画像石全集5·陕西、山西汉画像石》，河南美术出版社、山东美术出版社，2000年
陕西	绥德汉墓	1976年征集	墓门右立柱为玄武等	玄武	中国画像石全集编辑委员会编：《中国美术分类全集·中国画像石全集5·陕西、山西汉画像石》，河南美术出版社、山东美术出版社，2000年

汉画四神图像

(续表)

地区	出处	发掘清理时间	四神图像位置及内容	四神元素	资料来源
陕西	绥德汉墓	1957年征集	墓门右立柱为玄武、马、猿等	玄武	中国画像石全集编辑委员会编:《中国美术分类全集·中国画像石全集5·陕西、山西汉画像石》,河南美术出版社、山东美术出版社,2000年
陕西	绥德汉墓	1957年出土	墓门左立柱为朱雀等	朱雀	中国画像石全集编辑委员会编:《中国美术分类全集·中国画像石全集5·陕西、山西汉画像石》,河南美术出版社、山东美术出版社,2000年
陕西	绥德汉墓	1977年出土	墓门左右立柱为青龙、白虎、朱雀等;门楣有青龙、白虎、朱雀、独角兽、羊等	青龙、白虎、朱雀	中国画像石全集编辑委员会编:《中国美术分类全集·中国画像石全集5·陕西、山西汉画像石》,河南美术出版社、山东美术出版社,2000年
陕西	绥德汉墓	1974年出土	墓门门楣有朱雀、仙人骑鹿、鸟等	朱雀	中国画像石全集编辑委员会编:《中国美术分类全集·中国画像石全集5·陕西、山西汉画像石》,河南美术出版社、山东美术出版社,2000年
陕西	绥德汉墓	1981年出土	墓门门楣有青龙、白虎、朱雀、等	青龙、白虎、朱雀	中国画像石全集编辑委员会编:《中国美术分类全集·中国画像石全集5·陕西、山西汉画像石》,河南美术出版社、山东美术出版社,2000年
陕西	绥德汉墓	1975年出土	墓门门楣有朱雀、等	朱雀	中国画像石全集编辑委员会编:《中国美术分类全集·中国画像石全集5·陕西、山西汉画像石》,河南美术出版社、山东美术出版社,2000年

附录 汉画四神图像分布一览表

(续表)

地区	出处	发掘清理时间	四神图像位置及内容	四神元素	资料来源
陕西	绥德汉墓	1975年出土	墓门门楣有朱雀、等	朱雀	中国画像石全集编辑委员会编:《中国美术分类全集·中国画像石全集5·陕西、山西汉画像石》,河南美术出版社、山东美术出版社,2000年
陕西	绥德汉墓	1984年出土	墓门左右立柱下方为玄武	玄武	中国画像石全集编辑委员会编:《中国美术分类全集·中国画像石全集5·陕西、山西汉画像石》,河南美术出版社、山东美术出版社,2000年
陕西	绥德汉墓	1974年出土	墓门左门扉为朱雀铺首衔环、青龙;右门扉为朱雀铺首衔环、白虎	青龙、白虎、朱雀	中国画像石全集编辑委员会编:《中国美术分类全集·中国画像石全集5·陕西、山西汉画像石》,河南美术出版社、山东美术出版社,2000年
陕西	绥德刘家沟汉墓	1955年出土	墓门右立柱下方为玄武	玄武	中国画像石全集编辑委员会编:《中国美术分类全集·中国画像石全集5·陕西、山西汉画像石》,河南美术出版社、山东美术出版社,2000年
陕西	清涧县汉墓	1972年出土	墓门左门扉为朱雀铺首衔环、白虎,右门扉为朱雀铺首衔环、青龙	青龙、白虎、朱雀	中国画像石全集编辑委员会编:《中国美术分类全集·中国画像石全集5·陕西、山西汉画像石》,河南美术出版社、山东美术出版社,2000年
陕西	神木县乔岔滩乡柳苍村汉墓	1983年出土	墓门右门扉为朱雀铺首衔环	朱雀	中国画像石全集编辑委员会编:《中国美术分类全集·中国画像石全集5·陕西、山西汉画像石》,河南美术出版社、山东美术出版社,2000年

(续表)

地区	出处	发掘清理时间	四神图像位置及内容	四神元素	资料来源
陕西	靖边县寨山村汉墓	1992年出土	墓门左立柱有玄武、白虎等，右立柱有朱雀等	白虎、朱雀、玄武	中国画像石全集编辑委员会编：《中国美术分类全集·中国画像石全集5·陕西、山西汉画像石》，河南美术出版社、山东美术出版社，2000年
陕西	旬邑东汉墓		青龙羽人图	青龙	《陕西旬邑东汉墓壁画》，《考古与文物》2002年第3期
四川	荥经发现东汉石棺画像	1969年发现	棺头为朱雀，棺一侧为两只朱雀	朱雀	荥经严道古城遗址博物馆李晓鸥：《四川荥经发现东汉石棺画像》，《考古与文物》1988年第2期
四川	泸州1号石棺		棺左刻青龙、右白虎、朱雀、玄武	青龙、白虎、朱雀、玄武	高文、高成英：《四川出土的十一具汉代画像石棺图释》，《四川文物》1988年第3期
四川	泸州2号石棺		棺刻青龙、白虎	青龙、白虎	高文、高成英：《四川出土的十一具汉代画像石棺图释》，《四川文物》1988年第3期
四川	南溪1号石棺		棺刻白虎、雀、鱼、龟，间有繁星	白虎、朱雀、玄武	高文、高成英：《四川出土的十一具汉代画像石棺图释》，《四川文物》1988年第3期
四川	富顺石棺		棺左刻青龙，右刻白虎、后刻玄武	青龙、白虎、玄武	高文、高成英：《四川出土的十一具汉代画像石棺图释》，《四川文物》1988年第3期
四川	合江石棺		棺左刻青龙，右刻白虎	青龙、白虎	高文、高成英：《四川出土的十一具汉代画像石棺图释》，《四川文物》1988年第3期

附录 汉画四神图像分布一览表

(续表)

地区	出处	发掘清理时间	四神图像位置及内容	四神元素	资料来源
四川	昭觉四灵画像砖	1976年城北乡热赫溪，1988年竹核区竹核乡合博土丘东汉墓出土	砖正中斜方格纹，四边为青龙、白虎、朱雀、玄武	青龙、白虎、朱雀、玄武	俄比解放：《四川省昭觉县出土的汉代画像砖石》，《考古与文物》1994年第3期
四川	昭觉朱雀、玄武画像砖	1976年城北乡热赫溪东汉墓出土	条砖的短边为朱雀、玄武	朱雀、玄武	俄比解放：《四川省昭觉县出土的汉代画像砖石》，《考古与文物》1994年第3期
四川	郫县东汉砖墓的石棺画像	1973年发现、清理	石棺一：棺盖龙虎戏璧图；石棺三：棺头龙虎戏璧图	青龙、白虎	四川省博物馆、郫县文化馆：《四川郫县东汉砖墓的石棺画象》，《考古》1978年第6期
四川	渠县赵家坪无名阙		玄武	玄武	中国画像石全集编辑委员会编：《中国美术分类全集·中国画像石全集7·四川汉画像石》，河南美术出版社、山东美术出版社，2000年
河南	南阳汉代石刻墓	1956年发现、清理	东壁横石有青龙、白虎	青龙、白虎	河南省文化局文物工作队：《南阳汉代石刻墓》，《文物参考资料》1958年第10期
河南	南阳卧龙区阮堂汉墓	1933年出土	苍龙星座	青龙	中国画像石全集编辑委员会编：《中国美术分类全集·中国画像石全集6·河南汉画像石》，河南美术出版社、山东美术出版社，2000年

(续表)

地区	出处	发掘清理时间	四神图像位置及内容	四神元素	资料来源
河南	南阳卧龙区丁凤店汉墓	1933年出土	金乌、星座	朱雀	中国画像石全集编辑委员会编:《中国美术分类全集·中国画像石全集6·河南汉画像石》,河南美术出版社、山东美术出版社,2000年
河南	南阳卧龙区白滩汉墓	1935年出土	白虎、牛郎织女、星座	白虎	中国画像石全集编辑委员会编:《中国美术分类全集·中国画像石全集6·河南汉画像石》,河南美术出版社、山东美术出版社,2000年
河南	南阳卧龙区麒麟岗汉墓	1935年出土	四神天象;玄武	青龙、白虎、朱雀、玄武	中国画像石全集编辑委员会编:《中国美术分类全集·中国画像石全集6·河南汉画像石》,河南美术出版社、山东美术出版社,2000年
河南	南阳卧龙区王庄汉墓	1983年出土	苍龙星宿	青龙	中国画像石全集编辑委员会编:《中国美术分类全集·中国画像石全集6·河南汉画像石》,河南美术出版社、山东美术出版社,2000年
河南	南阳西关汉墓	1946年出土	嫦娥奔月		中国画像石全集编辑委员会编:《中国美术分类全集·中国画像石全集6·河南汉画像石》,河南美术出版社、山东美术出版社,2000年
山东	临沂市白庄汉墓	1972年出土	青龙、白虎铺首衔环画像;朱雀(祥禽瑞兽)画像;大树、朱雀衔绶人物进食图	青龙、白虎、朱雀	中国画像石全集编辑委员会编:《中国美术分类全集·中国画像石全集3·山东汉画像石》,河南美术出版社、山东美术出版社,2000年

附录　汉画四神图像分布一览表

（续表）

地区	出处	发掘清理时间	四神图像位置及内容	四神元素	资料来源
山东	临沂市工程机械厂汉墓	1988年出土	朱雀骑者图；朱雀、白虎图	白虎、朱雀	中国画像石全集编辑委员会编：《中国美术分类全集·中国画像石全集3·山东汉画像石》，河南美术出版社、山东美术出版社，2000年
山东	临沂市普村汉墓		朱雀、龙虎图	青龙、白虎、朱雀	中国画像石全集编辑委员会编：《中国美术分类全集·中国画像石全集3·山东汉画像石》，河南美术出版社、山东美术出版社，2000年
山东	临沂市普村汉墓		朱雀（祥禽瑞兽）图	朱雀	中国画像石全集编辑委员会编：《中国美术分类全集·中国画像石全集3·山东汉画像石》，河南美术出版社、山东美术出版社，2000年
山东	费县垛庄镇潘家疃汉墓	1966发现	朱雀铺首衔环图	朱雀	中国画像石全集编辑委员会编：《中国美术分类全集·中国画像石全集3·山东汉画像石》，河南美术出版社、山东美术出版社，2000年
山东	临淄永流乡石鼓村汉墓	1985出土	朱雀铺首衔环图	朱雀	中国画像石全集编辑委员会编：《中国美术分类全集·中国画像石全集3·山东汉画像石》，河南美术出版社、山东美术出版社，2000年
山东	临淄乙烯厂汉墓	1985出土	白虎、伏羲、亭长图；青龙、女娲、门卒图；朱雀羊头、鱼图	青龙、白虎、朱雀	中国画像石全集编辑委员会编：《中国美术分类全集·中国画像石全集3·山东汉画像石》，河南美术出版社、山东美术出版社，2000年

（续表）

地区	出处	发掘清理时间	四神图像位置及内容	四神元素	资料来源
山东	济南市汉墓		朱雀铺首衔环图	朱雀	中国画像石全集编辑委员会编：《中国美术分类全集·中国画像石全集3·山东汉画像石》，河南美术出版社、山东美术出版社，2000年
山东	济南市汉墓		白虎星宿图	白虎	中国画像石全集编辑委员会编：《中国美术分类全集·中国画像石全集3·山东汉画像石》，河南美术出版社、山东美术出版社，2000年
山东	平阴县孟庄汉墓	1976年发现	人物、祥禽瑞兽图	青龙、白虎、朱雀	中国画像石全集编辑委员会编：《中国美术分类全集·中国画像石全集3·山东汉画像石》，河南美术出版社、山东美术出版社，2000年
山东	新泰市西柳村汉墓		八角石柱背面和左侧面为玄武人物图	玄武	中国画像石全集编辑委员会编：《中国美术分类全集·中国画像石全集3·山东汉画像石》，河南美术出版社、山东美术出版社，2000年
山东	历城县黄台山画像石		白虎、青龙	青龙、白虎	山东省博物馆、山东省文物考古研究所编：《山东画像石选集》，齐鲁书社，1982年
山东	邹县黄路屯画像石		龙、虎	青龙、白虎	山东省博物馆、山东省文物考古研究所编：《山东画像石选集》，齐鲁书社，1982年

附录　汉画四神图像分布一览表

（续表）

地区	出处	发掘清理时间	四神图像位置及内容	四神元素	资料来源
山东	滕县西户口画像石		白虎、玄武	白虎、玄武	山东省博物馆、山东省文物考古研究所编：《山东画像石选集》，齐鲁书社，1982年
山东	招远县界河画像石		朱雀、青龙、白虎	青龙、白虎、朱雀	山东省博物馆、山东省文物考古研究所编：《山东画像石选集》，齐鲁书社，1982年
云南	昭通白泥井3号砖室墓石棺	1954年清理	青龙、白虎	青龙、白虎	孙太初：《两年来云南古遗址及墓葬的发现与清理》，《文物参考资料》1958年第6期，第30页

参考文献

一、图　录

1. 中国美术全集编辑委员会,张安治.中国美术全集·绘画编1·原始社会至南北朝绘画[G].北京:人民美术出版社,1986.
2. 中国美术全集编辑委员会,宿白.中国美术全集·绘画编12·墓室壁画[G].北京:文物出版社,1989.
3. 中国美术全集编辑委员会,常任侠.中国美术全集·绘画编18·画像石画像砖[G].上海:上海人民美术出版社,1988.
4. 中国画像石全集编辑委员会,蒋英炬.中国美术分类全集·中国画像石全集1·山东汉画像石[G].山东美术出版社、河南美术出版社,2000.
5. 中国画像石全集编辑委员会,蒋英炬.中国美术分类全集·中国画像石全集2·山东汉画像石[G].山东美术出版社、河南美术出版社,2000.
6. 中国画像石全集编辑委员会,焦德森.中国美术分类全集·中国画像石全集3·山东汉画像石[G].山东美术出版社、河南美术出版社,2000.
7. 中国画像石全集编辑委员会,汤池.中国美术分类全集·中国画像石全集4·江苏、安徽、浙江汉画像石[G].山东美术出版社、河南美术出版社,2000.
8. 中国画像石全集编辑委员会,汤池.中国美术分类全集·中国画像石全集5·陕西、山西汉画像石[G].山东美术出版社、河南美术出版社,2000.
9. 中国画像石全集编辑委员会,王建中.中国美术分类全集·中国画像石全集6·河南汉画像石[G].山东美术出版社、河南美术出版社,2000.
10. 中国画像石全集编辑委员会,高文.中国美术分类全集·中国画像石全集7·四川汉画像石[G].山东美术出版社、河南美术出版社,2000.
11. 山东省博物馆.山东汉画像石选[G].济南:齐鲁书社,1982.
12. 徐州博物馆.徐州汉画像石[G].南京:江苏美术出版社,1985.
13. 朱锡禄.嘉祥汉画像石[M].济南:山东美术出版社,1992.
14. 南阳汉画馆.南阳汉代画像石刻[G].上海:上海人民美术出版社,1988.
15. 闪修山,王儒林,李陈广.南阳汉画像石[M].郑州:河南美术出版社,1989.

16. 黄留春.许昌汉砖石画像[M].郑州:河南美术出版社,1994.
17. 薛文灿,刘松根.河南新郑汉代画像砖[M].上海:上海书画出版社,1993.
18. 文物出版社.西汉帛画[G].北京:文物出版社,1972.
19. 南阳汉代画像石编辑委员会.南阳汉代画像石[G].北京:文物出版社,1985.
20. 陕西省博物馆.陕北东汉画像石[G].西安:陕西人民美术出版社,1985.
21. 顾森.中国汉画图典[M].杭州:浙江摄影出版社,1997.
22. 欧阳摩一.画像石[M].沈阳:辽宁画报出版社,2001.
23. 王明发.画像砖[M].沈阳:辽宁画报出版社,2001.
24. 江苏省文物管理委员会.江苏徐州汉画像石[G].北京:科学出版社,1959.
25. 密县文管会,等.密县汉画像砖[G].郑州:中州古籍出版社,1983.
26. 孔祥星.中国铜镜图典[M].北京:文物出版社,1992.
27. 赵力光.中国古代瓦当图典[M].北京:文物出版社,1998.
28. 傅嘉仪.秦汉瓦当[M].西安:陕西旅游出版社,1999.
29. 高文.中国汉阙[M].北京:文物出版社,1994.
30. 余继明.汉代玉器[M].杭州:浙江大学出版社,2001.
31. 李正光.汉代漆器图案集[M].北京:文物出版社 2002.
32. 庄天明,吴为山.西汉木雕[M].天津:天津人民美术出版社,2003.
33. 张朋川.中国汉代木雕艺术[M].沈阳:辽宁美术出版社,2003.
34. 杨力民.中国古代瓦当艺术[M].上海:上海人民美术出版社,1986.

二、古代文献

35. [战国]尸佼著;[清]汪继培辑;朱海雷译注.尸子译注[M].上海:上海古籍出版社,2006.
36. [战国]管子.管子·宙合篇[M].北京:中国社会科学出版社,1994.
37. [秦]吕不韦撰;[汉]高诱注.吕氏春秋[M].诸子集成·六.北京:中华书局,1954.
38. [汉]司马迁.史记[M].[宋]裴骃集解;[唐]司马贞索隐;[唐]张守节正义.北京:中华书局,1972.
39. [汉]班固.汉书[M].北京:中华书局,1974.
40. [汉]郑玄注;[唐]贾公彦疏.周礼[M].上海:上海古籍出版社,1990.

41. [汉]刘安.淮南子[M].诸子集成·七.北京:中华书局,1954.
42. [汉]董仲舒著;[清]凌曙注.春秋繁露[M].北京:中华书局,1976.
43. [汉]焦延寿.白话易林[M].西安:三秦出版社,1990.
44. [汉]应劭.风俗通义[M].上海:上海古籍出版社,1990.
45. [汉]刘向.说苑[M].上海:上海古籍出版社,1990.
46. [汉]刘熙.释名[M].上海:上海古籍出版社,1984.
47. [晋]陈寿撰;[宋]裴松之注.三国志[M].北京:中华书局,1959.
48. [晋]郭璞;[宋]刑昺疏.尔雅注疏[M].上海:上海古籍出版社,1990.
49. [晋]杜预集解.春秋经传集解[M].上海:上海古籍出版社,1978.
50. [晋]干宝原著;黄涤明注释.搜神记[M].贵阳:贵州人民出版社,1991.
51. [晋]郭璞.庄子集解[M].扬州:江苏广陵古籍刻印社,1991影印.
52. [晋]王嘉撰;[梁]萧绮录.拾遗记[M].北京:中华书局,1981.
53. [晋]郭璞注.山海经[M].上海:上海古籍出版社,1989.
54. [南朝宋]范晔撰;[唐]李贤等注.后汉书[M].北京:中华书局,1965.
55. [梁]沈约.宋书[M].北京:中华书局,1974.
56. [梁]萧统编;[唐]李善注.文选[M].长沙:岳麓书社,2002.
57. [唐]欧阳询.艺文类聚[M].上海:上海古籍出版社,1982.
58. [唐]房玄龄等撰.晋书[M].北京:中华书局,1974.
59. [北魏]郦道元.水经注[M].长春:时代文艺出版社,2001.
60. [北齐]魏牧.魏书[M].北京:中华书局,1974.
61. [宋]洪兴祖撰.楚辞补注[M].北京:中华书局,1983.
62. [宋]李昉等撰.太平御览[M].北京:中华书局,1960.
63. [宋]郑樵.通志[M].杭州:浙江古籍出版社,1988.
64. [宋]沈括.梦溪笔谈[M].长沙:岳麓书社,1998.
65. [宋]朱熹集注.四书集注[M].长沙:岳麓书社,1985.
66. [清]严可均校辑.全上古三代秦汉三国六朝文[M].北京:中华书局,1958.
67. [清]陈立撰.白虎通疏证[M].北京:中华书局,1994.
68. [清]王先谦.汉书补注[M].北京:书目文献出版社,1995.
69. [清]姚际恒.仪礼通证[M].北京:中国社会科学出版社,1998.
70. [清]段玉裁.说文解字注[M].成都:成都古籍书店,1981.
71. [日]安居香山,中村璋八.纬书集成[M].石家庄:河北人民出版社,1994.
72. 周髀算经·卷上之二.四库全书·子部·天文算法类·七八七册[Z].

上海:上海古籍出版社,1987.

73. 崔仲平. 老子道德经译注[M]. 哈尔滨:黑龙江人民出版社,2002.
74. 杨伯峻. 列子集释[M]. 北京:中华书局,1979.
75. 蒋力生校注. 云笈七签[M]. 北京:华夏出版社,1996.
76. 吕景琳点校. 广志绎[M]. 北京:中华书局,1981.
77. 杨伯峻. 春秋左传注[M]. 北京:中华书局,1981.
78. 王梦欧. 礼记今注今译[M]. 天津:天津古籍出版社,1987.
79. 张纯一. 墨子集解[M]. 成都:成都古籍出版社,1988.
80. 黄寿祺,张善文. 周易译注[M]. 上海:上海古籍出版社,1989.
81. 屈万里. 尚书今注今译[M]. 台北:商务印书馆,1969.
82. 崔豹. 古今注[M]. 四库全书·子部一五六·八五〇册. 上海:上海古籍出版社,1987.
83. 程俊英. 诗经译注[M]. 上海:上海古籍出版社,1985.
84. 北京大学历史系《论衡》注释小组. 论衡注释[M]. 北京:中华书局,1979.
85. 刘宝楠. 论语正义[M]. 石家庄:河北人民出版社,1986.
86. 张永鑫,刘桂秋. 汉诗选译[M]. 成都:巴蜀书社,1988.
87. 王利器. 盐铁论校注[M]. 北京:中华书局,1992.
88. 徐朝华. 尔雅今注[M]. 天津:南开大学出版社,1987.
89. 钱熙祚校. 诸子集成·慎子[M]. 北京:中华书局,1954.
90. 孔颖达. 十三经注疏·毛诗正义[M]. 北京:中华书局,1980.
91. 陆机. 丛书集成初编·毛诗草木鸟兽虫鱼疏[M]. 北京:商务印书馆,1926.
92. 王明. 抱朴子内篇校释[M]. 北京:中华书局,1985.
93. 汪荣宝撰;陈仲夫点校. 法言义疏[M]. 北京:中华书局,1987.
94. 郑杰文. 穆天子通解[M]. 济南:山东文艺出版社,1992.
95. 叶青注. 尔雅//侯光复主编:儒家道本经典全释. 大连:大连出版社,1998.
96. 徐天麟. 西汉会要[M]. 上海:上海人民出版社,1977.
97. 徐天麟. 东汉会要[M]. 上海:上海人民出版社,1976.
98. 逯钦立. 先秦汉魏晋南北朝诗[M]. 北京:中华书局,1982.

三、专 著

99. 袁珂. 中国神话传说[M]. 北京:人民文学出版社,1998.

100. 萧登福. 先秦两汉冥界及神仙思想探原[M]. 台北：文津出版社，1990.
101. 陶思炎. 中国祥物[M]. 台北：东大图书股份有限公司，2003.
102. 李剑平. 中国神话人物词典[Z]. 西安：陕西人民出版社，1998.
103. 滕守尧. 审美心理描述[M]. 成都：四川人民出版社，1998.
104. 李立. 文化嬗变与汉代自然神话演变[M]. 汕头：汕头大学出版社，2000.
105. 吕思勉. 先秦学术概论[M]. 北京：中国大百科全书出版社，1985.
106. 吴荣曾. 先秦两汉史研究[M]. 北京：中华书局，1995.
107. 丁山. 中国古代宗教与神话考·四方之神与风神[M]. 龙门联合书局 1961 年版，上海文艺出版社 1988 年影印本.
108. 付勤家. 中国道教史[M]. 上海：上海文化出版社，1989 年影印本.
109. 朱天顺. 中国古代宗教初探[M]. 上海：上海人民出版社，1982.
110. 金祖孟. 中国古宇宙论[M]. 上海：华东师范大学出版社，1991.
111. 居阅时，瞿明安. 中国象征文化[M]. 上海：上海人民出版社，2001.
112. 叶舒宪. 中国神话哲学[M]. 北京：中国社会科学出版社，1992.
113. 孙机. 汉代物质文化资料图说[M]. 北京：文物出版社，1991.
114. 王仲殊. 汉代考古学概说[M]. 北京：中华书局，1984.
115. 黄晓芬. 汉墓的考古学研究[M]. 长沙：岳麓书社，2003.
116. 赵化成，高崇文. 秦汉考古[M]. 北京：文物出版社，2002.
117. 冯时. 中国天文考古学[M]. 北京：中国社会科学出版社，2007.
118. 张劲松. 中国史前符号与原始文化[M]. 北京：北京燕山出版社，2001.
119. 杨树达. 汉代婚丧礼俗考[M]. 商务印书馆 1933 年印行，上海文艺出版社 1988 年影印本.
120. 王建中. 汉画像石通论[M]. 北京：紫禁城出版社，2001.
121. 李发林. 汉画考释与研究[M]. 北京：中国文联出版社，2000.
122. 贺西林. 古墓丹青——汉代墓室壁画的发现与研究[M]. 西安：陕西人民美术出版社，2001.
123. 金春峰. 汉代思想史[M]. 北京：中国社会科学出版社，1997.
124. 徐复观. 两汉思想史[M]. 上海：华东师范大学出版社，2001.
125. 龚鹏程. 汉代思潮[M]. 北京：商务印书馆，2005.
126. 马昌仪. 中国灵魂信仰[M]. 上海：上海文艺出版社，1998.
127. 吴曾德. 汉代画像石[M]. 北京：文物出版社，1984.
128. 张光直. 中国青铜时代[M]. 北京：生活·读书·新知三联书店，1999.
129. 叶朗. 现代美学体系[M]. 第二版. 北京：北京大学出版社，1999.

130. 罗二虎. 汉代画像石棺[M]. 成都:巴蜀书社,2002.

131. 朱存明. 汉画像的象征世界[M]. 北京:人民文学出版社,2005.

132. 钱钟书. 管锥篇[M]. 北京:中华书局,1986.

133. 赖亚生. 神秘的鬼魂世界[M]. 北京:人民文学出版社,1983.

134. 陈锽. 古代帛画[M]. 北京:文物出版社,2005.

135. 黄厚明. 商周青铜器纹样的图式与功能——以饕餮纹为中心[D]:[博士后出站报告]. 北京:清华大学美术学院,2006.

136. [德]恩斯特·卡西尔. 人论[M]. 甘阳,译. 上海:上海译文出版社,2004.

137. [英]马林诺夫斯基. 文化论[M]. 费孝通,译. 北京:中国民间文艺出版社,1987.

138. [英]艾兰. 龟之谜——商代神话、祭祀、艺术与宇宙观研究[M]. 汪涛,译. 成都:四川人民出版社,1992.

139. [英]崔瑞德·鲁唯一. 剑桥中国秦汉史[M]. 北京:中国社会科学出版社,1992:767.

140. [美]苏珊·朗格. 情感与形式[M]. 刘大基,傅志强,周发祥,译. 北京:中国社会科学出版社,1986.

141. [美]E 潘诺夫斯基著. 视觉艺术的含义[M]. 傅志强,译. 沈阳:辽宁人民出版社,1987.

142. [美]巫鸿著. 武梁祠——中国古代画像艺术的思想性[M]. 杨柳,岑河,译. 北京:生活·读书·新知三联书店,2006.

143. [法]列维·布留尔. 原始思维[M]. 北京:商务印书馆,1981.

四、期刊论文

144. 孙机. 几种汉代的图案纹饰[J]. 文物,1982(3):63-69.

145. 孙机. 蜷体玉龙[J]. 文物,2001(3):69-76.

146. 杨泓. 谈汉唐之间葬俗的演变[J]. 文物,1999(10):60-68.

147. 刘道广. 关于汉"四神星象图"的方位问题[J]. 文物,1990(3):70-71.

148. 连劭名. 长沙楚帛书与中国古代的宇宙论[J]. 文物,1991(2):40-46.

149. 赵超. 式、穹窿顶墓室与覆斗形墓志——兼谈古代墓葬中"象天地"的思想[J]. 文物,1999(5):72-82.

150. 李子春,赵立国. 河北滦县出土东汉画像石棺[J]. 文物,2002(7):84-85.

151. 临沂市博物馆. 山东临沂金雀山画像砖墓[J]. 文物,1995(6):72-78.

152. 陕西省博物馆,陕西省文管会写作小组. 米脂东汉画像石墓发掘简报[J]. 文物,1972(3):69-73.

153. 南阳文物工作队,方城县文化馆. 河南方城县城关镇汉画像石墓[J]. 文物,1984(3):38-45.

154. 南阳市博物馆,方城县文化馆. 河南方城东关汉画像石墓[J]. 文物,1980(3):69-72.

155. 洛阳市第二文物工作队. 洛阳偃师县新莽壁画墓清理简报[J]. 文物,1992(12):1-8.

156. 南阳地区文物工作队,南阳县文化馆. 河南南阳县英庄汉画像石墓[J]. 文物,1984(3):25-37.

157. 黄留春,张照. 河南襄城县发现汉画像石[J]. 文物,1988(5):54-60.

158. 嘉兴地区文管会,海宁县博物馆. 浙江海宁东汉画像石墓发掘简报[J]. 文物,1983(5):1-20.

159. 山西省考古研究所,吕梁地区文物工作队,离石县文物管理所. 山西离石马茂庄东汉画像石墓[J]. 文物,1992(4):14-40.

160. 内江市文管所,简阳县文化馆. 四川简阳县鬼头山东汉崖墓[J]. 文物,1991(3):20-25.

161. 冯时. 河南濮阳西水坡45号墓的天文学研究[J]. 文物,1990(3):52-60.

162. 洛阳市第二文物工作队. 洛阳市浅井头西汉壁画墓发掘简报[J]. 文物,1998(5):1-18.

163. 高曼. 西安地区出土汉代陶器选介[J]. 文物,2002(12):31-36.

164. 山东省博物馆. 山东安丘汉画像石墓发掘简报[J]. 文物,1964(4):30-41.

165. 濮阳市文物管理委员会,濮阳市博物馆,濮阳市文物工作队. 河南濮阳西水坡遗址发掘简报[J]. 文物,1988(3):1-6.

166. 孙作云. 马王堆一号汉墓漆棺画考释[J]. 考古,1973(4):247-254.

167. 夏鼐. 洛阳西汉壁画墓中的星象图[J]. 考古,1965(2):80-90.

168. 蒋英炬. 略论曲阜"东安汉里画像"石[J]. 考古,1985(12):1130-1135.

169. 蒋英炬. 关于汉画像石产生背景与艺术功能的思考[J]. 考古,1998(11):1050-1056.

170. 姜建成,庄明军. 山东青州冢子庄汉画像石墓[J]. 考古,1993(8):764.

171. 王褒祥. 河南新野出土的汉代画像砖[J]. 考古,1964(2):90-93.

172. 江苏省文物管理委员会,南京博物院. 江苏徐州十里铺汉画像石墓[J]. 考古,1966(2):66-83.

173. 山东省博物馆,苍山县文化馆. 山东苍山元嘉元年画像石墓[J]. 考古,1975(2):124-134.

174. 南京博物院. 江苏盱眙东阳汉墓[J]. 考古,1979(5):412-426.

175. 朱帜,朱振甫. 河南舞阳发现汉代画像石[J]. 考古,1993(5):398-403.

176. 淮阴市博物馆,泗阳县图书馆. 江苏泗阳打鼓墩樊氏画像石墓[J]. 考古,1992(9):811-830.

177. 顾承银,卓先胜,李登科. 山东金乡鱼山发现两座汉墓[J]. 考古,1995(5):385-389.

178. 邹城市文物管理局. 山东邹城市卧虎山汉画像石墓[J]. 考古,1999(6):523-531.

179. 吴兰,学勇. 陕西米脂县官庄东汉画像石墓[J]. 考古,1987(11):997-1001.

180. 诸城县博物馆. 山东诸城县西汉木椁墓[J]. 考古,1987(9):778-785.

181. 周到. 南阳汉画像石中的几幅天象图[J]. 考古,1975(1):58-61.

182. 四川省博物馆,郫县文化馆. 四川郫县东汉砖墓的石棺画像[J]. 考古,1978(6):495-503.

183. 陈兆善. 江苏高淳东汉画像砖浅析[J]. 考古,1989(5):472-475.

184. 濮阳西水坡遗址考古队. 1988年河南濮阳西水坡遗址发掘简报[J]. 考古,1989(12):1057-1066.

185. 殷涤非. 西汉汝阴侯墓出土的占盘和天文仪器[J]. 考古,1978(5):338-343.

186. 谭淑琴. 试论汉画中铺首的渊源[J]. 中原文物,1998(4):58-65.

187. 吕品. "盖天说"与汉画中的悬璧图[J]. 中原文物,1993(2):1-12.

188. 王清建. 论汉画中的玄武形象[J]. 中原文物,1995(3):38-39.

189. 杨爱国. 汉代的忠孝观念及其对汉画艺术的影响[J]. 中原文物,1993(2):61-66.

190. 李宏. 汉代丧葬制度的伦理意向[J]. 中原文物,1986(4):79-82.

191. 王良启. 试论汉画像石的艺术成就[J]. 中原文物,1986(4):83-86.

192. 南阳地区文物工作队,唐河县文化馆. 唐河县针织厂二号汉画像石墓[J]. 中原文物,1985(3):14-20.

193. 南阳市博物馆. 南阳市王庄汉画像石墓[J]. 中原文物,1985(3):26-35.

194. 吴生道. 浅谈龙的起源[J]. 中原文物,2000(3):24-32.

195. 洛阳地区文管会. 宜阳县牌窑西汉画像砖墓清理简报[J]. 中原文物, 1985(4):5-12.

196. 高同根. 简述浚县东汉画像石的雕刻艺术[J]. 中原文物, 1986(1):88-90.

197. 南阳市文物工作队. 南阳市第二化工厂21号画像石墓发掘简报[J]. 中原文物, 1993(1):77-81.

198. 郑州市文物考古研究所. 郑州市南关外汉代画像空心砖墓[J]. 中原文物, 1997(3):30-48.

199. 南阳市文物研究所. 河南南阳蒲山二号汉画像石墓[J]. 中原文物, 1997(4):48-55.

200. 南阳市文物研究所. 河南省南阳市十里铺二号画像石墓[J]. 中原文物, 1996(3):18-21.

201. 南阳市文物研究所. 河南省邓州市梁寨汉画像石墓[J]. 中原文物, 1996(3):1-7.

202. 南阳市文物研究所. 河南省南阳县辛店乡熊营画像石墓[J]. 中原文物, 1996(3):8-17.

203. 尹世同. 北斗祭——对濮阳西水坡45号墓贝塑天文图的再思考[J]. 中原文物, 1996(2):22-31.

204. 何星亮. 河南濮阳仰韶文化蚌壳龙的象征意义[J]. 中原文物, 1998(2):34-42.

205. 巫鸿. 国外百年汉画像研究之回顾[J]. 中原文物, 1994(1):45-49.

206. 王玉金. 从汉画看楚俗在汉代的延续及其影响[J]. 江汉考古, 2004(2):78-82.

207. 蔡靖泉. 汉代的婚丧习俗与楚文化[J]. 江汉考古, 1999(3):59-64.

208. 周崇发. 论中华龙的起源[J]. 江汉考古, 2000(4):62-76.

209. 肖春林. 殷代的四方崇拜及相关问题[J]. 考古与文物, 1995(1):44-48.

210. 刘信芳. 《日书》四方四维与五行浅说[J]. 考古与文物, 1993(2):87-94.

211. 南阳博物馆. 河南南阳石桥汉画像石墓[J]. 考古与文物, 1982(1):33-39.

212. 榆林地区文管会, 绥德县博物馆. 陕西绥德县四十里铺画像石墓调查简报[J]. 考古与文物, 2002(3):19-26.

213. 戴应新, 魏遂志. 陕西绥德黄家塔东汉画像石墓群发掘简报[J]. 考古与文物, 1988(5、6):251-261.

214. 黄晓芬. 汉墓形制的变革——试析竖穴式椁墓向横穴式室墓的演变过

程[J]. 考古与文物,1996(1):49-69.

215. 陕西省考古研究所,西安交通大学. 西安交通大学西汉壁画墓发掘简报[J]. 考古与文物,1990(4):57-63.

216. 韦娜. 略论汉代壁画艺术在中国绘画史中的地位[J]. 考古与文物,2005(4):62-65.

217. 罗西章. 试论汉代的傩仪驱鬼与羽化登仙思想[J]. 考古与文物,2001(5):60-64.

218. 罗伟先. 长宁"七个洞"崖墓"社稷"、"玄武"神符的有关问题[J]. 四川文物,1989(2):8-12.

219. 王永波. 试论麒麟崇拜的性质及其渊源[J]. 四川文物,1992(5):3-8.

220. 高文,高成英. 四川出土的十一具汉代画像石棺图释[J]. 四川文物,1988(3):17-24.

221. 赵殿增,袁曙光. "天门"考——兼论四川汉画像砖(石)的组合与主题[J]. 四川文物,1990(6):3-11. 文物,1988(5):54-60.

222. 王家祐. 先秦龙虎图案溯源[J]. 四川文物,1989(4):11-15.

223. 刘弘. 四川汉墓中的四神功能新探——兼谈巫山铜牌上饰上人物的身份[J]. 四川文物,1994(2):3-7.

224. 夏鼐. 从宣化辽墓的星图论二十八宿和黄道十二宫[J]. 考古学报,1976(2):35-57.

225. 郭晓川. 苏鲁豫皖区汉画像视觉形式演变的分期研究[J]. 考古学报,1997(2):171-194.

226. 陈梦家. 战国楚帛书考[J]. 考古学报,1984(2):137-157.

227. 王步毅. 安徽宿县褚兰汉画像石墓[J]. 考古学报,1993(4):515-547.

228. 河南省文化局文物工作队. 洛阳西汉壁画墓发掘报告[J]. 考古学报,1964(2):107-124.

229. 南阳地区文物队,南阳博物馆. 唐河汉郁平大尹冯君孺人画像石墓[J]. 考古学报,1980(2):239-262.

230. 冯时. 殷历岁首研究[J]. 考古学报,1990(1):19-41.

231. 冯时. 殷卜辞四方风研究[J]. 考古学报,1994(2):131-153.

232. 罗二虎. 汉代画像石棺研究[J]. 考古学报,2000(1):31-61.

233. 蒋英炬,吴文祺. 武氏祠画像石建筑配置考[J]. 考古学报,1981(2):165-184.

234. 陈久金. 华夏族群的图腾崇拜与四象概念的形成[J]. 自然科学史研究,1992(1):9-21.

235. 南阳地区文物研究所. 河南南阳县蒲山汉墓的发掘[J]. 华夏考古,1991(4):20-30.

236. 张合荣. 汉墓壁画的布局、内容和风格[J]. 华夏考古,1995(2):85-91.

237. (日)林巳奈夫;蔡凤书,译. 对洛阳卜千秋墓壁画的注释[J]. 华夏考古,1999(4):90-106.

238. 张紫晨. 史前民俗概论[J]. 史前研究,1985(3):74-79.

239. 呼林贵. 西安交通大学西汉墓壁画[J]. 文物天地,1990(6):15-17.

240. 赵志生. 从汉代瓦当"四神"图形解读秦汉的造型艺术[J]. 内蒙古大学学报,2004(3):93-97.

241. 吴公勤. 浅析汉代四神瓦当[J]. 彭城职业大学学报,2002(6):38-39.

242. 曾祥委. "四仲中星"、"四宫"与河图时代的天文学[J]. 广东民族学院学报,1994(2):48-54.

243. 伊世同. 星象考原——中国星象的原始和演变[J]. 濮阳教育学院学报,2001(3):6-9.

244. 赵奎英. 中国古代时间意识的空间化及其对艺术的影响[J]. 文史哲,2000(4):42-48.

245. 李炳海. 天地人同构的符号世界——汉代文学与生命哲学的姻缘[J]. 吉林大学社会科学学报,1999(4):56-62.

246. 周晓薇. 释"玄武"[J]. 中国典籍与文化,2004(4):30-36.

247. 丁常云. 道教与四灵崇拜[J]. 中国道教,1994(4):28-31.

248. 肖海明. 试论宋、元、明真武图像变迁的"一线多元"格局[J]. 思想战线,2005(6):91-96.

249. 毛元晶. 《礼记》中"四神"的文化意蕴及其变化[J]. 茂名学院学报,2005(2):6-10.

250. 贾艳红. 汉代的四灵信仰——从天之四宫到住宅(墓门)守护神[J]. 济南大学学报,2003(1):24-26.

251. 张文晶. 四灵与中国古代四方观念初探[J]. 社科纵横,2005(1):112-113.

252. 汪梦林. 谈中国古代建筑方位四神[J]. 山西建筑,2005(17):22-23.

253. 黄佩贤. 汉代流行的四灵图像始见于新石器时代?——河南濮阳西水坡及河北随县曾侯乙墓出土龙虎图像再议//朱青生主编. 中国汉画学会第九届年会论文集(上). 北京:中国社会出版社,2004:56-77.

254. 杨孝鸿. 从西汉的升天到东汉的升仙——图式的转变和观念叙述的更迭//郑先兴执行主编. 中国汉画学会第十届年会论文集. 武汉:湖北人民出版社,

2006:41-46.

255. 李江. 试析汉画图像的形态特色//郑先兴执行主编. 中国汉画学会第十届年会论文集. 武汉:湖北人民出版社,2006:369-372.

256. 施杰. 意义、解释与再解释——谶纬语境与汉画形相//朱青生主编. 中国汉画研究. 桂林:广西师范大学出版社,2006:60-198.

257. 张欣. 规制与变异——陕北汉代画像石综述//朱青生主编. 中国汉画研究. 桂林:广西师范大学出版社,2006:252-425.

258. 韩玉祥,牛天伟. 麒麟岗汉画像石墓前室墓顶画像考释//韩玉祥主编. 南阳汉代天文画像石研究. 北京:民族出版社,1995:23-25.

259. 刘道广. 汉代天象观与汉代天象图//韩玉祥主编. 南阳汉代天文画像石研究. 北京:民族出版社,1995:32-38.

260. 韩连武. 麒麟岗汉画像石墓前室墓顶画像考释//韩玉祥主编. 南阳汉代天文画像石研究. 北京:民族出版社,1995:39-50.

261. 张兼维. "四神天象图"考//韩玉祥主编. 南阳汉代天文画像石研究. 北京:民族出版社,1995:67-70.

262. 陈江风. 关于唐河针织厂汉画像石墓中的两个问题//韩玉祥主编. 南阳汉代天文画像石研究. 北京:民族出版社,1995:76-78.

263. 李真玉. 浅谈汉画中天文图像的人文特色//韩玉祥主编. 南阳汉代天文画像石研究. 北京:民族出版社,1995:101-104.

五、外文文献

264. Lillian Lan-ying Tseng. Picturing Heaven:Lmage and Knowledge in Han China[J],Ph. D. diss,Harvard University,2001:192.

265. Panofsky E. Perspective as Symbolic Form Panofsky[J]. New York:Zone Books,1991.

266. Chang Kwang-chi,Early Chinese Civilization,Anthropo-logical Penspectives[J],Cambridge,Massachusetts& London:Harvard University Press,1983:124-125.

267. Yü Ying-Shih. Life and Immortality in the Mind of Han china[J],Harvard Journal of Asiatic Studies,1964—1965,25:8-122.

268. Michael Loewe. Ways to Paradise:The Chinese Quest for Immortality[J]. Allen and Unwin London,1979;Chinese Ideas of Life and Death:Faith Myth and Reason in the Han Period f(202BC—AD220). SMC Publishing

Inc,1999.

269. Annette L Juliano. Teng-Hsieh(Dengxian) AnImportant Six Dynasies Tomb[J],Ascoma:Artibus Aaiae,1980:37.

270. John S Major. Essays on the "Huainanzi" and Other Topics in Early Chinese Intellectual History[J],Albany：State University of New York Press,1995:8.

271. 曾布川宽.漢代畫像石における昇仙圖の系譜[J].东方学报,1993,65:26.

六、工具书

272. [清]张玉书等编撰.康熙字典[Z].北京:中华书局,1958.
273. 中国大百科全书[Z].北京:中国大百科全书出版社,1991.
274. 中国历史年代简表[Z].北京:文物出版社,2001.
275. 胡孚琛主编.中华道教大辞典[Z].北京:中国社会科学出版社,1995.

后 记

  论文付梓之际,既如释重负,又深感惶惑。中国艺术浩浩泱泱,把其面目,窥其神髓,非短时可为。由于我的能力所限以及学养浮乏,在写作中常会出现绠短汲深、学力不敷的困窘,认识和观点上也难免会有粗浅和不足之处。好在对学术的探索还有漫长的道路可走,因此这不是结束,而恰恰是一个开始,诚如孟子所言:"学问之道无它,求其放心而已!"